GUIDE PRATIQUE
DE SAUVETAGE

A L'USAGE

DES MARINS

PAR

M. CONSEIL

Ancien capitaine de port, chevalier de la Légion d'honneur.

ACCOMPAGNÉ DE NOMBREUSES FIGURES DANS LE TEXTE
ET DE DEUX PLANCHES GRAVÉES.

PARIS
ARTHUS BERTRAND, ÉDITEUR,
LIBRAIRIE MARITIME ET SCIENTIFIQUE,
RUE HAUTEFEUILLE, 21.

GUIDE PRATIQUE

DE SAUVETAGE

A L'USAGE

DES MARINS.

SIGNAUX DE SAUVETAGE À FAIRE DE JOUR A BORD DES NAVIRES COMME À TERRE.

Signaux élémentaires

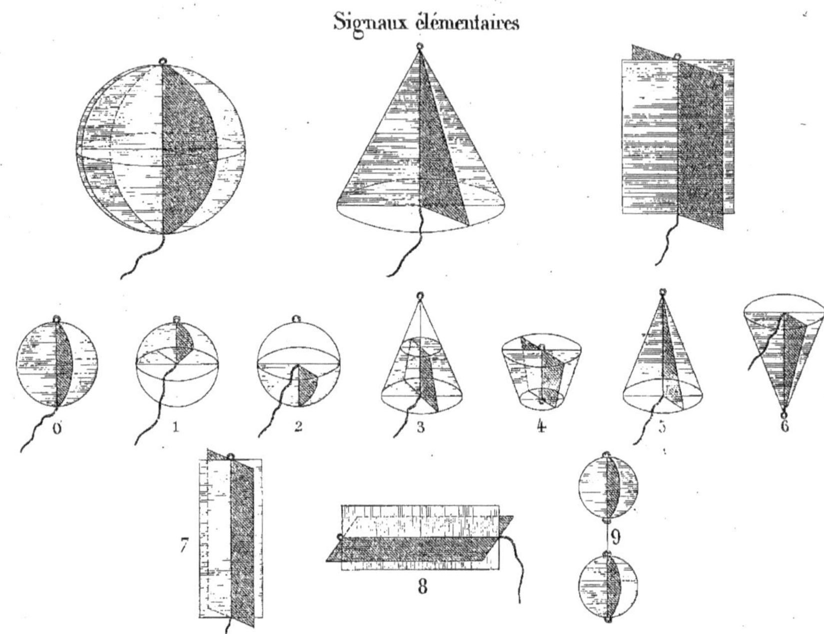

Autant que possible les Signaux de Sauvetage ne doivent pas dépasser 10 car chacun d'eux doit être hissé isolément pour qu'il n'y ait jamais de confusion sur leur interprétation

Signaux de Jour fait avec les bras quand le navire auquel on signale n'est pas à une trop grande distance des Sauveteurs.

Signaux de nuit avec des fanaux un clair, un rouge, un vert

Explication préalable ce signe ○ exprime un fanal clair, celui-ci ⊕ un fanal rouge, et enfin celui-ci ⊕ un fanal vert

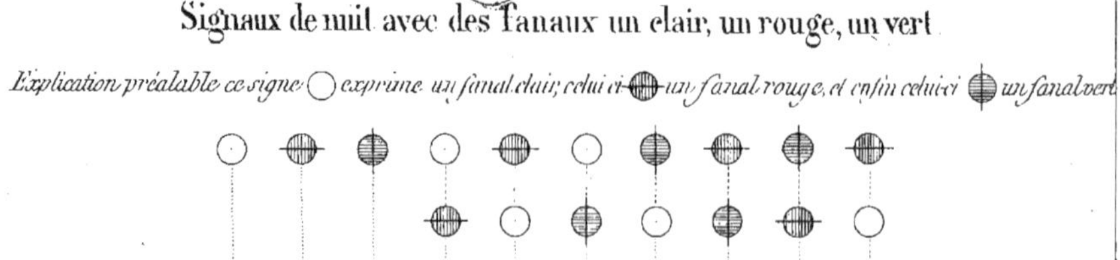

Le Signal d'attention se fait en hissant le fanal clair et l'amenant trois fois à mi mât.

GUIDE PRATIQUE

DE SAUVETAGE

A L'USAGE

DES MARINS

PAR

M. CONSEIL

Ancien capitaine de port, chevalier de la Légion d'honneur.

PARIS

ARTHUS BERTRAND, ÉDITEUR,

LIBRAIRIE MARITIME ET SCIENTIFIQUE,

RUE HAUTEFEUILLE, 21.

1863

AVANT-PROPOS.

Existe-t-il un traité de sauvetage, un ouvrage complet sur l'art de se sauver, de sauver ceux qui sont exposés avec soi, et enfin sur celui de donner des secours aux navires naufragés et aux navires naufrageants? A la personne qui nous poserait ainsi la question, nous répondrions sans crainte de nous tromper : Non. Il existe des articles de journaux et de brochures donnant la description d'ingénieux engins de sauvetage et la manière de les mettre en œuvre. Il existe même un ouvrage anglais très-savant sur la manière de donner des secours à la mer avec des bateaux de sauvetage que les Anglais nomment *lifts-boats;* mais ce n'est pas encore là ce que nous nommerons un guide pratique du sauveteur, c'est tout au plus un guide sur l'art de sauver les hommes dans un naufrage avec les bateaux de sauvetage, ouvrage très-précieux sans doute, et à la traduction duquel, par un de nos amiraux, nous avons fait de nombreux emprunts; mais ceci est une exception, car cet ouvrage suppose trois choses qui se rencontrent assez rarement quand un navire fait naufrage : 1° que le sinistre a lieu sur une côte ; 2° que cette côte est habitée par un peuple civilisé, humain, et qui a des moyens de sauvetage ; 3° que votre naufrage est connu de la terre et qu'il a lieu dans un endroit où l'on peut transporter, soit par terre, soit par mer, les engins de sauvetage que l'on a. Or ceci est l'exception, la petite exception ; car, à part l'Angleterre, où le service des lifts-boats est monté sur une grande échelle et organisé d'une manière rationnelle, et possède un personnel exercé, il n'y a pas un seul peuple navigateur au monde qui ait un bateau de sauvetage armé comme il devrait l'être, c'est-à-dire monté par des hommes exercés. Nous n'en exceptons même pas les sociétés humaines, qui ont certainement rendu et rendront encore de grands services ; pas une d'elles ne possède le personnel qu'il lui faudrait avoir pour manœuvrer son bateau de sauvetage.

Elles ont toutes certainement des hommes aussi capables qu'honorables à la tête de leur administration, des marins habiles et dévoués pour commander leurs lifts-boats ; mais qu'ont ces hommes exceptionnels pour les seconder ? D'intrépides sauveteurs, sans doute, souvent même ces sauveteurs sont de bons marins, de bons canotiers, mais qui n'étant pas exercés, comme ils devraient l'être, à la manœuvre de tels bateaux dans une grosse mer, ne peuvent pas en tirer tout le parti qu'on en tire en Angleterre, où ces équipages d'embarcations d'assistance étant soldés sont exercés, toutes les semaines et quelque temps qu'il fasse, à gagner le large contre une mer furieuse et à venir chercher la terre en franche côte au milieu des brisants. Donc, aurions-nous sur notre littoral autant de bateaux de sauvetage qu'en ont les Anglais, seraient-ils aussi bien installés, que nous ne pourrions en tirer aussi bon parti qu'eux ?

On voit donc, d'après cet exposé succinct des faits, qu'en admettant que l'ouvrage anglais que nous avons cité remplit complétement le but indiqué, c'est-à-dire qu'il indique tous les procédés de sauvetage que l'on peut employer avec un de leurs lifts-boats, il y a encore loin de là à un traité complet de sauvetage, car les sinistres sur une côte habitée par un peuple civilisé et possédant des moyens de sauvetage ne seraient encore qu'une partie d'un traité pratique de sauvetage, attendu que ces sortes de naufrages ne sont qu'une partie des sinistres de mer qui occasionnent la perte d'un grand nombre de navires, de riches cargaisons, et la mort des équipages qui montaient ces navires. En effet, beaucoup de ces naufrages arrivent en pleine mer, surtout actuellement que, par suite de l'extension que prend, chaque jour, la navigation à vapeur, qui ne connaît pas de vents contraires, les collisions deviennent si fréquentes.

Il faut aussi compter avec les dangers qu'offrent les côtes désertes, actuellement que les voyages de long cours se font comme nous faisions autrefois ceux du cabotage; avec les côtes habitées par des peuples sauvages ou barbares dans lesquels, au lieu de trouver des hommes humains qui viennent à votre secours, vous ne trouverez que des ennemis implacables que vous devez être prêts à combattre, ce qui fait que vous avez à redouter la terre comme la mer, et que cependant, dans ces événements terribles, vous êtes réduits à vos seules ressources, ou même souvent à en improviser.

Vous devez enfin compter avec un naufrage moins désastreux sans doute, mais qui n'en offre pas moins de grands dangers, c'est celui où vous faites naufrage sur une côte habitée par un peuple civilisé, mais privé de tout moyen de sauvetage.

Vous avez aussi à prévoir le cas où votre sinistre, soit par suite de l'obscurité de la nuit, soit par la brume ou autre cause, reste inconnu à la terre, situation affreuse qui vous réduit à vos seules ressources. C'est donc à bord des navires, selon nous, que doivent se trouver réunis les meilleurs engins de sauvetage. Ce sont les capitaines qui les commandent qui doivent être les meilleurs chefs sauveteurs, ce sont les hommes qui montent ces navires qui doivent être les sauveteurs les plus habiles. Loin d'éloigner de leur esprit la grave question d'un naufrage possible, ils doivent l'étudier, s'exercer à la manœuvre de ces engins dont l'aspect leur fait souvent peur; car il implique avec lui la pensée que tout marin, pendant qu'il navigue, a toujours, comme Damoclès, le danger suspendu sur la tête; et non faire comme les enfants qui se couvrent les yeux de leurs mains à l'aspect de ce qui les effraye. Il leur fait apprendre à combattre ce monstre hideux aux têtes sans cesse renaissantes qu'on nomme *la tempête* et à en triompher. Ces exercices fréquents les habitueront à contempler de sang-froid sa furie et diminueront d'autant plus le danger; car plus on a de confiance qu'on peut en conjurer les désastres, plus facile il est de le vaincre, et puis on s'habitue au danger; un soldat finit par se croire invulnérable au fer de l'ennemi; un médecin, une sœur de charité, un infirmier croient l'être à la maladie; un pompier au feu; et vous marins, vous si courageux parmi les hommes courageux, vous auriez moins de bravoure devant la tempête que vous n'en avez devant l'ennemi, dans un incendie, dans un autre sinistre? Non, nous ne pouvons le croire, veuillez et vous en triompherez; mais, pour le faire, il faut en étudier les moyens et vous en deviendrez maîtres; car rappelez-vous ce mot du grand homme qui a sauvé la France, *vouloir c'est pouvoir*. Or cette semi-certitude qu'on acquiert par l'habitude qu'on triomphera du danger, laissant à chacun tout son sang-froid, réduit le péril à sa réalité; personne ne peut nier un tel fait. De là s'ensuivra une diminution notable dans les pertes d'hommes et de valeurs, dans ces nombreuses victimes, enfin, qui payent, chaque année, à la tempête l'effrayant tribut qu'elle prélève sur l'humanité, et diminuera dans une dimension presque équivalente les pertes qu'elle fait éprouver, chaque année, au commerce de toutes les nations, tant en navires qu'en marchandises, pertes d'autant plus déplorables qu'elles ne profitent à personne; or nous ne portons pas à moins de 20,000 le nombre de personnes et à 200,000,000 de francs le chiffre des valeurs!!!

On va croire peut-être que, dans l'intérêt de notre cause, nous nous plaisons à exagérer le nombre de ces sinistres. Qu'on se détrompe, ce ne sont pas, nous l'espérons, de vieux marins qui les mettent en doute. Mais en admettant l'incrédulité des personnes qui ne sont pas, comme nous, initiées à ces désastres maritimes, qu'on nous permette de citer ici quelques faits authentiques. Personne, nous l'espérons du moins, ne suspectera la véracité du *Board of trade* anglais, car c'est le compte rendu du ministère du commerce de la Grande-Bretagne; citons donc le rapport de ce ministère à la suite de deux coups de vent, l'un en 1859, l'autre en 1862.

1. « Extrait du *Board of trade* de l'année 1855, sur les si-« nistres arrivés pendant cette année sur la côte d'Angleterre « seulement.

« Ce rapport du *Board of trade* contient la nomenclature gé-« nérale des sinistres arrivés sur la côte du Royaume-Uni; elle « présente un chiffre total de 1,141 navires jaugeant 176,544 ton-« neaux. Sur ce nombre 963 sont anglais, 11 portaient le pavil-« lon des colonies britanniques, 116 étaient sous pavillon étran-« ger. Ces sinistres se divisaient comme suit :

« Totalement perdus par naufrages.	272
« Échoués et renfloués.	246
« Échoués et perdus en partie.	167
« Perdus totalement par abordages.	55
« Endommagés gravement par abordages. . . .	178
« Endommagés légèrement par abordages. . .	14
« Coulés bas et perdus par abordage.	49
A REPORTER. . . .	981

Report.	981
« Ayant fait eau, mais ayant été réparés. . . .	47
« Détruits par incendie.	14
« Trouvés abandonnés et inconnus.	19
« Dématés ou ayant subi d'autres avaries du « même genre.	44
« Abandonnés en pleine mer par leur équipage	20
« Chavirés la quille en l'air.	9
« Sérieusement endommagés par la combustion « instantanée de leur chargement.	2
Total.	1136

« Voici maintenant comment se répartissent ces sinistres par « ordre de date : janvier, 102 ; — février, 123 ; — mars, 93 ; — « avril, 43 ; — mai, 58 ; — juin, 33 ; — juillet, 41 ; — août, 54 ; « — septembre, 64 ; — octobre, 134 ; — novembre, 176 ; — « décembre, 230.

« Sur les 1136 sinistres signalés pour l'année 1855, *cinq cent « quarante et un* sont arrivés à des navires de moins que 100 ton- « neaux, 496 à des navires entre 100 et 300 tonneaux, 67 à des « navires entre 300 et 600 tonneaux, 27 à des navires de 600 « à 900 tonneaux, 4 à des navires de 900 à 1,200 tonneaux, et « 6 à des navires de 1,200 tonneaux et au-dessus.

« Les steamers (bateaux à vapeur) figurent, dans ce triste relevé, « pour un chiffre 34.

« Il n'est pas non plus sans intérêt de classer les sinistres, en « tenant compte du chargement de ces navires. Sur ces bases le « tableau se divise ainsi :

« Chargement d'huile et de matières grasses. .	22
« Fers, métaux ou minerais.	44
« Céréales.	85
« Coton.	4
« Sel.	22
« Chargements assortis.	125
« Argile ou terre de diverses sortes.	12
A reporter.	314

Report.	314
« Pierres, chaux, ardoises, briques, etc.	28
« Bois ou écorce.	45
« Fruits, légumes, pommes de terre, etc.	11
« Passagers seulement.	17
« Charbon.	229
« Charbonniers sur lest.	81
« Autres navires sur lest.	90
« Pêcheurs.	16
« Inconnus.	310
Total.	1141

« En 1852, le nombre des sinistres sur les côtes du Royaume-« Uni avait été de 1,015; en 1853, il avait été de 832; en 1854, « il avait été de 937; et enfin, en 1855, il est de 1,141 : les sinis-« tres, en 1855, ont donc augmenté de 12, 4 pour 100 compa-« rativement à ceux de 1854. Cette augmentation provient, selon « toute probabilité, en grande partie, de ce que les rapports étant « plus fidèles et plus exacts cette année (1855) que dans les « autres, la statistique a enregistré des sinistres qui précédem-« ment avaient passé sans être signalés.

« Les sauvetages de personnes dans les sinistres de 1855 « présentent les chiffres suivants :

« Personnes sauvées à l'aide de petites embarca-« tions de toutes sortes.	439
« A l'aide de va-et-vient et de porte-amarres. .	399
« Sauvées par navires à voiles ou à vapeur. . .	290
« Id. par les *lifts-boats* (*bateaux de sauvetage*).	251
« Id. par acte de dévouement personnel . .	9
En tout.	1388

« Ces chiffres montrent quels progrès ont faits les appareils « de sauvetage en Angleterre et de quelle utilité sont, pour « l'humanité, de nombreux postes de sauvetage sur les côtes du « Royaume-Uni, avec des *hommes exercés* et un matériel en « bon état pour porter secours aux naufragés.

« En 1855, dans les 1,141 sinistres signalés, on a constaté la « mort de 4,690 personnes; en 1854, il y en avait en 1849 de « reconnues. Il y en avait eu 689 en 1853 et 920 en 1552.

« Le nombre des sinistres par abordages augmente dans une « proportion effrayante. On peut le faire ressortir plus haut. Pour « 1855, il a été de 427 et, l'année précédente (en 1854), il n'y en « avait eu que 94, et 73 en 1853; enfin 57 seulement en 1852.

« Parmi les causes multiples de ces fréquentes collisions, un « grand nombre de marins signalent la coutume qui a pris pied « de surcharger le pont des navires de cabines, de dunettes et « autres constructions, qui ont pour résultat d'empêcher le timo- « nier d'apercevoir le danger. »

5. Nous aurions dicté au *Board-of trade* le rapport ci-dessus pour appuyer nos assertions, que nous n'aurions pu aussi bien dire, ni classer les faits avec la lucidité qu'il y a développée. Nous ne ferons remarquer que des morts qui ont été constatées, mais combien en est-il qui ne l'ont pu être, puisqu'elles sont restées inconnues? Certainement que ce nombre doit de beaucoup dépasser celui de 469, puisqu'il y a déjà eu, cette année-là, 310 épaves tellement brisées qu'on n'a pas même pu en connaître l'origine. Or, en supposant un équipage de seulement 8 hommes à bord de chacun de ces navires, ce serait 2,140 personnes noyées à ajouter aux 469 reconnues, ce qui porterait le nombre des morts à 2,949, et il ne faudrait pas s'appesantir sur les chiffres de cette statistique pour dépasser ce nombre : car, dans ce nombre de 1,141 navires perdus sur la côte d'Angleterre, seulement pendant l'année 1855, il y en a 488 qu'on peut considérer comme à peu près perdus corps et biens; ce sont d'abord les 272 totalement perdus par le naufrage; puis 55 totalement perdus par abordages; puis 49 coulés bas; puis 14 incendiés, 19 trouvés abandonnés par leur équipage, qui s'est probablement noyé, car sans cela on en aurait eu des indices; puis 9 trouvés chavirés, la quille en l'air,

dont les hommes ont dû, selon toute probabilité, avoir le même sort. En supposant donc un équipage de 5 hommes, seulement, à bord de chacun de ces navires, ce seraient 2,440 personnes à ajouter aux 2,949 que nous évaluons des équipages des navires inconnus. Nous arrivons au chiffre effrayant de 5,389 personnes noyées sur la côte d'Angleterre, seulement pendant l'année 1855; et il nous serait très-facile, pensons nous, de prouver que ces évaluations sont beaucoup en dessous de la vérité, puisqu'une statistique émanant de l'administration des invalides marins évaluait à 5 pour 100 les causes de mort, par le naufrage, que courait un marin. Après avoir, nous l'espérons du moins, justifié nos chiffres sur la perte des hommes, justifions-les également, pour les valeurs perdues, sans profit aucun pour personne, en marchandises et en navires : car, tels sont les naufrages, les pertes n'en profitent à personne, quand ils sont complets; nous croyons n'avoir aucun commentaire à y ajouter.

Passons à l'énumération des valeurs perdues.

6. Il y a eu, d'après le document que nous venons de produire, 798 navires qu'on peut considérer comme totalement perdus ainsi que leurs cargaisons; comme dans ce nombre il doit y en avoir un chargé de charbon et au lest, estimons à 50,000 francs la valeur moyenne de chacun de ces navires. Ce peu, puisque nombre d'entre eux ont, avec leur cargaison, une valeur de plusieurs centaines de mille francs, ce serait encore une somme de 36,400,000 francs de perdus sur la seule côte d'Angleterre et pendant la seule année 1855; mais, sur les 413 qui ont été relevés après leur naufrage ou qui ont eu des dommages, il y a eu aussi des pertes en marchandises, et des dépenses à faire pour les remettre en état de naviguer de nouveau; évaluons ces frais à 10,000 francs seulement par chacun d'eux, et nous avons 4,130,000 fr. de plus à ajouter aux 36,400,000 fr. déjà trouvés de pertes occasionnées au commerce sur la seule côte d'Angle-

terre, par les tempêtes, pendant la seule année 1855 ! ! ! On voit donc qu'en portant à 20,000 le nombre de victimes qu'en moyenne font annuellement les tempêtes et à 200,000,000 le chiffre des pertes qu'elles font aussi, moyennement, éprouver au commerce, nous ne sommes nullement exagéré dans nos évaluations.

Eh bien, nous avons la conviction profonde qu'avec un bon système de sauvetage organisé, tant à bord des navires qu'à terre sur les côtes, de tous les peuples maritimes, on sauverait 75 pour 100 de ces malheureuses victimes et 50 pour 100 des valeurs perdues, et nous pensons qu'un tel résultat vaut la peine qu'on s'en occupe.

Mais, dans la crainte que l'exemple qui précède ne suffise pas à convaincre les gens méticuleux et les fâcheux de l'urgence de notre ouvrage, qu'ils le considèrent seulement comme un cas exceptionnel ; ajoutons à l'extrait du journal anglais qui nous a fourni ce rapport remarquable du *Board of trade* la liste des sinistres arrivés et signalés dans une simple période de trois jours, c'est-à-dire pendant la tempête qui a régné depuis le 25 jusqu'au 28 octobre 1859 ; voici ce qu'on en lit dans le journal *le Nord* du 29 même mois :

7. « La tempête, qui a sévi pendant trois jours, le long des côtes « d'Angleterre, y a fait d'épouvantables ravages. Nous trouvons, « dans les journaux anglais, des détails navrants sur les sinistres « qui ont marqué ces trois journées ; en voici un extrait :

« La violence du vent qui a régné pendant deux jours est « attestée par les nouvelles reçues au *Lloyd*. Elles constatent la « perte de plus de 70 navires, *perte qui, en plusieurs cas, était* « *accompagnée de la mort des personnes qui montaient ces bâtiments !!!* La force du vent s'est surtout fait sentir dans le nord ; « *on craint que beaucoup de personnes n'aient péri.*

« Nous apprenons que le steamer *Amiral Caster*, qui a heurté,

« la jetée d'Hartllepoo, en entrant au port Ouest de cette ville, « a complétement sombré.

« Voici les dépêches télégraphiques de plusieurs autres ports :

« Cardiff, 26 octobre 1859. Vent de nord-nord-est, le *John* « *Sainte-Barbe* a fait naufrage, hier soir, entre Luveniak-point « et Pornencrak-head. *Une seule personne de l'équipage* de ce « malheureux navire est parvenue à se sauver ! Un brigantin « inconnu a eu le même sort, mais tout l'équipage s'est noyé ! Le « *Kingston de Cork*, le *Louis-Albert* (bricks français), les *Quatre-* « *Frères* et *Quatre-Sœurs de Londres*, ont été jetés à la côte; mais, « plus heureux que les autres navires précités, *une partie de* « *leurs équipages* s'est sauvée.

« Guernesey, le 25 octobre 1859. Un vent terrible règne de- « puis un jour et demi sur notre côte. La *Severn*, de Sunderland, « allant à Rouen, a fait naufrage près de Hay-le-Bar. *Sur les* « *11 hommes d'équipage qu'elle avait, 10 se sont noyés!!!* Le « *Rapide*, de Saint-Yves, et la *Martha-Jeanne*, de Plymouth, ont « eu le même sort, mais leurs équipages ont été sauvés.

« Bideford, le 26 octobre 1859. L'*Éléonore de Cardiff*, ayant « à bord une cargaison d'étain, s'est perdue. L'équipage a été « sauvé.

« Yarmouth, le 26 octobre 1859. Le *Paragon*, de Stockton, « le *Wather-hast* et l'*Élisabeth*, de Rochester, le *Simmons*, le « *James*, le *Zeme* et le *Kissack* sont à la côte; le dernier est tota- « lement naufragé.

« Falmouth, le 26 octobre 1859. L'*Oscar*, le *Neslon* et le *La-* « *vinia* ont été jetés à la côte.

« Margatt, le 26 octobre 1859. Le *John-Abbey* s'est perdu, « hier soir, tout l'équipage est noyé !!!

« Newhaven, même date. L'*Ariane* et le *Off* ont totalement « naufragé ! » ce qui veut dire que ces deux navires se sont per- « dus corps et biens.

« Des détails aussi navrants nous arrivent aussi de Deal, de « Liverpool, de Portsmouth, de Brighton, et de tous les ports « environnants, jusque dans les docks de Londres; il y a eu de « graves avaries, et plusieurs pêcheurs ont été coulés. »

8. Enfin, pour clore cette énumération de sinistres déjà si néfaste, le même journal nous donne la relation du plus terrible d'entre eux, tant pour la perte des personnes qui s'y sont noyées que pour le chiffre de la valeur commerciale perdue, c'est celui du *Royal-Charter*, où 459 personnes ont péri!!! et dont la cargaison était estimée à 20,000,000 de francs! Ce naufrage a eu lieu le 29 octobre 1859 sur la côte d'Irlande, dans la baie de Molfre, partie de la côte d'Anglesey. Et certainement que, si ce bâtiment avait eu à son bord les moyens de sauvetage que nous indiquons (47), il aurait sauvé la majeure partie des victimes de cet épouvantable accident, puisque les 31 personnes qui ont été sauvées l'ont été au moyen d'un seul va-et-vient.

Mais on pourrait croire que nous n'allons chercher nos faits qu'à la côte d'Angleterre seulement; empruntons à d'autres journaux et pour d'autres lieux des exemples qui ne sont pas moins néfastes. Citons un article du journal *le Siècle*, du 1er décembre 1859 ; on y lit ce qui suit :

« Le *Messager de Bayonne* contient une bien triste nouvelle. Le « navire *le Réveil-matin*, capitaine Duroqua, appartenant à la « compagnie générale maritime et venant de Terre-Neuve, à des« tination de Bayonne, a fait côte, le 26 au soir, en face du corps « de garde de Mimizan. *Sur 152 hommes qui étaient à bord* « *27 seulement ont été sauvés.* Le capitaine et le second ont dis« paru. » Voilà donc un sinistre qui a coûté la vie à 125 personnes et à 125 Français! Pourquoi cela? Nous pouvons le dire en toute sécurité sans crainte de nous tromper : c'est que le *Réveil-matin* n'avait à bord, selon la coutume ordinaire, aucun moyen de sauvetage. Mais passons au second fait que nous voulons encore rapporter et que l'on trouve dans le numéro du *Siècle* de la même date. Il est comme suit :

9. « On mande de Constantinople, le 23 novembre : Il y a six « jours qu'une tempête immense bouleverse la mer Noire. Pres- « que tous les navires qui étaient en mer ont été jetés à la côte. « *Environ quatre-vingts se sont perdus. Le littoral est couvert de* « *débris, ainsi que de centaines de cadavres !!!* » Il faut qu'à cette époque le temps ait été, en effet, épouvantable, car le journal *le Nord*, parlant des expériences faites sur la flotte cuirassée anglaise, donne l'extrait suivant d'un journal anglais :

« Nous sommes tous enchantés, en lisant les journaux, de la « manière dont la flotte de la Manche s'est comportée pendant le « terrible ouragan qui a couvert nos côtes et même nos roches « *de tant de débris et fait tant de victimes*, etc., etc. »

10. Enfin le journal *le Nord*, pour compléter cet article nécrologique, nous donne, à la date du 8 décembre, à l'article *Angleterre*, le relevé suivant :

« Il paraît que, pendant le mois de novembre, le nombre des « naufrages signalés a été de 305. Il y en aurait eu 177 en jan- « vier.... 165 en février.... 151 en mars.... 150 en avril.... 110 « en mai.... 94 en juin.... en juillet 81.... en août 127.... en « septembre 240.... en octobre 259; » et, comme le rédacteur concluait, cela faisait 1,778 sinistres arrivés sur la côte d'Angleterre seulement pendant les dix premiers mois de 1859. Mais on remarquera que ce journal étant plutôt celui des assurances qu'un journal d'humanité, il ne fait ordinairement mention que du nombre de navires naufragés qui sont inscrits au *Veritas*; ainsi les navires de guerre qui ont pu se perdre dans cette période de temps, les petits pêcheurs et les navires non inscrits au livre des assurances ne font pas partie de cette liste fatale : c'est pourquoi, en portant à 2,000 le nombre des sinistres qui ont eu lieu sur la seule côte d'Angleterre cette année-là, et à 8,000 le nombre des victimes qu'ils ont faites, nous espérons qu'on ne nous trouvera pas exagéré dans nos évaluations.

Il se serait donc englouti 8,000 personnes et pour 50,000,000 et plus de valeurs sur la seule côte d'Angleterre et dans une seule année! Si, par les moyens que nous proposons, dans une année subséquente et semblable on parvenait à arracher 6,000 de ces victimes à une mort affreuse, et 25 millions de valeurs d'une destruction totale, pourrait-on dire que nous nous sommes amusé à composer un ouvrage inutile? Nous ne le pensons pas. Ici nous pourrions borner nos citations, nous croyons qu'elles suffisent pour convaincre de l'utilité d'un bon traité pratique sur l'art du sauvetage, même les hommes les plus thomatistes; mais, comme nous ne voulons plus revenir sur ce triste sujet, nous désirons de suite le couler à fond : c'est pourquoi nous allons encore faire quelques citations qui prouveront qu'un tel ouvrage devient de plus en plus utile, car le mal ne fait qu'augmenter. Citons donc des faits beaucoup plus récents. On lit dans le *Moniteur* du 9 septembre 1862, à l'article STATISTIQUE, ce qui suit :

« **11.** Le *Board of trade* a publié un relevé des naufrages et ac-« cidents maritimes arrivés, en 1861, sur les côtes du Royaume-« Uni. De cette statistique il appert que le nombre des sinistres « est plus grand pour l'année 1861 que pour les neuf précé-« dentes. Il est de 361 navires en excès sur la moyenne des six « années qui ont précédé, car il y a eu, sans y comprendre les « collisions, 866 accidents ou sinistres en 1857, 869 en 1858, « 1,067 en 1859, 1,081 en 1860 et 1,171 en 1861. Cet accrois-« sement est dû aux grandes tempêtes de janvier, de février et de « novembre, qui, à elles seules, ont fourni 465 cas, non com-« pris les collisions.

« Le nombre des collisions, quoique légèrement en excès pour « l'année 1860, est inférieur à celui de 1861. Les années 1859, « 60 et 61 ont fourni les nombres respectifs de 323, 298 et

« 349 collisions. L'accroissement de ces collisions n'est pas, « comme on le voit, aussi sensible que celui des autres cas.

« *Le nombre des morts reconnus* s'est aussi beaucoup accru « dans la dernière année par suite des tempêtes signalées plus « haut. En 1860 il avait été de 536 personnes, en 1861 il a été « de 884; mais ce nombre est inférieur à celui des années 1854 « et 1859.

« Voici les parages qui ont été le théâtre de la plupart de ces « sinistres : les côtes s'étendant de *Farn Island* à *Flambourough-* « *Point*, et de ce point à *Northforeland*; de *Skerries* et *Lambay* à « *Fair Head* et *Mull of Cantyre*. Dans le premier de ces dis- « tricts, il a péri 40 navires jaugeant 5,129 tonneaux en 1861, « et 249 personnes ont été reconnues y avoir perdu la vie. Dans « le second, 31 pertes totales et 9 partielles ont causé la mort, « reconnue, à 147 personnes. Dans le troisième, 24 navires, « jaugeant 2,998 tonneaux, ont occasionné 188 sinistres, recon- « nus, de personnes. Dans le quatrième district, il y a eu 28 nau- « frages, dont les navires jaugeaient 5,832 tonneaux, et la « perte reconnue des personnes a été de 216. *Le nombre des* « *lifts-boats et autres engins de sauvetage mis à la disposition des* « *ports s'est cependant beaucoup accru dans ces derniers temps.* »

Ainsi, d'après un document irrécusable, la perte moyenne des personnes trouvées noyées à la côte, après ces sinistres, a été de plus de 6 personnes par navire : elle a donc dû être de 12,120 si la même proportion a existé dans les autres sinistres, et on conviendra alors qu'en l'évaluant à 8,000, ainsi que nous l'avions fait pour 1859, nous sommes encore bien en dessous du chiffre réel. Souvent on dit des preuves produites, quand elles ont quelques années : C'est une vieille histoire ; mais on ne niera pas ici au moins que c'est de l'histoire contemporaine, car, pour finir cette nécrologie, nous ne citerons que ce que nous lisons sur ces événements de mer dans le journal anglais *Evenings-tar*, du

23 décembre 1862, que, « *pendant la semaine dernière,* il y a eu 59 *naufrages constatés, ce qui en porte le total pour l'année à* 1959 » reconnus, et, si on y ajoute un quart au moins pour les inconnus, on arrive au nombre de 2,449 sinistres sur la côte d'Angleterre seulement, et l'année n'était pas enore terminée !!!

13. Si, par des moyens faciles à établir tant à bord des navires que sur les côtes, il était possible de combattre la tempête, de triompher souvent de ses funestes effets, et que le remède indiqué, un puissant personnage ordonnât qu'on le mît en pratique et, par ce fait, produisît le grand bien dont nous avons parlé, c'est-à-dire de diminuer des trois quarts la perte des hommes dans les naufrages et de moitié celle des valeurs, crierait-on à la tyrannie? Ne mériterait-il pas, à plus juste titre qu'un célèbre médecin, cette phrase touchante qui est toute une histoire : «*Dans les champs de la mort il rappela la vie?* » Les marins et leur famille ne lui devraient-ils pas dresser des autels? car des statues, cela devient trop vulgaire, on en élève à toutes les célébrités, et nous ne serions pas surpris d'en voir élever une à un de nos grands artistes ès entrechats-pirouettes après sa mort. Eh bien, cette glorieuse route de l'immortalité que nous nous efforçons d'indiquer, c'est le remède au fléau que l'on nomme *le naufrage.* C'est pour vous, jeunes marins, que nous avons entrepris cet ouvrage, pour vous jeunes gens qui récemment entrés dans la rude, mais noble carrière maritime, n'en connaissez encore que les fleurs ; ce n'est pas pour ceux de nos collègues aussi pratiques et plus savants que nous qu'il a été composé ; cependant quelquefois il peut aider leur mémoire dans ces moments où elle peut si facilement leur faire défaut sur le remède à apporter au mal. Mais c'est surtout à vous, nos jeunes collègues, que nous nous adressons, en vous criant bien haut, car nous avons la conviction profonde que, si un bon système de sauvetage était adopté par tous les peuples navigateurs, il en résulterait ce grand bien : *Oui, on peut* *sauver les* TROIS QUARTS *des personnes qui se noient annuellement dans les sinistres de mer et autres événements maritimes, et ce nombre dépasse* 15,000. *Oui, on peut aussi sauver la moitié des grandes valeurs que, chaque année, la mer engloutit, et cette moitié dépasse peut-être* 100,000,000 *de francs. Comment faut-il s'y prendre pour obtenir un si grand bien? Étudier les moyens de sauvetage et les perfectionner, apprendre surtout aux hommes qu'on commande à s'en servir, à se familiariser avec eux et n'en avoir pas peur, comme des enfants ; c'est cette pratique que nous nous efforçons de leur inculquer dans notre* Guide du marin sauveteur. *Qu'ils le lisent, et ils verront si nous les avons trompés.* Ne peut-on faire mieux? Nous n'avons certainement pas l'outrecuidance de le croire, et encore bien moins de le dire, mais nous avons la certitude que les moyens que nous proposons sont faciles et pratiques. Et, puisque nos efforts constants depuis un demi-siècle pour obtenir un *congrès de sauvetage* de la réunion duquel aurait sans doute surgi le meilleur manuel qu'on pût faire sur cette importante matière, sur la science si utile de *savoir se sauver dans un naufrage et de donner des secours aux autres personnes exposées, ainsi que vous, dans un tel désastre ;* enfin de secourir les naufragés et de donner assistance aux navires naufrageants ou exposés à faire naufrage, puisque nous ne connaissons ni en France ni à l'étranger aucun ouvrage, hors celui dont nous avons parlé, qui soit un guide pratique du marin sauveteur, après cinquante ans d'expériences, souvent heureuses (1), que nous avons passés dans les sauvetages, nous nous sommes décidé à l'entreprendre, et après avoir, comme un praticien habile, disséqué le cadavre affreux que l'on nomme naufrage, en avoir

(1) L'auteur, dans sa longue carrière, a eu le bonheur de sauver ou d'aider à sauver 384 personnes dans les naufrages et autres événements de mer, et 72 navires, barques ou embarcations.

bien examiné la structure, à indiquer les moyens d'en conjurer, dans la plupart des cas, les conséquences. Était-ce bien à nous, simple marin, à composer un tel ouvrage? Oui et non, puisqu'on ne voulait pas qu'il surgît d'un congrès. Oui, si plus d'un demi-siècle d'expérience et de pratique dans l'art de secourir les naufragés et les navires naufrageants nous permet de produire une opinion sur ce grave sujet. Non, si nous considérons notre incapacité à le bien écrire; non, si nous visions à donner nos procédés comme les meilleurs à employer. Ce n'est pas même l'ouvrage d'une seule personne qu'un guide du sauveteur, fût-elle aussi habile en sauvetage que notre Empereur l'est en art gouvernemental; c'était, nous l'avons dit, l'œuvre d'un congrès de marins sauveteurs de toutes les nations, afin d'obtenir que, toutes, elles l'adoptent sans difficultés, ce serait particulièrement là que nous voudrions voir une entente cordiale entre tous les peuples navigateurs; aussi, depuis un quart de siècle, ce congrès était-il la chimère que nous poursuivions. Mais, puisque nos efforts ont été vains, puisque le mal progresse sans cesse, et que nous ne voyons personne indiquer le remède, poussé par des amis peut-être trop indulgents, nous nous sommes hasardé à l'écrire, car nous nous sommes dit : Ici il ne s'agit pas de briller par le style, mais d'indiquer de bons moyens. Certainement que nous préférerions joindre à notre expérience une rédaction comme celle d'un Ed. Corbière ou d'un Ed. About, etc., ce serait assurément beaucoup plus heureux pour le succès de notre ouvrage, car nous serions non-seulement lu des marins, mais aussi des gens du monde; mais, puisque nous ne le pouvons pas, mieux vaut avoir un bon ouvrage mal écrit que de n'en avoir aucun. Or nous avons la conviction que, si nous ne proposons pas ce qu'il y a de meilleur à faire, nous proposons au moins de bons procédés, qui sont simples, faciles et très-peu dispendieux, et surtout peu embarrassants à bord d'un navire; nous ne visons qu'au but utile, sans nous occuper de ce qu'on pensera de notre style, car nous savons que les marins plus capables que nous, qui liront cet ouvrage, se préoccuperont bien plus du fond que de la forme, et que nous pouvons compter sur leur indulgence. Puissions-nous avoir donné le moyen de sauver une seule personne dans un naufrage, et notre but aura été atteint, et nous aurons une récompense assez grande de nos travaux si opiniâtrément poursuivis.

Tel est le but de notre œuvre; puisse-t-elle avoir un bon accueil des marins pour lesquels nous l'avons principalement composée. Nous avons bien des fois partagé les périls où ils sont engagés; bien des fois aussi, et nous en devons remercier Dieu, nous avons été sauvé, par sa protection, de naufrages qui paraissaient imminents et d'où nous n'avons réchappé que par miracle. Destiné probablement, actuellement, à mourir dans notre lit, nous leur consacrons nos derniers travaux, car nous ne sommes pas de ces caractères égoïstes qui, lorsqu'ils sont dans un lit bien chaud, ou les pieds devant un bon feu, aiment à entendre le vent se déchaîner et la tempête faire pressentir ses ravages, et qui se réjouissent d'être à l'abri de ses fureurs. Non, quand nous entendons le vent souffler avec furie, une douleur poignante nous saisit et nous tourmente en pensant aux malheureux navires qui sont en mer en danger de périr; nous nous écrions à chaque rafale : *Mon Dieu, prenez pitié des pauvres marins en danger!*

J. A. CONSEILS.

GUIDE PRATIQUE
DE SAUVETAGE
A L'USAGE
DES MARINS.

LIVRE PREMIER.

**DU NAUFRAGE EN GÉNÉRAL
ET DES PERTES ÉNORMES QU'IL FAIT ÉPROUVER
CHAQUE ANNÉE
TANT A L'HUMANITÉ QU'AU COMMERCE.
UTILITÉ DE LA NATATION,
FACILITÉ DE L'APPRENDRE.**

SAVEZ-VOUS CE QUE C'EST QU'UN NAUFRAGE ?

14. Nous adressant aux jeunes gens qui commencent à naviguer ou qui veulent entreprendre la rude carrière de marins, nous leur dirons : Le naufrage, le naufrage! Mais vous figurez-vous bien, jeunes gens, ce que c'est qu'un naufrage, vous rendez-vous bien compte de ses effrayantes péripéties? Non, pensons-nous; permettez-nous donc de vous en esquisser ici à grands traits les émouvantes scènes.

Voyez-vous, au milieu d'une nuit obscure, où le fracas de la foudre se mêle au hurlement du vent dans les cordages du navire qui va naufrager, au bruit assourdissant des lames qui déferlent sur ce malheureux navire battu par la tempête et poussé fatalement, par une brise furieuse qu'il ne peut combattre, contre une côte bordée d'écueils qu'il aperçoit par moment, quand un éclair vient illuminer l'horizon d'une lueur instantanée et blafarde, vision qui semble dire à chacun : là est un tombeau ?

Voyez-vous les personnes qui sont à bord de ce malheureux navire transies, car elles sont mouillées jusqu'aux os par suite des coups de mer qui, à chaque instant, les couvrent quand ils s'abattent sur le navire, qu'ils ébranlent dans toutes ses parties de telle manière qu'il semble gémir sous leurs coups réitérés; les voyez-vous, rongées par une inquiétude bien naturelle en pareil cas, interroger chaque point de l'horizon, pour voir si une modification ne se prépare pas, si le temps ne paraît pas s'améliorer, si le courroux céleste ne paraît pas s'apaiser, si enfin une lueur d'espérance ne viendra pas y poindre?

Les voyez-vous, amarrées contre le bord pour ne pas être enlevées par un coup de mer, compter avec anxiété chaque moment qui s'écoule et qui leur paraît un siècle? Vous figurez-vous la stupeur qui se peint sur tous les visages, quoique l'événement soit prévu, au moment où l'une des vigies crie : brisants devant, brisants sous le vent, brisants partout!!! en calculant le temps qui les sépare encore de la catastrophe?

Appréciez-vous, comme nous le faisons, le tourment que chacune de ces personnes endure pendant le court intervalle qui s'écoule entre le cri sinistre qu'elles ont entendu et l'instant où le navire va être jeté sur l'écueil qui va décider de son sort et de celui des malheureux qui le montent, les prières ferventes qu'elles adressent au ciel pour les préserver de ce naufrage imminent, les poignantes pensées qui assaillent ces hommes, cependant si courageux, quand ils pensent qu'ils vont périr et laisser derrière eux leurs femmes et leurs familles sans ressource, et dont leur mort va combler la misère.

Oh! messieurs, ils sont bien à plaindre ces naufragés, car cet avant-supplice est peut-être plus douloureux que le supplice lui-même, cette agonie d'une personne en pleine santé est souvent pire que la mort.

Enfin le moment fatal est arrivé; le navire, lancé par une force incommensurable sur les rochers qui bordent le rivage, se tord comme un moribond dans les dernières convulsions de son agonie. Il craque de toute part, il se disloque, fait eau dans toutes ses parties, sans que personne songe aux pompes, et bientôt il couvre la mer furieuse de ses débris, qu'elle lance vers la terre. Ses mâts se brisent en éclats, et, s'abattant sur son pont avec fracas, dans leur chute écrasent d'autres malheureux dont on entend les cris déchirants, sans pouvoir leur porter assistance, sans même songer à le faire, tant l'égoïsme est naturel dans un tel moment. Les voiles volent en lambeaux, malgré la solidité de leurs tissus, comme si elles étaient faites de faible mousseline. Partout se présente aux yeux effrayés des naufrageants le terrible tableau de la destruction. Ici c'est une personne qui, enlevée sous vos yeux par un coup de mer, passe par-dessus le bord et devient le jouet des flots, malgré les efforts qu'elle fait en vain pour y résister, et qui, ainsi entraînée, vous implore, mais en vain, impuissants que vous êtes à lui venir en aide. Là sont d'autres malheureux qui, atteints par les débris et les objets de toute sorte qui parcourent le pont par l'effet des coups de mer, entraînant avec eux tout ce qu'ils rencontrent, tombent blessés à mort en implorant vainement l'assistance de ceux qu'ils aperçoivent et qui ont le désespoir de ne pouvoir voler à leur secours.

Enfin, plus fatigués par la souffrance morale qu'ils endurent que par les douleurs physiques qu'ils éprouvent, quoique leur corps soit brisé par les efforts incessants qu'ils sont obligés de faire pour résister au choc des lames qui les assaillent et qui semblent redoubler de fureur pour les frapper, ces naufragés attendent, dans cette muette anxiété si voisine du désespoir, le moment où le navire, s'abîmant sous leurs pieds, ne leur laissera plus d'autre chance de salut que celle de s'emparer de quelques débris flottants auxquels ils se cramponneront avec rage, dans l'espoir, bien fugitif sans doute, que, grâce à ce faible point d'appui, ils pourront se maintenir sur les flots irrités, échapper aux dangers des brisants déferlant sur eux avec fureur et gagner la terre.

Mais là encore l'attendent les plus grands dangers. Dérivant avec l'épave qui le porte, et ballotté en tout sens avec ce débris, qui est le jouet de la lame, le naufragé est poussé par elle vers le rivage, où elle le jette comme une baliste lançait une pierre ainsi que l'épave qui le supporte, et déchiré par les coups de mer qui l'ont lancé contre les rochers qui bordent le rivage, ne vient toucher cette terre qu'il a tant désirée que pour y mourir, ou n'échappe, tout pantelant, à ses coups réitérés, que pour venir expirer un peu plus loin, hors de sa portée, de froid et de misère!

O espérance! dernière ressource des malheureux, c'est encore toi qui, dans ce moment suprême, empêches qu'on ne mette fin soi-même à une si affreuse agonie, en se précipitant tout d'abord dans les bras de la mort!

Voilà un tableau bien noir, direz-vous peut-être, mes jeunes amis, que vous nous tracez du sort des naufragés. — Il est cependant bien pâle auprès de la réalité des souffrances qu'éprouve le naufragé dont le navire se brise sur une côte de roches; et nous pourrions presque en faire un aussi navrant de celui dont le naufrage a lieu sur une plage de sable. Telles sont une partie des misères qu'il endure avant le moment où Dieu décidera de son sort. Il n'est certainement pas riant, mais il est presque toujours vrai dans toutes ses parties. Vous croyez que dans l'exposé que j'ai fait je vous ai dépeint les plus grandes souffrances que peut éprouver un naufragé, que j'ai placé ces infortunés au paroxysme du malheur. Détrompez-vous, parmi eux il en est un bien plus malheureux encore, c'est le capitaine, c'est cet homme sur lequel pèse une responsabilité immense, lui qui ne s'est fait aucune illusion sur le danger qu'il court depuis le commencement du péril; lui qui le connaissait avant tous les autres, et qui cependant doit conserver toute sa tête, tout son sang-froid, lui qui ne doit pas laisser soupçonner, par le moindre signe de son visage, les angoisses de son cœur, car tous les yeux sont braqués sur lui, et le moindre signe de faiblesse qu'il donnerait serait le signal du désespoir, du désespoir qui amène à sa suite la confusion qui triple le danger. Lui, cependant, avant d'être capitaine, est peut-être époux et père; lui sait aussi que sa mort va plonger ceux qu'il aime, non-seulement dans le désespoir de l'avoir perdu, mais encore dans la misère; mais il doit refouler en lui tous ces sentiments si naturels à l'humanité, de même que l'effroi que cause à tout homme l'aspect de sa mort prochaine; il ne doit s'occuper que de remplir jusqu'au bout son devoir. C'est à lui à faire disposer les moyens de sauvetage, s'il en a, et à les employer pour tâcher de sauver au moins son équipage, ou partie de son équipage, si la chose est possible. C'est lui qui doit en improviser, s'il n'en a pas. Il doit être le dernier à quitter son bord, et avant de le faire, il doit sauver les papiers du navire, les objets précieux, si la chose est humainement possible. A-t-il le bonheur de gagner la terre sain et sauf, avant de songer à lui, il faut qu'il pense aux hommes qu'il commande, qu'il s'expose à de nouveaux hasards pour sauver ceux qui sont encore en danger, qu'il panse les blessés, qu'il soigne les malades; c'est à lui de leur procurer un abri, des aliments pour réparer leurs forces épuisées, et enfin il ne doit prendre aucun repos qu'alors qu'il a pensé à la sécurité des autres. C'est lui qui doit, par sa fermeté, maintenir l'ordre au milieu du désordre et de la confusion qu'entraîne presque toujours un tel événement; c'est à lui d'explorer ou de faire explorer le pays, et de diriger ses malheureux compagnons d'infortune vers un lieu habité. Il ne doit jamais quitter les femmes, les enfants, les malades, quelque danger qu'il coure, avant qu'ils ne soient en pleine sécurité.

Enfin, si son naufrage présente quelques chances de sauver son navire, sa cargaison ou partie de sa cargaison, c'est encore lui qui doit rester sur les lieux et y veiller, en supporter les inconvénients; son mandat ne finit qu'alors qu'il n'y a plus rien à faire; car, dès qu'il arrivera devant ses armateurs, devant les autorités de son pays, on lui fera rendre un compte sévère des moyens qu'il a employés pour sauver son navire; on recueillera soigneusement les preuves qui pourront être contre lui, on interrogera les personnes qui étaient sous ses ordres, pour savoir s'il n'a pas altéré la vérité, et si l'on trouve prise, sans considérer qu'il a tout perdu lui-même dans le naufrage, on le ruinera sans pitié, car les armateurs, les assureurs n'en auront aucune. Tel est l'avenir qui l'attend quand il échappe à son naufrage, s'il n'a pas de point en point rempli son devoir, nonobstant les maladies que ces émotions diverses et les accidents de mer lui ont fait contracter. Croyez-vous que le capitaine qui, en pareil cas, a accompli religieusement son mandat n'ait pas fait preuve d'une bravoure aussi grande que le soldat devant l'ennemi, que le marin militaire dans un combat? Pour nous, nous croyons qu'il en a dû déployer au moins une aussi grande; car ici il a cent fois bravé la mort sans avoir eu le véhicule qui fait le héros, l'espoir que son courage sera remarqué, et que, s'il succombe, il sera cité parmi les braves auxquels la patrie doit de la reconnaissance. Quant à lui, quelle sera sa récompense pour avoir si bien fait son devoir, pour avoir montré un si sublime dévouement? L'oubli de ceux qu'il a sauvés, s'il ne trouve pas en eux des accusateurs qui viendront aider des hommes injustes à le dépouiller.

Oui, tout est affreux dans un naufrage, et on ne saurait trop prendre de précautions, quand on est prudent, pour l'éviter. — Bien souvent, le moins malheureux des naufragés est celui qui a succombé le premier, car il a échappé à la longue agonie qui bourrèle les autres et précède leur mort. Vous représentez-vous, en effet, cet homme qui, amarré sur un débris de mât ou un autre tronçon de bois, y est pendant de longues heures le jouet d'une mer furieuse et n'arrive à terre que pour y périr, ou, s'il ne succombe pas en arrivant, meurt d'inanition sur cette terre qu'il maudit, après plusieurs jours de souffrances atroces; le voyez-vous ne se sauver des étreintes de la mer que pour tomber dans les mains d'une peuplade sauvage qui, avant qu'il meure, sans aucune pitié, lui fait subir mille morts, entre les mains de barbares qui se plaisent à ses tourments, ou craindre, à chaque moment, d'être dévoré par des bêtes féroces, souvent moins cruelles que les habitants de ces contrées inhospitalières? Mais ce ne sont pas quelques pages qui suffiraient à relater de telles misères, il faudrait écrire des volumes, et, en les lisant, le lecteur se demanderait comment l'homme, cet être fragile qui meurt souvent d'un accident en apparence insignifiant, peut-il résister, pendant des mois, pendant des années, à de telles misères.

15. Mais vous croyez peut-être, mes jeunes amis, que, dans le tableau que je viens de vous faire des douleurs de toutes espèces qui accablent les naufragés, je me suis plu à surcharger ma palette des plus sombres couleurs pour les besoins de ma cause, détrompez-vous, car je ne viens de vous décrire ici que les incidents du moins désastreux des naufrages, de celui qui, ayant lieu sur une côte, offre au moins au naufragé qui parvient jusqu'à terre quelques ressources ou quelque espoir. Que serait-ce, si je pouvais vous dépeindre, comme je le sens, avec les couleurs effrayantes qu'il faudrait y employer, les affreuses péripéties des abandons, suite de naufrages en pleine mer, malheureusement trop fréquents aujourd'hui par suite des collisions qui ont lieu depuis que la navigation à vapeur, cette navigation qui ne connaît pas de vents contraires, a pris tant d'extension; si je pouvais vous faire assister aux scènes qui se passent lors de ces abandons terribles à 300, 400, 1,000 lieues de toutes terres, par suite d'une voie d'eau qui se déclare et qu'on ne peut franchir, par suite d'un incendie dont on ne peut se rendre maître, d'un abordage ou d'un autre accident de mer; vous faire suivre au moins par la pensée toutes ces scènes de désolation qui assaillent cet équipage, réduit, parce que son navire a coulé sous ses pieds, à s'entasser dans une frêle embarcation faisant eau de toute part, que chaque coup de mer menace d'engloutir, et devoir faire dans ces conditions une traversée longue et périlleuse avant d'atteindre un endroit de salut, si l'embarcation où ils sont agglomérés n'est pas, par bonheur, rencontrée par un navire qui sauve les naufragés, avant qu'ils aient pu réussir à gagner cette terre désirée, ce qui ne présente, selon les parages, qu'un espoir bien fugitif?

Vous figurez-vous, comme nous, voir tant d'hommes, réunis dans un si petit espace, y passer plusieurs jours entre la vie et la mort, voguant sur une vaste mer, privés de tout, parce qu'en quittant leur navire ils n'ont pas eu la précaution (ou n'ont pas eu le temps) d'embarquer quelques vivres, une boussole, quelques moyens enfin de s'alimenter et de se diriger, voguant enfin à l'aventure; obligés, par conséquent, d'endurer les tourments de la faim et de la soif; de la soif surtout, sous un soleil de feu pendant le jour, auquel succède une nuit trop fraîche; périssant enfin d'inanition au milieu de l'eau qui les entoure de toute part, des poissons et des oiseaux qu'ils voient de tous côtés, qui pourraient leur servir d'aliment; ce supplice n'est-il pas celui du Tantale de la Fable?

Apercevez-vous, comme nous le faisons, leur joie, nous dirons presque leur délire, quand ils aperçoivent une voile à l'horizon, se dirigeant vers eux, et leur profond désespoir quand, inaperçus par ce navire, ils le voient s'éloigner?

Les voyez-vous, poussés par le besoin, prêts à s'entre-dévorer, faisant des vœux impies pour que l'un d'eux, succombant à ses souffrances, leur offre l'affreuse pâture qu'ils convoitent pour prolonger leur misérable existence ? Voyez-vous enfin, ainsi que nous le faisons, arriver le moment suprême où, ne pouvant plus résister à la faim et la mort ne frappant aucun d'entre eux, ils tirent au sort pour savoir quel sera celui qu'on égorgera pour sustenter les autres, puisque la nature n'a pas désigné la victime (1) ?

Mais ici nous nous arrêtons, car notre but n'est pas d'effrayer votre imagination en vous présentant cette esquisse des misères qui assaillent le naufragé et de vous détourner de la profession que vous avez ou que vous voulez embrasser ; il a été seulement de vous faire apprécier de quelle nécessité il est pour le marin d'étudier les moyens de diminuer ces périls et ces hasards inhérents à la profession de marin et de s'occuper enfin de moyens de sauvetage. Oui, mes jeunes amis, la bravoure n'exclut pas la prudence, car la bravoure sans prudence est de la témérité ; étudiez les moyens de sauvetage que nous vous proposons, imaginez-en de meilleurs, exercez les hommes sous vos ordres à s'en servir, et vous conjurerez les dangers de la navigation autant qu'il est donné par Dieu à l'homme de les conjurer. Vous vous donnerez enfin neuf chances contre une de ne pas vous noyer dans un naufrage et de sauver les hommes que vous commandez ; vous vous en donnerez aussi deux contre une que vous sauverez du naufrage la propriété qui vous est confiée. N'éloignez pas, comme des enfants, une idée obséquieuse, parce qu'elle rappelle que le naufrage est toujours suspendu sur la tête du marin pendant qu'il navigue ; apprenez, au contraire, à le regarder en face et à le

(1) Nous tenons singulièrement à ce qu'on ne s'imagine pas que nous voulons faire du roman, et que dans cet aperçu des misères qui assaillent les naufragés en général nous ne nous sommes pas plu à multiplier les catastrophes et les incidents pour rendre la lecture de notre ouvrage plus intéressante ; c'est pourquoi, lorsque nous citerons un cas spécial de naufrage, nous indiquerons plus tard un naufrage réellement arrivé dans des circonstances analogues, que nous avons pris au hasard entre mille faits que nous aurions pu indiquer, et l'on verra que dans notre description d'un naufrage nous sommes bien en dessous de la réalité ; on y verra aussi, nous l'espérons du moins, que, si ces malheureux navires avaient eu à bord les moyens de sauvetage que nous indiquons (46), il y aurait eu beaucoup moins de victimes de ces accidents.

combattre. On ne meurt pas parce que l'on a un coffre à médicaments à son bord; cependant il implique avec lui l'idée de la maladie et même de la mort. On ne se noie pas plus, on ne fait pas plus vite naufrage parce que l'on a des objets de sauvetage à son bord; mais, si le naufrage arrive, on a bien plus de chances de se sauver et de sauver son monde. En voulez-vous une preuve, représentez-vous un autre navire dans le même danger que le bâtiment pris pour exemple, mais ayant ses embarcations insubmersibles et inchavirables, pourvues des objets dont nous faisons mention (50), une bouée à voile dont nous donnons la description (92), un porte-amarre comme un de ceux que nous décrivons (98), un va-et-vient à chaise et à hamac comme celui que nous décrivons (83), une cuirasse de sauvetage, un scaphandre ou un autre moyen d'insubmersion comme un de ceux dont nous donnons la description (93), ces engins de sauvetage donneront à l'quipage de ce navire neuf fois plus de chances de salut que n'en avait celui que nous avons mentionné (8) et au moins deux chances de plus de sauver le navire lui-même, ainsi que sa cargaison, que n'en avait le premier de ces deux bâtiments que nous comparons dans le même danger.

16. D'abord le capitaine de ce second navire, ayant déjà toutes ses précautions prises dès la mer, n'a plus la préoccupation qu'a le premier pour sauver son équipage, car il sait que ses hommes iront à terre ; il n'a donc qu'à s'occuper d'éviter ce naufrage s'il lui reste quelques chances de le faire, et de s'y préparer si ces chances sont éphémères; aussi, dès qu'il voit le danger se dessiner, dès qu'il voit qu'il ne peut se relever de la côte où une brise infernale le pousse, ni sur un bord ni sur l'autre, il fait disposer ses ancres et ses chaînes à mouiller, mettre sur ces dernières des bosses cassantes, empenneler ses ancres de bossoir avec ses 3e et 4e ancres et prendre un bon croupiat.

Ces premières dispositions prises, il fait débarrasser ses embarcations de ce qui pourrait les gêner, et en augmenter le poids pour les mettre à la mer, frapper dessus ses apparaux pour les mettre dehors, et s'assure que le baril qui doit contenir les vivres et autres objets de précaution est dans chacune de ces embarcations, et que tout l'armement indiqué se trouve à bord ; il fait frapper sur chacune d'elles une bonne sabaye, et tout disposer pour les mettre promptement à la mer.

17. Il fait aussi disposer sa bouée à voiles avec les lignes qu'elle devra porter à terre s'il y a lieu, disposer également son porte-amarre et son va-et-vient, et, libre de tous ces soins, il fait à ses hommes prendre leurs appareils d'insubmersion, revêt le sien lui-même, et s'occupe alors entièrement de la manœuvre de son navire, afin de profiter de toutes les chances qui se présenteront pour se tirer de ce mauvais pas. Il fait enfin disposer des haches pour couper la mâture de son navire au besoin. Toutes ces précautions ont été prises longtemps avant que son bâtiment n'approche assez la côte pour qu'on soit obligé de les prendre avec précipitation. Et comme chaque homme de l'équipage sait qu'il ne pourra couler avec le navire et que, d'une façon quelconque, quelle que soit l'issue de l'événement, il gagnera la terre, tout le monde conserve sa tête et son sang-froid pour bien exécuter les manœuvres commandées par le capitaine, et d'où souvent dépend le salut du navire : car ils ont néanmoins une grande préoccupation, c'est celle de perdre tout ce qu'ils ont à bord ; or pour bien des matelots leur sac est toute leur fortune, et dès lors il est l'objet de cette vive préoccupation.

18. Les efforts ont été vains, et, malgré tout ce que l'on a pu faire, le navire dérive à la côte et va bientôt toucher. Le capitaine, alors, s'il croit devoir mouiller, donne l'ordre de couper les écoutes des voiles qui sont dehors et qui volent bientôt en lambeaux, ou de sacrifier une partie de ces voiles suivant le cas ; puis celui de mouiller avec certaines précautions, et, pendant que les bosses cassent, le navire qui s'est trouvé brusquement arrêté par cette manœuvre fait tête et vient debout sur ses ancres. Promptement il fait mettre une partie de ses embarcations à la mer et les laisse filer derrière son bâtiment ; il ne craint pas de les perdre, car elles sont insubmersibles et inchavirables. Ceci fait, s'il s'aperçoit que son navire chasse, ou que ses chaînes viennent à casser, il fait promptement embarquer une partie de son monde dans les embarcations qui sont à la mer, et mettre les autres dehors, il fait embarquer le reste des personnes qui sont restées à bord et s'embarque le dernier comme c'est son devoir, en emportant avec lui les papiers et objets précieux qu'il peut emporter du navire. Il va alors mouiller ces embarcations à une certaine distance de ce navire, afin que, si les chaînes de son bâtiment viennent à casser, il ne soit pas exposé à être emporté par lui, et il reste là au moins jusqu'au jour, s'il fait nuit, à l'observer, tanguant sur son ancre. Ses autres embarcations l'imitent. Ils souffrent certainement de la température, et d'être mouillés par le poudrin des lames qui déferlent sur eux; mais ils n'ont rien de plus à craindre et attendent là la lumière patiemment. Pour mieux observer leur navire avant de l'abandonner, ils y ont allumé un fanal. C'est souvent au jour qu'un coup de vent cesse; s'il en est ainsi et que leur bâtiment ait tenu sur ses ancres pendant la bourrasque, il tiendra probablement encore quand le vent diminue de violence puisque la mer tombe. Alors il retourne à son bord avec tout son monde, et tâche, en installant des mâts de fortune, de s'espalmer pour se tirer de ce mauvais pas dès qu'il le pourra. Mais, si le mauvais temps continue, il reste dans ses embarcations à observer son navire, tant que celui-ci tient sur ses ancres. Seulement, s'il a des passagers, comme ce sont gens inutiles et qui souffrent sans avantage aucun, pendant le temps qu'il observe ce bâtiment, il fait en sorte de les embarquer tous dans un ou deux de ses canots, et de les débarquer à terre en prenant les précautions que nous indiquons (67).

19. Mais malgré la solidité de ses chaînes et de ses ancres qui sont empennelées, et même à cause que ces ancres sont empennelées et ne peuvent chasser, malgré qu'il ait coupé sa mâture, malgré, enfin, les précautions multiples qu'il a prises pour que son navire puisse tenir à l'ancre, ses chaînes cassent. Alors il ne se préoccupe plus de ce qu'il en adviendra qu'au point de vue de l'intérêt qu'il lui porte; il le laisse aller à la côte, se briser sur les roches qui bordent le rivage, et attend le jour à l'ancre dans ses canots pour voir s'il peut débarquer son monde. Quand l'aube se fait, il se dirige vers la terre, mettant ses embarcations sur une ligne perpendiculaire à la lame, celle qui a le va-et-vient la plus près de terre, et les autres en assez bonne portée avec elle pour qu'elle puisse successivement en recevoir tous les équipages et les débarquer avec le va-et vient, quand celui-ci sera établi, comme nous l'indiquons (114). Si c'est sur une côte habitée par un peuple civilisé et possédant des moyens de le secourir, il s'y prend comme nous l'indiquons (144 et suiv.); si, par le contraire, c'est sur une plage où son sinistre est inconnu, il le fait comme nous l'indiquons (116 et suiv.). Il a bien plus de facilité à établir ce va-et-vient qu'il ne l'aurait eue de le faire avec son navire, car si le naufrage a lieu sur une côte où il y a peu de déclivité, et que ce navire tire une assez grande quantité d'eau, il peut souvent n'échouer qu'à 400 ou 500 mètres de terre, tandis que ses embarcations qui tirent peu d'eau pourront s'en approcher jusqu'à 200, 150 ou 100 mètres, suivant le cas, et on ne peut se dissimuler qu'on opère plus vite et mieux pour établir le va-et-vient et débarquer son monde quand on est à 100 mètres du rivage que quand on en est à 400, attendu qu'on est en dedans de la plus dangereuse zone de brisants.

20. Enfin il débarque heureusement toutes les personnes qu'il avait à son bord, tandis que son collègue a eu beaucoup de noyés et a beaucoup de malades et de blessés parmi celles qui ont été sauvées. Il débarque même avec lui quelques vivres et ce qu'il faut pour se défendre, se mettre à l'abri, allumer du feu, pêcher, chasser et se diriger, tandis que son pauvre collègue n'a rien pour soulager les misères qui assaillent ses tristes compagnons d'infortune.

21. Avec un équipage qui a peu fatigué et qui est dispos, s'il y a quelque chose à recueillir ou à sauver de son navire et de sa cargaison, le capitaine du premier navire peut le faire, tandis que son infortuné collègue, avec les mêmes chances de sauvetage, ne peut y parvenir avec son équipage réduit et épuisé. A qui le premier de ces deux capitaines doit-il tous ces avantages? Aux précautions qu'il a prises contre le naufrage alors qu'il n'y était pas exposé. Il nous semble que le choix ne peut être douteux entre ces deux positions, que la première est en tout préférable à la dernière, et que c'est celle qu'il faut adopter. Mais, nous dira-t-on peut-être, pour prendre ces précautions, il faut occasionner une lourde dépense de plus à l'armement. Et quand cela serait, répondrons-nous à celui qui nous ferait une telle objection, est-ce que la vie de tout un équipage ne vaut pas une somme d'argent? Il faudrait être bien osé pour le dire, quand bien même on le penserait; mais tranquillisez-vous, toutes les précautions que je vous indique ne coûteraient pas 1/2 pour 100 de la valeur de votre navire, car une partie de ces apparaux peut se faire à bord sans bourse délier, comme vous le verrez si vous prenez la peine de lire ce petit ouvrage.

22. Mais ce qui peut servir au sauvetage dans un naufrage sur une côte peut-il également servir dans un abandon en pleine mer? Oui, en grande partie du moins. C'est-à-dire que là le va-et-vient peut souvent être chose fort inutile, le porte-amarre peut, dans bien des cas, l'être aussi; mais les moyens d'insubmersion et d'inchavirabilité des embarcations le sont-ils, ceux-là, qui sont la grande et presque unique ressource des naufragés? Ce baril qui est dans chaque embarcation et qui renferme non-seulement des vivres pour plusieurs jours, mais encore des instruments nautiques et une boussole pour se guider, est-ce chose inutile? Personne n'en contestera la précieuse utilité. Eh bien, prenons, comme nous l'avons fait, les deux situations, celle où le navire est pourvu d'objets de sauvetage et celle où il ne l'est pas, et comparons-les parallèlement. Ne supposons même pas le cas extrême d'une collision qui fait que le navire que vous montez coule instantanément, mais supposons que vous avez quelques heures devant vous pour vous préparer à cet abandon. Débarrassé du soin de vos embarcations qui sont déjà depuis longtemps insubmersibles, vous avez toute votre tête à vous pour voir combien vous avez de monde à sauver, et combien en peuvent porter toutes ces embarcations. Suivant ce calcul, vous supputez si elles sont suffisantes. Si elles ne le sont pas, vous consacrez votre temps à faire des catimarons, comme nous vous l'indiquons (138), et à disposer tout pour l'abandon, surtout pour l'embarquement des femmes, des enfants, des passagers, si vous en avez; vous avez le temps de tout prévoir, et, comme vous avez toute votre réflexion, l'embarquement se fait sans confusion, sans même trop de terreur, car on est entouré de ressources; partant de là, on a toute confiance en vous, et, comme vous pouvez dominer le désespoir, vous exigez que les embarcations n'abandonnent pas les catimarons, et pour donner le bon exemple vous vous embarquez sur l'un d'eux, ne faisant pas comme M. de Chaumaré, capitaine de vaisseau tabaconiste, lors du naufrage de la *Méduse*. Vous donnez la route et tout le monde court la même chance; mais vous avez bien plus de raison de croire que votre collègue que vous sauverez tout ou du moins grande partie de votre monde, car vous avez, et dans vos embarcations et sur vos radeaux, des vivres pour plusieurs jours et des moyens de tuer des oiseaux de mer et pêcher des poissons qui augmenteront vos aliments, vous avez assez d'eau pour suffire aux besoins pressants de la soif, vous avez enfin bien des ressources qui ont manqué à l'autre.

23. Mais vous apercevez un navire au loin, vous pouvez lui faire des signaux de détresse, vous pouvez même lui détacher une embarcation, car les hommes de votre équipage, n'étant pas épuisés par les privations, peuvent ramer vers ce navire d'où dépend votre salut. Qu'on compare cette situation à celle des hommes du second navire qui a coulé comme le premier en pleine mer, mais qui vogue au gré des flots, privé de nourriture et épuisé de fatigues pour maintenir, sur la mer, des embarcations qui, faisant eau de toute part, menacent, par ce seul fait, à chaque instant, de s'enfoncer. Combien les premiers ont-ils de chances de salut sur les autres, quand bien même ils devraient, sans rencontrer aucun navire sauveteur, voguer plusieurs jours dans leurs embarcations! On voit donc qu'ici encore l'avantage marqué est pour le capitaine qui a des précautions de sauvetage prises à l'avance, et qu'il est imprudent de ne pas en avoir.

24. Mais supposons le cas le plus funeste de ces abandons, c'est-à-dire l'abandon instantané, soit par suite d'un abordage, d'un bordage qui largue ou toute autre cause. L'avantage est encore en ceci tout du côté de celui qui a des précautions de sauvetage prises à l'avance, car, immédiatement après le choc, comme on voit le navire s'enfoncer, on embarque sur le pont même dans les embarcations dont on coupe promptement les saisines, et que l'on dégage de tout ce qui pourrait les faire tenir au navire; alors ce navire, en coulant, les met à flot. En admettant même qu'elles soient entraînées dans l'entonnoir qu'il fait en sondant, comme elles sont insubmersibles, elles reviennent à flot un instant après avec les personnes qu'elles portent. Et, si quelques-uns des hommes du bord sont à la nage parce qu'ils n'ont pu embarquer tout d'abord, au moyen du cornet dont nous parlons (93 *bis*) on leur indique où ils doivent se diriger pour gagner cette embarcation, et ils y sont bientôt reçus. Précieuse ressource si l'un des navires est resté sur l'eau, car elle permet d'y embarquer presque immédiatement après l'événement avec tout son monde. Mais, si les deux navires sont coulés dans l'abordage, elle laisse à l'équipage de celui qui a des embarcations insubmersibles la chance de se sauver, car il peut naviguer plusieurs jours, puisque ses embarcations sont insubmersibles, pourvues de quelques vivres et moyens de diriger leur route, tandis que l'équipage de l'autre navire, s'il n'est pas nanti des mêmes moyens, périt misérablement. Telles sont, mes jeunes amis, les comparaisons que nous tenions à faire et qui, nous l'espérons, ouvriront les yeux même aux plus incrédules sur les énormes avantages qu'il y aurait que tous les navires fussent, avant leur départ d'un port, munis de moyens de sauvetage et que les hommes de leur équipage fussent exercés à s'en servir au besoin. Nous croyons que ceux que nous vous indiquons sont bons, car nous avons expérimenté avec succès ceux que nous avons inventés, et la plupart des autres l'ont été par leurs inventeurs. Est-ce à dire, pour cela, que vous devez les adopter à l'exclusion de ceux que nous ne connaissons pas et qui pourraient être meilleurs? Nous espérons que vous ne nous supposerez pas assez absurde pour avoir une telle prétention. Non, mes bons amis, le mieux doit remplacer le bien, et que vous employiez d'autres moyens que ceux que nous vous indiquons, inventés par vous ou par d'autres, pour atteindre le but que nous nous proposons dans cet ouvrage, *sauver la majeure partie des hommes qui se noient, chaque année, dans les naufrages et autres événements de mer, de sauver aussi de grandes valeurs, tant en navires qu'en marchandises, qui, chaque année, périssent par suite des tempêtes, sans profit aucun pour personne,* et nous serons le premier à applaudir à vos efforts et même, abandonnant nos procédés de sauvetage, à adopter les vôtres, s'ils sont meilleurs, car en pareil cas il n'est pas permis d'avoir d'amour-propre d'inventeur, il faut que l'amour de l'humanité prime tous les autres motifs. Mais souvenez-vous que, même à bord d'un navire privé de moyens de sauvetage, le capitaine intelligent trouve mille ressources pour en improviser, et que souvent, dans un naufrage, des hommes se noient, entourés de moyens de sauvetage qu'ils ne connaissent pas ou dont ils ne savent pas user, dont un seul eût suffi pour les sauver de cette mort terrible.

CLASSIFICATION GÉNÉRALE DES DIFFÉRENTES SORTES DE NAUFRAGES.

25. Le naufrage est un véritable protée, chaque sinistre offre ses nuances et se présente aux marins sous des formes différentes; rarement deux naufrages se ressemblent par les incidents et les causes qui les ont occasionnés, et tous exigent donc de celui qui commande cet esprit d'initiative qui caractérise le marin, ainsi que cette intelligence dans le subalterne, qui lui fait comprendre à demi-mot l'ordre du chef et l'exécuter avec précision et rapidité. Cependant, malgré cette divergence dans les circonstances que présente le naufrage, on peut classer les événements de mer d'une manière générale, et c'est ce que nous allons faire ici.

26. 1° *Le naufrage est prévu, ou il est imprévu.* Dans le premier cas, il est la suite d'une collision, d'un échouement, d'une voie d'eau qui se déclare, d'un incendie qui éclate à bord et qu'on ne peut éteindre, ou de quelque événement semblable, qui ne laisse pas le temps de se reconnaître et de prendre quelques mesures.

27. Dans le second, on se voit forcé d'abandonner son navire à la mer, il est vrai, mais on a quelques instants devant soi pour s'y préparer. La tempête vous pousse à la côte et vous fait prévoir votre perte, mais vous avez au moins le temps de préparer vos moyens de sauvetage pour atténuer la catastrophe et la rendre, au moins, moins désastreuse. Certainement ce dernier cas n'est pas aussi dangereux que le premier, quoiqu'il le soit beaucoup.

2° *Le naufrage a lieu sur une côte habitée par un peuple civilisé et qui, pourvu de moyens de sauvetage, peut aider et donner assistance aux naufragés et aux navires qui font côte.*

3° *Le naufrage a lieu sur une côte habitée par un peuple civi-*

lisé, mais dépourvu de moyens de sauvetage, bien disposé seulement à venir en aide aux naufragés.

4° *Le naufrage a lieu sur une côte habitée par des barbares, ou des sauvages dont il ne faut attendre aucune pitié; loin de là, il faut se mettre en mesure, si l'on parvient à se sauver, de les combattre dès qu'on arrive à terre; de plus, on en est réduit à ses seuls moyens de sauvetage.*

5° *Le naufrage a lieu sur une côte déserte, et où l'on est encore réduit à ses seules ressources.*

6° *La côte sur laquelle vous faites naufrage vous est connue.*

7° *La côte sur laquelle le navire se perd est inconnue.*

8° *C'est sur une côte de rochers que le navire fait naufrage.*

9° *C'est sur une plage de sable que l'on se perd.*

10° *C'est sur une grève (ou côte de galets) qu'on se jette à la côte.*

11° *C'est sur une plage de vase où le navire échoue.*

12° *C'est sur un danger au large d'une côte que le naufrage a lieu, mais il est assez près de terre pour qu'on puisse se mettre en communication avec les riverains.*

13° *Le danger sur lequel le navire fait naufrage, quoique peu éloigné de terre, l'est trop pour qu'on puisse le mettre en communication avec les riverains, et ils ne peuvent envoyer à bord et vous devez vous sauver vous-mêmes.*

14° *Le danger sur lequel le navire fait naufrage couvre à la mer haute et est découvert de basse mer : il faut donc se hâter, s'y l'on s'y sauve, de le quitter dès que la mer monte.*

15° *L'écueil sur lequel le navire a naufragé est toujours hors de l'eau; on peut y séjourner.*

16° *Le naufrage a lieu dans une mer qui marne.*

17° *Le naufrage arrive dans une mer qui ne marne pas* (comme la mer Méditerranée par exemple).

18° *Le naufrage a lieu le jour.*

19° *Le sinistre arrive de nuit.*

20° *C'est dans une mer chaude où il y a beaucoup de requins qu'on fait naufrage.*

21° *C'est dans un climat tempéré que l'on fait naufrage.*

22° *C'est dans une région froide que l'on se perd.*

23° *On est pourvu, à bord, de moyens de sauvetage.*

24° *On est obligé, faute d'en avoir, d'improviser ses moyens de sauvetage.*

25° *C'est à l'entrée d'un port que vous faites naufrage.*

26° *C'est à proximité d'un port que vous faites naufrage.*

27° *C'est à grande distance d'un port que le naufrage arrive.*

28° *Vous avez assez d'embarcations pour tout votre monde.*

29° *Vous avez plus de monde à bord que n'en peuvent contenir vos embarcations.*

30° *Vous avez eu toutes vos embarcations enlevées.*

31° *Vous pouvez retarder le moment de votre échouement, ou le hâter, mais non l'éviter.*

32° *Vous n'avez pas l'option à cet égard, attendu que la tempête vous a jetés à la côte.*

33° *Vous êtes sous voile quand vous vous décidez à vous mettre à la côte.*

34° *Vous êtes à l'ancre quand vous prenez la résolution suprême de vous jeter à la côte.*

35° *Votre équipage est exercé à se servir des moyens de sauvetage que vous avez.*

36° *Votre équipage ne connaît rien aux manœuvres de sauvetage.*

28. Voilà à peu près les différents cas où se trouve un navire qui fait naufrage sur une côte ; nous allons énumérer actuellement, également et autant que nous le pourrons, les différentes sortes de naufrages qui ont lieu en pleine mer, et qui forcent à abandonner son navire.

37° *Vous avez été abordés et votre navire coule instantanément par suite de cette collision, mais l'autre navire* (l'Abordeur) *reste sur l'eau et vous porte secours.*

38° *Le navire abordeur, après vous avoir mis en si piteuse position, vous abandonne.*

39° *Les deux navires qui se sont abordés coulent.*

40° *Vous avez, après l'abordage, le strict temps nécessaire pour vaquer au sauvetage de votre équipage.*

41° *Votre navire coule rapidement, par suite d'avoir touché sur un écueil.*

42° *Ce navire coule très-promptement, par suite d'un bordage qui largue et occasionne une voie d'eau que vos pompes ne peuvent franchir.*

43° *Votre navire est défoncé d'un coup de mer.*

29. Dans tous ces différents cas de naufrage en pleine mer, on n'a pas le temps d'organiser des moyens de sauvetage, si l'on n'en avait déjà, et l'on est dans le plus grand danger de périr, fût-on même en vue d'un autre navire. Il faut donc, étant à la mer, être prêt à tout événement; mais il s'en présente d'autres où, quoique forcé d'abandonner, on a le temps nécessaire pour prendre quelques dispositions pour se sauver. Tels sont, par exemple :

44° *L'abandon est forcé par suite d'une voie d'eau qu'on ne peut franchir, mais qui laisse le temps nécessaire pour prendre ses dispositions d'abandon.*

45° *L'abandon est forcé, parce que le navire est tellement désemparé qu'il ne peut plus naviguer, et qu'on n'a plus ni mâts ni voiles de rechange.*

46° *L'abandon est la suite du manque de vivres.*

47° *L'abandon est la suite de l'épuisement de l'équipage, qui ne peut plus suffire à manœuvrer le navire.*

48° *Le feu se déclare à bord et on ne peut s'en rendre maître, il fait continuellement des progrès.*

49° *On ne peut se rendre maître de l'incendie, mais on peut le concentrer, le faire couver et naviguer ainsi plusieurs jours avec le feu à bord.*

50° *Voyant l'imminence du danger qu'il y aurait à faire naufrage où le vent, ou le courant le jette avec votre navire, vous vous décidez à l'abandonner pour gagner la côte avec vos embarcations.*

51° *Vous n'avez plus assez d'embarcations pour espérer sauver tout le monde que vous avez à bord, et cependant il faut abandonner, suppléer à ces embarcations qui manquent par des catimarons.*

52° *Manière de se comporter dans une embarcation chargée de monde, étant à la mer, quand l'on vogue à l'aventure, pour ne pas augmenter le danger.*

30. Voilà les principaux cas d'abandon forcé de son navire à la mer, quand on a néanmoins le temps de prendre des précautions pour le sauvetage de son monde. Si l'on examine chacun de ces cas en particulier, on reconnaît que, selon les circonstances, il peut présenter dix modifications différentes. Avions-nous donc tort quand nous disions, en commençant, que le naufrage, véritable protée, se présentait au marin sous mille formes différentes qu'il fallait étudier? Mais, pour combattre ces terribles accidents, presque toujours les mêmes armes suffisent, et nous n'en connaissons pas de meilleures que celles que nous indiquons (46). C'est donc dans l'emploi plus ou moins rationnel de ces engins de sauvetage que consiste l'art du sauveteur ; or, quoiqu'ils ne soient pas difficiles à mettre en œuvre, il faut encore savoir s'en servir. c'est pourquoi on n'improvise pas un sauveteur, et que tous les marins devraient être exercés à se servir des moyens de sauvetage, comme ils le sont à la manœuvre du navire, à celle des voiles et des armes. Il est reconnu que dix hommes expérimentés et bien commandés sauveront plus sûrement dans un naufrage que cent qui ne le sont pas, et qui sont souvent un embarras de plus. Mais, quand tout le monde sait comment agir, c'est bien mieux encore. La plus grande partie des pertes que nous avons à déplorer, chaque année, sont dues à cette ignorance, et nous ne craignons pas de le dire, que celui qui lira attentivement ce *Guide du marin sauveteur,* et qui prendra les précautions que nous y indiquons, atteindra le but que nous avons indiqué en commençant à l'écrire, c'est-à-dire qu'il sauvera au moins *les trois quarts des hommes qu'il commande* (*ou qu'il va secourir*) *et la moitié des valeurs qui sont exposées dans son naufrage* (*ou ce naufrage*). Et nous espérons que, faisant de plus en plus de progrès dans l'art de sauver, bientôt il en inventera de plus puissants et en obtiendra de meilleurs résultats encore.

DU MOYEN DE SAUVETAGE LE PLUS NATUREL, DE LA NATATION.

31. On trouvera peut-être singulier que nous classions la natation au nombre des moyens de sauvetage et que nous lui donnions le premier rang; mais, comme nous voulons procéder par ordre, nous commençons par celui que chaque personne peut toujours avoir à sa disposition. Aussi considérons-nous la natation non-seulement comme un exercice hygiénique, salutaire et amusant, mais aussi comme le plus puissant des moyens de sauvetage, et le tenons tellement en estime, que nous voudrions lui voir faire partie de l'éducation première qu'on donne dans les écoles primaires; si nous en avions le pouvoir, nulle personne ne devrait être inscrite comme marin si elle ne prouvait pas qu'elle sait nager. Nous disons que la natation est un art hygiénique de première classe; mais, comme on pourrait douter de notre capacité à en juger, nous aimons mieux transcrire ici l'opinion d'un savant médecin contemporain qui a écrit sur cette matière. Personne ne contestera, nous l'espérons, l'opinion du docteur L'Allemand de Montpellier. Or voici ce qu'il dit sur la natation :

OPINION DU DOCTEUR L'ALLEMAND SUR LES AVANTAGES DE TOUTE SORTE QUE PRÉSENTE LA NATATION.

32. « La natation doit tenir le premier rang parmi les exercices « obligatoires *à cause de son importance sous tous les rapports*, car « c'est un de ceux qui dépensent le plus de forces, qui exercent « le plus les muscles de toutes les manières, l'un de ceux qui dé- « veloppent le plus l'adresse et la force. L'action de l'eau froide « pendant que le corps est en mouvement est aussi d'une grande « utilité pour l'économie animale. On sait combien l'usage des « bains froids est tonique par la sensation qu'ils excitent à la peau, « par l'énergie qui en résulte dans les fonctions des membranes « muqueuses si intimement liées à celles de la peau, dès que la « constitution est assez robuste pour résister avec avantage à la « soustraction de la chaleur animale; les luttes fréquentes contre « l'action du froid habituent peu à peu l'économie à réagir éner- « giquement pour maintenir l'équilibre, et finissent par sous- « traire la peau à cette fâcheuse susceptibilité qui la rend impres- « sionnable au moindre changement brusque de la température. « C'est surtout quand la vie est exubérante que la natation pro-

« duite par les bains froids est facile et salutaire. C'est alors aussi « qu'un instinct naturel porte à la rechercher. Enfin les bains « froids peuvent être regardés comme le meilleur préservatif « contre d'autres sollicitations et doivent être une considération im- « portante pour y résister aux approches de la puberté. La simple « immersion dans l'eau froide offrirait déjà de grands avantages « lors même que le corps y resterait complétement insensible. Mais « la natation rend les bains froids bien autrement fructueux par « la réaction qu'elle favorise. Tous les muscles y prennent part « de la manière la plus variée et la plus continue, car le moindre « repos menacerait l'existence. Il n'y a donc pas d'exercice plus « favorable à la vigueur de la constitution et à la régularité des « formes, au développement de l'adresse et de la force.

« *D'un autre côté, quel recours n'en peut-on pas tirer pour soi- « même ou pour les autres dans une foule de circonstances impré- « vues inévitables?* Il ne faudrait souvent qu'un peu de sang-froid « et quelques efforts bien dirigés pour *éviter la mort ou sauver « la vie à son semblable.* Ce n'est pas le courage ni la force qui « peuvent préserver des dangers de cette nature. La plupart de « ceux *qui se noient ne succombent que parce qu'ils perdent la tête « et parce que leurs mouvements sont désordonnés.* L'habitude « peut donner, dans ces moments de trouble et d'effroi, le calme « nécessaire pour juger la position d'un coup d'œil rapide et sûr. « Souvent il ne faut que surnager quelques instants pour recevoir « des secours efficaces et pour saisir quelques moyens de salut, « car, dans ces moments critiques, ce sont les êtres les plus faibles, « les femmes, les enfants, qui deviennent l'objet des plus géné- « rales sympathies.

« C'est donc avec une juste raison que les anciens méprisaient « celui qui ne savait pas nager à l'égal de celui qui ne savait pas « lire, et qu'ils regardaient l'absence de ce talent comme le signe le « plus certain d'une mauvaise éducation. »

Que pourrions-nous dire pour dire mieux, pour plaider même aussi bien notre cause que ce qu'a dit le célèbre médecin, que cette opinion si solidement établie des bienfaits de la natation ? Rien sans doute; c'est pourquoi nous ne nous permettrons aucun commentaire à cet égard. Mais, quand nous parlons de la natation, nous parlons de cette natation utile qui consiste à savoir bien se soutenir et bien s'avancer quand on est à flot sur l'eau, à nager étant sur le dos, à faire la planche. Nous ne prétendons pas qu'il soit utile que tout homme sache nager gracieusement comme nos amateurs de la Seine, en faisant la coupe ou des passes, comme s'ils faisaient des exercices gymnastiques; le savoir-faire ne peut nuire sans doute, mais nous aimerions mieux voir un homme savoir se déshabiller étant dans l'eau que de le voir faire la coupe avec élégance. Ici nous nous occupons de l'utile et non de l'agréable, nous laissons ce soin que nous ne pouvons avoir à ces écrivains élégants qui savent entourer tous les sujets qu'ils traitent d'un tel prestige, qu'ils se font lire avec intérêt même des personnes les plus étrangères à ces sujets. Que n'avons-nous pas ce talent? que ne pouvons-nous écrire comme un Ed. About, comme un Ed. Corbière, etc., que nous connaissons si bien? Mais, puisque nous ne pouvons le faire, nous espérons que nos lecteurs nous traiteront avec indulgence, et voudront bien prendre, comme ils le doivent faire, le style un peu goudronné d'un vieux marin. Mais ce n'est pas de réclamer l'indulgence que nous devons nous occuper ici, c'est de natation; revenons donc à notre sujet.

33. Nous demanderons tout d'abord à nos lecteurs : Pensez-vous qu'il soit fort difficile et fort dispendieux d'introduire la natation dans l'éducation du peuple? Quant à nous, nous ne le pensons pas, et, pour le prouver, permettez-nous de vous faire ici la description d'une école de natation que nous avions installée, et où nous avons fait apprendre à nager très-promptement à un grand nombre d'enfants.

APPRENDRE A NAGER EN QUATRE LEÇONS.

DESCRIPTION D'UNE ÉCOLE DE NATATION.

34. D'abord nous avons fait installer un chevalet comme celui que nous représentons figure 1re, et que nous nommions le cheval de

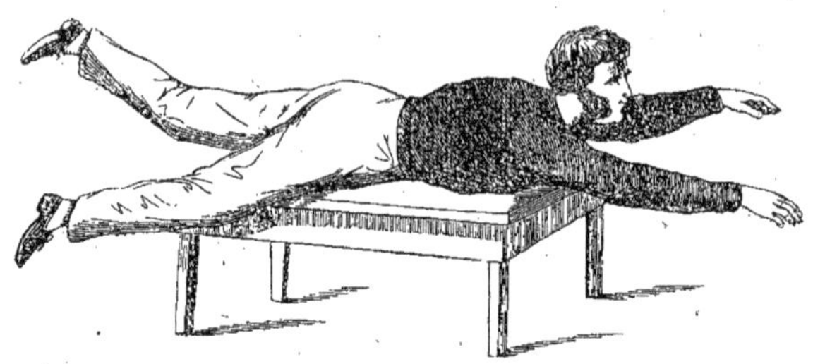

Fig. 1re.

bois, c'était pour faire apprendre au commençant les mouvements d'ensemble qu'il doit faire quand il nagera dans l'eau ; aussi nommions-nous cette partie de l'instruction : ***apprendre à nager à sec.*** En effet, l'enfant étant soutenu par la poitrine et la partie inférieure du corps sur la table de notre cheval de bois, ayant néanmoins la tête, les bras et les jambes en dehors, peut faire sur cette table les mêmes mouvements des bras et des jambes que s'il était dans l'eau. C'est à M. G. Malo, armateur et savant constructeur à Dunkerque, que nous devons cette ingénieuse idée.

35. Quand l'élève s'était bien exercé sur le cheval de bois à ces mouvements, et que nous jugions qu'il serait bientôt assez habile pour les faire dans l'eau, et nager enfin, nous le conduisions sur le bord d'un quai, nous avions installé l'appareil que nous représentons figure 2e, qui se compose, comme on le voit, d'un chevalet sur les cornes duquel est placée une longue perche qui y est bien amarrée ; cette perche est percée, à l'extrémité, d'un trou et sur l'autre extrémité est un petit taquet. Il passe dans le trou du bout de la perche une ligne, sur l'extrémité de laquelle est une sangle à boucles (ou à cordons) pour en entourer la poitrine de l'enfant jusqu'aux aisselles d'un côté et l'estomac de l'autre; l'autre extrémité de la corde est entre les mains du moniteur, qui la tourne au taquet quand il le juge nécessaire. Le chevalet doit être placé assez près du bord pour que la perche domine sur l'eau au moins de la longueur de l'enfant, ou enfin de 1m,50 à 1m,66. Tout étant ainsi disposé, on fait approcher l'enfant autour de la poitrine duquel on fixe la ceinture, puis on le fait se mettre à l'eau, sans l'y

Fig. 2.

jeter, car il faut se défier du mouvement d'effroi que produit sur un enfant, et même sur une grande personne, la crainte que lui cause sa chute dans une eau trop profonde pour qu'il y ait pied. On le laisse donc se mettre à l'eau volontairement et bien s'assurer lui-même qu'il ne peut couler à fond parce qu'il est suspendu à la perche par la corde. Quand on le voit bien apaisé à cet égard, on lui fait faire les mêmes exercices qu'il faisait sur le cheval de bois, et on occupe son imagination en lui commandant les mouvements de nage comme un instructeur commande l'exercice à des soldats : Vous ne faites pas bien vos mouvements d'ensemble, lui dit-on ; vous n'arrondissez pas assez la jambe droite, vous tenez trop roide le bras gauche, vous ne tenez pas votre tête assez haute, vous ne faites pas bien ceci, vous ne faites pas bien cela, etc., etc. Pendant que vous occupez ainsi son attention, vous remarquez s'il fait bien les mouvements nécessaires pour se soutenir sur l'eau sans le secours de la corde, et, quand vous vous en apercevez, vous en filez assez pour qu'elle ne le soutienne plus. Vous l'observez de nouveau alors, et, quand vous remarquez qu'il flotte bien par ses mouvements propres, vous lui filez successivement de la corde pour qu'il puisse réellement nager et s'éloigner de vous, et, en renforçant le volume de votre voix de manière à lui faire croire que vous êtes toujours à même distance de lui, il avance ainsi sans s'en apercevoir, car il vous tourne le dos. Il nage enfin, et est quelquefois à 3 ou 4 mètres du chevalet, quand il s'aperçoit qu'il n'est plus soutenu. Alors un grand effroi le prend, il jette un grand cri, et coule. Vous vous empressez de le retirer et il revient sur l'eau encore tout étourdi, suspendu à la gaule comme il l'était tout d'abord. C'est alors que vous le sermonnez. Comment, lui dites-vous, avez-vous eu la sottise d'avoir autant de frayeur? Vous voyez bien que vous nagiez et vous saviez bien qu'en tout cas vous étiez amarré à une corde que nous tenions, et qu'au cas où vous ne pouviez plus vous soutenir sur l'eau, au moindre signe de détresse nous vous aurions retiré de tout danger. Il rit de son effroi, et, pour vous prouver qu'il n'a plus peur, il vous propose lui-même de recommencer l'épreuve, ce que vous acceptez. Après cette seconde épreuve, qui ne lui est plus pénible, vous vous opposez à ce qu'il en fasse une troisième, de peur d'épuiser ses forces, et, après l'avoir laissé encore quelques minutes suspendu dans l'eau pour s'amuser à faire les mouvements d'ensemble qu'il fait alors bien plus régulièrement, vous le faites sortir de l'eau et se rhabiller. Le lendemain, loin de redouter le moment où il faudra prendre son bain, il l'appelle, au contraire, de tous ses vœux, va dans l'eau sans aucune appréhension, et quand il sait que vous lui filez la corde, n'en manifeste aucun effroi. Vous vous contentez de le laisser aller aussi loin que la veille; mais, tout en l'arrêtant, vous le laissez nager un peu plus longtemps. Après ces deux leçons, comme il sait bien se soutenir sur l'eau, tout en le maintenant sous vous, vous lui faites faire le mouvement de se retourner pour revenir à terre. Quand il le fait bien, vous le laissez courir au large à 3 ou 4 mètres et revenir à terre à la nage, tout en abraquant au fur et à mesure la petite corde pour être toujours prêt à le soutenir, si un moment d'effroi ou une crampe (ce qui n'est pas rare quand on commence) venait à le faire couler. Trois ou quatre leçons suffisent à lui donner ces premières notions de la natation. Quand il sait bien se soutenir sur l'eau dans la position ordinaire du nageur, vous lui faites mettre la ceinture de manière à ce qu'il nage sur le dos, c'est-à-dire que la boucle de la ceinture est du côté de la poitrine, et vous le faites nager dans l'eau sur le dos, comme il a appris à le faire préalablement sur le cheval de bois. C'est encore l'affaire de quelques leçons, après lesquelles vous lui apprenez à faire la planche, pour se reposer. Bien certains, actuellement, qu'il peut se soutenir sur l'eau, vous profitez d'un moment où il y a un peu de mer à la côte pour l'y faire nager contre la lame, et apprendre à avoir la tête et le haut des épaules hors de l'eau, pour ne pas être fatigué par les petites vagues qui lui fouettent continuellement à la figure et l'empêchent de respirer à pleins poumons, ce qui est très-urgent en nageant; puis, profitant des moments où la mer est de plus en plus grosse, vous l'habituez progressivement à braver la lame. Soyez persuadés que trente leçons d'un tel apprentissage lui enseignent parfaitement à nager. Et si c'est une grande personne, elle apprendra à le faire dans moins de temps encore, car elle comprendra mieux vos démonstrations.

C'est ainsi que nous avons appris à nager à bien des enfants et à 240 soldats du 29e de ligne, dont le général Duchonois était alors colonel et à la grande satisfaction de ces soldats.

36. Mais ce n'est pas seulement dans le but d'apprendre un art hygiénique, et utile s'il tombe à l'eau, que le marin doit apprendre à nager, c'est encore pour s'en servir comme moyen de sauvetage dans le moment qu'il tombe à la mer par une cause quelconque, pour se soutenir sur l'eau et aller chercher un objet de sauvetage qu'on lui jette, ou pour pouvoir, dans un naufrage sur une côte, gagner cette côte à la nage. Quant au premier cas, lorsqu'il s'agit d'attraper une bouée qu'on lui jette, de gagner un canot ou un navire qui vient à son secours, nous venons de l'indiquer, c'est la même manœuvre qu'il fait en nageant contre la grosse mer. Mais quand il faut gagner la terre à la nage par une tempête au milieu de brisants qui déferlent sur la côte avec furie, et dont le sommet est souvent à plusieurs mètres au-dessus du fond, il faut agir prudemment et se conduire comme nous allons l'indiquer.

GAGNER LA TERRE EN NAGEANT DANS LES BRISANTS POUR NE PAS ÊTRE ROULÉ DANS LA LAME ET PRESQUE TOUJOURS NOYÉ.

57. Nous commencerons par dire, comme règle générale, aux naufrageants : *Ne quittez jamais votre navire, que vous sachiez nager ou non, tant que vous pourrez rester à bord, quand vous faites naufrage sur une côte, car vous y courrez toujours moins de danger qu'en vous mettant à la mer pour venir à terre à la nage. Si vous faites naufrage sur une côte où la mer marne et qu'il y ait jusant, en admettant même que le bâtiment ne vienne pas à sec, comme, une fois, franchi il restera tranquille, il vous offrira bien plus de facilité pour vaquer à votre sauvetage, et d'ailleurs, comme il vous abritera des grands coups de mer, restez à bord.* Mais, si c'est dans une mer où il n'y a ni flux ni reflux que votre navire fait naufrage, ou qu'il se démolisse sous vos pieds, par suite de coups de mer qu'il reçoit, que vous craigniez de passer une nuit incertaine à bord, ou par un autre motif qui vous force à abandonner, et que vous n'ayez pas d'autres moyens que la natation, il faut bien en user. En pareil cas, nagez, mais en ménageant vos forces, jusque dans les brisants de terre, la tête vers la côte. Mais, quand vous êtes las, faites tête à la lame, tâchant de vous élever au-dessus du brisant qui va déferler, ou passant en plongeant au travers, pour vous mettre dessus et vous laisser porter par lui, autant qu'il veut le faire ; l'important est de vous maintenir la tête hors de l'eau le plus possible, afin de pouvoir respirer librement, car c'est là une des conditions importantes d'une longue natation ; c'est pourquoi, si vous pouvez le faire avant de quitter votre navire, procurez-vous un morceau de liége, même à défaut un petit bout de planche, quelque chose de très-flottant enfin, que vous amarrerez sous votre menton en guise de hausse-col, ou quand on nage sur le dos, sur le derrière de la tête, afin que, lorsque le coup de mer déferle, il vous soulève la tête hors de l'eau au lieu de l'enfoncer. Quand on a pu prendre cette disposition, il faut se laisser aller à la lame, qui vous jette à terre, plutôt que de nager, afin de mé-

nager vos forces pour le moment où, entrant dans les brisants, vous aurez besoin de toutes les réunir pour cette circonstance suprême. Surtout, avant de prendre pied, n'essayez pas de lutter, quand vous arriverez dans les brisants de terre, contre le renvoi de la lame, car ce serait vous épuiser inutilement avant d'entrer dans cette zone de brisants, où vous serez obligés d'user de toute votre vigueur, car c'est là qu'est le plus grand danger, et c'est là, comme nous l'avons dit plus haut, qu'au lieu de nager droit à la côte il faut lui tourner le dos et faire tête à la lame (1); autrement, il est à craindre que le brisant, en déferlant sur vous, ne vous précipite au fond si rudement, qu'il vous y blesse, vous roule et vous fasse perdre connaissance, ce qui vous met, si on ne vient promptement à votre secours, en extrême danger de vous noyer. Au contraire, quand vous faites face à ce brisant, ou que passant au travers, vous vous mettez sur son sommet, il vous pousse à terre avec la force et la rapidité d'une flèche. Dans un tel cas, si, conservant tout votre sang-froid, vous vous retourniez étant sur le brisant et nagiez vigoureusement à terre jusqu'à ce que le renvoi de la lame vous avertît qu'elle va vous réentraîner vers un brisant nouveau, auquel vous retournant de nouveau vous-mêmes, vous feriez tête, ce serait au mieux, et ce mouvement est facile, car il suffit quand on a dépassé le brisant, de se laisser mâter pour nager la figure du côté de terre, et, quand on sent le renvoi de la lame, de mâter de nouveau pour faire face au large. Mais ceci demande une assez grande habitude de natation ; nous n'en parlons donc ici que pour compléter cette instruction. Le nageur qui n'est pas bien sûr de lui doit préférer attendre un peu plus longtemps pour venir à terre, jeté par la lame, que de faire une fausse manœuvre qui peut le compromettre. Et jusqu'à ce qu'il reconnaisse à la couleur

(1) M. Bollaert, docteur-médecin à Bergues, et de plus excellent nageur, auquel nous parlions de traverser le brisant en plongeant, nous dit : J'aime mieux m'élever au-dessus de la lame quand elle va briser, et pour le faire j'appuie de mes deux mains à plat et assez fortement pour que cette pression suffise à me faire élever au-dessus du niveau de la vague ; j'ai tout au plus le poudrin qui me fouette au visage. Nous engageons ceux de nos lecteurs qui le voudraient faire d'essayer ce procédé, car, s'il est aussi praticable que le dit le docteur, il vaut mieux que le nôtre.

de l'eau, qu'il approche du rivage et qu'en se redressant il s'aperçoive qu'il n'y a plus que 1 mètre ou 75 centimètres d'eau sous lui, qu'il peut prendre pied et résister au coup de mer qui va suivre sans en être renversé, il lui faut être assez prudent pour ne pas combattre le renvoi de la lame en nageant, ce qui épuiserait ses forces et lui ôterait la puissance souvent de résister au brisant qui va de nouveau déferler sur lui, qui le précipiterait au fond et pourrait l'étourdir, s'il ne le blessait pas assez pour le faire se noyer. Il faut bien faire attention que nager dans une tempête est tout autre chose que de le faire dans les circonstances ordinaires d'un exercice. Aussitôt que le naufragé reconnaît qu'il a pied, il lui faut, sans retard, se hâter de marcher en avant pour se mettre à l'abri des coups de mer qui vont se succéder. Il est à remarquer que les plus grands coups de mer ne se succèdent guère qu'à certains intervalles; ainsi, quand on a eu deux ou trois coups de mer violents il est à espérer qu'on en aura six à dix beaucoup moins dangereux. Le nageur doit, s'il conserve son sang-froid, tenir compte de tout cela.

58. Mais ce n'est pas toujours dans un coup de vent qu'on est obligé de venir à la côte; alors l'art du nageur ne lui prescrit pas les mêmes précautions, seulement il faut qu'il s'habitue à tenir la tête le plus haut possible, afin de l'avoir hors de l'eau.

GAGNER LE LARGE A LA NAGE.

59. Nous avons bien souvent entendu dire que des personnes avaient lutté contre la tempête et étaient parvenues à gagner le large à la nage; nous avons même (car alors nous nagions fort bien) essayé de le faire, non dans une tempête, mais quand la mer était grosse et déferlante; jusqu'à certain point nous avons réussi, mais nous devons avouer que jamais nous n'avons essayé de le faire dans une tempête, où tous les objets flottants sont lancés par la lame avec une grande force. Nous croyons la chose impossible, et n'essayons pas à indiquer des moyens d'en triom-

pher. D'ailleurs, de voir nager contre la lame, dans un coup de vent, est chose extrêmement rare. Mais, sans être dans un tel cas, on peut avec grosse mer se trouver dans le cas d'aller au secours d'une personne en danger de se noyer; voici comment en tel cas nous avons quelquefois gagné le large : on s'avance dans l'eau autant qu'on le peut, et on laisse au brisant déferler sur vous, résistant à son impulsion pour vous porter à terre, ce qui est assez facile, car dans ce moment on a toute sa vigueur. On attend l'effet de son renvoi pour nager vigoureusement vers le brisant suivant. Quand celui-ci fait la voûte et est prêt à déferler, on pique une tête au travers et on se met sur sa crête, nageant encore vigoureusement pour n'être pas porté par lui plus à terre, s'il est possible. Alors, profitant de nouveau de son renvoi, on s'avance plus loin au large vers le nouveau brisant, où l'on recommence la même manœuvre jusqu'à ce qu'on ait dépassé la ligne de brisants. Mais c'est un exercice très-fatigant, et il faut être doué d'une grande vigueur, ou être muni d'un moyen d'insubmersion, pour gagner ainsi le large.

40. C'est lorsqu'on est obligé de nager ainsi debout à la lame, qu'il est avantageux de tenir sa tête haute; car presque toujours autrement on a les petits flots qui battent au visage, ce qui est d'autant plus fatigant qu'on ne peut librement respirer. Or on ne saurait croire combien une respiration facile aide à la natation.

41. Nager contre la lame arrive souvent dans les colonies, où presque toujours le ressac bat en côte et y produit une assez grosse mer, c'est pourquoi il est bon d'y habituer, par des exercices fréquents, les jeunes gens qui apprennent à nager, surtout ceux qui se destinent à la marine. Nous croyons que dans ces exercices il serait bon de munir l'élève d'un tube en caoutchouc rempli d'air, d'un collier en liége ou d'une botte de jonc, qu'il mettrait autour de son cou en guise de cravate, pour l'empêcher de plonger la tête sous l'eau. Plus tard, quand il aurait l'habitude de tenir sa tête haute, on pourrait le supprimer. Nous donnons ici un dessin de ce petit appareil.

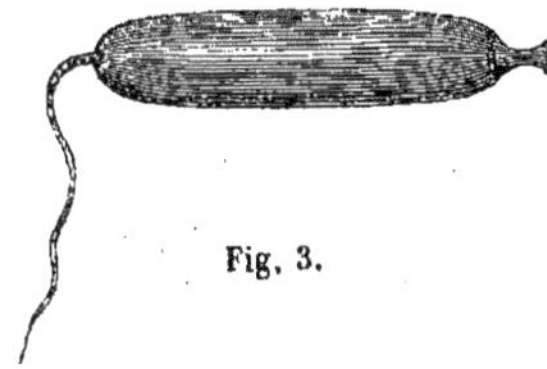
Fig. 3.

42. Lorsqu'il faut gagner la côte à la nage, et que cette côte est de roches, il faut prendre plus de précautions encore ; car, si l'on est précipité par la lame sur leurs pointes, on risque d'en être ou tué ou grièvement blessé ; c'est dans un tel cas que savoir combattre la lame est utile, surtout si l'on a, pour se préserver, une cuirasse et un garde-tête, comme ceux dont nous parlons (**93-165**). Il vaut mieux alors venir les pieds en avant et même en nageant sur le dos, car au moins on voit où l'on court et quand on approche des écueils, et si les pieds y heurtent il y a moins de danger que quand c'est la tête, le coup de mer vous mâte, et souvent vous aide à vous faire vous sauver. Du reste, il est bien difficile, du moins croyons-nous, de donner de bons préceptes de nage dans une telle position. Aussi, dans la crainte d'induire en erreur les personnes qui auraient confiance en nos instructions, nous aimons mieux n'en rien dire. La seule chose que nous leur recommanderions, ce serait, si l'on vient à terre la tête en avant, de se bien garantir la tête et la poitrine, au moyen d'un plastron d'étoupe, de copeaux de bois, de mousse ou autre chose souple.

43. Mais se sauver dans un naufrage n'est pas le seul cas où la natation puisse être utile à la personne qui embarque ; il peut arriver, sans qu'il fasse très-mauvais temps, et même quand la mer est fort belle, qu'on tombe à l'eau dans un endroit où il y a beaucoup de courant. Il faut, en pareil cas, se garder de lutter contre ce courant, car on épuiserait inutilement ses forces ; il faut le couper obliquement en lui présentant ou un angle droit, ou même un angle obtus, car, dans ce cas, il vous entraîne, il est vrai, mais n'empêche pas que vous ne vous approchiez de la terre, si elle est voisine, et il vaut mieux aller terrir à un kilomètre plus loin que le point de la côte correspondant à celui où l'on est tombé à la mer, mais terrir, que de chercher à ne pas aborder au delà de ce point. Règle générale en pareil cas : il vaut mieux devoir courir à terre que de résister à une force permanente qui vous empêche d'avancer. Il n'y a qu'un cas où il faut lutter, même courageusement et avec vigueur, c'est quand il s'agit soit d'attraper une bouée ou un objet de sauvetage qu'on vous jette, soit d'attendre une embarcation qu'on voit arriver pour vous sauver. Mais encore, si le navire duquel vous êtes tombés est dans une rade et à l'ancre, qu'il y ait d'autres navires mouillés derrière lui dans ses eaux, il vaut mieux, plutôt que d'épuiser ses forces, se diriger vers le plus voisin d'entre eux et se tenir sur son câble, car il n'y a pas de doute que ce navire ne détache, en temps utile, une embarcation pour sauver la personne ainsi exposée. Ce dont on doit soigneusement se défier en pareille circonstance, c'est des tourbillons. Mais on les reconnaît facilement au calme apparent qu'ils forment sur l'eau entourée d'un cercle de clapotage; ils sont très-dangereux, car, si on a le malheur de tomber dans une de ces eaux perfides, on court grand risque de s'y noyer, attendu que ce sont des entonnoirs où l'eau tourne sans cesse, attire tout corps qui se trouve dans son rayonnement au fond par un mouvement spiral, et le renvoie ensuite à flot quand il vient à heurter le fond; ce choc est rude, car nous avons vu tous les hommes dont on recueillait le corps après avoir été entraînés dans ce cercle fatal, et qui enfin ont été rejetés à l'étale, être presque tous grièvement blessés.

44. Ce que nous avons dit de la natation à la mer peut aussi s'appliquer à la natation dans les rivières, car, si celles-ci ne présentent pas, en général, des vagues aussi grosses que la mer, elles ont d'autres dangers redoutables, entre autres les tourbillons dont nous venons de parler, et les herbes de fond qui ordinairement en bordent les rives, et au milieu desquelles on court de sérieux dangers quand on est obligé d'aborder au milieu d'elles, car elles s'entortillent autour des bras et des jambes du nageur et, paralysant ses mouvements, le font souvent se noyer, quand ce n'est pas dans un endroit où il y a une rive dégagée de ces herbes funestes, comme le long des quais d'une ville par exemple; mais là sont d'autres dangers à craindre quand il territ, ce sont les bateaux, les trains amarrés à la rive, vers lesquels le courant vous pousse, et qui souvent vous fait passer dessous, ce qui ordinairement entraîne votre perte. Il vaut donc mieux, quand on a le malheur de tomber à l'eau dans une rivière, et qu'on peut craindre un tel effet de son courant, gagner au large de ces obstacles tout en observant si la rive ne présente pas quelques îles, quelques points saillants au delà desquels il doit y avoir molle eau, s'il n'y a pas contre-courant, et alors, quand on a le bonheur de trouver un tel abri, ou un rivage, s'y diriger. Presque toujours dans ces déplorables événements on augmente le danger que l'on court en perdant la tête; il y a grande chance de sauvetage, même dans un débordement pour la personne qui, conservant son sang-froid profite de tous les moyens que le hasard lui présente pour se sauver. Or, pour avoir cette confiance en soi, il faut s'être exercé à la natation, quand on n'était pas dans le danger, à le surmonter quand il arrive; c'est pourquoi nous ne saurions trop recommander d'apprendre non-seulement à nager aux jeunes enfants, mais de leur apprendre aussi à se sauver dans un cas périlleux, et l'un est aussi facile à apprendre que l'autre.

MANIÈRE DE SAUVER LES NOYÉS.

(Extrait du *Journal de l'institution des bateaux de sauvetage*, traduit de l'anglais par l'amiral Pâris.)

« Les instructions suivantes sont publiées dans le but de guider « les personnes qui, sachant nager, peuvent porter secours à ceux « qui se noient; elles ont été rédigées par M. J. H. Hodgson de « Sunderland, surnommé dans son pays *pétrel des tempêtes*, et « qui est le plus à même d'émettre une opinion sur un pareil « sujet que toute autre personne du Royaume-Uni, en ce qu'il en « a fait son étude depuis son enfance, et qu'il a sauvé plus de « personnes en nageant à leur secours que tout autre habitant « des îles Britanniques.

« *Instruction pour nager au secours des personnes en danger.*

« 1° Quand vous approchez une personne près de se noyer, « criez-lui d'abord très-haut qu'elle n'est pas en danger.

« 2° Avant de plonger, débarrassez-vous, le plus tôt possible, de « tous vos vêtements, déchirez-les si c'est nécessaire; mais, s'il n'y a « pas de temps à perdre, débarrassez-vous d'abord de vos souliers, « parce qu'ils se rempliraient d'eau et vous gêneraient pour na- « ger.

« 3° Lorsque vous nagez vers une personne, ne la saisissez « pas tout de suite si elle se débat; mais attendez quelques se-

« condes, jusqu'à ce qu'elle soit tranquille, ce qui aura lieu après « qu'elle aura avalé une ou deux gorgées d'eau de mer, car c'est « une vraie folie de saisir une personne pendant qu'elle se débat, « et, si vous le tentez, vous risquez beaucoup.

« 4° Quand elle est devenue tranquille, approchez-vous et sai- « sissez-la par les cheveux, et tournez-la, aussitôt que possible, « sur le dos en lui donnant une secousse qui l'amènera à « flot. Alors mettez-vous aussi sur le dos et nagez vers la terre « avec vos pieds, en la tenant de vos deux mains par les cheveux, « vous sur votre dos, elle aussi ayant naturellement son dos contre « votre estomac ; de la sorte vous gagnerez la terre plus sûrement « que par tout autre moyen, et vous pourrez facilement nager « avec deux et même trois personnes. Celui qui a écrit cette mé- « thode en a plusieurs fois fait l'expérience avec quatre per- « sonnes, et s'est avancé de la sorte de 40 à 50 yards (36 à « 40 mètres en mer). L'un des grands avantages de cette méthode « est de permettre à votre tête de rester hors de l'eau et en même « temps de soulever la tête de la personne que vous sauvez. Il « est de toute importance que vous la teniez ainsi par les cheveux « et que vous la placiez ainsi que vous-même sur le dos. Après « beaucoup d'expériences, j'ai trouvé cette méthode infiniment « préférable à toute autre. De la sorte vous pouvez flotter aussi long- « temps que vous le voulez, jusqu'à ce qu'un canot ou tout autre « secours vous vienne en aide.

« 5° C'est une erreur que d'imaginer qu'un mourant saisit « avec une force extraordinaire ce qu'il atteint, ou du moins cela « n'arrive que rarement, car j'ai vu bien des personnes couler « dans l'eau, et je ne l'ai jamais observé. Dès qu'un noyé com- « mence à s'affaiblir et à perdre connaissance, il lâche peu à peu « et quitte tout à fait ce qu'il tient. Il ne faut donc rien redouter « quand on tente de sauver quelqu'un (1).

« 6° Quand une personne a coulé et que l'eau est unie, on

(1) Nous ne sommes pas tout à fait de l'avis de M. Hodgson à cet égard, car, dans une circonstance où nous avons eu le bonheur de sauver une femme qui était coulée, nous avons eu quelque peine à nous dégager de prime abord de ses mains.

« connaît exactement sa position par les bulles d'air qui s'élèvent « à sa surface. Il faut, toutefois, tenir compte du mouvement géné- « ral de l'eau, s'il y a de la marée ou du courant qui aient dé- « tourné les bulles de leur ascension directe verticale. On peut « sauver quelqu'un du fond de l'eau assez tôt pour le faire revenir « en plongeant d'après les indications des bulles d'air (1).

« 7° Lorsque l'on cherche à sauver quelqu'un en plongeant au « fond, il ne faut jamais saisir les cheveux que d'une seule main « et conserver l'autre pour l'employer avec les pieds, pour vous « élever tous deux à la surface.

« 8° Si on est en mer, c'est souvent une grande erreur de « chercher à gagner la terre. S'il y a une forte marée portant au « large, et que vous nagiez pour votre compte ou pour sauver une « autre personne qui ne sait pas nager, mettez-vous sur le dos et « restez-y jusqu'à ce qu'il vous arrive du secours. Beaucoup « d'hommes se fatiguent à refouler les vagues en nageant contre « marée et finissent par couler, tandis que, s'ils étaient restés à « flot, un canot ou tout autre secours leur serait arrivé.

« 9° Ces instructions s'appliquent à toutes les circonstances, que « la mer soit grosse ou belle. *Sunderland, décembre* 1858. « *Signé* J. R. Hodgson (2). »

(1) C'est un excellent précepte que donne là M. Hodgson, car non-seulement ces bulles indiquent où est la personne coulée, mais en même temps font connaître qu'elle vit encore : on peut donc avoir tout espoir de l'arracher à la mort.

(2) Puisque M. Hodgson a eu tant de succès, et que cependant il ne paraisse pas s'être servi d'autres moyens d'insubmersion que de son talent de natation naturel, combien plus on en aurait en pareille circonstance, si on avait une cuirasse de sauvetage, un plastron ou tout autre moyen d'insubmersion, dût-on s'en débarrasser instantanément pour plonger, et le reprendre quand on revient sur l'eau avec le noyé. (*Notes de l'auteur.*)

LIVRE DEUXIÈME.

DES OBJETS DE SAUVETAGE QUI DEVRAIENT ÊTRE A BORD DE TOUS LES NAVIRES QUI PRENNENT LA MER, POUR ÊTRE PRÊT EN CAS DE NAUFRAGE, ET MANIÈRE DE S'EN SERVIR QUAND ON EST EN DANGER.

URGENCE D'AVOIR DES MOYENS DE SAUVETAGE A BORD DES NAVIRES, AVANT QU'ILS PRENNENT LA MER, POUR ÊTRE PRÊT A TOUS LES SINISTRES QUI PEUVENT SE PRÉSENTER.

Quel est le marin qui, en commençant son voyage, pourrait affirmer que, vingt-quatre heures après son départ, il ne fera pas un terrible naufrage? Aucun, car mille exemples viendraient démontrer que la personne qui va à la mer a toujours le danger d'un naufrage quelconque qui la menace, et, comme Damoclès, l'a toujours suspendu sur sa tête. Qui aurait dit au capitaine du corsaire *l'Anacréon*, qui en 1806, partait de Dunkerque parfaitement armé et équipé, ayant fête à son bord, et même de la musique, sortant du port d'un temps calme pour aller mouiller en rade, que, dix-huit heures après, il perdrait son navire et se noierait ainsi que son équipage (120 hommes) sur cette même estacade de Dunkerque qu'il quittait si joyeusement?

Qui aurait dit au capitaine Taylor du *Royal-Charter*, qui en 1859 commandait un des plus beaux steamers transatlantiques qu'on puisse voir, qui revenait d'Australie avec 450 passagers et un chargement qui valait plus de 20,000,000, et qui était arrivé sans accident à moins de 100 lieues de son port de destination (Liverpool), et devait y entrer le lendemain, qu'il ferait naufrage complet le 29 octobre à Molfrebey et perdrait la vie ainsi que 458 des personnes qui étaient à bord ! Et pourtant ces deux faits que nous prenons pour exemple au hasard entre mille qu'on pourrait citer sont à la connaissance de tous les marins, sans parler des frégates *la Méduse* et *la Sémillante*. Mais nous n'avons pas besoin de nous donner ce soin, nous parlons à des marins, et tous nos lecteurs savent, aussi bien que nous, que la vie de l'homme de mer est la plus aventureuse qu'il y ait, et qu'il ne doit pas compter d'une manière certaine sur le lendemain. Pourquoi donc ne prend-il pas quelques précautions contre un désastre qui peut l'atteindre à chaque instant? Est-il aussi fataliste qu'un musulman, et se contente-t-il toujours de dire : « Dieu le veut. » Sans doute, il le veut, puisqu'il n'arrive rien que par sa volonté, mais il a dit aussi : « Aide-toi et le Ciel t'aidera. » Or est-ce bien interpréter cette haute volonté divine que de n'avoir aucune précaution prise pour conjurer un danger qui peut nous frapper à chaque instant? Nous croyons que non. Est-ce bien aussi par fatalisme que le marin n'embarque pas de moyens de sauvetage personnels? Non. C'est par indifférence chez les uns et par peur chez les autres. Oui, nous ne craignons pas de le dire, beaucoup de marins n'embarquent pas de moyens de sauvetage, parce que la vue leur en est obséquieuse, attendu qu'elle leur rappelle le plus triste épisode de leur carrière, et du danger permanent auquel ils sont exposés. Pauvres gens que ceux-là ! Est-ce que le remède est la cause du mal? Pourquoi embarquent-ils alors à leur bord un chirurgien et un coffre à médicaments? Est-ce que cet homme et ce meuble ne leur rappellent pas qu'ils peuvent, à chaque instant, tomber malades ou se blesser? est-ce qu'ils courent plus de risques qu'il leur arrive de tels événements parce qu'ils sont à leur bord que s'ils n'y étaient pas? Eh bien donc, pourquoi n'embarqueraient-ils pas, avant leur départ, le remède contre le naufrage, conséquence funeste, pour eux, de leur vie de marin? pourquoi n'auraient-ils pas à leur bord le *Guide du sauveteur*, médecin de papier qu'ils pourront consulter s'ils sont indécis sur les moyens de se tirer d'embarras? Certainement que ce ne seront ni ces engins ni ce livre qui les empêcheront de faire naufrage s'ils doivent naufrager; mais, en leur donnant la presque certitude qu'ils en sortiront au moins la vie sauve, ils leur permettent de conserver tout leur sang-froid dans ce moment funeste, toute leur présence d'esprit dans un moment où elle est si nécessaire, et cependant souvent fait défaut, et souvent aussi de ces deux facultés qu'ils conservent dépend le salut du navire et de la cargaison tout aussi bien que celui de son équipage. A quoi donc attribuer cette négligence qu'ont presque tous les marins à ne pas se pourvoir de moyens de sauvetage avant leur départ? Quand on se fait cette question, on s'y perd, car ce n'est pas le marin français seulement qui n'est pas pourvu de moyens de sauvetage, ou qui n'en a que d'insuffisants, ce sont les marins du monde entier, et plus des trois quarts d'entre eux ne connaissent pas la manière d'en improviser au moment du danger, ce qui fait que très-souvent une personne se noie entourée d'objets dont un seul, si elle l'employait rationnellement lui sauverait la vie. L'éducation en marine est presque complétement à faire sur l'art de se sauver et de sauver dans les naufrages, et pourtant ce devrait être la première chose à apprendre au jeune homme qui embarque, puisque c'est le danger le plus incessant qu'il ait à courir.

Mais ne poussons pas plus loin ; c'est pourquoi, et c'est parce que, attendu qu'il n'y a rien de plus ennuyeux pour l'homme que la morale, si notre ouvrage pouvait être aussi joyeux qu'un roman de Cooper ou d'Ed. Corbière, si nous pouvions colorer nos dires et bien raconter, la fortune de notre *Guide pratique du sauveteur* serait assurée, tous les marins et même les gens du monde voudraient l'avoir; mais nous sommes ennuyeux comme un calcul de longitude; comme lui, il peut résulter pour le marin le plus grand bien de nous apprendre, mais ils s'en garderont bien, et, malgré l'utilité réelle du sujet que nous traitons, nous serons mort de dix ans quand cet ouvrage, ou un autre écrit sur le même canevas devenu populaire, sera prescrit réglementairement à bord de tous les navires, comme le *Code de signaux Raynold*, mais avec plus de raison.

Assez de commentaires comme cela, et ne voulant pas ennuyer nos lecteurs par des digressions inutiles, nous entrons dans le vif de la question par les deux règles suivantes :

Aucun navire ne devrait pouvoir quitter un port sans prouver qu'il est muni d'assez de moyens de sauvetage pour pouvoir sauver son équipage dans un cas de naufrage ou d'abandon à la mer.

Nul homme ne devrait pouvoir embarquer pour faire campagne, ou être porté sur un rôle d'équipage sans prouver qu'il sait nager, ou du moins qu'il porte avec lui ses moyens d'insubmersion.

Ici, nous ne disons pas il faut qu'il ait tel ou tel moyen, peu importe quel est le moyen s'il est bon ; mais ce qui est important, c'est qu'il en ait un. Or quels sont, à notre avis, ces moyens ; les voici :

DES MOYENS DE SAUVETAGE POUR SAUVER L'ÉQUIPAGE DANS UN ÉVÉNEMENT DE MER APPARTENANT AU NAVIRE.

46. 1° Il faut que le navire ait ses embarcations insubmersibles et inchavirables ;

2° Qu'il ait un va-et-vient toujours prêt à fonctionner ;

3° Une bouée de sauvetage à jet et une autre bouée de sauvetage à voile ;

4° De bonnes défenses prêtes à opposer à un abordage ;

5° Un porte-amarre ;

6° Des signaux de sauvetage.

Nous allons prendre successivement la description de ces différents engins et faire voir qu'on peut aisément se les procurer à peu de frais à bord de tous les navires.

DE L'INSUBMERSIBILITÉ ET DE L'INCHAVIRABILITÉ DES EMBARCATIONS, DE LA POSSIBILITÉ DE LEUR DONNER A TOUTES CETTE PRÉCIEUSE QUALITÉ.

Si nous avions le droit de l'ordonner, les embarcations de tous les navires seraient insubmersibles et inchavirables. Est-ce à dire que, pour atteindre un but si utile, nous condamnerions toutes celles qui ne le sont pas à être brûlées? Loin de nous une pareille pensée! Nous prescrivons la règle pour toutes celles à faire en les construisant; mais, pour celles qui existent déjà, nous ne prescrivons que d'avoir à bord ce qu'il faudrait pour leur donner cette importante qualité.

47. Que faudrait-il donc avoir à bord des navires pour rendre leurs embarcations insubmersibles? Il y aurait certainement bien des moyens à indiquer; mais comme notre but, dans cet ouvrage, est toujours de nous borner au moyen le plus simple et le moins dispendieux, nous prescririons d'avoir seulement le barillage nécessaire pour donner à toutes ses embarcations cette précieuse propriété; car, dans un port, ces barils peuvent être utiles au service du navire, et ils sont des moyens d'insubmersion dès qu'on vient à la mer. Or la différence entre le coût de ces futailles et les pièces d'armement qu'on embarque est peu de chose. Prouvons-le : un baril de galène contenant 50 litres, tout cerclé en fer, coûte 4 francs, celui de 25 litres 3 francs, et celui de 15 litres 2 francs. Supposons donc que, pour rendre sa chaloupe insubmersible, un navire doive avoir 10 barils de 50 litres, 14 de 25 litres et 20 de 15 litres, il en a pour 122 francs; ces 44 petites futailles, jaugeant ensemble 1,266 l. 3/4, pourraient servir dans un port pour prendre 1,266 l. 3/4 d'un liquide quelconque. Pour le faire avec des futailles d'armement, il aurait fallu 3 pièces cerclées en fer et coûtant au moins 30 francs la pièce. Il n'y a donc que 32 francs de différence entre le prix des 44 petits fûts et celui de ces trois pièces d'armement. Or on peut loger partout ces petits barils, on peut s'en servir pendant son séjour dans un port pour mettre de l'eau, du vin, de la bière, ou toute autre boisson, et n'en pas être embarrassé; on peut facilement y conserver ces boissons ou les renouveler, tandis que, si l'on a des pièces, la plupart du temps elles sont plus ou moins embarrassantes. Sur le pont, l'eau qu'on y met, au bout de quelque temps, se corrompt, et on est obligé de la renouveler, ce qui coûte presque toujours; on est aussi obligé de les garder sur le pont, surcharge inutile, souvent dangereuse, quand un navire qui est presque vide est volage et dans un cas de besoin, si après les avoir vidées, on les met dans une embarcation, elles y sont extrê-

mement embarrassantes et y prennent une place utile qu'occuperaient les hommes à sauver et ne donnent même pas toute leur flottaison, tandis que, si elles étaient faites pour être arrimées dans l'embarcation, elles y seraient distribuées de telle sorte qu'elles n'y prendraient aucune place utile au monde qu'on doit y embarquer et présenteraient une plus grande surface de flottaison. On conçoit que nous ne sommes pas radical dans nos prescriptions, et que nous n'exigeons pas que tous les barils d'armement soient de même contenance ; tout au contraire, nous engageons à les varier depuis **100** litres jusqu'à **25** litres et au-dessous, pour qu'ils puissent se bien arrimer dans les embarcations, afin d'y réserver le plus de place possible aux personnes qui doivent y embarquer ; mais il ne faut pas qu'on les mette au premier endroit venu, et nous croyons bien faire en donnant ici

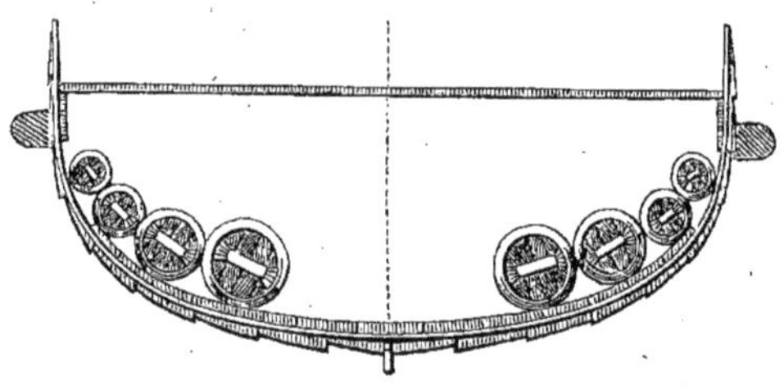

Fig. 4.

le dessin d'une tranche transversale faite dans une embarcation ainsi arrimée pour être insubmersible.

Comme on le voit, nous ménageons un certain espace dans le milieu pour que les hommes puissent y marcher et que l'eau qui embarque puisse être recueillie et jetée à la mer, et enfin pour que cette eau, se réunissant au fond, serve de lest à cette embarcation, afin qu'elle ne soit pas trop volage soit à la voile, soit à l'aviron. Comme on peut le remarquer dans notre figure, les plus gros fûts sont placés au fond, puis viennent ceux d'une seconde grandeur, puis ceux d'une troisième grandeur, puis enfin ceux d'une quatrième grandeur. Ainsi, si l'embarcation, par ses dimensions, le comporte, les fûts **A** et **A** sont ceux de **100** litres, ceux **B** et **B** sont ceux de 50 à 60 litres, ceux C et C sont ceux de 25 à 30 litres, enfin ceux D et D sont ceux de 12 à 15 litres, qui viennent jusque sous les baux (1). Mais comme, si on fait faire ces futailles, on peut leur donner autant et aussi peu de ventre et de longueur que l'on veut, c'est encore au capitaine intelligent à savoir apprécier ce qu'il a de mieux à faire quand il fait faire de ces barils. En général, à moins que les embarcations soient courtes et très-boquées, les longs fûts ayant un tiers de leur longueur pour diamètre au ventre sont les meilleurs pour faire un bon arrimage, surtout leur donner aussi peu de bouge que possible. En distribuant ainsi ces futailles, elles laissent dans le fond de cette embarcation une place à l'eau qui peut embarquer, et cette place est aussi libre pour y marcher; mais l'eau qui embarque aide cette embarcation à être stable, car cette eau même la leste, et elle ne peut la remplir, puisque les futailles vides sont là qui occupent la plus grande partie de sa capacité. Or, si cette embarcation remplie jusqu'au bord, quand elle n'a rien dedans, flotte, elle doit, étant remplie en partie de barils vides, non-seulement venir au ras de l'eau, mais s'élever de beaucoup au-dessus, attendu que tout corps sur l'eau ne peut déplacer qu'un volume d'eau égal à son poids, et que si cette embarcation, avec son équipage, est encore assez battante sur l'eau, quand elle est vide, pour pouvoir y ramer facilement, si le coup de mer qui la remplit n'y met pas un poids d'eau plus lourd que cet équipage, elle n'enfoncera pas davantage. Supposons donc que cet équipage soit de onze hommes (un patron et dix canotiers), et que chacun de ces onze hommes pèse 75 kilogr., s'il ne reste que 8 hectolitres 1/4 de place pour l'eau, quand avec son barillage elle est remplie d'un coup de mer, dans ce moment elle ne callera pas davantage que si elle avait son équipage à bord; mais si elle peut porter 20 hectolitres étant vide, en supposant que son barillage nécessaire soit de 100 kilogr. de poids, quand elle aura vingt personnes à bord, et qu'elle sera remplie d'eau, elle y aurait au plus 2,325 kilogr. si les vingt personnes n'avaient pas elles-

(1) Nous pensons fort inutile de faire observer ici que quatre rangs de fûts arrimés en abord sont l'arrimage d'une grande embarcation comme le canot d'un navire de guerre ou d'un grand navire marchand.

mêmes, par leurs jambes et leur buste, un déplacement qu'on ne peut pas estimer à moins que le tiers de leur poids, ce qui fait qu'au lieu de 1,500 litres de déplacement elles n'en déplacent réellement que 1,000 qui peuvent être remplacés par l'eau, puisque ces parties de leur corps en déplacent 500. Nous avons supposé qu'étant vide elle jauge 30 hectolitres, et qu'étant remplie d'eau, c'est-à-dire ayant ces 3,000 litres à bord, elle flotte encore sans avoir rien dedans. Nous lui avons donné en barillages vides 1,500 litres de flottaison, et d'une autre part 500 litres qu'occupent les vingt personnes ; ce sont donc 2,000 litres qu'il faut retirer des 3,000, restent 1,000 litres, à peine son petit lest que l'eau peut occuper; elle est donc, avec ses vingt personnes, beaucoup au-dessus de l'eau, et en supposant qu'un coup de mer lui en jette 1,000 litres à bord, il lui reste encore 1,000 litres de flottaison, ce qui fait qu'étant remplie elle est encore fort battante, et que dans aucun cas elle ne peut couler.

On nous demandera peut-être : Où logerez-vous la quantité de barils qu'il vous faudra pour rendre toutes vos embarcations insubmersibles, surtout dans les grands navires qui en ont de grandes et en grand nombre? D'abord, si on nous faisait cette observation, nous ferions remarquer que rien n'est facile à loger comme les petits fûts, et qu'en fallût-il 100 de 2 hectolitres, 150 d'un hectolitre, 200 d'un demi-hectolitre, et 300 d'un quart d'hectolitre, à bord d'un vaisseau de guerre, par exemple, pour rendre toutes ses embarcations insubmersibles, que rien ne serait plus facile à loger que ces 750 petites futailles dans tous les coins perdus, quand on voudrait dans un port en débarrasser les embarcations. Une partie d'entre elles contenant du vin, une autre de l'eau-de-vie et autres liqueurs de ration, trouveraient leur place dans la cambuse et les calles au vin; les autres pourraient être remplies d'eau et se placer dans la cale, à bord d'un navire de guerre, sur le pont ou dans d'autres places dans un navire du commerce. Mais qu'est-ce qui empêcherait de commencer par consommer cette eau dès qu'on prendrait la mer, ce qui l'aurait vite épuisée, et de mettre immédiatement ces futailles à l'endroit où elles devraient être placées dans l'embarcation à laquelle elles seraient destinées? Nous voudrions même, pour faciliter cette opération, que ces places fussent numérotées dans ces canots et que chaque futaille portât, peints sur le fond, son numéro et l'embarcation à laquelle elle serait destinée : ainsi, chaloupe n° 30, tribord, grand canot n° 25 bâbord, etc.; ce qui ferait que, sans confusion aucune, chacun de ces fûts aurait sa place marquée, et qu'à mesure qu'on le viderait on l'y saisirait, on aurait soin d'y laisser quelques litres d'eau, le quart de sa jauge environ, pour qu'au mouvement du navire cette eau, en baignant sans cesse les parois intérieures de la futaille, l'empêchât de dessécher et de laisser pénétrer l'eau de mer, quand par circonstance quelconque elle serait couverte par la quantité d'eau qui embarquerait d'un coup de mer; mais, au lieu d'avoir une bonde, elles en auraient deux, l'une en dessus, pour pouvoir y renouveler l'eau intérieure, à mesure qu'elle s'évaporerait par la chaleur, l'autre en dessous, mais non diamétralement opposée, un peu sur le côté, comme nous le représentons dans la figure ci-dessous,

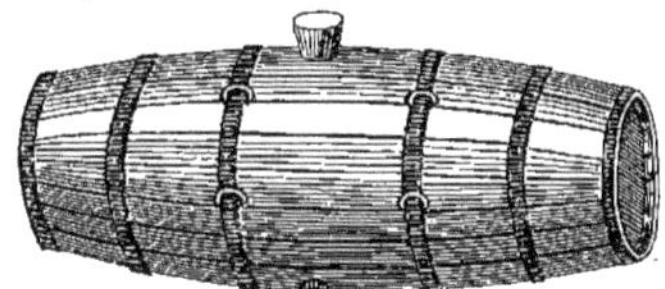

Fig. 5.

mais au côté opposé, pour pouvoir vider le baril, quand on aurait besoin, à la mer, de mettre cette embarcation à l'eau; afin qu'en aucun cas ce bondon ne pût s'ouvrir sans qu'on le voulût, il serait à vis, ce qui éviterait toute crainte à cet égard.

48. Il y aurait encore une disposition à prendre pour pouvoir saisir facilement ces barils à leur place, c'est que les deux cercles les plus au milieu seraient munis de deux boucles se projetant à fleur de la douvelle de manière à ce que le baril en place, celle-ci porte sur la membrure ou sur le tillac de l'embarcation.

Par ce moyen bien simple pourtant, tous les canots d'un navire pourraient être rendus insubmersibles à peu de frais, quand bien même ils feraient de l'eau comme des paniers quand on les mettrait à la mer; mais cette précaution n'empêcherait pas, si nous pouvions ordonner, qu'à l'avenir et quand on aurait bien étudié les avantages et les inconvénients de ce mode d'insubmersibilité, si on reconnaissait que les caissons en abord et ceux aux extrémités des canots (comme celles des embarcations à vapeur et celles des bateaux de sauvetage), sont préférables, nous ordonnerions que l'on ne pût plus construire d'autres embarcations que des canots insubmersibles, et en peu d'années nous serions débarrassés des petites futailles nécessaires à cet effet.

L'INCHAVIRABILITÉ DES EMBARCATIONS.

49. Ce n'est pas tout que d'avoir des embarcations insubmersibles, il faut aussi qu'étant à la mer, à moins de circonstances extraordinaires, elles soient inchavirables. Nous savons qu'il est presque impossible de donner cette précieuse qualité, dans toutes les circonstances, aux canots d'un navire. Ainsi, quand une embarcation vient en travers à la crête d'une lame, il y a presque impossibilité, lorsque la mer est fort grosse, qu'elle n'en soit pas chavirée. Il en est de même quand elle vient à terre, dans les brisants, et est mal gouvernée. Mais à part ces deux cas, qu'on peut éviter, comme nous le prouverons plus tard, rien n'est plus facile que de rendre une embarcation inchavirable; il ne faut, pour cela, que la garnir, à hauteur de préceinte, d'un bourrelet en rognures de liége, qui soit suffisamment gros. Or, pour que ce bourrelet soit bien solide, nous voudrions qu'il fût bien saisi sur chaque membrure, et, pour ce faire, il ne faudrait y enfoncer que deux petites crampes, qui, passant au travers du franc-bord et allant se river en dedans sur cette membrure, seraient extrêmement solides. Or on conçoit qu'un bourrelet couvert d'une toile imperméable, saisi de membrure en membrure le long de l'extérieur de l'embarcation parallèlement à la ligne de flottaison à vide, ferait une résistance considérable quand cette embarcation,

étant à la voile, inclinerait jusqu'à le faire immerger par la force du vent qui tendrait à l'enfoncer de plus en plus sous l'eau; d'abord le bau de cette embarcation s'en trouverait augmenté du double du diamètre de ce bourrelet; si donc il avait 15 centimètres de diamètre, cette disposition donnerait 30 centimètres de plus de bau à l'embarcation, ce qui est considérable. De plus, par la nature même de sa composition, donnant cinq fois son poids de flottaison, il tendrait encore à faire redresser le canot, et d'autant plus vite qu'il immergerait davantage. Il faudrait donc, dans de telles conditions, que le mât cassât, ou que la voile déchirât, avant que le canot ne vînt le plat-bord à l'eau, à moins qu'un coup de mer le prenant en travers ou qu'échouant en travers en arrivant au rivage il ne fût retourné complétement par cette puissance incommensurable. Or, dans une embarcation chargée de monde, le danger de chavirer, surtout quand il y a une certaine quantité d'eau dans le canot, est aussi grand que celui de couler, à cause que cette eau, se répandant sous le vent, sollicite le canot à prendre une plus forte bande ; par les moyens que nous indiquons, un canot serait et insubmersible et inchavirable. Tout marin sentira les avantages d'une telle propriété, car alors toutes les embarcations sont des canots de sauvetage.

Indépendamment que cette ceinture rend l'embarcation inchavirable, elle lui sert aussi de défense contre les abordages; ce qui n'est pas une propriété à négliger quand on doit mettre à l'eau et réembarquer une embarcation étant à la mer.

DE L'ARMEMENT DES EMBARCATIONS QUAND ON EST A LA MER.

50. Cependant là ne se bornent pas toutes les précautions qu'un capitaine prudent doit prendre pour que ses embarcations soient prêtes à tout événement. S'il est forcé d'abandonner son navire à la mer, afin de ne pas être pris au dépourvu, si un accident le faisait couler instantanément, il faut que ces embarcations aient à bord les objets suivants :

1° *Ses avirons* garnis de leurs estropes, si on rame sur tolets ainsi que d'estropes et de tolets de rechange. Pour que ces tolets ne s'égarent pas, il faut qu'à leur bout inférieur soit percé un trou dans lequel passe un bout de ligne, et qu'ils soient amarrés sur la serre-bauquière du canot. Pour les tolets et estropes de rechange, ils doivent être amarrés ensemble et placés dans le baril d'armement dont nous allons parler ; car souvent d'une estrope ou d'un tolet qui manque en pareil cas, dépend le salut de toutes les personnes que porte ce canot. Les plus petites négligences en marine peuvent occasionner un désastre.

2° *Deux gaffes*, objets précieux pour défendre l'embarcation contre les chocs qu'elle recevrait sans cesse du navire, et l'accoster quand on en a besoin, pouvant même, dans l'occasion, servir à d'autres usages.

3° *Ses mâts et ses voiles enverguées*, et renfermées dans un étui de toile imperméable pour les empêcher d'être mouillées et de pourrir.

4° *Son gouvernail* avec barre renversée et barre franche (1), ainsi qu'un *aviron de queue.*

5° *Une dérive*, comme celle que nous représentons figure 9, à la note de l'article 70, pour fuir au besoin l'arrière à la lame.

6° *Une petite ancre, ou un grappin*, à défaut *un chien, et leur câblot*, le dernier en chanvre de manille bien détordu. Cette pièce de filin doit être lovée dans une baille à drisse saisie sur l'avant de l'embarcation, et l'ancre (grappin ou chien) bien amarrée par dessus, pour être prêt à mouiller brusquement au besoin.

7° *Un ou deux seillots et une écope à main*, pour vider l'eau qui embarquerait d'un coup de mer. Pour que ces objets ne tombent pas en bottes, ou ne se fendent pas, avoir soin de laisser dans les seillots un peu d'eau et de l'y renouveler, et de mettre l'écope à l'abri du soleil. Pour qu'ils ne soient pas quelquefois enlevés d'un coup de mer, il faut que les seillots soient amarrés, au moyen d'un bout de ligne placé sur leur anse, contre la serre-bauquière.

8° Il est bon que, dans l'un des seillots, soit levé une ligne de

(1) Nous indiquons ici la barre renversée en premier lieu, parce qu'elle permet de loger une personne de plus dans l'embarcation, mais elle ne peut dispenser d'avoir la barre franche ; de même on ne peut se passer de l'aviron de queue qui est indispensable pour gouverner ce canot dans les brisants de terre, si on territ sur une côte.

sonde en chanvre de Manille, et celui-là ne doit pas avoir d'eau.

9° Cette embarcation doit toujours être reliée au navire par une bonne sabaye d'au moins 25 brasses ($41^{m},66$), afin que, si par un coup de mer elle était enlevée de dessus le pont, elle ne soit pas perdue pour le navire, car le salut d'un équipage dépend souvent de son embarcation.

10° Il est bon aussi que cette embarcation ait plusieurs *nables* pour écouler l'eau qui la peut remplir d'un coup de mer. On conçoit que quand elle est remplie d'eau par un coup de mer jusque sous les bancs, comme par les dispositions que l'on a prises, elle est encore d'une certaine hauteur au-dessus de l'eau et que les fluides tendent toujours à s'équilibrer, en ouvrant ces nables une partie de l'eau intérieure s'écoule, jusqu'à ce que le niveau soit fait, et que les fluides intérieurs et extérieurs soient dans le même plan, ce qui aide beaucoup à vider promptement le canot.

Voilà donc l'armement pour naviguer complété, mais il y a encore d'autres précautions à prendre, afin de n'être pas pris au dépourvu, si on était instantanément forcé de se précipiter dans cette embarcation, sans pouvoir l'approvisionner. Il faut y saisir un baril ayant une large bonde, se fermant par un bondon à vis et par lequel on puisse extraire tout ce qu'il contient à chaque compartiment. Celui-ci est divisé en trois compartiments; celui du milieu est destiné aux objets suivants qu'on doit toujours y avoir :

1° *Un volet d'embarcation* (ou petit compas de route);

2° *Pavillon* pour faire les signaux de jour;

3° *Un fanal* pour ceux de nuit, et pour éclairer l'habitacle : dans ce fanal sont des bougies, des allumettes et ce qu'il faut enfin pour l'éclairage;

4° *Un flambeau à essence de térébenthine*, également pour les signaux de nuit : les signaux, en pareil cas, sont d'une importance extrême;

51. 5° *Une touque d'huile* et pour alimenter la lampe d'habitacle, et pour verser dans la mer au besoin (72), si l'on est obligé de terrir sur une côte;

6° *Un fusil Faucheux* et ses munitions;

7° *Une ligne de pêche* et ce qu'il faut pour l'amorcer;

8° *Un cornet d'appel* pour les signaux de brume;

9° *Un porte-amarre d'Houdetot* pour établir, au besoin, une communication avec un autre navire, ou avec la terre;

10° *Une montre;*

11° *Une carte, routier des parages que l'on parcourt;*

12° *Des compas à pointes;*

13° *Du papier et un crayon;*

14° *Un loch et sa ligne;*

15° *Un sablier d'une demi-minute;*

16° Enfin *une ligne* ayant au bout une turrelutte;

17° *L'un des compartiments d'un bout est une citerne* contenant la quantité d'eau nécessaire, à compter un litre par jour par personne, pour la consommation de ce que peut embarquer de monde cette embarcation, et pour trois jours au moins. (On peut. par mesure de précaution, avoir encore un baril plein d'eau douce parmi ceux qui doivent servir à la flottaison (c'est celui qu'on consomme le premier, afin de lui restituer sa puissance de flottaison, quand il sera vide). A l'autre bout du baril, il y a dans un compartiment plus petit, séparé en deux cases, une touque renfermant du vin, et une autre renfermant de l'eau-de-vie, à raison d'un quart de litre pour le premier liquide et d'un seizième pour le second, par personne et par jour, pour le monde embarqué. Dans ce compartiment sont aussi les aliments, tels que biscuit, conserves, fécule ou autres substances nutritives pour le même nombre de personnes et pour le même temps, à raison de 300 grammes par jour et par personne.

Voilà ce que nous croyons indispensable de mettre dans ce baril d'armement, qui doit toujours être bien saisi derrière dans chaque canot d'un navire; il reste encore assez d'espace dans le baril pour y loger les papiers du bord, l'argent et les bijoux, ou autres objets précieux.

Il faut que ce baril soit bien foncé et couvert d'une pièce de liége, ainsi que d'un prélart pour conjurer les effets du soleil. (Si l'on trouvait qu'un fusil Faucheux fût embarrassant, on pourrait le remplacer par un *revolver*.)

Tous ces détails paraîtront peut-être fastidieux aux esprits superficiels, mais ne le seront pas pour les personnes qui voudront réfléchir à la position où se trouvent une masse de personnes surprises par un événement subit, un abordage, voie d'eau, incendie, etc., qui les force d'abandonner instantanément leur navire à 500 lieues de toutes terres, et qui sont agglomérées dans une frêle embarcation, avec laquelle elles sont obligées quelquefois de faire un trajet de plusieurs jours, avant de rencontrer un navire qui les recueille, ou la terre la plus voisine qu'ils cherchent à aborder. Qu'on se représente les tourments que font éprouver l'inquiétude, et surtout la faim et la soif, la soif particulièrement si cruelle, quand on est sous un ciel en feu pendant toute une journée, et l'on appréciera à sa juste valeur ce que c'est que d'avoir un morceau de biscuit, un peu d'eau et de vin, ou d'eau-de-vie, pour ranimer ses forces! Heureux, cent fois heureux le marin ou le voyageur qui n'est jamais soumis à de pareilles épreuves (1). Nous savons bien qu'il y a cent chances contre une, quand on part, qu'on ne se trouvera pas en pareille situation; mais il vaut mieux prendre quelques précautions qui, pour la plupart, ne sont, en définitive, que des dispositions qu'indique la prudence, et qui ne coûtent rien, ou du moins fort peu de chose, puisque le plus grand nombre de ces engins, aux barils d'armement près, font partie de l'armement ordinaire d'une embarcation, que d'être surpris par l'événement, aujourd'hui surtout que, par suite de l'extension que prend la navigation à vapeur, les collisions en mer deviennent de plus en plus fréquentes. Deux sûretés valent mieux qu'une, a dit La Fontaine. Il faut se souvenir que, dans un moment aussi cruel que celui d'un abandon en pleine mer, on a rarement l'esprit assez présent pour songer à tout; or le moindre oubli d'un des objets dont nous venons de donner la nomenclature se fera cruellement sentir quand on aura quitté le navire, puisqu'il n'y a plus à y revenir. Pourquoi ne pas se débarrasser de ce soin et disposer, dès en quittant le port, des canots de manière à ce que l'on ait plus à penser, en cas d'accident, qu'à y embarquer son monde; c'est déjà bien assez, surtout quand dans les personnes à embarquer il se trouve des femmes et des enfants.

52. Nous recommanderons surtout aux capitaines du com-

(1) Lire la relation du naufrage du brick *la Pomone* de Dunkerque.

merce d'abandonner deux funestes usages, malheureusement trop communs aujourd'hui, c'est de faire de leur chaloupe un magasin de décharge où l'on jette tout ce qui gêne sur le pont, ce qui fait que, si instantanément il faut la mettre à la mer, il faut d'abord employer un temps précieux pour la débarrasser de ce qui l'encombre. C'est encore bien pis lorsque, ainsi que les Américains, on en fait une véritable cabane, une étable, un poulailler, etc., etc., en la couvrant d'une construction à toiture, ce qui la rend très-difficile à mettre à la mer. On nous dira peut-être : Mais tous ces objets que l'on jette dans la chaloupe préservent l'embarcation, du moins en partie, de l'action du soleil; autrement elle devient tout à jour, quelque soin qu'on en prenne. Mauvaise excuse qu'anéantissent, du reste, les précautions d'insubmersion que nous avons indiquées (50).

La seconde chose que nous signalerons comme un mauvais usage à éviter à bord des navires du commerce, c'est de chavirer le grand canot sur la chaloupe, comme on le fait la plupart du temps. Pour ce faire, on est souvent obligé de démonter les bancs de ces embarcations, et quand on doit les mettre instantanément à la mer, ou il faut les remonter (ce qui est long et difficile), ou il faut les mettre à la mer toutes disloquées, exposées à être brisées en pièces au moindre abordage. Si on veut, pour gagner de la place sur le pont, mettre ces deux embarcations l'une sur l'autre, il faut au moins que le grand canot chaviré repose sur trois à quatre traverses disposées à cet effet, qui posent sur les plats-bords de la chaloupe, y sont bien saisies et ont les extrémités garnies de taquets pour empêcher que cette embarcation ne glisse sur ces traverses, malgré qu'elles soient bien saisies aux mouvements brusques que peut faire le navire, ou par l'effet d'un coup de mer; il faut encore que le grand canot soit muni de ses moyens d'insubmersion et d'armement, quoiqu'il soit ainsi retourné sens dessus dessous dès que la chaloupe le sera; car il faut que lui aussi soit à la disposition de l'équipage au cas d'événement. Tout cela peut se faire, et c'est en vain que par négligence ou par paresse on le nie. Il vaut mieux occuper son équipage à ces soins, pendant son quart de jour sur le pont, que de laisser s'étendre sur les dromes de tous côtés, ou grelotter de froid. D'ailleurs ces dispositions, à part la contrariété qu'ils éprouvent de le faire, sont d'un excellent effet moral sur les hommes du bord. Ils se disent : Ma foi, si nous sommes obligés de nous sauver dans nos embarcations, du moins elles ne couleront pas, et nous ne mourrons ni de faim ni de soif, c'est quelque chose qu'une compensation comme celle-là ! Ces dispositions ont aussi pour effet de leur donner de la prudence ; car elles font penser aux hommes qui les ont prises qu'ils sont toujours exposés à un événement subit. Un capitaine anxieux du salut des personnes qu'il commande ne saurait donc porter trop de soins à tous ces détails ; c'est le moyen d'avoir l'esprit en paix.

METTRE DE MAUVAIS TEMPS UNE EMBARCATION A LA MER.

53. Malgré que cette opération en marine rentre dans la catégorie des manœuvres à faire que tout capitaine doit savoir, nous la croyons tellement importante que nous pensons bien faire d'en donner notre avis à cet égard. Souvent la moindre négligence peut entraîner la perte d'une embarcation, et priver l'équipage d'une ressource précieuse.

54. C'est un très-mauvais système, selon nous, à moins que ce ne soit dans un port, ou de belle mer, à la mer, que d'enlever une embarcation sur ses deux caliornes, et ses bouts de vergue, pour la mettre à la mer; il faut. pour l'empêcher de s'aller aborder de côté et d'autre, une quantité de redresses et d'embossures qui exigent beaucoup d'habitude par celui qui y est placé pour filer à retour ou abraquer à temps, etc., etc. ; ce qui est tout au plus praticable à bord d'un navire qui a un nombreux équipage; nous aimerions beaucoup mieux avoir toujours dans la drome deux bons madriers bien suivés d'un côté, et ayant un des bouts garni d'une estrope. Dès que l'embarcation est à hauteur suffisante, on place ces deux madriers en travers, dessous, et on les fait porter sur le bord du garde-corps, du côté où l'on veut mettre cette embarcation à la mer, de manière à ce qu'ils dépassent d'un mètre environ en dehors; puis on fait poser le canot dessus. Si c'est par tribord qu'on la met à la mer, par exemple, on croche les deux caliornes de bâbord dans les estropes des madriers, et alors pesant à la fois sur les quatre caliornes, on donne aux madriers un plan incliné à la mer. Dès qu'ils sont dans cette position, au moyen des bouts de vergue on fait glisser dessus l'embarcation, qui le fait rapidement malgré son poids, et par ce poids lui-même, attendu qu'ils sont suivés, et elle, arrivée au bout de ces madriers qui la débordent d'un mètre au large, elle tombe ainsi à la mer, dès qu'on lui largue partout les garants de caliornes et ensuite ceux des bouts de vergues, en ayant soin, néanmoins, de tenir bon et même d'abraquer les caliornes qui sont sur les madriers, pour leur donner de plus en plus d'inclinaison et faire tomber plus rapidement cette embarcation à la mer, et aussi afin de ne pas perdre les madriers qui resteront suspendus à ces caliornes.

55. Il nous paraît inutile de rappeler ici que l'embarcation qu'on met ainsi à la mer doit être tenue au navire par sa sabaye et avoir, de plus, frappée sur sa boucle d'étrave une bonne aussière venant de l'arrière en dehors du gréement, pour pouvoir la filer promptement à la traîne, afin de l'empêcher de se briser contre le navire, avant qu'on doive y embarquer.

56. Nous croyons inutile aussi de rappeler qu'au moins deux hommes doivent être dans cette embarcation, au moment où on la met à la mer, afin de pouvoir promptement décrocher les caliornes et les palans de bouts de vergues, quand elle sera à flot, afin qu'elle soit sur sa sabaye prête à filer derrière, et aussi pour déborder au besoin, enfin pour y recevoir les premiers hommes qui y embarqueront quand on la halera près du bord.

Nous nous dispensons de dire, ici, comment nous la réembarquerions, car c'est, à notre avis, quand il fait mauvais temps et que la mer est grosse, une opération presque impossible, si on ne veut pas s'exposer à blesser du monde et souvent à briser cette embarcation. Or, si on ne peut faire cette opération que de beau temps, tout le monde saura la faire ; il est donc inutile ici, d'en parler, car nous n'avons pas pour but de faire un livre de manœuvre, mais bien un guide de sauvetage, et nous voulons nous renfermer dans notre sujet.

EMBARQUER SON MONDE DE MAUVAIS TEMPS.

57. C'est une opération qui demande de la prudence, mais qui n'est pas difficile quand l'embarcation est filée derrière.

D'abord les hommes qui sont dans ce canot, dès qu'ils le voient assez près du navire, jettent leur drive (dont nous parlons (71) à la mer, afin qu'elle ne vienne pas s'engager sous l'arcasse du navire, qui à l'acculage pourrait la briser.

A bord, on frappe une poulie de cartahu au bout d'un espars pris dans la drome (à moins que cet espars n'ait un clan au bout, et conséquemment n'en dispense). On y passe un bon cartahu, et on le place en bigue inclinée de 45° avec le plan horizontal au-dessus du couronnement, de manière à ce qu'il le déborde par le bout d'en dehors d'environ 2 à 3 mètres. On l'appuie bien par un étai et des haubans, et on frappe sur le bout du cartahu qui passe en dessous une chaise, comme celle dont nous donnons la description (83), on frappe sur cette chaise, on haleà bord. Puis, toutétantainsi bien disposé, on fait au canot se haler sous le bout de la bigue, de manière à ce que la chaise pende naturellement dans cette embarcation. On la hisse à bord, puis la posant sur le couronnement, on y fait asseoir la personne qu'on veut embarquer et qu'on y amarre, s'il y a lieu; on la lance ensuite dans l'espace, elle s'y balance un instant, mais ramenée par son poids, à la verticale, elle est au-dessus de l'embarcation dans laquelle on l'affale à la levée, filant en vrac le cartahu pour qu'il ne la rappelle pas en l'air, quand la lame fait descendre l'embarcation. Les hommes qui sont à bord du canot s'empressent de la dégager et, dès qu'ils ont débarrassé la chaise, de la jeter hors du bord; alors on la hisse de nouveau, et au moyen du hale à bord on la met de nouveau en place sur le couronnement pour recevoir une seconde personne qu'on embarque comme la première, et ainsi de suite pour toutes celles à embarquer.

QUITTER LE NAVIRE.

58. Il n'est pas toujours facile de quitter le navire ; pour cela il est bon d'y avoir un croupiat; alors on s'installe avant de l'abandonner, on mâte, on prend pardevant le câblot de sa drive et, quand tout est disposé, filant l'amarre qui tient le canot au navire, embraquant ensemble le croupiat et le câblot, comme leur effet est contraire, on évite brusquement; hissant sa voile en temps utile on arrive très-promptement, et le vent vous a bientôt débordés du bâtiment de manière à n'en rien craindre; cette manœuvre est particulièrement utile, quand on peut redouter que le navire ne coule spontanément, et ne vous entraîne dans l'entonnoir qu'il fera en sondant, ce qui peut vous occasionner de graves avaries, surtout au moment où l'air qui reste comprimé dans la dernière partie qui va disparaître la fait ordinairement sauter avec explosion; ensuite parce que vous pouvez vous trouver engagés dans les manœuvres, le gréement ou sous une mâture, et être entraînés avec lui dans l'abîme.

MANIÈRE DE PLACER SON MONDE QUAND ON EST OBLIGÉ D'EN ENCOMBRER SON EMBARCATION.

59. On ne doit pas, dans un tel cas, laisser chacun se placer comme il entend, il faut que les gens inutiles soient au fond, et ceux utiles, prêts à manœuvrer au besoin ; il faut donc que l'on mette les premiers au fond de l'embarcation, rangés à côté les uns des autres, de manière à tenir le moins d'espace possible et qu'ils n'en bougent pas sans permission. Il en résulte deux bonnes choses, c'est que là, d'abord, ils déplacent dans l'embarcation une place qu'occupait l'eau, s'ils n'y étaient pas et qu'un coup de mer vînt à la remplir. En second lieu, ils y servent de lest ce qui est nécessaire à la stabilité, sur l'eau, d'une embarcation où nécessairement une grande partie du poids vivant est sur les hauts; le canot est donc, dans ce cas, plus marin.

DE L'ORDRE A OBSERVER EN PAREILLE CIRCONSTANCE.

60. On conçoit combien l'ordre est nécessaire dans une embarcation encombrée de monde ; si chacun peut faire ce qu'il veut commander, il en résulte bientôt les plus grands malheurs, car il faut se représenter que ces gens, démoralisés pour la plupart, n'ont qu'un pas à faire pour passer du désordre au désespoir. Il n'y a donc pas à hésiter, et, si jamais le despotisme est nécessaire, c'est certainement en pareil cas ; aussi, dès que tout le monde est embarqué, le chef prendra ostensiblement le revolver, le mettra à sa ceinture, et déclarera qu'il brûlera la cervelle au premier brandon de discorde. Cette injonction faite, il fait ranger tout son monde, comme nous l'avons dit ci-dessus; puis c'est lui qui donne la route à suivre, c'est lui qui distribue les vivres, par égale portion, à tous, en commençant par lui. S'il survient une altercation, il l'apaise ; une rixe, il la fait cesser ; s'il survient enfin une mutinerie, il commence par admonester le chef des mutins, l'avertit qu'il a l'œil sur lui et que, s'il ne cesse, il va sévir contre lui d'une manière terrible; enfin, s'il voit que ses exhortations ne sont pas écoutées, il le fait saisir et amarrer à sa portée ; mais si la mutinerie se déclare en révolte, il ne doit pas hésiter à faire un terrible exemple dans l'intérêt de tous, et d'une balle casser la tête au chef de la révolte ; ce moyen, terriblement énergique, ramène ordinairement toutes autres personnes à cette subordination passive sans laquelle il n'est pas possible de diriger une masse de personnes, presque folles dans un pareil moment.

ABORDER UN NAVIRE QUE L'ON RENCONTRE.

61. Certainement que, malgré les ressources qu'offriraient pour leur salut, aux personnes qui y seraient embarquées, des embarcations armées comme nous l'avons indiqué (50), on ne doit pas un instant hésiter à chercher un refuge à bord d'un navire que l'on rencontre, quand il veut bien vous recevoir. Pour l'aborder, nous engageons encore d'employer le même moyen que nous avons indiqué (83). C'est donc dans ce cas, à bord du navire sauveteur, que les dispositions doivent être prises. Quand on en approche on lui lance un bout de ligne par derrière avec son porte-amarre (103), et sur ce bout de ligne on lui file son câblot. Alors, bien amarré derrière lui, on attend que ses dispositions soient prises pour vous embarquer, et, quand elles le sont, on se hale sous sa voûte avec les précautions indiquées (57). Il affale sa chaise dans le canot, on y assoit et amarre une personne, puis on lui fait signe ou on lui crie de hisser, il la hisse plus haut que le couronnement, et quand elle est ainsi suspendue, au moyen du hale à bord, il la hale sur le couronnement et on la dégage promptement, puis on affale la chaise de nouveau. Dans peu de temps, sans danger et sans encombre, tout le monde est à bord. Naturellement c'est le chef de l'embarcation qui doit embarquer le dernier.

Nous ne parlerons pas ici de ce qu'on fera du canot, car c'est une chose subordonnée aux circonstances qu'envisage le capitaine du bâtiment sauveteur, ou on le conserve à la traîne, si l'on n'est pas trop loin de terre et qu'elle ne retarde pas trop ; mais, si elle gêne et qu'on ne puisse l'embarquer, on coupe le câblot et on le laisse s'en aller en dérive. En tout cas, comme il est probable que ce canot insubmersible sera sauvé plus tôt ou plus tard, pour indiquer à qui il appartient, on conçoit l'importance de lui faire porter le nom de son navire et le port auquel il appartient, car c'est là un indice précieux pour l'armateur, de la perte de son bâtiment; mais encore nous n'indiquons ceci que comme une mesure de bon ordre, car, après le sauvetage des hommes, c'est une question secondaire.

VENIR CHERCHER LA CÔTE DANS UN COUP DE VENT AVEC UNE EMBARCATION CHARGÉE DE MONDE.

62. Après avoir examiné les différentes manœuvres qu'il faut faire quand on doit abandonner un navire à la mer, il est important d'examiner comment on doit manœuvrer, quand avec cette embarcation chargée de monde on doit venir chercher la côte.

Pour cela il se présente différents cas qui doivent modifier la manière d'aborder la terre.

1° C'est à une côte de roche qu'on doit aborder. 2° C'est sur une plage de sable. 3° C'est sur une grève. 4° C'est sur une plage de vase.	Cette côte est connue, elle est habitée par un peuple civilisé, et et on sait qu'on y aura des secours de terre.

Si c'est sur une côte de roches qui sont toujours au-dessus de l'eau et qui soient accores et sur lesquelles côtes on peut établir un va-et-vient, que l'on voit les sauveteurs à terre, prêts à venir à votre aide, mais sur laquelle côte la lame déferle si furieusement qu'on doit appréhender que l'embarcation ne soit mise en pièces, si on l'aborde, il faut se décider à établir, avec la terre, un va-et-vient. Pour cela on en approche à une couple d'encâblures, 240 brasses (ou 333^{m},33) environ, et on mouille son ancre, on enfile environ 60 à 75 brasses (100,125 mètres), suivant la profondeur de l'eau où l'on a mouillé, ce qui fait dériver l'embarcation jusqu'à 140 à 125 brasses de terre (233^{m},33 à 208^{m},33), moins la longueur de l'embarcation, et si elle a 7 mètres de long, par exemple, on met l'arrière à environ 220 ou 200 mètres de terre. A cette distance, à moins que les roches sous l'eau ne s'étendent fort au large, on a peu à craindre des brisants de terre. C'est de là qu'on envoie un porte-amarre aux sauveteurs sur lequel vous envoyez, à ces mêmes sauveteurs, votre va-et-vient, si vous en avez un, ou sur lequel ils frappent le leur, comme il est indiqué (156). Étant alors en communication avec la terre, afin de rendre le débarquement plus prompt et plus commode, vous filez de votre câblot 20 à 25 brasses ou plus, suivant le cas, afin d'être à plus petite distance de terre, pour que les sauveteurs puissent vous aider. Mais, pour faire ce débarquement, il faut que la côte soit fort accore et qu'il ne se trouve pas de danger au large, car sans cela, avant que la personne que vous confiez au va-et-vient soit à terre p rs des sauveteurs, elle serait mise en mille pièces. Il vaut donc mieux, quand ce dernier cas se présente, se décider à attendre, à l'ancre, que la bourrasque cesse ou que le vent changeant de direction vous permette de vous diriger vers un autre point, plutôt que d'exposer quelqu'un à un funeste résultat (1).

63. Si c'est sur une grève que l'on veut tenir, comme ordinairement celle-ci a une déclivité assez forte on peut s'approcher de terre, de manière à n'avoir qu'une petite distance (comme 50 mètres, par exemple) entre l'arrière de l'embarcation et le rivage, ce qui rend l'opération du va-et-vient bien moins dangereuse. L'important, c'est de maintenir l'avant de l'embarcation debout à la lame, et, quand le tour de celui qui commande l'embarcation et qui, conséquemment, doit débarquer le dernier sera arrivé, il quittera ce canot sur son ancre, car, si le câble ne casse pas, elle serasauvée plus tard; il doit avoir soin seulement d'envoyer le bout de son haleà bord à terre, avec l'avant-dernière personne qu'on sauve, afin que de terre on puisse le filer lui-même à retour.

64. Si c'est *sur une plage de sable,* ordinairement celles-ci ont très-peu de déclivité, et les coups de mer commencent à déferler quelquefois à 300 et 400 mètres du rivage. Alors, avant d'entrer dans la zone de ces brisants, on se préparera bien à mouiller, et ensuite on jettera sa dérive (71) à la mer, on évitera dessus pour présenter l'avant à la lame et on se laissera dériver vers la terre jusqu'à ce que l'on voie le fond diminuer assez sensiblement pour craindre qu'au tangage l'embarcation ne s'enfonce sur le sable. Alors on mouillera son ancre et on retirera sa dérive à bord, on se laissera approcher le plus près possible de terre, en dérivant sur son ancre, s'il y a lieu, mais on aura soin de faire passer assez de monde sur l'avant, pour que l'embarcation soit à égal tirant d'eau, et c'est quand on sentira de légères secousses qui indiquent que l'on ne peut dériver plus loin, qu'on étalera et qu'on tâchera d'établir avec la terre, dont on sera alors à 100 ou 200 mètres au plus, un va-et-vient.

65. Si la mer brisait avec fureur à la côte, pour l'empêcher de contrarier les atterrissages successifs des personnes que l'on mettrait sur le va-et-vient, il faudrait répandre un peu d'huile de l'avant, afin de l'empêcher de briser à la côte.

66. Quant à tenir sur une plage de vase, c'est beaucoup plus

(1) Voir, pour ces atterrissages, l'instruction donnée de 176 à 187.

facile, parceque, aussitôt que la lame sent le fond mou, elle tombe; on peut donc laisser dériver son embarcation sur cette vasière jusqu'à ce qu'elle y échoue. Mais il faut bien prendre son moment pour cela, et si l'on est sur une côte où il y a marée, et que ce soit au moment de pleine mer qu'on y échoue, avoir soin de ne pas s'échouer assez pour ne pas se renflouer et haler au large à mesure que la mer tombe, car, si c'était dans un décours que l'on échouerait en pleine mer, on pourrait y rester, et souvent par suite, y être supé. Si c'est sur une côte où il n'y a ni flux ni reflux, il ne faut s'échouer que de manière à pouvoir toujours se rafflouer. Or très-souvent ces côtes sont très-plates, et on peut se trouver assez loin de terre pour ne pouvoir établir avec elle son va-et-vient. Dans une telle circonstance, il vaut mieux attendre, à moins qu'avec ses barils d'insubmersion et le tillac, comme les autres planches mobiles du canot, vous ne fassiez un radeau qui puisse assez approcher de terre pour établir avec elle un va-et-vient. Mais comme on n'est pas gêné par la mer dans cette position, à moins que l'on ne soit à court de vivres, il vaut mieux attendre que le temps s'apaise que de risquer du monde sur un tel radeau, à moins que de terre on ne vous signale que vous pouvez débarquer, car ceux-là connaissent la côte mieux que vous.

67. Passons actuellement à la seconde situation d'échouage, celle où l'*on doit aborder sur une côte que l'on connaît, mais qu'on sait privé de ressources; sur laquelle, cependant, on voit du monde prêt à vous porter assistance.* Et supposons-nous dans les quatre cas précédents : côte de roche, grève, plage de sable ou plage de vase.

68. Dans la première de ces situations, si c'est une côte de roches sur laquelle on territ, le mieux, à moins que l'on n'y soit forcé, est de rester à l'ancre jusqu'à un temps meilleur; car il est fort inutile d'envoyer un porte-amarre à terre, attendu que les riverains n'en sauraient que faire, quand bien même on leur enverrait dessus un va-et-vient.

Mais si on y est forcé, soit qu'on veuille profiter du jour pour opérer son sauvetage, ce qui est toujours le meilleur, qu'on craigne pour son câblot, qu'on veuille profiter d'une embellie ou par toute autre cause, il faut voir si, dans le nombre des personnes qui montent l'embarcation, il y en a une assez courageuse pour se dévouer pour le salut de tous. Alors, avec quelques morceaux de lattes que l'on détache, s'il le faut, du vigie du canot, on lui fait un flotteur comme celui dont nous donnons le dessin (111), qui dépasse sa tête de 33 à 45 centimètres; elle se met dessus avec sa cuirasse, la ligne de jonction amarrée autour de la taille et nage à terre. Si elle peut y parvenir sans que son appareil n'ait été brisé ou chaviré sens dessus dessous, il l'aura préservée des chocs contre les roches, et alors, aidée des riverains qui ne lui feront pas défaut, elle établira le va-et-vient, comme il est indiqué (83). Mais cet atterrissage est bien chanceux ; c'est pourquoi, à moins que d'y être forcé, il ne faut pas le tenter.

69. La troisième situation pour un tel atterrissage est la plus triste, car elle suppose que l'on territ sur *une côte inconnue, ou déserte, des habitants de laquelle on ne doit attendre aucune assistance.* En considérant cet atterrissage sous les quatre points de vue déjà indiqués, on voit qu'il est le même que le précédent; seulement, comme ici la personne que l'on enverrait seule ne serait pas assez forte pour hâler, à elle seule, à terre le va-et-vient et l'installer, il faut en envoyer deux ou trois par le même procédé; c'est-à-dire que, arrivé à terre, celui qui y est abordé le premier démarre la ligne qu'il a autour du corps, et en amarrant son radeau avec cette ligne par les deux bouts, et abraquant sur celui qui vient du large, pendant qu'on abraque aussi du bord sur le bout opposé à mesure qu'on lui file, le traîneau retourne à bord, et une seconde personne peut venir à terre de la même manière, puis une troisième, et alors elles peuvent installer le va-et-vient pour sauver le reste du monde.

70. Enfin il peut se présenter un dernier cas, celui où le câblot ayant cassé ou menaçant, à chaque instant, de casser, cette circonstance et d'autres aussi néfastes forcent les naufragés à faire côte avec le canot même. Dans ce cas, il faut tout disposer pour courir et le plus rapidement possible, vent arrière, avec son embarcation à la côte. C'est alors qu'on se sert avec avantage de la drive, et qu'il faut savoir bien la gouverner. D'abord, tout étant prêt, si le câblot tient encore, on s'en sert pour éviter brusquement et présenter l'arrière à la lame, ayant sa drive bien prête à être jetée dehors les avirons bordés et en travers de l'embarcation ; l'aviron de queue prêt à gouverner, on hisse sa voile, et, si le câblot ne casse pas, on le coupe fuyant ainsi à la côte, quand on en approche, on fait jeter la drive à la mer, et on s'en sert pour maintenir l'embarcation toutes les fois que l'arrière à la lame voudrait dévier du vent arrière ; mais comme il faut profiter du jet de cette lame, qui porte rapidement à terre, quand l'effet de la drive pour redresser l'embarcation n'est pas utile, on embraque la queue du sac, ce qui neutralise la puissance de cet engin, et on laisse la lame porter à terre jusqu'à ce qu'au coup de mer suivant on doive encore se servir de cette drive pour rectifier la direction de l'embarcation (1), s'aidant en même temps de l'aviron de queue et des avirons de côté ; on court sur la terre

(1) A l'occasion de cette manœuvre, nous trouvons dans un excellent petit traité traduit de l'anglais par l'amiral Pâris, sur la manière de venir à terre avec une embarcation, ce qui suit :

« 1° En tournant l'avant du canot au large avant d'entrer dans les lames qui dé- « ferlent, de manière à scier pour avancer par l'arrière, en donnant quelques « coups d'aviron en avant et à l'entrée de chaque lame, et continuant à scier à dans l'intervalle, si la mer est très-grosse et le canot d'une petite dimension. « Cette manière d'agir sera généralement plus sûre, en ce que l'embarcation est « plus manœuvrante quand on peut employer toute la force de ses avirons à « résister aux lames plutôt qu'à scier seulement contre elles.

« 2° En nageant vers la terre avec l'arrière au large, puis faisant scier partout « à l'approche d'une forte lame, et en nageant de nouveau de l'avant dès qu'elle « a dépassé le canot, c'est-à-dire en nageant quand on est sur le revers de la « lame, ou bien comme on le pratique sur quelques canots de sauvetage, en fai- « sant retourner les canotiers de l'arrière, face en avant, afin qu'ils scient à « l'approche de chaque lame.

« 3° Si l'on marche par l'avant, on peut aussi se tenir en direction au moyen « d'une gueuse de lest, d'une grosse pierre, d'un grand seau ou d'un sac en « toile à voile appelé *drive*, dont nous donnons le dessin, et disposé à cet effet « afin de résister aux impulsions du bateau, de le maintenir contre les chances « d'être jeté en travers.

« Les canotiers de la côte de Norfolk font usage des dragues. Ce sont des sacs « d'une forme conique, dans les mêmes proportions de longueur au diamètre « qu'un éteignoir d'environ 2 pieds (0^m,61) de diamètre à la base, sur 4 pieds « 6 pouces (1^m,372) de long. Elles sont remorquées avec la bouche en avant « par une forte corde, et une ligne nommée *hale à bord*, ou *cartahu*, est amar- « rée au sommet du cône. Lorsque celui-ci est remorqué avec son ouverture en « avant, il se remplit d'eau et présente une résistance considérable qui main- « tient l'arrière du canot, tandis que filant la grosse corde et tenant sur la petite,

Fig. 6.

sans faire attention aux coups de talon que donne le canot, jusqu'à ce que « la position du cône est renversée, sa toile se plisse, il n'offre « plus de résistance et peut être « facilement halé à bord (*).

« Les dragues sont surtout « employées par les canots à voiles, à bord desquels ils servent à arrêter le sillage et à « maintenir leur arrière au vent « et à la mer ; elles présentent « une grande sécurité pour les « embarcations découvertes, et « beaucoup de canots de sauvetage en sont pourvus maintenant.

« Une voile enverguée, mais « larguée à la traîne, peut aussi « être remorquée par l'arrière « avec une corde établie sur la « vergue en patte d'oie, assez solide pour contre-tenir, haler et « filer ; elle peut être employée « comme drague et agir en « même temps de manière à diminuer de beaucoup la force « des lames qui déferlent.

« Les poids lourds doivent « être retirés des extrémités du « canot ; quand on nage avec « une forte mer de l'arrière, le « meilleur est d'être sur le cul, « pour que cet arrière ne soit « pas repoussé par la mer.

(*) Comme on peut le voir par cette description, la drague de bateaux de Norfolk n'a pas de cercle comme la nôtre à sa base. Est-ce mieux, est-ce pis, ce serait l'expérience qui pourrait éclairer sur ce fait qui est digne d'étude.

(*Note de l'auteur.*)

l'on soit assez près du rivage pour que les canotiers, sautant hors du bord et traînant l'embarcation à terre, la halent presque à sec hors de la puissance des coups de mer, où alors

« Un canot peut être gouverné par un aviron de l'arrière ou sur la hanche quand « il court comme la lame, parce qu'il y a des moments où le gouvernail ne sert « plus (*).

« On peut se fier aux règles suivantes quand on fait route dans le sens de la mer « pour chercher à accoster la terre au milieu des brisants.

« 1° Autant que possible, éviter chaque lame, en plaçant le canot de manière à « ce qu'elle brise devant lui.

« 2° Si la mer est très-grosse et si le canot est très-petit, surtout s'il a un ar- « rière-plat, tournez son avant au large et venez vers la terre à reculons, en sciant « et en nageant de l'avant contre chaque grosse lame, avec assez de force pour « qu'elle puisse passer derrière.

« 3° Si l'on croit pouvoir sans danger, se diriger vers la terre par l'avant, faites « scier les avirons à l'approche de chaque lame, de manière à arrêter le sillage « du canot autant que possible, et s'il y a dans le canot une drague, ou telle « autre partie de son armement qui puisse en servir, remorquez-la de l'arrière « pour vous aider à vous tenir debout à la lame, ce qui doit toujours être le but « principal de vos efforts.

« 4° Mettez les principaux poids du canot à l'extrémité qui est au large, mais « pas tout à fait au bout.

« 5° Si le canot est à voiles et à rames, se dirigeant vers la terre avec une très- « grosse mer. Son équipage doit, dans toutes les circonstances, excepté celle où « la plage est accore, amener les voiles et démâter avant d'entrer dans les bri- « sants, et chercher à gagner la terre avec les avirons seulement, comme nous « l'avons dit plus haut. S'il n'y a que des voiles, il doit diminuer de toile et ne « se servir que des voiles de l'avant amenées à mi-mât.

ACCOSTER UNE PLAGE AVEC GROSSE MER.

« Fuir devant la lame, ou accoster une plage présentant deux opérations diffé- « rentes, et la manœuvre du bateau indiquée plus haut, ne regardez que la ma- « nière de courir dans le sens d'une grosse mer qui déferle sur de petits fonds « et à quelque distance de terre. Aussi, sur une plage très-accore, la pre- « mière grosse lame sera sur la terre elle-même (comme la plage de galets du « Havre, par exemple), tandis que sur des plages très-plates (comme celles de la « mer du Nord, en général) il y a des lames qui déferlent aussi loin que la vue « peut atteindre, et qui s'étendent quelquefois à 4 ou 5 milles de terre. « La ligne la plus éloignée de terre, des lames qui brisent par trois ou quatre

(*) Il serait donc bon que chaque canot eût un tolet tribord et bâbord de l'arrière.
(*Note de l'auteur.*)

tout le monde valide débarque. Si cependant c'est sur une côte de roches que l'on doit tenir, il faut remarquer où la mer lève le plus fort, car c'est un indice qu'il y a là un danger sous l'eau

« brasses sur une plage plate, est toujours la plus forte et, par conséquent, la « plus dangereuse à traverser. Aussi, lorsqu'elle a été heureusement franchie, le « péril diminue à mesure que la profondeur de l'eau devient moindre, jusqu'à « ce que, en arrivant à terre, toute sa force est dépensée en écume, et elle n'est « plus à redouter (*). Comme la mer déferle d'une façon toute différente, suivant « que la côte est accore où à petit fond, la manière habituelle d'accoster diffère « aussi dans ces deux cas. Si c'est sur de petits fonds qu'un canot avance en na-« geant ou en sciant, il faut le conserver droit à la lame jusqu'à ce qu'il soit pres-« que à terre et que chaque vague le pousse davantage sur la plage ; alors il se « trouve allégé de son équipage qui, d'habitude, saute par-dessus le bord et le « hale à terre par les côtés. Comme on l'a dit plus haut, les voiles doivent avoir « été amenées avant d'arriver aux brisants et le canot n'y entrer qu'avec les avi-« rons employés à noyer ou scier.

(*) Si la zone de brisants à traverser est plus forte que partout ailleurs, il y a aussi plus d'eau et il y est plus facile de s'y maintenir l'arrière à la lame.

Nous sommes surpris que le *Guide anglais* n'ait pas parlé de l'emploi de l'huile dans un naufrage ; nous savons cependant pertinemment qu'on en obtient de bons effets.

EMPLOI DE L'HUILE DE MAUVAIS TEMPS DANS UN ATTERRISSAGE.

Tout le monde sait que l'huile répandue sur l'eau et au vent, même en petite quantité, s'étend en couche excessivement mince, mais d'une grande étendue, qui, empêchant l'action du vent sur cette eau, l'empêche de briser. Mettez-vous au bord d'un étang d'une certaine étendue, un hectare, par exemple, au moment où le vent souffle de certaine partie avec force, ride la surface des eaux et les fait moutonner. Mettez-vous au vent et versez seulement une cuillerée d'huile dans l'eau, bientôt vous verrez la place où vous l'avez versée s'étendre, s'étendre de plus en plus et, à mesure qu'elle s'étend, vous remarquerez que, dans la tache grasse et bien distinctive qu'elle fait sur l'eau, cette eau ne moutonne plus, tandis que tout autour de cette tache les petites vagues deviennent plus grosses et moutonnent avec fureur. Eh bien ! ce qui se produit ici en petit se produit en grand à la mer quand elle est brisante et dangereuse et qu'on y verse de l'huile, même en petite quantité. Elle s'étend jusqu'à une grande distance, et, dans l'espace qu'elle couvre, la mer ne déferle plus. Elle est toujours très-grosse, il est vrai, mais elle est beaucoup moins dangereuse pour la personne qui est obligée d'y nager. C'est donc un excellent moyen à employer quand on est obligé de sauver son monde en le faisant se jeter à la nage. On répand du navire ou de l'embarcation une certaine quantité d'huile dans la mer, et on profite de l'accalmie qu'elle produit sur la lame, pour le débarquer ; mais pour ce faire, il faut qu'on soit seul à faire naufrage, car hors de la zone où s'exerce l'action de l'huile, la lame paraît se venger de la contrariété qu'on lui fait subir en déferlant avec fureur, et elle devient plus dangereuse. Aussi, en Hollande, quand plusieurs bateaux ont fait naufrage au même endroit et que quelques-uns d'entre leurs équipages ont eu le bonheur de se sauver, le magistrat fait-il prêter serment à ces naufragés qu'ils n'ont pas employé d'huile pour se sauver, et punit-il sévèrement ceux qui, pour leur propre sûreté, ont employé ce moyen puissant. Ils ont raison, car il est indigne d'un homme de cœur et d'honneur d'assurer son salut sur la ruine des autres. C'est sans doute pour cela que l'ouvrage anglais n'en a pas parlé. Mais nous croyons, nous, devoir le faire, car si l'événement ne peut porter préjudice à personne, il est bon, si on le peut, d'user de ce moyen. (*Note de l'auteur.*)

qu'il faut soigneusement éviter, de peur d'y défoncer son embarcation.

Telles sont les manœuvres d'embarcation que nous indiquerons. On conçoit que leur succès dépend beaucoup de l'habileté de celui qui les commande et de l'adresse de ceux qui les exécutent; aussi engageons-nous les capitaines à y exercer de beau temps leurs équipages.

Nous ne parlerions pas ici de la mise à l'eau des embarcations qu'on hisse sur les pistolets, potences ou portemanteaux, si nous ne croyions qu'il est impossible d'apporter un grand perfectionnement dans leur installation.

En effet, ces embarcations qui devraient être toujours prêtes à être mises à la mer, grâce à la manière dont on les installe quand elles sont hissées, demandent un certain temps pour les amener. Il faut d'abord larguer la ventrière qui est roidie avec une ride, puis larguer les garants de portemanteaux qui sont cueillis en glène et amarrés; puis larguer les génopes que l'on a faites sur ces garants pour qu'elles ne filent pas et en prenant du mou ne viennent à faire porter le canot sur la ventrière relativement trop faible pour les supporter.

75. Or, pendant qu'on est à faire tout cela, si c'est pour sauver une personne tombée à la mer que l'on a besoin de cette embarcation, le temps s'écoule, le navire marche, et l'homme est perdu de vue quand le canot est à la mer. A notre avis, les palans

« D'un autre côté, sur un rivage accore, la pratique ordinaire consiste à faire « voile directement vers la terre avec un canot de dimensions moyennes. Et qu'on « accoste à la voile ou à l'aviron, il convient toujours, au moment de le faire, de « tourner à moitié l'avant relativement à la direction suivant laquelle la lame « brise, afin d'être jeté aussitôt en travers sur la plage où, généralement, on « trouve assez de secours pour haler ce canot au plus tôt hors des atteintes de la « mer (*). Nous pensons que, dans une pareille situation, ce n'est nulle part « l'usage de présenter l'arrière à terre et de scier avec les avirons, mais bien de « souquer un coup en avant vers la terre comme on l'a dit plus haut. »

(*) L'auteur anglais, ne raisonnant que sur la manœuvre des bateaux de sauvetage, a parfaitement raison ; mais nous qui raisonnons au point de vue général, nous croyons que, à moins de faire côte sur une plage où l'on voit des secours, il vaut mieux mouiller et envoyer son monde à l'aide d'un va-et-vient à terre. (*Note de l'auteur.*)

de portemanteau ne devraient, comme les autres palans, être qu'un moyen de hissage, mais, au lieu d'une ventrière en patte d'oie, nous en voudrions trois, deux simples pour les extrémités du canot et une en patte d'oie. Les deux ventrières extrêmes, terminées en cordage même assez long, et après avoir passé dans un trou pratiqué au couronnement à cet effet, iraient se fixer sur la boucle de hissage placée au bout opposé à celui où elles agissent, afin que non-seulement le canot en soit suspendu, mais que ces deux cordages croisant soient les deux gardes montantes du canot pour l'empêcher de rescier d'un bord sur l'autre ; puis de là viendraient s'amarrer, à bord, sur un taquet placé en dedans ou en dehors du couronnement. Dès que ces trois ventrières seraient bien roidies, sans décrocher les palans de portemanteau on les laisserait libres, prêts à filer, et on aurait, au-dessous, dans le canot, les garants lavés et aussi prêts à filer, dès que le canot serait suspendu sur ses palans. Par ce moyen, un homme tombe à la mer, deux autres sautent dans le portemanteau et larguent les ventrières extrêmes, un troisième largue la grande ventrière du milieu, et le canot, subitement suspendu sur ses palans, amène avec une grande rapidité ; c'est, à notre avis, le meilleur moyen de mettre promptement une embarcation à la mer.

Si les canots sont suspendus sur potences, en ayant une barre de jonction des deux potences, sous laquelle elles puissent tourner à volonté, au moyen d'un boulon à émérillon qui passerait au travers, on pourrait également suspendre ces embarcations sur trois ventrières et les rendre aussi amenables que celles qui sont sur les portemanteaux.

Mais avant tout, selon nous, il y aurait à pourvoir les navires d'un moyen de sauvetage plus avantageux de toutes les manières qu'une grande embarcation, pour sauver une personne tombée à la mer, ce serait que chacun d'eux, grand ou petit, eût un youyou de sauvetage.

DU YOUYOU DE SAUVETAGE ET DE SES PROPRIÉTÉS DIVERSES.

74. Nous nommons youyou de sauvetage une petite embarcation à deux têtes, comme celle dont nous donnons ici le dessin. Pris sur pont, ce petit canot aurait 3 mètres de long sur $1^m,25$ de

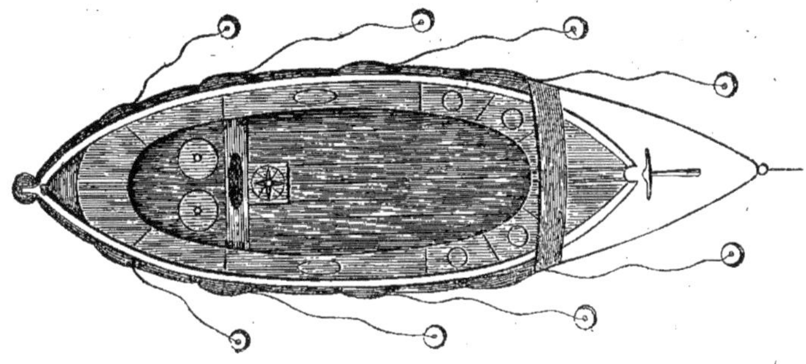

Fig. 7.

large; il serait à fond plat, c'est-à-dire qu'une tranche transversale faite au maître bau présenterait la forme que nous lui donnons, figure 7. On conçoit combien une telle forme donne à cette petite embarcation de stabilité sur l'eau; mais, pour la rendre encore moins volage, elle aurait une quille en fer, qui en sortirait quand elle serait à flot, et y rentrerait dès qu'elle sentirait le fond. Cette quille, qui aurait $0^m,16$ à $0^m,20$ de safran dans l'eau, donnerait à ce petit canot assez de pied dans l'eau pour le rendre très-bon voilier, et lui permettre même de tenir le vent; sans trop dériver à $0^m,33$ des deux extrémités et $0^m,30$ des côtés; il y aurait un coffre le long du bord qui serait bien étanche, ce qui ferait que le youyou dont la jauge intégrale serait de 0,68750 de tonneau n'en pourrait embarquer que $0^m,32175$ d'eau de mer, quand il en serait rempli et qu'il serait donc complétement submersible, mais pour augmenter cette insubmersibilité et diminuer les chances d'abordage de cette petite embarcation, comme pour lui donner encore plus de côté quand elle serait sous voile, elle aurait une ceinture comme les autres canots du navire, mais d'une grosseur proportionnée à ses dimensions, et elle aurait $0^m,10$ de tonture, ce qui réduirait son creux au milieu de $0^m,33$; elle ne jaugerait donc réellement, dans la partie qui peut se remplir d'eau, que **19,435** litres, et conséquemment aurait au moins **493,15** litres de capacité où l'eau ne pourrait pénétrer. Une plate-forme étanche dans laquelle se loge en partie la quille diminue encore ce creux.

Mais cette capacité vide est disposée pour servir à autre chose qu'à la flottaison au besoin; ainsi elle est partagée en divers compartiments renfermant les objets jugés utiles à y avoir toujours en réserve, tels que de l'eau, du biscuit et différents ustensiles, et déterminés par le voyage que doit faire le navire auquel appartiendrait le youyou ; ainsi ces objets seraient plus ou moins nombreux selon le voyage que devrait faire le navire ; ils le seraient beaucoup dans un bâtiment entreprenant un long voyage et qui est exposé à faire naufrage sur des côtes désertes et inconnues, car en voici la nomenclature :

75. 50 litres d'eau douce dans les deux citernes de l'avant; ces citernes seraient mises en communication avec l'endroit où une personne s'assoirait derrière par deux tuyaux courant le long de la plate-forme et se fermant à vis, de manière à ce que cette personne pût, en les mettant à la bouche, aspirer la quantité d'eau qui lui est nécessaire pour boire.

20 litres de vin et 10 d'eau-de-vie, dans deux compartiments derrière à tribord et également à sa portée, pour ses besoins urgents.

30 kilog. de biscuits en boîtes rondes, dans les compartiments faisant pendant à ces deux-ci.

10 kilog. conserves alimentaires dans un autre compartiment à bâbord , suivant celui du biscuit sur l'arrière.

10 kilog. gelées ou tablettes alimentaires donnant une grande nutrition sous un petit volume, dans le compartiment en regard à celui-là à tribord.

Entre ces deux compartiments est une soute (véritable fosse aux lions), dans laquelle sont réunis une foule d'objets indispensables, tels qu'un fanal contenant bougies, briquets, amadou, pierres et allumettes ; — un briquet phosphorique, et ce qu'il faut enfin pour avoir promptement du feu; — un flambeau à essence de térébenthine et sa cruche, un pavillon national et un cornet : le fanal est placé dans une chaudière en cuivre qui peut servir de seillot pour y recueillir de l'eau, la faire chauffer, ou vider l'eau du youyou au besoin... : un petit volet (ou compas d'embarcation) démonté, des compas à pointe..., un quartier de réduction et une carte routière pliée en plusieurs doubles, du papier et un crayon, deux lignes de pêche, avec hameçons et ce qu'il faut pour les amorcer..., un revolver et des munitions... (poudre, balles et plomb de chasse); une hache..., un marteau..., une vrille..., des pointes..., une scie passant..., des braises dans un sac et des tisons soufrés pour allumer promptement du feu, un petit alambic à l'esprit-de-vin et de l'esprit-de-vin..., un peu de thé et du sucre..., un flacon de sel ammoniac. Il y reste encore de la place à y mettre les papiers du bord, l'argent et les bijoux ou objets précieux, de petits volumes, s'il y en a et s'ils ne sont pas trop lourds.

Les deux soutes qui suivent celles au vin et aux vivres sont destinées à recevoir, l'une un fusil Faucheux et les objets qu'on veut y loger, l'autre une ligne de sonde. Toutes ces soutes sont fermées avec des couvercles à vis pour que l'eau n'y pénètre pas.

76. L'armement du you-you se compose de deux avirons de 2 mètres de long. L'un de ces avirons doit, quand on fait route à la voile, servir de mât; pour cela sa pelle est armée, au bout, d'un boulon pour servir de pied au mât; il y a un trou percé à la hauteur nécessaire dans la pelle pour y passer la drosse de la basse vergue; il est passé dans un petit rocambeau, et à 10 centimètres au-dessous du manche est percé un autre trou pour passer la drisse de la voile carrée qu'on y hissera quand il sera mâté; l'extrémité du manche est percée et armée d'une virole à vis pour pouvoir enfoncer une tige en fer au besoin qui serve de gaule d'enseigne pour y hisser un pavillon. Le second aviron, qui doit, lui, quand on met à la voile, servir de vergue basse à cette voile, est percé de deux trous, l'un à 20 centimètres du bout de la pelle, l'autre à 20 centimètres du bout du manche; au milieu il a une crampe qui le déborde d'un pouce pour y fixer la drosse. Les deux trous pratiqués sont pour y passer les écoutes de la voile qui viennent se tourner au milieu. La vergue haute se compose d'une petite gaffe de $1^m,20$ de longueur..... La voile est trapézoïde, 75 centimètres d'envergure sur une bordure de $1^m,35$ et $1^m,40$ de guindant; elle a donc une surface de $1^m,4700$ carrés; elle a une bande de ris à 25 centimètres du bas, ce qui la réduit à $1^m,104$ quand le ris est pris et lui donne seulement un guindant de $1^m,15$.

77. Sur la basse vergue, ainsi que sur la vergue haute, on frappe deux bras, et sur la voile il y a deux cargues en patte d'oie passant dans deux pilons placés à cet effet dans l'aviron basse vergue et passant par des trous successifs à égale distance, allant faire dormant sur la vergue haute, à 25 centimètres de chaque côté du milieu. Cette voile, au lieu d'être à bandes verticales, est, au contraire, à bandes horizontales pour qu'en larguant la drosse et pesant les cargues on la ramasse sur la basse vergue, comme on le fait d'un store de fenêtre.

Au tiers de la longueur du youyou, à partir de l'avant, est un beau tournant au milieu duquel est pratiqué un étambrai de la forme de la pelle d'un aviron, et dans la plate-forme il y a une petite emplanture. Donc, quand l'aviron est élevé, il est tenu, et dans son étambrai et dans cette emplanture, ce qui le rend très-solide. Comme il est utile que dans une aussi petite embarcation la personne qui s'y embarque se lève le moins possible, surtout à la mer, tout le gréement du mât et les manœuvres sont passés de manière à ce qu'assis derrière elle puisse installer sa petite voile. Ainsi, dans un piton qui est fiché dans l'étrave passe l'étai dont le capelage et le bout courant viennent se tourner sur un taquet placé à la main dans l'intérieur à tribord. Sur un autre taquet en regard à bâbord sont tournés l'autre hauban et la drosse de la voile. Autour de l'aviron vergue est tournée la drosse, puis les deux bras de basse vergue et de vergue haute sont cueillis en glène et amarrés sur le fond où il s'assoira pour y être à sa main.

Dessus la plate-forme et bien saisis derrière sont le gouvernail et sa barre renversée, et sa barre franche collée contre le bord..., de l'autre côté, est saisie au dossier. Enfin, dans l'intérieur plus loin ,ce sont également deux pelles ou pagaies.

Comme la fente où se meut la quille mobile ferait communiquer l'eau avec l'intérieur du youyou, ce qui ferait que la personne assise dedans serait toujours mouillée même quand il y aurait belle mer, sur la plate-forme est une tôle courbée qui couvre cet orifice et permet à la quille de jouer et sortir sans laisser l'eau pénétrer dans la petite embarcation. Quand la personne qui y est embarquée est assise sur le fond, elle a entre les deux jambes cette tôle qui ne la gêne d'aucune manière.

Dans le dossier est placée une patte-d'oie pour y fixer une amarre, quand le youyou est destiné à établir une communication avec un autre navire ou avec la terre. Enfin, sur les côtés du youyou, sont frappés des bouts de ligne d'environ 1 mètre à 1^m,50 de longueur, dont l'extrémité est passée dans une plaque de liége. Cette précaution est prise pour donner à plusieurs personnes ensemble la faculté de s'accoter et de s'appuyer sur cette petite embarcation sans être emportées par la lame, quand on le jette à plusieurs hommes tombés à la mer ou enlevés par le même coup de mer, jusqu'à ce que l'on vienne à leur secours.

78. *Installation de la voile du youyou.* Lorsqu'une personne embarquée dans le youyou se trouve trop éloignée du point de salut où elle vise, pour espérer de l'atteindre à la rame, dès qu'elle y est assise, elle commence par monter son gouvernail, larguer les amarrages qui tiennent la voile et le mât le long de la coursive. Elle passe successivement la drosse dans le trou qui lui est destiné à cet effet dans la pelle, la drisse dans le trou du manche, et la fixe au rocambeau, puis capelle les haubans et l'étai. Enfin elle visse dans la douille, qui est au bout du manche, la tige en fer courbe dont nous avons parlé, et qui est la gaule d'enseigne; dans cette tige passe une drisse de pavillon dont elle amarre les deux bouts au mât. Tout ceci fait, elle passe cet aviron par la pelle dans l'étambrai du banc tournant, et pesant sur son étai, elle mâte ensuite, amarre bien cet étai, puis roidit ses haubans.

Libre de ce soin, elle prend ensuite l'aviron basse vergue, amarre la drosse sur la crampe à ce destinée sur cet aviron, et y fixe les bras.

Après, elle prend la voile, en fixe la vergue au rocambeau, amarre les deux écoutes sur la basse vergue, et passe les deux cargues, gardant la patte d'oie à la main. Alors, lançant les deux vergues sur l'avant du mât, elle hisse une partie de la voile qui se déploie en bannière, puis elle abraque à bloc la drosse, l'amarre bien, abraque aussi les deux bras de la basse vergue, et hisse alors la voile à bloc ; après cela, elle n'a plus à s'occuper que des bras de la vergue haute. Elle est sous voile et fait bonne route, car un pareil youyou fait ses quatre à cinq nœuds à l'heure, vent arrière.

Tout en faisant route, elle atteint son petit compas, dont elle fixe la boîte sur le bau du mât, et, si c'est de jour, elle hisse son pavillon ; si c'est de nuit, son fanal ; et si c'est de brume, elle souffle dans son cornet pour appeler du secours à la cantonade ; car, lorsqu'on est en pleine mer, la navigation dans un si petit esquif n'est jamais une partie de plaisir, et il faut s'efforcer d'être recueilli le plus tôt possible.

79. Nous craignons bien que les personnes qui liront cette description ne soient étonnées, peut-être ennuyées de sa longueur ; mais, ainsi que nous l'avons dit, ce n'est pas un livre d'agrément que nous écrivons, c'est un livre utile, et quand elles se représenteront les divers usages auxquels est destiné notre youyou, elles reconnaîtront que nous n'y avons rien placé d'inutile, car ce petit canot doit servir, suivant l'occasion,

1° A sauver une personne ou plusieurs personnes tombées à la mer, ou enlevées par un coup de mer, même quand le navire serait forcé de les abandonner ;

2° A établir une communication entre le navire auquel il appartient et un autre navire étant à la mer, soit pour se sauver à son bord en cas d'abandon, soit pour établir un va-et-vient avec lui pour sauver son équipage en cas de détresse ;

3° A établir une communication entre son navire et la terre en cas de naufrage de celui-ci sur une côte, car c'est le porte-amarre le plus puissant qu'on puisse employer en pareil cas, et qui peut élonger l'amarre la plus forte ;

4° A offrir, indépendamment des moyens d'établir un va-et-vient avec la terre, la facilité de porter plusieurs personnes à terre pour l'installer, quand on a eu le malheur d'être ignoré de la terre, ou qu'on a fait naufrage sur une côte déserte : qui renferme aussi des aliments pour quelques jours ainsi que vingt objets précieux, en pareil cas, pour donner les premiers secours aux personnes sauvées, s'il y en a qui l'ont été dans un état voisin d'asphyxie, faire du feu afin de préparer quelques aliments chauds, se caser à terre, se défendre et ensuite se diriger vers le point habité par un peuple hospitalier : qui vous donnera des secours pour pêcher, chasser, etc.

80. Nous ne parlerons pas ici des ressources qu'offre cette petite embarcation pour porter une amarre à un canot qui ne peut gagner contre le vent le courant, et établir une communication entre le bateau de sauvetage, et un navire à vapeur ou un autre bateau, ou navire que vous montez, et qui vient au secours d'un bâtiment qui fait naufrage, et dont on ne peut approcher à cause du peu d'eau....., pour sauver la correspondance....., les objets précieux....., et même pour le service du bord dans un port; tous ces emplois étant de qualités secondaires, cependant d'une utilité réelle, nous les passons nonobstant sous silence; en examinant tous les services que peut rendre ce petit flotteur, on reconnaîtra que chaque objet que nous prescrivons d'y embarquer a sa grande utilité dans certains cas, comme, du reste, on le verra relaté plus tard, quand nous parlerons du naufrage et de l'abandon.

DES DIFFÉRENTES SORTES DE VA-ET-VIENT.

Avoir ses embarcations insubmersibles et inchavirables, là ne se bornent pas, comme nous l'avons dit, les précautions que l'on doit prendre en partant du port à bord d'un navire, pour combattre un événement qui peut arriver au moment où on s'y attend le moins. Il faut avoir un va-et-vient toujours prêt à fonctionner...., des bouées de sauvetage...., des défenses contre les abordages...., un porte-amarre....., des signaux de détresse et des moyens d'insubmersion pour les hommes; enfin, si l'on a plus de monde à bord qu'elles n'en peuvent porter, savoir suppléer à l'insuffisance de ses embarcations en faisant des catimarons de sauvetage avec ce que l'on possède à bord. Nous allons nous

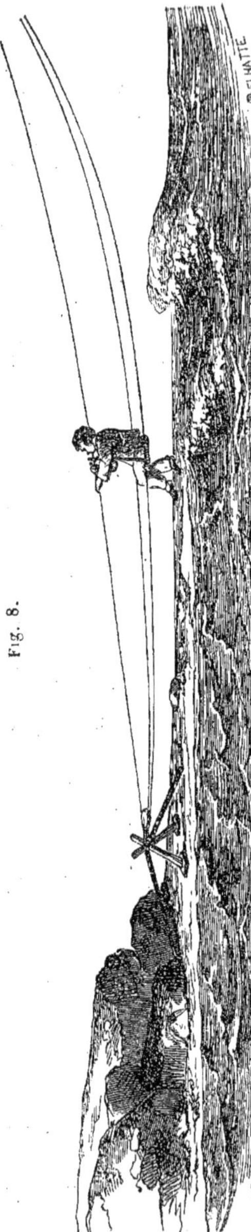
Fig. 8.

occuper du second de ces moyens de salut d'un équipage naufrageant, c'est-à-dire de va-et-vient.

Il est prouvé, par de nombreux faits, que, dans un cas de naufrage, quand on parvient à établir un va-et-vient avec la terre, ou un autre navire qui vient à votre secours, on sauve tout, ou du moins grande partie de son équipage ; or gréer un va-et-vient n'est pas chose difficile quand on est parvenu à établir sa communication. Qu'est-ce, en effet, que la composition d'un va-et-vient? Une bonne aussière servant de draille, et qui est passée dans une ou deux grandes cosses à fouet destinées à y suspendre une chaise ou un hamac, selon le cas ; deux poulies simples à fouet, une que l'on amarre solidement, l'une au point de départ, l'autre au point d'arrivée ; une longue manœuvre légère passant dans les deux poulies simples et revenant faire dormant, ou sur la planche de la chaise, ou sur les cosses de rabans du hamac, et faisant ainsi la corde sans fin de hale à bord et de hale à terre, c'est elle qui a fait donner à cette installation le nom de va-et-vient; enfin ce que l'on nomme une chaise en terme de marine, c'est-à-dire une planche ayant 60 à 70 centimètres de longueur, percée aux quatre coins; dans les trous desquels passent les quatre branches d'une patte d'oie, ou deux pattes d'oie à deux branches mariées ensemble, laissant assez d'espace pour qu'un homme y puisse passer son corps et s'asseoir sur la chaise, cette chaise suspendue à la cosse dans laquelle est passée la draille, enfin.

81. Ce que nous représentons ci-contre, voilà le va-et-vient à chaise. (Quand on n'a pas une telle chaise, on en fait une en corde, avec le bout du fouet qui est sur la cosse ; cela revient au même, mais cependant est moins commode.)

Il n'est pas besoin de grands commentaires pour expliquer le mécanisme de ce petit, mais si utile appareil, qu'aucun capitaine ne devrait se dispenser d'en avoir toujours un prêt avant de prendre la mer. Alors, si un sinistre arrive sur une côte, si on est parvenu avec son youyou, un porte-amarre quelconque, ou un autre moyen à établir sa communication avec la terre, ou avec un autre navire, on fait asseoir la personne qu'on veut sauver, sur la chaise, et au besoin si on craint qu'elle n'ait le vertige en se trouvant ainsi parfois suspendue en l'air comme un acrobate, d'autres fois plongée dans l'eau, et qu'elle n'abandonne la corde de salut, on l'y amarre. Alors on la lance dehors, elle est suspendue à la draille et au moyen du va-et-vient proprement dit, en abraquant sur le hale à terre, on l'y fait parvenir dès qu'elle y est débarquée, on hale sur le hale à bord, et la chaise revient à bord prendre une autre personne et ainsi de suite jusqu'au dernier, qui doit être le capitaine, et qui lui, quand il s'est placé sur la chaise, mais le visage tourné du côté de son navire, se transfile du bord à mesure qu'on le hale à terre, et fait ainsi, pour lui, l'office qu'il a fait pour chacun des autres qui l'ont devancé, à moins qu'on ne le transfile de terre, en filant sur le hale à bord à mesure qu'on abraque sur le hale à terre, ce qui est mieux.

DU VA-ET-VIENT A HAMAC INSUBMERSIBLE.

82. Tout cela est assez facile quand on n'a affaire qu'à des marins, hommes habitués à la mer; mais si l'on a, parmi les personnes qui sont à bord, des femmes et des enfants, voire même des passagers qui n'y entendent rien, l'opération devient alors plus scabreuse; aussi conseillerons-nous d'avoir, pour ce cas spécial, un hamac comme celui dont nous donnons le dessin ici. Comme on

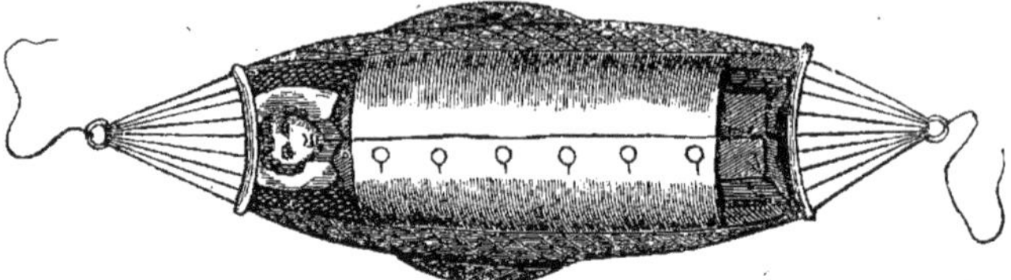

Fig. 9.

le voit, ce hamac est à recouvrement; de plus, il est garni d'un saucisson en rognures de liége, qui le rend insubmersible.

Enfin il a deux trous d'emmanchure, qui permettent à la personne qu'on y place d'y passer ses bras et de s'aider, pour se haler à terre ou pour éviter le choc d'un débris flottant lancé de çà et là par la lame; sous sa tête, dans le hamac est un coussin, soit à rognure de liége, soit à air, qui empêche que, dans aucun cas, elle ne puisse plonger dans l'eau. Ce hamac est suspendu à la draille par deux fouets qui sont frappés sur les cosses d'araignées, et c'est aussi dans les mêmes cosses que se frappent les deux bouts du va-et-vient; on met aux pieds (si c'est sur une côte de roches que l'on fait naufrage) un paquet d'étoupe, un petit oreiller, ou toute autre chose, pour préserver cette partie du corps du choc contre les roches, en arrivant à terre. Du reste, pour la manœuvre de ce va-et-vient, elle est absolument la même que celle du va-et-vient à chaise.

On conçoit aisément que, dans aucun cas, la personne couchée dans un tel hamac ne peut en être jetée dehors; car, en admettant qu'un coup de mer retourne le hamac sens dessus dessous, le recouvrement est là pour empêcher qu'elle ne tombe dans la mer.

Nous avons imaginé ce petit appareil à la suite d'un accident dont nous fûmes le désolé témoin, car la personne qui était sur le va-et-vient fut retournée d'un coup de mer, échappa de dessus sa chaise et se noya. C'était un pauvre passager qui, à ce qu'il paraît, était plus mort que vif avant de s'asseoir sur ce siége qui devait lui être si fatal.

Nous donnons ci-contre un dessin spécimen de ce va-et-vient et

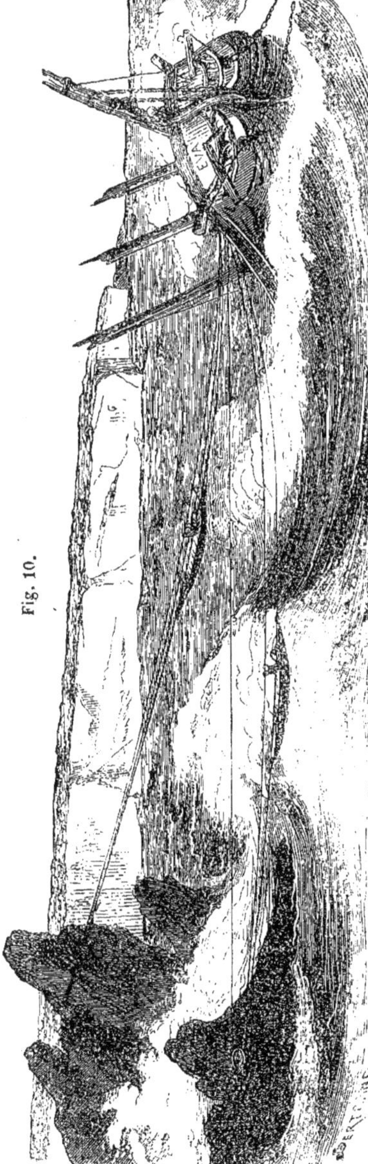

Fig. 10.

répétons ce que nous avons dit, qu'un tel appareil, qui n'est certainement pas dispendieux, devrait se trouver à bord de tout navire, avant qu'il prît la mer; espérons qu'on ouvrira les yeux sur l'utilité de tels va-et-vient, et qu'ils seront enfin prescrits réglementairement à bord de tous les navires.

DES BOUÉES DE SAUVETAGE.

83. Le marin est continuellement exposé à tomber à la mer, ou à être enlevé d'un coup de mer. Cet accident, qui n'occasionne pas le naufrage de son bâtiment, en est ordinairement un terrible pour lui; il faut donc, par tous les moyens possibles, songer à en conjurer les désastreux effets, et, pour ce faire, le moyen immédiat, celui qui donne le temps ordinairement d'employer les autres, est de jeter, au malheureux qui se débat au milieu des flots, une bouée de sauvetage. Il y en a bien des sortes des bouées de sauvetage, depuis la bouée réglementaire, suspendue ordinairement au gui des navires de guerre, jusqu'au petit appareil inventé par nous, auquel nous avons donné le nom de *cuirasse de sauvetage*. On pourrait en citer de dix sortes différentes : bouée réglementaire, bouée en anneau, bouée en nacelle à voile et sans voile, etc., etc.; toutes ces bouées ont des qualités plus ou moins précieuses. Mais, comme dans cet ouvrage nous n'avons pas pour but de passer en revue tous les moyens de sauvetage qui ont été inventés, mais bien d'indiquer ceux que nous croyons plus usuels, les plus faciles à se procurer, et plus pratiques, nous nous bornerons à en signaler *trois*, qui nous paraissent renfermer plus de propriétés que les autres, et dont les éléments se trouvent souvent, sans que les équipages s'en doutent, à bord de tous les navires. La première de ces bouées nous l'avons décrite, c'est le youyou dont nous parlons (74), et dont nous allons encore dire quelques mots, non pour en recommencer l'ennuyeuse description, mais pour en expliquer les applications, quand on s'en sert pour sauver une ou plusieurs personnes tombées à la mer ou enlevées d'un coup de mer. C'est, suivant nous, la véritable bouée à voile. Nous parlerons ensuite de la seconde, aussi bouée à voile, qui est composée de deux barils de galère, reliés ensemble par deux cales entaillées, et qui peut être employée aux mêmes usages que le youyou, quoique n'offrant pas les mêmes ressources. Nous parlerons enfin de la cuirasse de sauvetage, au moyen de laquelle une personne qui la porte sur elle ne peut couler.

MANIÈRE DE PLACER LE YOUYOU DE SAUVETAGE A BORD D'UN NAVIRE POUR QU'IL SOIT PRÊT A TOUT ÉVÉNEMENT.

84. On conçoit aisément que la place qu'on doit faire occuper au youyou à bord d'un navire ne saurait être indifférente. Bien que cette petite embarcation ne doive pas être lourde, avec les objets que renferment ses soutes, elle ne peut guère peser moins de 250 à 300 kilog. Si on la mettait sur le pont, elle y serait embarrassante. Dans la chaloupe, elle ne serait pas facile à jeter promptement à la mer, ce qui est le but à atteindre, car on n'enlève pas 300 kilog. comme une plume; il faudrait un palan et même un bout de vergue pour la soulever et la déborder en la mettant à la mer de manière à ce qu'elle ne soit pas brisée contre le navire. La seule place donc où on puisse la mettre est derrière, dans le portemanteau ou en portemanteau, car là elle est toujours à la main.

85. Prenons le premier cas, et supposons que le youyou soit à bord d'un navire qui a un portemanteau. Il ne faut pas que cette petite embarcation soit dedans le portemanteau, parce qu'il faudra démonter les baux de ces portemanteaux, chose que nous avons condamnée, mais soit placée dessus. Pour cela, quand ce canot (le portemanteau) est hissé, bien saisi avec ses ventrières, bien en place enfin, on met, portant sur les deux plats-bords, deux planches en travers, qui sont bien suivées et qui ont le bout d'en dedans garni d'une estrope assez longue pour qu'on puisse les soulager de dessus du couronnement. Sur les deux extrémités est placé une tringle ou grain d'orge en travers, afin d'arrêter en dehors la petite embarcation quand elle sera placée dessus. Il y en a aussi un en dedans, de sorte qu'avec ces deux traverses les deux rances forment une espèce de châssis; c'est entre ces deux traverses que l'on place le youyou, chaviré la quille en l'air, ayant deux bouts de corde frappés, l'un sur la boucle d'avant, l'autre sur celle d'arrière, que l'on fait se croiser en envoyant un de ces bouts, celui de tribord, passer dans un trou qui est pratiqué à cet effet à bâbord, dans le couronnement; l'autre de bâbord, passant dans le trou de tribord du même couronnement, et tous deux revenant s'amarrer au même taquet; au milieu de ce couronnement ces deux gardes montantes ont d'abord pour effet d'empêcher cette petite embarcation de rescier sur son châssis et, de plus, de faire à ce canot une espèce de ventrière; mais, pour les bien fixer à cet égard, les deux bouts de ces gardes montantes, repassant dans un troisième trou pratiqué à cet effet dans le couronnement, ressortent; on les fait passer sous le portemanteau, et après l'avoir enserré ainsi que le youyou, on les fait venir repasser dans le même trou du milieu, ou bien,

souqués et tournés au taquet, ils fixent parfaitement la petite embarcation sur l'autre.

85 *bis*. Veut-on mettre ce youyou à la mer, on largue les bouts et on les dépasse d'autour des embarcations, on lève le grain d'orge d'en dehors, afin qu'il ne fasse pas obstacle à ce que le canot glisse à la mer. Deux hommes vigoureux attrapent les estropes du châssis, et donnent à ce châssis un plan incliné vers la mer, ce qui fait que le youyou, qui n'est plus tenu par rien, glissant sur son châssis, est bientôt à la mer. Mais on pourrait craindre que ce petit canot, en tombant, tombât la quille en l'air, et, comme il a beaucoup de bau, ne restât ainsi. Pour obvier à cet inconvénient, on amarre le bord du large du youyou, avec deux fils de caret d'environ 1 mètre de longueur, sur le platbord d'en dehors du portemanteau. Quand il tombe à la mer, ces fils de caret font résistance, et avant de casser le retournent la quille en bas ; les deux gardes montantes qui sont larguées se dépassent et le petit canot reste sur une ligne de sonde qui est amarrée au navire. Au moment où il tombe à la mer, tombe aussi la dérive, crainte que, s'il avait tendance à courir de l'avant entraîné par le sillage, du navire, elle s'y oppose vigoureusement, car il est important qu'autant que possible il reste en place où on le jette, pour s'éloigner le moins possible de celui pour lequel on l'a jeté. Si, nonobstant ces précautions, que le navire, par suite de son grand sillage, l'entraîne, on coupe la remorque et on laisse aller en dérive le youyou, afin de ne pas l'éloigner de la personne qu'il doit sauver.

86. Deuxième cas. Le navire à bord duquel appartient le youyou n'a pas de portemanteau. Dans un tel cas, on fait placer à l'arrière, et le plus haut possible du couronnement, un volet d'environ 2 mètres de longueur sur $1^{m},20$ de largeur. Ce volet est sur charnière. Quand le youyou doit être embarqué, on le met dessus, lorsqu'il est à la mer. Dans un port on le laisse pendre ou on le saisit au couronnement. Sur ce volet, il y a une patte d'oie qui sert à le redresser ; elle est assez longue pour que, alors qu'on l'a redressé, on puisse en tourner les deux branches chacune à un taquet placé *ad hoc* en dedans du couronnement ; c'est sur ce volet, comme nous l'avons dit, qu'on pose le youyou sur deux chantiers, la quille en bas; au moyen des branches de la patte d'oie, on le serre fortement contre le couronnement, ce qui fait l'effet de ventrière, puis on fait ensuite comme devant croiser les deux gardes montantes qui se tournent sur les taquets de la patte d'oie, et ce petit canot est bien solidement établi derrière. Mais un accident arrive-t-il qui nécessite qu'on mette brusquement un canot à la mer, une personne tombe-t-elle à la mer par exemple, le timonier ou l'homme qui est le plus à portée se précipite derrière, largue la ventrière, puis les deux gardes montantes, et enfin larguant les deux branches de la patte d'oie, les jette en dehors du couronnement; le volet, qui n'est plus soutenu, tombe verticalement le long du couronnement, et le youyou, lui, tombe à la mer. Cette manœuvre se fait dans moins de temps que nous n'en mettons à la décrire. Quant au reste de la manœuvre, elle est absolument la même que dans le cas précédent : nous n'y reviendrons donc pas.

RESSOURCES QU'OFFRE LE YOUYOU AUX PERSONNES TOMBÉES A LA MER AUXQUELLES ON LE JETTE.

87. Ordinairement le youyou est à l'eau avant que la personne ou les personnes qui sont tombées à la mer arrivent jusque derrière; mais si elles ne peuvent l'attraper immédiatement, comme il est là un point presque fixe et visible, si elles savent nager, elles sont bientôt le long du bord, et au moyen des bouts de ligne qui en pendent de tous côtés, s'il n'y en a qu'une seule ou deux, elles sont bientôt dedans. Alors, si le youyou tient encore au navire, rien de plus simple que de le laisser le suivre jusqu'à ce que celui-ci s'arrête; pour cela, il ne faut qu'abraquer la ligne du sommet de la dérive et la haler à bord pour en neutraliser l'effet; celle-ci n'opposant plus de résistance au sillage du youyou, le navire le remorque facilement. Il est inutile de nous étendre ici sur la facilité avec laquelle on sauve alors la personne ou les personnes qui sont à bord du youyou ; car, dès le moment où le cri un homme à la mer ! s'est fait entendre, toute l'attention de l'officier de quart a dû être d'arrêter le plus tôt possible l'aire du navire, pour qu'il s'éloigne le moins possible de l'endroit du sinistre, soit en mettant en panne, en travers ou en cape, suivant le temps et l'état de la mer.

88. Mais supposons que l'on ait dû laisser aller le youyou en dérive. Dès que celui qui est à la mer s'y est embarqué, s'y est orienté, il le voit ; ce qu'il a de mieux à faire, si son navire n'est qu'à une petite distance, est de prendre ses pagaies ou ses avirons et de nager vers lui à la provençale, et il est encore bientôt ou sous sa voûte ou le long du bord.

89. Mais multiplions à dessein les difficultés. Le navire qui était à vent arrière ayant ses bonnettes dessus a dû se débarrasser de ces voiles avant de pouvoir mettre en travers ou en cape, et s'est fort éloigné du youyou ; cependant il en est encore en vue sous le vent, c'est alors le cas d'appareiller la petite embarcation, après avoir monté son gouvernail, ou en gouvernant avec une pagaie et de faire route dessus, car on sait que ce navire ne peut louvoyer au vent pour venir vous chercher là ; pendant le temps que le youyou met à l'atteindre, on met le long du bord, à bord du navire, différents bouts de filin, pour que celui qui le monte puisse s'emparer de l'un d'eux et se fixer au bâtiment, et, afin que ces bouts de corde ne coulent pas, on a soin d'amarrer un morceau de bois sur le bout de chacun d'eux. Dès que la personne qui est à bord de la petite embarcation a saisi un de ces morceaux de bois, elle amène sa voile, et attend tranquillement qu'on l'embarque, ainsi que le youyou.

90. Maintenant, autre cas, c'est de nuit obscure que l'événement arrive ; on a dû, car elle est profonde, mettre un flambeau sur le youyou, pour que le malheureux qui se débat dans les flots sache où aller le chercher. Peu après, on voit disparaître cette lumière. On se dit à bord : Il est sur le youyou, mais on ne perd pas de temps en commentaires inutiles ; comme il faut qu'il sache non-seulement où est le navire, mais encore où est le bout de corde qui y tient et qu'on lui jette dehors, pendant qu'on manœuvre pour mettre en travers, en panne ou en cap, une personne allume le flambeau dont nous donnons le dessin ci-contre, et l'amarre par sa patte d'oie sur ce bout de corde qui, dans ce cas, est l'unique que l'on jette à la mer; celui

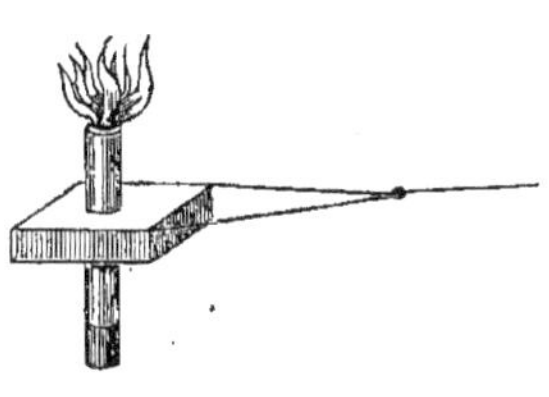

Fig. 11.

qui le monte s'y dirige, et, quand il l'a attrapé, il est à portée de voix. A défaut, il se hale lui-même le long du bord.

91. Enfin envisageons le cas extrême, celui où, par la tempête, le navire qui fuit devant le temps est forcé d'abandonner sans retour la malheureuse personne tombée hors du bord; dans cette situation, qui est, dans le cas ordinaire, presque désespérée, combien de ressources le petit youyou ne lui offre-t-il pas!

A son grand désespoir il voit le feu de son navire disparaître, et reste ainsi dans son frêle esquif, abandonné au milieu des flots furieux, qui l'assaillent de tous côtés.

Mais il sait qu'il a des vivres pour plus d'un mois, qu'il ne peut être dévoré par les requins ni par les oiseaux de mer, vrais requins de l'air, tout cela lui rend la confiance et lui fait reprendre son sang-froid, qu'un tel événement peut bien avoir ébranlé; il faudrait qu'il fût bien malheureux, si pendant cet espace de temps il n'apercevait pas un navire qui vînt, à ses signaux de détresse, le recueillir; il a donc encore dix chances contre une d'être sauvé. Si c'est de nuit qu'il est tombé à la mer, il jette sa drague dehors et attend ainsi sur son ancre flottante tanguant devant la lame jusqu'au jour pour s'orienter. Dès que l'aube se fait, il met son gouvernail en place, il appareille sa voile, rentre son ancre et fait route vers le point qu'il considère comme le plus favorable. S'il voit la terre, il fait route sur elle; s'il ne la voit pas, mais sait qu'elle est peu éloignée dans une direction sous le vent à lui, il fait encore route sur la terre. Autant que possible, il ne court que vent arrière ou grand largue, évitant, autant qu'il le peut, toute allure du travers ou du plus près pour ne pas se mettre en travers à la lame ou avoir à lutter contre elle. Si pendant ce trajet il rencontre un navire et désespère d'attraper promptement cette terre, il lui fait des signaux de détresse et se dirige vers lui. Enfin, s'il ignore où il est, il court vent arrière à l'aventure, ses signaux de détresse en l'air, jusqu'à la nuit. A la nuit, il allume son fanal, amène sa voile, jette sa dérive dehors et attend ainsi si par un secours providentiel un navire passant ne viendrait pas à son secours; il sonne fréquemment de son cornet, car il sait que les ondes sonores s'étendent sous le vent à une grande distance, et, comme il sonne un signal de détresse, il espère que ce signal étant entendu par un navire quelconque, il viendra à son secours. La brume survient-elle, il y a encore, dans son cornet, une excellente ressource pour faire connaître sa triste position à la cantonade, car quel est le marin qui, entendant un signal de détresse, ne s'empressera pas de venir au secours de celui qui le fait ?

Enfin, grâce aux vivres qu'il possède à bord de son petit bateau, il souffre sans doute, mais il ne souffre pas trop et peut ainsi soutenir sa misérable existence jusqu'au moment où il sera sauvé. Il y a donc là dix chances contre une qu'il le sera. Comparons cette situation à celle qui lui serait faite si le navire n'avait pas à bord ce moyen de sauvetage, ou même qui lui serait faite quand bien même ce navire aurait une bouée réglementaire de sauvetage ou une bouée en anneau, comme celle qu'on voit maintenant à bord de presque tous les navires du commerce. Voyons-le, monté sur la bouée de sauvetage et abandonné forcément en pleine mer, ou abandonné ayant la bouée en anneaux sous ses aisselles, bouée qui sans doute le soutient sur l'eau, mais ne lui offre que cette ressource, le laissant exposé aux requins, aux oiseaux et au froid de l'eau dans laquelle il est plongé. Considérons-le juché sur une cage à poule qu'on lui a jetée, sur un bout de planche ou tout autre objet, n'y a-t-il pas mille, que disons-nous? un million de chances contre une, qu'il périra après une affreuse agonie, qui aura duré des heures et souvent des jours; qu'il sera dévoré vif par quelques requins, qu'il aura les yeux arrachés et sera également dévoré par les oiseaux, et quel supplice moral aura devancé cette affreuse mort??? Faut-il, néanmoins, que cette personne si exposée, s'abandonnant au désespoir, mette fin, par un suicide volontaire, à ses angoisses? Non, parce qu'on a maints exemples de sauvetage aussi miraculeux, et pour notre part nous pouvons en citer plusieurs qui prouveraient que Dieu vous conserve la vie, quand il le veut, au milieu des plus grands périls, et c'est ce que nous nous proposons de prouver dans un second volume annexé à cet ouvrage, s'il est bien accueilli du public marin (1). Nous y démontrerons, par des faits irrécusables, que la plus grande partie des malheurs que nous avons à déplorer chaque année peuvent être attribués à l'absence de moyens de sauvetage à bord des navires; mais en attendant, si notre youyou offre dix chances de salut à l'équipage d'un navire qui en a un, quand il tombe un homme à la mer ou qu'il est enlevé par un coup de mer, tandis que son absence offre un million de chances de perte contre une chance de salut, avoir un tel canot à bord d'un navire est donc donner des milliers de chances de salut contre un tel accident aux hommes qui le montent s'ils tombent à l'eau quand on est à la mer.

Mais ce ne sont pas seulement les faits matériels qui, ici, sont seulement à considérer, il faut aussi envisager l'effet moral dont est sûr un équipage dans une manœuvre périlleuse, la presque certitude que, si un homme tombe à l'eau, il sera sauvé. Souvent la perte d'une voile, dont dépendait le salut du navire, a dépendu de ce que les hommes qui auraient pu monter pour la serrer, craignant d'être jetés par-dessus le bord, ont hésité à le faire; mais, s'ils avaient su qu'en tombant de la mâture à la mer ils n'étaient exposés qu'à prendre un bain plus ou moins froid, plus ou moins prolongé, ils n'auraient pas hésité à aller où le devoir les appelait.

Nous pensons que la présence d'un youyou à bord d'un navire n'eût-elle que ces résultats, qu'ils la rendraient déjà urgente; mais on verra plus tard que cette petite embarcation est appelée à rendre de plus grands services encore.

(1) Entre les sauvetages miraculeux qui sont venus à notre connaissance, nous citerons, pour le cas spécial ci-contre,

Celui du nommé Corric, matelot en 1823, à bord du paquebot *Courrier du Brésil*, tombé à la mer et abandonné à 1,000 lieues en mer;

Celui d'un nègre sauvé en 1803 par le sieur G. Malo, patron lamaneur, qui est resté trois jours à rouler sur un tronçon de mâture et en plein hiver;

Celui d'un second Américain sauvé dans le golfe du Mexique après trente heures de séjour dans l'eau;

Celui de l'équipage du brick *la Néréna* de Dunkerque, chaviré en pleine mer, la quille en l'air, au bout de trois jours d'emprisonnement dans cette prison liquide.

DE LA BOUÉE DE SAUVETAGE A VOILE, EN BARILS DE GALÈRE.

92. Une bouée à voile, en barils de galère, est certainement un engin de sauvetage, qu'on est coupable de ne pas avoir fait à son bord, ou au moins prêt à faire, puisque tout navire en possède les éléments, deux barils de galère, et que par conséquent il ne coûte rien que la peine de le faire. En effet, de quoi se compose une telle bouée de sauvetage ? De deux barils, et de deux traverses entaillées comme celles dont nous donnons le dessin ci-dessous : elles sont entaillées de telle manière qu'elles prennent les deux barils au second cercle de chaque bout selon leur gabarit. Comme on le voit, dans leurs extrémités sont placés deux bouts de ligne pour les saisir contre les barils, en les faisant passer dans un trou pratiqué à cet effet par le milieu de la traverse, ce qui fait que ces deux barils, ainsi contenus par leurs bouts, font corps avec les traverses (ou cales marseillaises doubles), et font un flotteur extrêmement solide, susceptible de porter 60 à 70 kilog. de poids, suivant la grandeur des barils qu'on y emploie. Pour rendre l'appareil plus commode, on peut clouer quelques bouts de planche dessus les cales pour les fixer l'un à l'autre sans les joindre côté à côté. Alors l'on a dans ce petit radeau une excellente bouée de sauvetage, pouvant soutenir sur l'eau jusqu'à six personnes. Avec cette bouée jetée à la mer sans autres dispositions, on rendrait plus de service à la personne qui s'en emparerait qu'avec la bouée régle-

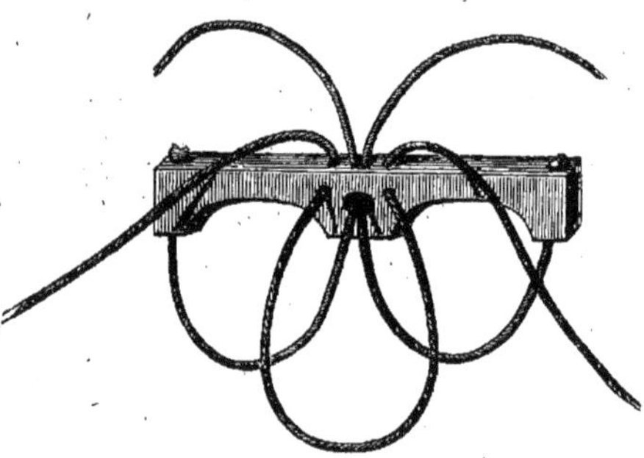

Fig. 12.

mentaire, mais il est facile de lui donner bien plus de propriétés. Comme les deux barils ont entre eux une distance de 3 à 4 centimètres dans une des planches de reliaison des deux cales (celle du milieu), on fait un trou d'environ ce diamètre, juste à toucher la cale voisine par le côté du dedans, qui dès cet instant devient la cale de l'avant; on y fiche un bâton (manche à brosse, manche à balai, ou mât fait à l'avance), de manière à ce qu'il dépasse un peu, du bord opposé, le bouge du baril, et on le saisit à l'embridure des barils de ce côté; par ce moyen il y est fort solide. C'est sur ce petit mât qu'on installe une voile (trapézoïde comme celle du youyou si elle est faite à l'avance et installée à peu près de la même manière). Sur la traverse de l'arrière il y a, comme nous le simulons dans la figure (92), une corde dont les deux bouts viennent sur l'avant; cette espèce d'estrope est pour fixer à la bouée la personne qui s'en sert, afin qu'un coup de mer ne puisse pas lui faire perdre le flotteur; alors elle s'appuie de la poitrine sur la table de la bouée opposée à celle où est la voile, et peut naviguer ainsi vent arrière et même grand largue, gouvernant avec sa jambe. Mais cette bouée serait assez volage; c'est pourquoi, afin de lui donner plus de stabilité, on amarre dessous deux pinces

Fig. 13.

d'arrimage, ou quelque chose d'équivalent. On peut même, quand les dispositions ont été prises à l'avance, avoir une planche verticale passée dans la planche du milieu où est fiché le mât, et qui, tenant en l'air par une cheville, dépasse le fond de la bouée d'environ 0^{m},33, ce qui lui donne beaucoup de pied dans l'eau, et, pour faire que cette planche coule facilement, on peut en garnir le bout inférieur d'un morceau de plomb laminé, comme on garnit les bateaux de loch, on la retire et on la met à plat sur son flotteur quand elle n'est pas utile.

La bouée présente alors l'aspect figuré p. **109** :

Cette bouée n'offre pas les mêmes ressources que le youyou, il est vrai, mais en offre beaucoup plus que les bouées de sauvetage adoptées jusqu'à ce jour, puisqu'elle permet à la personne tombée à la mer, qui peut s'en emparer, d'aller trouver son navire, quand celui-ci ne peut venir vers elle. En effet, on s'est passé l'estrope autour du corps et on ne craint pas que la bouée vous échappe. Comme sur cette bouée vous trouvez tout ce qui est nécessaire pour l'appareiller, vous la mâtez, vous lui mettez sa voile, et vous appuyant la poitrine sur sa tablette, vous tenant avec les mains soit au mât, soit à la traverse d'avant, vous la gouvernez avec une de vos jambes, autant que vous le pouvez, vent arrière. De deux choses l'une, ou votre navire est sous le vent à vous dans l'aire de vent qui souffle, ou il en est à une distance assez petite de droite ou de gauche. Vous savez qu'on a pris à bord les précautions que nous avons indiquées (87); vous gouvernez donc sur lui tant que vous pouvez, pour tâcher de vous emparer d'un des bouts de corde qui sont à la traîne. Mais vous ne pouvez suivre cette route; vous n'hésitez pas, vous laissez courir dans la direction qui vous en approche le plus, sans vous préoccuper de l'atteindre, car vous avez la conviction que, dépassant sous le vent, il pourra laisser arriver et venir vous prendre, puisque vous n'avez pas pu l'aller chercher.

Si c'est de nuit ou de brume que le malheur arrive, comme sur la bouée vous avez trouvé un cornet, vous en sonnez sans cesse, afin d'indiquer où vous êtes, et qu'il puisse se diriger par ce son. Ce n'est pas seulement pour cela que ce petit instrument vous est utile, c'est aussi pour éloigner de vous les requins et autres poissons voraces, ainsi que les albatros et autres oiseaux de proie qui sont effrayés par le son aigu que vous en tirez, et qui sans cela, attirés par cet objet flottant, vous dévoreraient. On voit donc combien peut être utile le petit flotteur dont nous avons donné (72) la description, et avec quelle facilité on peut se le procurer, *sans frais*, à bord de tous les navires. Cependant là ne se bornent pas encore ses propriétés, elles sont multiples et, quoique moindres que celles du youyou, le remplacent à bord des navires qui n'en ont pas; c'est ce que nous démontrerons en temps utile. Une telle bouée vaut donc infiniment mieux qu'une bouée en anneau qui coûte 12 francs, et qui ne peut en rendre le quart des services. De plus, les deux barils qui la composent sont dans un port deux barils de galère à l'usage du bord. Nous allons actuellement parler du troisième flotteur, que nous recommandons aux marins, non-seulement comme bouée de sauvetage, mais aussi comme moyen d'insubmersion.

CUIRASSE DE SAUVETAGE.

93. Ce petit appareil, vraie cuirasse pour celui qui le porte, quand il vient à recevoir un choc quelconque au dos ou à la poitrine, a aussi, pour le sauvetage des personnes et pour leur bien-être à bord des navires, de nombreuses applications entre lesquelles nous signalerons les suivantes :

1° Rendre complétement insubmersible celui qui la porte;

2° Le rendre invulnérable à la poitrine et au dos;

3° Lui laisser l'entière faculté de ses mouvements, en sorte que, l'ayant revêtue, il peut monter, descendre, abraquer, filer, nager, ramer, etc., etc.;

4° Pouvoir servir au couchage et à l'ameublement;

5° N'être ni fragile, ni de facile détérioration, ni embarrassante; ni d'usure facile;

6° Pouvoir servir de défense, au besoin, dans un cas d'abordage;

7° N'avoir besoin d'aucune étude préalable pour s'en servir;

8° Pouvoir enfin servir de bouée de sauvetage.

Un dernier avantage que nous en signalerons et qui, à notre avis, n'est pas à mépriser, c'est de coûter très-bon marché.

On pourrait bien lui attribuer d'autres propriétés, si on voulait examiner tous les services auxquels il est propre; mais comme nous ne voulons pas qu'on s'imagine que nous voulons en faire un appareil de sauvetage universel, nous nous bornerons, dans cet ouvrage, à démontrer celles de ses propriétés que nous venons d'exposer, et qui sont incontestables.

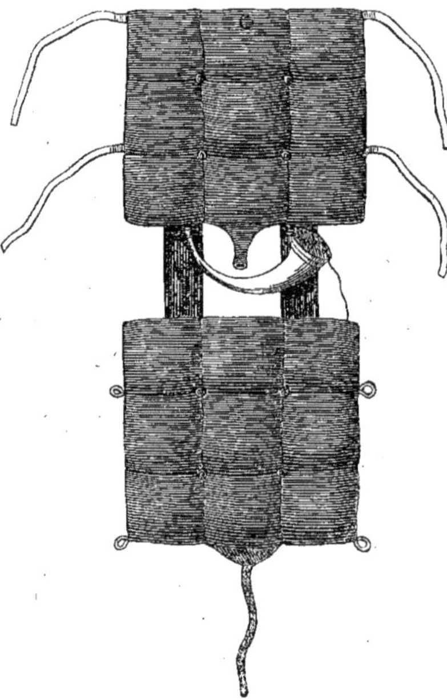

Fig. 14.

94. La cuirasse dont nous donnons le dessin ci-contre se compose, comme on le voit, de deux plastrons reliés entre eux par deux bretelles entre lesquelles la personne qui les revêt passe sa tête comme un prêtre la passe dans sa chape. Ces deux plastrons, qui sont en très-fort coton et imperméables, sont remplis de copeaux de bois de sape, ou de rognures de liége, ou de substances très-légères et matelassées. L'un pend sur la poitrine, l'autre sur le dos de celui qui porte la cuirasse; mais le coussin qui pend sur la poitrine est, de plus, garni d'une poche à air, ayant elle-même un robinet qu'on peut mettre facilement à la bouche et insuffler pour augmenter la flottaison quand on ne s'en trouve pas assez, et qui permet à celui qui la porte d'insuffler de l'air dans ce coussin, autant qu'il le juge nécessaire, pour, au besoin, pouvoir soutenir une antre personne.

Sur le plastron de la poitrine il y a, de chaque côté vertical, deux boucles, l'une à moitié, l'autre au coin inférieur de ce plastron, et sur le plastron du dos il y a aussi, de chaque côté, deux brides en coton correspondant à ces deux houcles. Quand on a revêtu la cuirasse, on passe les brides du plastron du dos dans les boucles correspondantes du plastron à air, et on serre la cuirasse au corps sous les bras et la taille, les nouant deux à deux sur le dos ou les ramenant ou les croisant sur la poitrine, afin de n'employer que des matières flottantes dans l'appareil (on peut remplacer les boucles par des brides). La cuirasse est alors bien fixée sur le corps de celui qui la porte, mais, pour empêcher qu'aux mouvements qu'il sera obligé de faire en nageant elle ne remonte, au milieu du bas sur le plastron du dos il y a une bride, et en regard, sur l'autre, un bouton; on fait passer cette bride entre les jambes et où on peut la fixer. La cuirasse, ainsi prise par en haut, par en bas et des deux côtés, est extrêmement solide sur le corps et ne gêne guère celui qui la porte pour monter, descendre, agir des bras, marcher, ramer s'il est dans une embarcation, nager s'il est à la mer, tout en le préservant parfaitement des chocs qu'il pourrait recevoir à la partie la plus vulnérable du corps (c'est-à-dire au dos ou à la poitrine). Un autre avantage de cet appareil, c'est qu'on peut le mettre par-dessus ses vêtements, en sorte que, sans souffrir des intempéries de la saison, on peut le revêtir quand les circonstances font penser que l'on est exposé à faire naufrage, car on n'a à porter sur le corps que 1 kilog. à 1 kilog. 1/4 de poids en plus que ses vêtements ordinaires. On peut également s'en revêtir sans inconvénient, lorsque la mer est dangereuse et peut exposer une personne à en être enlevée par une lame, ou lorsqu'on est obligé d'embarquer dans un canot de gros temps, etc., etc. Voilà donc comme appareil d'insubmersion un petit objet précieux pour celui qui le possède à son bord.

93 *bis.* Pour compléter toutes ces précautions, il y a sur la cuirasse un petit cornet qui est suspendu au plastron de la poitrine. Ce petit cornet, dont le pavillon est bouché hermétiquement par une plaque en liége et l'embouchure par un bouchon, loin de nuire à la propriété flottante de l'appareil, lui ajoute encore, et quand on revêt la cuirasse, si on est obligé de nager, on le place en hausse-col sous le menton, et il relève la tête hors de l'eau. Or ce petit cornet, qu'on voit comme annexé à presque tous nos objets de sauvetage, est un moyen précieux pour faire connaître où la personne est; quand, par suite de la nuit ou la brune, on ne sait où aller chercher celle qu'on va sauver, on se dirige par le son quand on ne peut le faire par la vue; il a, de plus, l'importante propriété d'éloigner, par son bruit, de celui qui porte la cuirasse, les poissons et les oiseaux voraces fort dangereux en pareil cas.

Telle est notre cuirasse de sauvetage; nous ne croyons devoir ajouter aucun commentaire pour démontrer qu'elle rend celui qui la porte parfaitement insubmersible et invulnérable à la poitrine et au dos.

Nous croyons aussi qu'il n'y a pas besoin de grands raisonnements pour prouver que ce petit appareil, qui est fait avec une étoffe de gros coton et, si on peut, imperméable, n'est pas susceptible de grande détérioration et peut avoir une durée illimitée pour ainsi dire, si celui auquel elle appartient en a soin, et la fait sécher toutes les fois qu'elle a été mouillée. Il n'y a pas non plus beaucoup à craindre pour la personne qui la porte, dans le cas où un événement quelconque viendrait à la déchirer, qu'elle perde de ses propriétés flottantes. Cependant, si c'était à la poitrine que cet événement arrivât et qu'elle fût insufflée d'air si c'était un plastron à air, cet air, s'échappant et faisant place à l'eau, pourrait lui donner beaucoup moins de flottaison pour soutenir celui qui la porte. C'est pourquoi nous avons séparé la poche à air du plastron de la poitrine, auquel elle tient néanmoins, mais comme annexe, et, comme elle est placée sur la poitrine même de celui qui la porte, elle est garantie en dehors par le plastron, et il n'y a nulle crainte qu'aucun accroc lui arrive. On remarquera aussi que ce petit appareil, pour s'en servir, ne demande aucune étude et qu'il peut difficilement être attaqué par les insectes qui souvent pullulent à bord des navires, attendu que les substances dont il est composé les éloignent. On voit donc déjà qu'il remplit une grande partie des conditions que nous lui avons attribuées (1).

Maintenant on reconnaîtra aisément qu'en mettant dans une cabane de navire, attachées l'une à l'autre, huit cuirasses de 45 centimètres de longueur, on en fera un matelas-paillasse ayant $1^m,80$ de long sur $0^m,80$ de large. Un capitaine peut donc aisément avoir dans sa cabane, sans en être gêné, huit de ces appareils de sauvetage lui servant de paillasse. Si le second capitaine, si le lieutenant en ont autant, voilà assez d'appareils de sauvetage pour un équipage de vingt-quatre hommes qui certes n'est pas embarrassant à loger, et c'est pourtant l'équipage d'un navire marchand de **1,000** tonneaux.

Chaque matelot aussi pourrait aisément mettre sa cuirasse sous sa tête en guise d'oreiller, et l'avoir ainsi toujours à sa disposition, sans qu'elle donnât aucun encombrement dans le poste déjà si étroit qu'ils occupent. Quant à les employer comme ameublement, on conçoit aisément que rien ne serait plus facile que d'en faire des coussins de caissons, des siéges de chaises et de canapés à bord des navires, et de les en extraire pour le sauvetage au besoin.

On conçoit aussi qu'une telle cuirasse peut servir de défense dans le cas d'un choc ordinaire, en la suspendant et l'interposant entre un navire et son canot, par exemple, pour empêcher celui-ci de se briser le long du bord, mais que, si on en réunissait huit superposées quatre à quatre, elles formeraient une défense capable d'amortir le choc de deux navires, dans une collision à la mer.

93 (*ter*). Enfin, pour en déduire la dernière propriété énoncée, que la cuirasse de sauvetage est la bouée de sauvetage la plus volante (si nous pouvons employer cette expression) qu'on peut jeter instantanément à une personne qui tombe à la mer (ou qui est enlevée d'un coup de mer) pour lui permettre de surnager

(1) On peut se faire faire des cuirasses où l'on veut, car cette invention est tombée dans le domaine public. Mais l'inventeur demeure à Dunkerque, rue de la Grille, 5, et se charge d'en faire confectionner à la taille qu'on lui indique.

On conçoit que les cuirasses ne peuvent pas toutes être faites sur la même dimension, aussi sont-elles faites sur trois tailles : cuirasse de 50 centimètres sur 40, cuirasse de 45 sur 40, cuirasse de 40 sur 35, mais elles ne diffèrent que de 50 centimes dans le prix ; ainsi la cuirasse de 50 sur 40 vaut 6 francs, celle de 45 sur 40 vaut 5 fr. 50 c. et celle de 40 sur 35 vaut 5 francs.

jusqu'à ce que l'on vienne à son secours, et même de nager vers le youyou, ou une embarcation qu'on expédie pour la sauver, on reconnaîtra encore son application comme bouée de sauvetage. Aussi ce petit appareil peut être suspendu le long du bord, à la mer, à la main du timonier qui, aussitôt qu'il entend le cri sinistre, un homme à la mer! la démarre et la jette par-dessus le bord, souvent avant que la personne ne passe le long du navire. Elle s'en empare, et tout en s'appuyant dessus la détache de manière à ce que les deux plastrons soient séparés (car pour la suspendre on les avait fixés l'un à l'autre); alors elle la capelle, et ayant son moyen d'insubmersion, nage vers son navire ou l'embarcation qu'on lui envoie pour la sauver. Si c'est de nuit, elle a soin de sonner sans cesse dans son cornet qu'on entend de très-loin, si, comme cela arrive ordinairement, le navire d'où elle est tombée est sous le vent à elle. Elle en fait de même, s'il y a de la brume. On voit donc que, grâce au petit appareil que nous indiquons, il y a bien des chances de salut pour la personne à sauver. Mais avec les autres bouées de sauvetage, avec celle en anneau surtout, nous n'en voyons qu'une, c'est que la personne tombée à l'eau flotte indéterminément, car, pour nager et aller chercher son navire, cet appareil est dangereux, attendu que, si, par un coup de mer, un faux mouvement quelconque, elle dépasse le milieu du corps, elle tend à faire plonger la partie supérieure sans qu'on puisse facilement la ramener, et, si cet événement arrive à une personne effrayée ou affaiblie, il assure sa perte. Du reste, il ne faut jamais être radical en moyens de sauvetage, et, sans se préoccuper de leur provenance, il faut adopter les meilleurs.

DES SCAPHANDRES, AUTRES CUIRASSES DE SAUVETAGE.

94. Tout ce qui tend à maintenir une personne sur l'eau est assurément un bon moyen de sauvetage; les scaphandres en général sont donc de très-bons moyens de sauvetage, mais, comme ceux qu'on achète en Angleterre et ailleurs coûtent ordinairement fort cher, quatre et cinq fois le prix d'une cuirasse et qu'ils ne peuvent rendre les mêmes services, il vaudrait donc mieux avoir une cuirasse : comme celle-ci coûte encore au moins 5 francs, nous allons indiquer un scaphandre qui ne coûterait à peu près que la peine de le faire.

Il est peu de matelots qui n'aient pas l'occasion d'aller dans un pays où le liége ou planche est à bon marché ; s'il peut s'en procurer trois planches d'environ 0m,40 à 0m,45 de long, 0m,20 de largeur, il n'a qu'à les disposer comme nous l'indiquons ci-contre, et il aura là un bon scaphandre qui ne lui coûtera pas cher, comme on peut le voir; tout consiste à fixer par trois endroits ces trois pièces de liége, soit à des limandes de toile à voile, soit à des sangles, soit enfin à des bouts de corde de manière à pouvoir amarrer les deux brides inférieures sur le dos, avoir une autre tresse ou bout de corde pour servir de collier, et enfin un quatrième bout de corde ou une bande pour passer entre les cuisses et venir s'amarrer sur la sangle inférieure, et, quand on aura un tel scaphandre sur soi, il n'y a pas de danger de couler avec un tel flotteur. Il est vrai qu'il n'est ni si commode à porter, ni si facile à loger, ni si avantageux que la cuirasse, mais c'est néanmoins un excellent moyen d'insubmersion et qui coûte moins cher, car on peut s'en faire un pour 1 fr. 50 à 2 fr. tout au plus. Nous engageons donc toute personne qui embarque à avoir avec elle au moins cette utile annexe. Un tel scaphandre, quand il est roulé et

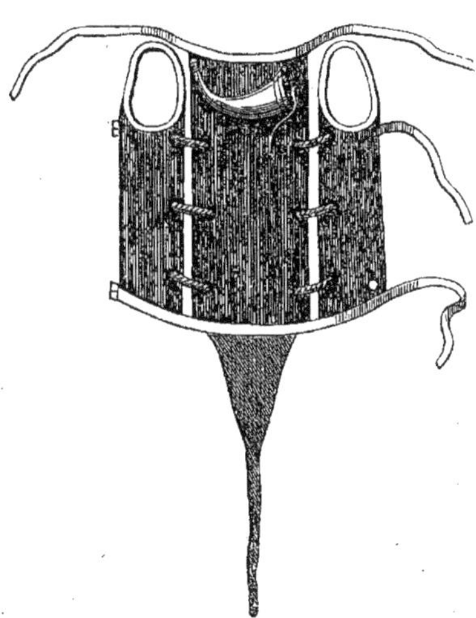

Fig. 15 (1).

(1) Les quatre attaches que nous lui ajoutons sont pour le fixer autour du corps de la personne qui doit s'en servir dans un naufrage.
On voit aussi qu'il peut lui servir d' oreiller; c'est une cuirasse de sauvetage .

qu'on le jette à une personne tombée à la mer (ou enlevée d'un coup de mer), peut fort bien aussi lui servir de bouée de sauvetage, jusqu'à ce que l'on vienne à son secours; nous croyons donc que chaque petit bateau pêcheur devrait au moins en avoir un, car il peut servir également, étant fixé, quand il y a du courant, à sauver une personne qui parvient à s'en emparer et de bouée sur une ancre à jet ou un grappin, même sur un filet. Ses propriétés sont donc multiples et à considérer.

AVOIR DE BONNES DÉFENSES TOUJOURS PRÊTES A FONCTIONNER.

95. Nous classons les défenses au quatrième rang dans les moyens de sauvetage que nous pensons urgent d'avoir à bord des navires, aujourd'hui surtout que la navigation à vapeur rend les collisions si fréquentes et, la plupart du temps, si désastreuses. Nous savons, par expérience, de quelles avaries peut préserver un ballon (une de ces défenses que les Anglais nomment *cork-fender*). Nous disons donc que nul navire ne devrait se dispenser, quand il va à la mer, d'avoir au moins deux défenses carrées, toujours prêtes sur son pont, et que dans les grands navires, tels que vaisseaux, frégates et bateaux à vapeur, il serait bon d'en avoir six.

Mais il faut que par leur légèreté ces défenses puissent facilement être transportées, par deux hommes au plus, d'un point sur un autre. A cet égard, nous conseillerons de superposer deux matelas de sauvetage, comme ceux que nous allons décrire ci-dessous, l'un sur l'autre, de les couvrir extérieurement avec un cuir ou une toile à voile bien goudronnée, ou d'établir une bande très-solide autour qui leur serve de ralingage, et d'avoir sur cette ralingue deux bonnes bosses de suspension. Une telle défense pèserait environ 15 à 20 kilogrammes; donc deux hommes pourraient l'enlever facilement et la transporter, au pas de course, d'un endroit à un autre. Elle présenterait $1^m,80$ de long sur $0^m,70$ ou $0^m,80$ de large, et $0^m,30$ à 35 d'épaisseur. Interposée entre l'étrave ou la guibre d'un bâtiment et franc-bord d'un autre navire qu'il aborderait de toute vitesse, elle peut être presque coupée en deux sans doute, mais elle amortirait à coup sûr le choc de telle façon que, si l'endroit où se fait l'abordage est enfoncé, du moins il ne serait pas brisé, et c'est presque toujours les éclats que produit ce choc qui empêchent, dans une telle circonstance, de pouvoir aveugler la voie d'eau. Or, presque toujours aussi, quand on parvient à aveugler une voie d'eau, c'est sauver la vie d'un équipage. Un cork-fender glisse ou roule et ne préserve pas toujours du coup; par le contraire, une défense carrée le fait : une telle défense est donc un moyen précieux de sauvetage pour un navire.

DU MATELAS DE SAUVETAGE.

96. Le matelas de sauvetage est fait sur les mêmes principes que les cuirasses. C'est un matelas ordinaire qui est mixte parce que son intérieur est rempli de deux couches, soit de laine à matelas, de coton ou de zostère, entre lesquelles on introduit une couche deux fois aussi épaisse de copeaux de bois de sap; nous en donnons la figure ci-dessus.

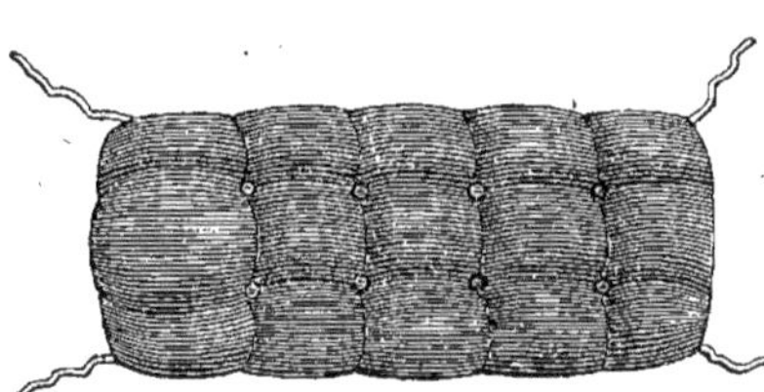

Fig. 16.

Cette sorte de matelas sert d'abord à celui qui le possède.

Pour le couchage, il remplace avec grand avantage la paillasse dont généralement font usage nos marins du commerce, et dans laquelle, après un mois de mer, il n'y a plus que de la paille hachée, humide et fétide, qui fait coucher le matelot sur une litière qu'on ne voudrait pas donner à son chien étant à terre; litière infecte, nauséabonde, qui pullule d'insectes aussi gênants que dégoûtants, et dont le moindre inconvénient n'est pas d'occasionner souvent l'insomnie de l'homme fatigué qui doit s'y reposer quelques heures, mais encore d'engendrer ces maladies terribles qui souvent déciment un équipage. S'occuper du couchage des hommes de son équipage est donc encore, pour un capitaine, un devoir, car c'est s'occuper de son salut, et à cet égard ce soin est digne d'intérêt pour tout chef qui connaît son devoir. Nous sommes d'autant plus porté à indiquer ce moyen d'hygiène, qu'un matelas de sauvetage mixte ne coûte pas 25 pour 100 plus cher qu'une paillasse, et que, lorsqu'il devient trop dur, le possesseur de ce matelas peut le faire rebattre ou le rebattre lui-même comme tout autre matelas, et que s'il a soin de cette pièce de literie, d'en faire laver la toile à la suite de chaque voyage, de mettre à sécher ce qu'elle renferme, quand il est humide et que le temps le permet, il peut lui durer quatre fois plus de temps qu'une paillasse (1).

Mais à un coucher plus sain et plus confortable ne se bornent pas les propriétés du matelas de sauvetage, comme on vient de le voir, il peut aussi fort bien servir de défense à l'occasion, peut encore, quand on n'a pas assez de barillage pour rendre ses embarcations insubmersibles, comme nous l'avons indiqué (47), les remplacer (du moins en partie) en les roulant et le saisissant dans l'intérieur de ces embarcations en abord : il est naturel que si, ainsi roulé, il représente un cylindre de $0^m,150,000$ cubes par exemple, et que, mouillé, il ne prenne que 25 à 30 pour 100 d'eau, il déplacera dans l'embarcation autant de $0^m,150,000$ que l'eau ne pourra pas occuper.

97. Enfin, comme élément de catimarons de sauvetage et même comme moyen d'insubmersion, il peut rendre de sérieux services. En effet, pour ne parler que de cette première application, réunissez quatre de ces matelas entre des espars, et vous formez de suite un petit radeau qui aura $3^m,60$ de long sur $1^m,50$ ou $1^m,60$ de large, et qui pourra porter plusieurs personnes.

Autre application : dans un naufrage, on n'a pas assez de cuirasses ou de moyens d'insubmersion ordinaires pour en donner à tout le monde ; on a, parmi les malheureux naufragés, des femmes, des enfants qui ne sauraient se servir de ces engins; on leur

(1) Nous avons pris un brevet pour cette sorte de matelas ; mais, si notre système était adopté, nous serions heureux de le laisser périmer pour que cette invention rentrât dans le domaine public.

tourne un matelas autour du corps ou on les amarre dessus et on les jette à la mér; on est bien sûr que, si on a eu soin de les disposer convenablement sur deux bouts de planche en travers de $1^m,50$ à $1^m,60$ de long, ils ne couleront ni ne chavireront jusqu'à ce qu'ils soient dans les brisants de terre, et, si là se trouvent des secours, il y a pour eux bien des chances de salut; car, en supposant que le naufrage ait lieu à une trop grande distance de terre pour établir avec elle un va-et-vient, quand ils en seraient à un kilomètre, à moins qu'un courant ne les en détourne, ils seront à terre plus ou moins tôt. Y iront-ils tous vivants? Ceci est une question à adresser à la Providence? Oui, s'ils savent un peu s'aider; autrement il y a pour eux moins de chances.

Nous disons même que, dans un brusque abandon à la mer, ce serait encore un bon moyen pour mettre les personnes ne sachant pas nager sur l'eau, en attendant qu'on pût, avec ses embarcations de sauvetage, les recueillir.

DES PORTE-AMARRES DIVERS.

98. Le nom de cet objet de sauvetage en indique le but, et quoique ce soit plutôt un des engins d'un poste de sauvetage de terre qu'un objet de sauvetage à bord d'un navire, il peut avoir des applications si fréquentes, que nous croyons qu'on ne peut se dispenser d'en avoir au moins un : nous allons donc décrire ici ceux que nous croyons d'une application plus facile. Ce sont :

1° Le youyou ou la bouée à barils dont nous avons parlé (74, 84, 92) et (93); puis 2° l'arbalète de sauvetage Le Métayer (99); puis enfin 3° le porte-amarre à tir direct de M. le comte d'Houdetot (103). Quant aux autres, que nous connaissons, le mortier Mamby...., le porte-amarre Delvigne..., la fusée Tremblay..., la grappine Touboulic..., le cerf-volant Broquet, etc., etc., qui tous sont des conceptions fort ingénieuses sans doute, mais qui envoient leur projectile par une parabole, nous les croyons inférieurs, pour la question de sauvetage, à ceux dont nous parlons ici. Or nous avons pour but d'indiquer ce que nous croyons le mieux, et, si nos appréciations sont justes, nous espérons.

Nous sommes même certain que MM. Mamby, Delvigne, Tremblay, Touboulie et Broquet, et autres inventeurs de porte-amarres, animés, comme nous, du désir d'être utiles, et ne faisant pas une question d'amour-propre d'une question d'humanité, nous excuseront de ne les avoir pas classés en première ligne dans cet ouvrage où nous nous occupons des moyens de sauver les naufragés, car on doit reconnaître que presque toutes leurs inventions ne sont que des perfectionnements apportés à la méthode Ducarne de Blangy, la première personne que nous pensons avoir employé un projectile pour lancer une amarre avec à un navire en perdition pour établir une communication avec lui.

99. Nous ne reviendrons pas sur le youyou, ni sur la bouée à voile, en barils de galère, nous en avons assez longuement entretenu nos lecteurs pour passer outre à ce moyen d'envoyer une amarre à terre, et allons parler de l'arbalète *Le Métayer*.

ARBALÈTE PORTE-AMARRE LE MÉTAYER.

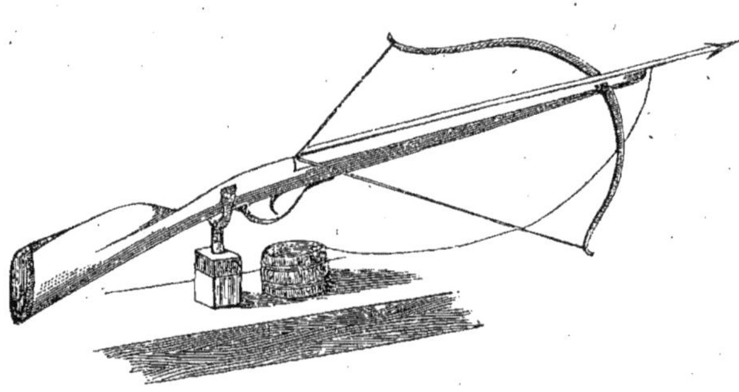

Fig. 17.

Ce porte-amarre est tout bonnement une arbalète ordinaire comme celles dont se servent les archers dans leurs jeux, mais plus forte, et dans laquelle s'enfonce une flèche qui a le talon garni d'un ruban de plomb, et dans la flèche de laquelle est enchâssé un fil de cuivre terminé par un petit anneau qui y est noyé quand la flèche est dans le canon de l'arme; mais, quand cette flèche en est sortie, elle s'en dégage, et, comme sur l'anneau qui était au dehors du canon de cette arme est amarrée une ligne de pêche très-légère en chanvre de Manille, et bien détordue, la flèche va le porter à 50, 60, 80 et même 100 mètres de distance, suivant qu'elle est favorisée, ou plus ou moins contrariée par le vent qui souffle. Nous donnons ci-contre un dessin de cette arbalète. On conçoit qu'ici tout dépend de la portée qu'on veut donner à l'arme et de la finesse de la ligne à lancer. Il y a de ces arbalètes qu'on peut aisément tirer à l'épaule, et ce sont les plus commodes; il y en a d'autres qui exigent un montant de pierrier, et celles-ci doivent avoir une branche à levier pour les monter, attendu que leur arc est extrêmement dur à bander; mais aussi elles lancent de plus grosses lignes et plus loin : tout cela dépend donc de l'usage qu'on en veut faire; or ces arbalètes, surtout celles qu'on peut tirer à l'épaule, offrent vingt applications précieuses pour sauver une personne tombée à l'eau par accident et pour établir une communication entre deux points peu éloignés, séparés par un obstacle infranchissable, soit dans un naufrage, soit dans un incendie.

100. Ainsi, par exemple, on doit mettre les deux côtés d'un port en communication par un cordage qui permette d'envoyer une amarre d'un côté à l'autre, soit pour haler un navire, un bateau, soit pour tout autre emploi, si la distance entre les deux quais, les deux jetées, les deux estacades, les deux côtés du port enfin, n'est pas de plus de 80 à 100 mètres, et qu'on ait au vent une arbalète Le Métayer qui porte à cette distance; en la tirant au-dessus de l'autre côté elle tombera dessus ou par-dessus, et, comme elle apportera une ligne d'une force suffisante pour pouvoir haler à soi la ligne de loch ou de sonde et qu'on y aura frappée sur la sienne, on pourra haler, par ce moyen, une légère aussière, et enfin sur cette petite aussière une amarre. Le but est donc atteint, c'est-à-dire qu'on peut avoir une amarre de chaque côté.

101. Autre cas : un navire fait route pour un port traversé par un courant, ou une très-forte marée, ou même dont le courant intérieur porte rapidement dehors arrivé à une portée de pistolet de l'entrée, le vent lui refuse et il va tomber sous le vent, ou manquer son entrée, si par suite de cet accident il se déclare un coup de vent, il peut se perdre. Il mouille, mais son ancre chasse avant qu'il ait pu serrer toutes ses voiles, il n'a pas de canot à la mer pour porter une amarre à terre. Que faire? Il est à portée du bout de la jetée, il a un porte-amarre à bord, et vite avec ce porte-amarre il lui lance une petite ligne, ou il en envoie sur la terre la plus voisine. Les personnes qui sont là s'en emparent et halent prestement une ligne de sonde qui est amarrée sur la petite ligne, mais sur cette ligne de sonde est une bonne aussière qui l'a bientôt suivie et qui, amarrée solidement à bord et à terre, arrête le navire et permet à l'équipage de serrer toutes les voiles et de haler dans le port. A qui doit-il son salut? à un porte-amarre, personne ne peut le nier; car, s'il n'y en avait pas eu, malgré la bonne volonté qu'on avait à terre de l'aider, on n'eût pu le faire.

102. Prenons actuellement un troisième cas. Une personne tombe à la mer, d'un navire qui est à l'ancre; on n'a pas là ce qu'il faut pour lui aller porter secours, elle est déjà trop loin quand on veut lui jeter la bouée de sauvetage, mais un homme à bord sait tirer l'arbalète. On amarre la petite ligne du porte-amarre sur la bouée, on passe cette petite amarre dans une plaque de liége et on glisse celle-ci un peu plus loin que la portée où l'on veut tirer son porte-amarre, faisant un nœud de l'autre côté, ensuite on tire par-dessus la personne à la mer; la ligne lui tombe sur le dos, elle s'en empare, se met sur le dos et hale à elle jusqu'à ce qu'elle ait le morceau de liége. Alors elle hale encore, et hale enfin à elle une cuirasse de sauvetage, voilà son moyen de salut accosté. Elle s'en empare, agit comme nous l'avons indiqué (93 *ter*), et est bientôt à bord. Sans le porte-amarre, elle était noyée. Nous ne connaissons pas de meilleur moyen, quand on n'emploie pas la poudre.

Mais c'est assez parler des services que peut rendre un porte-amarre dans bien des cas à la mer. Si nous traitions des sauvetages en général, nous pourrions prouver qu'il n'est pas appelé à rendre de moins grands services dans un incendie, un débordement, etc., etc. Passons au porte-amarre à tir direct inventé par M. le comte d'Houdetot, receveur particulier des finances, au Havre.

PORTE-AMARRE D'HOUDETOT.

103. Voici ce que nous écrivions à une personne sur ce porte-amarre, le 2 décembre 1862 : « Entre tous les porte-amarres qui « ont été inventés depuis Ducarne de Blangy, auquel nous faisons « remonter la première idée des porte-amarres avec lesquels on « a essayé d'envoyer une ligne à bord d'un navire qui fait naufrage « au moyen d'une arme à feu, celui de M. le comte Adolphe d'Houdetot, officier de la Légion d'honneur et receveur particulier des « finances au Havre, me paraît appelé à résoudre, d'une ma« nière heureuse, ce que l'on doit espérer de cet engin de sau« vetage. Ce porte-amarre, qui envoie son projectile de plein « fouet, comme la balle conique ordinaire, et qui pour cette rai« son est nommé par son inventeur porte-amarre à tir direct, « nous paraît destiné à beaucoup mieux atteindre le but que « ceux à tir parabolique qui l'avaient devancé, surtout quand on « est obligé de lancer l'amarre dans une direction perpendicu« laire à celle du vent. Aussi partageons-nous entièrement l'avis « de ce praticien émérite des armes à feu, quand il dit que dans « le tir parabolique, quoique bien souvent le pointage ait été « parfait, la ligne, lancée bien au delà du but, par la courbe « qu'elle décrit, tombe souvent sous le vent du navire, en pas« sant par-dessus sa mâture, tandis qu'en visant sur le haut de « la mâture, la plus au vent du navire en perdition, il faut « que le projectile, s'il arrive directement à passer par-dessus lui, « fasse nécessairement tomber la ligne qu'il porte à bord; en « supposant qu'il ne suive pas la ligne horizontale, mais que, par « suite de son poids et des autres obstacles, il suive une ligne un « peu obliquement descendante, ce qui doit tout naturellement « arriver, il doit nécessairement néanmoins tomber, soit par-des« sus le pont, soit sur le gréement du mât qui a servi de point de « mire, où il est ordinairement facile de s'en emparer. Il y a

« donc ici, dans le tir, un perfectionnement évident, car la portée doit, à longueur égale de ligne développée par le projectile, être plus forte, puisque, avec le porte-amarre d'Houdetot, on suit la corde de l'arc que l'on décrirait avec les porte-amarres paraboliques. Ce point bien démontré, restait à savoir si, avec son fusil rayé, M. le comte obtiendrait la même portée qu'avec le porte-amarre. Jusqu'ici, les expériences n'ont pas pu être concluantes à cet égard, car enfin le projectile qui est une espèce de balle cylindro-conique ayant 15 centimètres de longueur ne peut aller aussi loin qu'une balle cylindro-conique ordinaire, puisqu'elle a de plus que celle-ci un attirail et la ligne à traîner; cependant cette balle, avec 17 grammes de poudre fine dans un fusil pesant 9 kilogrammes, a porté cette ligne jusqu'à 240 mètres, et c'est presque la portée qu'ont obtenue ceux de nos porte-amarres les plus renommés. Mais M. le comte d'Houdetot n'a pas renoncé à donner à son ingénieux appareil une portée plus grande encore. Nous donnons ci-dessous le dessin de l'appareil avec lequel il a fait ses expériences, le 30 juillet dernier, au Havre. Mais nous savons de bonne part qu'il s'occupe de faire confectionner une pièce d'artillerie sur son système et qu'il espère obtenir avec cette

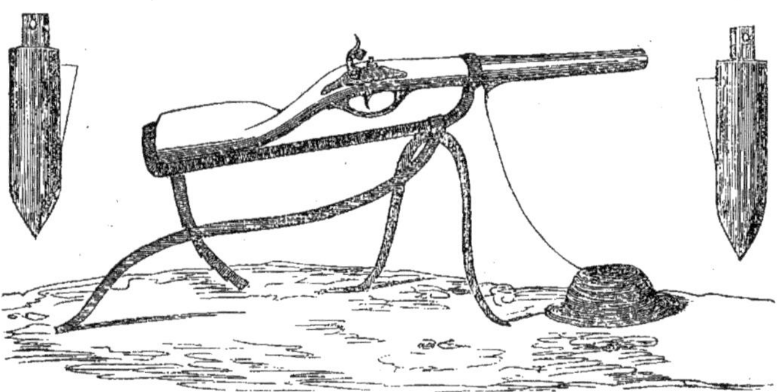

Fig. 18.

« pièce d'artillerie une portée beaucoup plus grande : puisse-t-il atteindre celle de 500 mètres, qui serait peut-être encore insuf-

« fisante en certains cas, mais qui cependant satisferait à « presque toutes les exigences (1).

« Mais quelle est donc la disposition que M. d'Houdetot a « donnée au fusil de son porte-amarre pour obtenir un tel résul- « tat? Laissons-le s'expliquer lui-même. Voici ce qu'il en dit « dans la brochure qu'il a fait imprimer à cet effet :

« J'ai expérimenté à l'aide d'un fusil pesant 9 kilogrammes, « chargé, selon l'état de l'atmosphère, de 16 à 18 grammes de « poudre fine et d'un projectile cylindro-conique de 750 gram. « ayant 28 millimètres de calibre snr 15 centimètres de lon- « gueur. Je suis parvenu néanmoins à porter régulièrement une « corde de 12 millimètres de circonférence à 240 mètres, dis- « tance mesurée sur le sol et non sur la corde emportée par le « vent, laquelle se dévide encore après que le projectile a at- « teint le but, n'accuse que des effets fictifs. Ajoutons qu'un tré- « pied portatif permet de braquer l'arme dans toutes les direc- « tions, de l'élever au-dessus de la ligne horizontale ou de l'a- « baisser au-dessous pour faciliter le tir de haut en bas. Égale- « ment, je fais usage d'un petit fusil portatif dans la rigoureuse « acception du mot, puisqu'en le tirant à l'épaule on peut l'em- « porter avec soi dans une embarcation. Ce fusil, chargé de « 5 grammes de poudre et d'un projectile de 375 grammes, porte « facilement à 160 mètres, ce qui suffit dans bien des cas pour « mettre en communication avec la terre l'embarcation qui « par la tempête sort du port pour porter une amarre à un na- « vire en détresse, et qui est principalement exposée, on le sait, « au moment de l'abordage. C'est une cause de péril que supprime « le fusil portatif. »

Parlant ensuite de l'arme elle-même, M. le comte ajoute : « Le « canon de mon fusil a 60 centimètres de longueur, mais je ne « doute pas que quelques centimètres de plus ne soient avanta- « geux, notamment à l'égard de la justesse. Pourvu que la partie « réservée à l'inflammation du gaz reste intacte, résistante, bien

(1) Lire le *Journal du Havre* du 2 février 1863 sur les nouvelles expériences faites par M. d'Houdetot avec son canon porte-amarre.

« renforcée de matière, le surplus du canon ne servant que de « conducteur du projectile peut être impunément couvert de « pièces et de morceaux comme un vieil habit ; mais qu'on « n'oublie pas cette recommandation de l'épaisseur au tonnerre. »

« Le canon de ce porte-amarre, » dit le *Journal du Havre* du 20 juillet 1862, qui rend compte des expériences faites en sa présence, « est fendu dans une partie de sa longueur, afin de faire « contourner la corde et d'éviter ainsi son introduction dans le « tube. Cette fente-rayure, pénétrant de l'extérieur à l'intérieur, « décrivant une courbe plus prononcée que celle des rayures or- « dinaires, imprime au projectile, muni d'une ailette également « en hélice, un puissant mouvement de rotation. La fente- « rayure est séparée de la naissance de la culasse par 20 centi- « mètres au moins de canon plein, afin de laisser l'espace né- « cessaire au développement des gaz. »

Nous ne pousserons pas plus loin cette citation ; mais, revenant à notre opinion premièrement exprimée, nous dirons qu'à notre avis le porte-amarre d'Houdetot est le meilleur porte-amarre agissant par la poudre que nous connaissions, à cause de la direction de son tir. Nous ne reviendrons pas non plus sur les circonstances où un porte-amarre peut rendre de très-grands services ; car, à la portée près, ce sont les mêmes que celles que nous avons énumérées pour le porte-amarre Le Métayer. Heureux sont donc les navires qui ont de tels porte-amarres à leur bord, et ce serait un fusil porte-amarre d'Houdetot ou Le Métayer que nous voudrions voir dans chaque canot au nombre des précautions dont nous parlons (1).

DES SIGNAUX DE SAUVETAGE.

104. Nous aurions bien pu faire précéder la description de ces signaux de celle des *catimarons de sauvetage ;* mais, comme ces

(1) Nous sommes heureux de pouvoir donner des renseignements authentiques sur les perfectionnements que M. le comte d'Houdetot a apportés à son système de porte-amarre à tir direct ; c'est pourquoi nous transcrivons ici l'article que le

sortes de radeaux ne sont qu'un objet accidentel que l'on fait au moment de l'événement dans un cas d'abandon, nous en parlerons quand nous nous occuperons des abandons en pleine mer. Nous passons donc ici aux signaux de sauvetage. On sera peut-être

Journal du Havre du 2 février dernier (1863) lui consacre ; voici ce qu'il y est dit :

« Nous avons rendu compte, dans notre dernier numéro du 31 juillet dernier, « des expériences du fusil porte-amarre de M. le comte A. d'Houdetot qui ont eu « lieu à cette époque à l'extrémité occidentale du boulevard Impérial. L'inven- « tion a considérablement marché depuis lors, sinon dans la voie de la solution « du problème qui était irrévocablement réalisée dès les premiers pas, du moins « dans celle des résultats à obtenir.

« L'arme employée par M. d'Houdetot consiste, on se le rappelle, en un tube « fondu dans une partie de sa longueur, afin d'éviter l'introduction de la corde « dans l'intérieur ; cette fente décrit une courbe hélicoïdale plus prononcée que « celle des rayures ordinaires appliquées maintenant aux armes à feu, elle im- « prime au projectile, muni d'une ailette également à hélice, un puissant mou- « vement de rotation qui favorise merveilleusement par cela même la justesse « du tir.

« Lors des expériences de l'année dernière, M. d'Houdetot opérait avec un fusil « pesant 9 kilog., chargé de 26 grammes de poudre et d'un projectile de cuivre cy- « lindro-conique pesant 750 grammes ; un trépied portatif permettait de braquer « l'arme dans toutes les directions. Cette arme ainsi disposée avait régulièrement « porté une fine corde à 240 mètres.

« La portée des armes étant une question de poids et de charge, on avait au- « guré, dès lors, qu'à l'aide d'un canon proprement dit, disposé de la même façon « que le fusil d'Houdetot, on ne pourrait manquer d'obtenir une portée plus lon- « gue ou le lancement de corde beaucoup plus forte.

« Cette confiance de l'honorable inventeur dans l'efficacité et la sûreté de son « procédé n'a pas été trompée. Samedi dernier, nous avons assisté sur la jetée « nord-ouest en compagnie nombreuse, à une dernière expérience qui a clos la « série des essais heureux dirigés depuis quelques jours par M. d'Houdetot au « moyen du *canon porte-amarre* de son invention, dont le poids, sans l'affût, « est de 150 livres. Avec une corde de 7 lignes de circonférence, le projectile a été « lancé à une distance de 350 *mètres*. Avec la corde réglementaire anglaise, d'un « pouce de circonférence, la portée du boulet pesant 10 livres a été de 240 mè- « tres. La précision a été la même, bien que le vent soufflât de côte avec une cer- « taine violence.

« Est-ce le dernier mot de l'invention ? Évidemment non, personne ne le croira, « et M. d'Houdetot moins que personne. On pourra en juger par les explications « et démonstrations consignées dans la lettre suivante qu'il nous fait l'honneur « de nous adresser et dans laquelle il parle de son procédé avec une modestie et « une impartialité qui en rehaussent encore le prix. »

Signé G. CAZAVAN (suit la lettre).

surpris de nous voir classer les signaux comme un objet de sauvetage à bord d'un navire ; mais, quant à nous, nous les considérons comme un des moyens de sauvetage de premier ordre dont on ne peut se dispenser à bord des bâtiments, et il y a bien longtemps que nous l'avons dit. Oui, les signaux sont l'un des plus puissants moyens de sauvetage dont on puisse user. En effet, supposons que vous couriez sur un danger qui vous est inconnu, et sur lequel vous allez vous perdre infailliblement, si vous continuez la même route, si on vous signale : *Vous courez sur un danger, changez de route et venez à l'aire de vent que nous allons vous signaler*, et qu'ensuite, par un autre signal, on vous indique la route à faire pour éviter ce danger, à qui devez-vous le salut de votre bâtiment et peut-être le vôtre, si ce n'est aux signaux qu'on vous a faits ?

Lorsque vous vous trouvez dans un grand péril sans le savoir, et qu'on vous le signale, que vous l'évitez, à qui devez-vous votre salut? aux signaux qu'on vous a faits.

Vous avez une voie d'eau considérable, et vous allez couler, vous voyez au loin un navire, vous lui faites des signaux de détresse, il vient à votre secours, et vous êtes sauvés. A qui devez-vous encore votre salut? à vos signaux.

Vous êtes en danger de faire naufrage sur une côte qui vous est inconnue, mais qui est composée de roches et de sable, vous demandez, par vos signaux à la terre, l'endroit vers lequel vous devez de préférence vous diriger ; on vous fait un signal en réponse, qui veut dire : *Ici*. Vous y courez et vous faites côte enfin sur une plage de sable, au lieu de vous perdre sur des roches. A qui devez-vous encore d'avoir couru sur cette aire de vent plutôt que sur une autre ? à vos signaux.

Enfin mille exemples divers viennent justifier ce que nous avons dit en commençant cet article, que les signaux sont un des plus puissants moyens de sauvetage qu'on peut avoir à bord d'un navire, et seraient le premier de tous, si un mode uniforme de signaux de sauvetage était adopté par tous les peuples navigateurs. Mais, comme on le voit, nous avons bien soin de préciser ici que ce sont des signaux de sauvetage dont nous voulons parler, c'est-à-dire des signaux très-simples et très-concis ; car on conçoit que ce n'est pas lorsqu'on a la préoccupation de perdre son navire et de perdre peut-être la vie avec tout son équipage, qu'on peut s'amuser à hisser à la suite les uns les autres plusieurs pavillons qui s'engageraient partout et seraient mis en pièces par le vent dans un pareil moment, quand bien même on aurait conservé sa mâture. Il faut donc exprimer toute une phrase utile par un élément simple que l'on hisse et qui présente la même forme dans quelque position que le pose la tempête, sans se préoccuper de sa couleur; ou par un son qu'on peut projeter avec un cornet, par une série de feux aisés à comprendre, par un signe enfin facile à faire avec les bras, quand on est parfaitement en vue de son interlocuteur. C'est ce qui nous a fait adopter, pour les éléments de jour, de ces sortes de signaux, quand on est trop loin de terre ou d'un autre navire, pour qu'on puisse voir le mouvement des bras; ceux que nous représentons dans la planche ci-jointe, et qui nous permettent de les exhiber successivement sous l'aspect d'une sphère (ou d'un ballon), d'un hémisphère, d'un cône droit et d'un cône renversé, avec lesquels et un pavillon nous exprimons les dix caractères de la numération, c'est-à-dire 0—1—2—3—4—5—6—7—8 et 9. Certainement qu'un navire qui aurait quatre ou cinq de ces séries à bord pourrait exprimer tous les nombres depuis 0 jusqu'à 9,909, ou jusqu'à 99,999, c'est-à-dire exprimer le code de signaux le plus complet qu'on puisse imaginer. Mais comme notre but n'est ici que de nous en servir dans les communications entre un navire naufrageant et la terre, ou le navire qui vient à son secours, nous ne voulons qu'on hisse, autant que possible, qu'un seul élément pour faire un signal, à moins qu'on ne soit forcé d'en agir autrement. Nous employons les mêmes éléments pour signaler la question que pour la réponse, parce que nous savons que, lorsque deux personnes correspondent ensemble, elles ne peuvent confondre l'interrogateur avec l'interrogé; il ne peut y avoir la moindre confusion entre ces deux personnes. Mais, pour rendre cette correspondance plus facile, nous l'avons mise sous forme de dialogue partagé en deux colonnes, celle de gauche consacrée aux questions, celle de droite aux réponses. Nous avons enfin employé, dans cette petite télégraphie nautique, le même système de dialogues que nous avions employé dans le code de signaux que M. Raynold de Chauvency a réussi à faire rejeter, malgré les nombreuses preuves que nous avions fournies de ses avantages; mais il avait pour protecteur l'amiral Baudin, d'illustre mémoire, et l'oreille du maître.

Mais ne récriminons pas ici; ce n'est pas de nous et de notre système de signaux qu'il s'agit ici, c'est d'un bon système général de signaux de sauvetage. Or voilà celui que nous proposons, et de conviction, car nous l'avons expérimenté par des temps affreux (1).

On conçoit que, lorsque l'on fait ces signaux, on doit toujours les hisser dans un endroit qui soit bien en vue, afin qu'on ne puisse en confondre la forme, car de la confusion des signes naîtrait la confusion des idées exprimées.

105. Voici les dialogues que nous proposons, sauf à ce qu'on les modifie comme on le jugerait à propos. Le premier est celui entre un bâtiment qui fait naufrage et la terre, et c'est le navire naufrageant qui interroge la terre.

PREMIER DIALOGUE.

LE NAVIRE NAUFRAGEANT A LA TERRE.

0	Au secours!	0	Aperçu.
1	Nous sommes en fort grand danger.	0	Aperçu.
2	Notre navire se démolit à vue d'œil et nous n'avons plus d'embarcations, ni même de moyens de sauvetage, venez à notre secours!	5	Ayez bonne confiance, nous allons à votre secours, mais faites tous vos efforts pour nous seconder.
		6	Nous ne pouvons aller à votre secours, venez donc à terre comme vous pourrez et nous serons là pour vous secourir.
3	Nous sommes forcés d'abandonner dans nos embarcations; indiquez-nous l'endroit le moins dangereux pour terrir, afin que nous nous y dirigions.	3	Venez à terre dans l'endroit que nous allons vous signaler; nous y serons pour vous porter secours. *Signaler ensuite cet endroit.*
		4	Soyez bien prudents pour terrir et conduisez-vous comme l'indique le *Guide* (62).

(1) Voir la planche des différents signaux.

4	Avez-vous des moyens de sauvetage à nous envoyer ?	1 2	Oui. Non.
5	Faites-nous connaître l'endroit de la côte où nous devons échouer le navire pour avoir le plus de chance de salut possible.	7	Gouvernez à l'aire de vent que nous allons vous signaler par la *table des vents. Signaler ensuite, par cette table, l'aire de vent que doit tenir le navire.*
6	Nous allons vous envoyer une ligne pour établir notre communication avec vous, veillez-y.	0	Aperçu.
7	Avez-vous une personne capable à terre d'établir notre va-et-vient?	1 2	Oui. Non.
8	Envoyez-nous une ligne à l'aide de votre porte-amarre.	8	Nous allons le faire.
		9	Nous ne pouvons le faire, nous n'en avons pas.
9	Notre navire coulant, nous sommes obligés de nous sauver à la nage, comme nous pourrons.	0	Aperçu.

On conçoit que, puisque nous avons parlé de tables, celles-ci accompagnent les dialogues, et sont aussi signalées par les mêmes éléments et les mêmes chiffres. Ainsi, pour la table des vents par exemple, 0 veut dire nord, — 1 signale sud, — 2 signale est, — 3 signale ouest, — 4 signale nord-est, — 5 signale nord-ouest, 6 signale sud-est et 7 signale sud-ouest.

Les autres tables qui accompagnent ces dialogues sont dans le même genre.

Ainsi, pour la table des objets de sauvetage, 1 signale que l'on a des bateaux insubmersibles, ou autres appareils de sauvetage qui y sont indiqués, comme suit :

	Table n° 1.		**Table n° 2.**
0	Nord.	0	Avez-vous vos embarcations insubmersibles?
1	Sud.	1	— une embarcation insubmersible ?
2	Est.	2	— un youyou ?
3	Ouest.	3	— une bouée à voile?
4	Nord-est.	4	— un va-et-vient?
5	Nord-ouest.	5	— un porte-amarre?
6	Sud-est.	6	— des cuirasses d'insubmersion pour vos hommes ?
7	Sud-ouest.	7	— des plastrons d'insubmersion ou autres scaphandres ?

8	Aire de vent signalée inclinant au nord.	8	Avez-vous des passagers?
9	Aire de vent signalée inclinant vers le sud.	9	Avez-vous des malades?
10	Aire de vent signalée inclinant à l'est.	10	Provenez-vous d'un pays suspect?
11	Aire de vent signalée inclinant à l'ouest.	11	Avez-vous perdu toutes vos embarcations?
	Ces quatre derniers signaux doivent être précédés du signal d'attention qui est un pavillon hissé à tête de bois.		*Ces quatre derniers signaux doivent aussi être précédés du signal d'attention.*

106. Pour le dialogue entre la terre et le navire, la terre interrogeant le navire, comme ceci rentre dans la catégorie du troisième livre où nous parlons des secours donnés par la terre aux naufragés et aux navires naufrageants, nous y renvoyons à l'article (**161** et suiv.) nos lecteurs. Mais un navire en danger peut être secouru par un autre navire, et alors le dialogue qui s'établit entre eux rentre dans la catégorie des dialogues de navires à la mer; nous donnons ici le spécimen d'un de ces dialogues sous le nº 2.

DEUXIÈME DIALOGUE.

UN NAVIRE SAUVETEUR INTERROGEANT UN NAVIRE EN PERDITION.

0	Vous courez sur des dangers, gouvernez pour les éviter à l'aire de vent que je vais vous signaler par la table nº 1. *Signaler ensuite par la table nº 1 l'aire de vent à suivre.*	0	Aperçu.
1	Avez-vous des moyens de sauvetage?	1 2	Oui. Non.
2	Voulez-vous avoir un remorqueur?...	1 2	Oui. Non.
3	Touchez-vous?	1 2	Oui. Non.
4	Souffrez-vous beaucoup là où vous êtes?	1 2	Oui. Non.
5	Suivez-moi, je vais vous piloter.	0	Aperçu et suivez alors le navire signalant.
	Mouillez et tenez jusqu'à l'heure que nous allons vous signaler par la table nº 1.	0	Aperçu.

	Dans un tel cas, le signal fait par la table n° 1 indique des heures et non des aires de vent.		
7	Abandonnez votre navire dans vos embarcations, car il va bientôt se défoncer.	0	Aperçu.
8	Restez à bord jusqu'à ce que nous vous signalions de venir à terre, il n'y a pas de danger à le faire.	0	Aperçu.
9	Empêchez que personne ne se jette à la mer avant que nous le signalions, car on se noierait.	0	Aperçu.

Comme on le voit, ces dialogues sont bien simples, et au moyen des signaux que nous indiquons peuvent être faits de jour, de nuit, ou de brume.

107. Tels sont, selon nous, les engins de sauvetage qui sont indispensables à bord de tous les navires avant qu'ils prennent la mer; mais, comme aucun d'eux ne les a, il se passera encore bien du temps avant que ceux-là ou d'autres soient enfin adoptés, il se perdra bien des bâtiments et il se noiera bien des hommes avant qu'on prenne, en marine, aucune précaution, avant le départ, contre un malheur possible. Le raisonnement des marins est partout le même; à quoi sert de me pourvoir d'objets dont il faut espérer que je n'aurai jamais besoin? Raisonnement creux s'il en fut, car ce qui n'arrive pas dans vingt-cinq ans peut arriver dans un moment. Pourquoi alors avez-vous des médecins, des pharmaciens, des pompes à incendie, des bateaux de sauvetage? Est-il sûr que vous en ayez jamais besoin? Dieu vous en préserve. Mais vous trouvez-vous plus mal, quand vous tombez malade, d'avoir recours au premier, d'employer le troisième moyen dans un incendie qui se déclare, le quatrième dans un naufrage. A coup sûr non. Pourquoi donc ne vous pas précautionner d'appareils de sauvetage? est-ce parce qu'ils coûtent trop cher? Vous conviendrez cependant que ceux que je vous ai indiqués jusqu'à ce moment ne sont pas bien dispendieux; mais, pour vous ôter tout prétexte d'éluder d'avoir, au moins, des moyens d'insubmersion, nous allons vous en indiquer qui ne vous coûteront rien que la peine de les faire. Si vous négligez d'en avoir, vous pouvez, si vous vous noyez, dire avant de mourir : *meâ maximâ culpâ!*

108. Nous avons vu bien des hommes se noyer, entourés d'objets qui, rationnellement employés par eux, les auraient sauvés. Nous allons en indiquer quelques-uns qui sont si simples qu'on n'y pense pas. Il est, par exemple, peu de marins au commerce, qui n'embarquent, avec eux, de petits barils dans lesquels ils mettent des boissons spiritueuses pour en prendre une petite goutte quand ils ont froid à la mer, et qu'on le leur permet; deux petits barils comme ceux-là, estropés comme nous le dessinons ci-contre, suffisent, quand ils sont vides et qu'on les met sous les bras, pour soutenir nne personne sur l'eau un temps illimité.

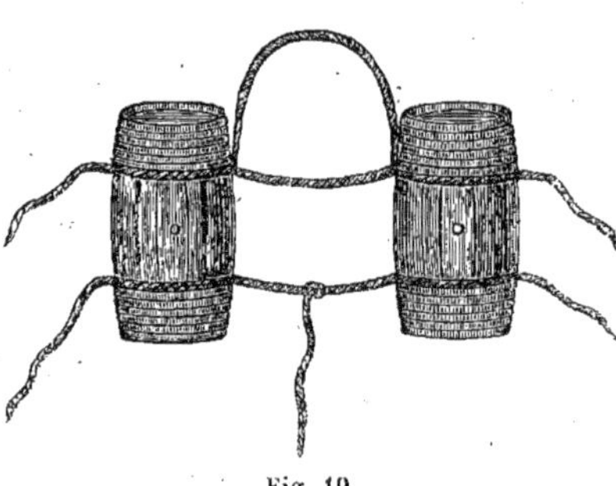

Fig. 19.

109. Mais, à défaut, il arrive souvent aux marins d'aller dans les pays à liége, et là à très-peu de frais ils peuvent s'en procurer quelques planches, eh bien ! trois de ces planches disposées comme nous l'indiquons ci-dessous font un scaphandre capable de les rendre, dans tous les cas, insubmersibles, et qui leur laisse, comme la cuirasse, la faculté de leurs mouvements. C'est moins commode, il est vrai, mais ce n'est pas non plus embarrassant; on peut loger cela dans sa cabane, sous sa tête, ou en abord, et on a son moyen de sauvetage tout prêt au cas d'accident.

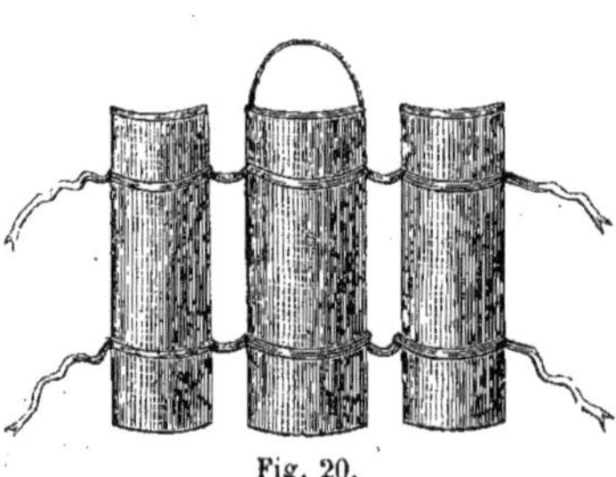

Fig. 20.

110. N'a-t-on pas l'occasion de se procurer du liége, quand on est dans un pays où il y a des joncs, des roseaux, des cannes à sucre, des bambous surtout? On peut en faire un appareil d'insubmersion qui ne coûte encore que la peine de le faire et remplit parfaitement le but; voyez ce que nous en disons (84).

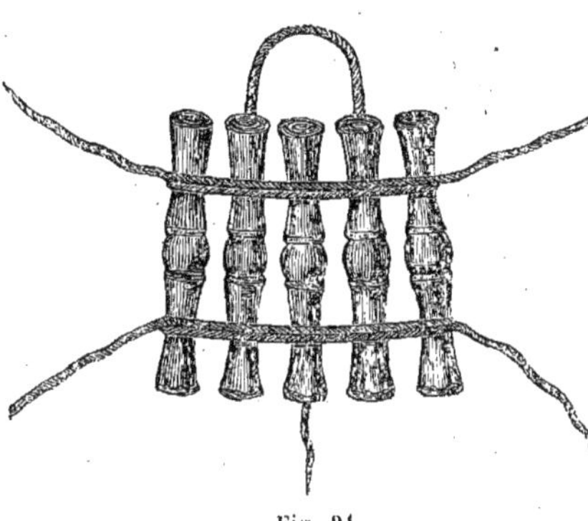
Fig. 21.

111. Enfin tous ces moyens ayant été négligés, si l'on se trouve en danger de naufrage, et que l'on ne sache pas nager, il y a encore moyen, si l'on est un peu industrieux, de se faire un appareil d'insubmersion ; on prend deux morceaux de planche de parois que l'on cloue en croix, avec les clous qui les fixaient à bord du navire, on donne à ces morceaux de planche environ 1 mètre de long (à l'arbre), 0^{m},60 à 0^{m},70 aux bras, et au moyen de bouts de ligne ou de bitord on les fixe au cou, à la taille et aux deux épaules, et on a encore là un moyen d'insubmersion qui n'est pas très-commode, il est vrai, mais qui ne laisse pas que de vous porter à terre vivant, ou noyé, bien portant, ou blessé. Nous engageons même la personne qui se fait ce moyen de sauvetage, si c'est sur une côte de roches qu'elle doit terrir, à faire son arbre de 1^{m},25 à 1^{m},50 de long, et de faire dépasser sa tête de 0^{m},10 à 0^{m},15 pour la défendre, en arrivant à terre, du choc contre les roches.

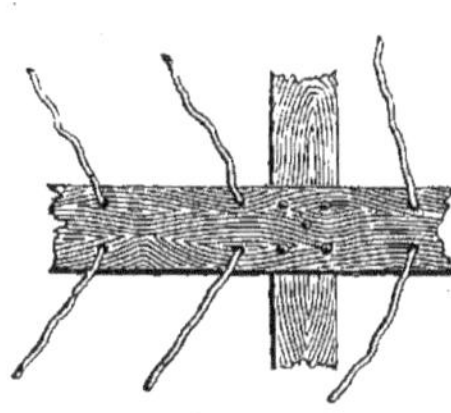
Fig. 22.

Il y aurait bien d'autres moyens à indiquer encore, mais ceux dont nous faisons mention ici suffisent pour prouver aux marins qui liront cet ouvrage que souvent on se noie dans un naufrage, avec une foule d'objets autour de soi qui pourraient vous sauver, étant employés avec intelligence, et ce n'est pas ordinairement cette qualité qui manque aux marins.

112. Maintenant rappellerons-nous, quand il s'agit d'établir une communication avec la terre, avec quelle facilité on peut faire, avec deux barils de galère, une bouée de sauvetage à voile, comme celle que nous avons décrite (92).

Si on n'a pas l'adresse de faire, au moment même, un tel flotteur, ne sait-on pas qu'en vidant une futaille, l'élinguant par les deux bouts, frappant sur la patte d'oie de l'élingue une ligne de sonde, et jetant à la mer cette futaille, qui est comme une vessie sur l'eau, la lame et le vent la porteront encore assez rapidement à terre?

S'agit-il de rendre une embarcation insubmersible, quel est le marin qui ne sait pas qu'en y amarrant quelques fûts vides, quelques matelas, quelques objets beaucoup plus légers que l'eau, et qui en prennent la place dans cette embarcation, on lui donnera cette précieuse propriété? A la vérité, on n'y sera pas toujours aussi bien que dans les canots dont nous avons décrit l'armement et dont nous avons donné le dessin (92), on n'y aura pas les mêmes ressources, mais enfin on y courra moins de danger que dans une embarcation vide, excepté des hommes qui y embarquent et qu'un coup de mer trop à craindre en pareille situation, remplissant, fait couler sous sa précieuse charge.

Nous disons donc, et nous ne craignons pas de le répéter, dans la plupart des naufrages qui arrivent, une grande partie des pertes en hommes qu'on y éprouve proviennent de ce qu'on perd la tête et qu'on ne sait pas employer les moyens de salut que l'on a sous la main. Mais quelle différence il y a, néanmoins, entre les chances de sauvetage qu'aurait l'équipage d'un navire pourvu des engins que nous avons indiqués (de 46 à 104), et celui du navire où l'on est obligé d'improviser ses moyens de sauvetage au moment du danger.

113. Après avoir indiqué les différents appareils de sauvetage dont nous avons parlé, et leur emploi, nous croyons devoir décrire la manière d'atténuer, dans les diverses circonstances où nous nous sommes placé (27), les conséquences d'un naufrage.

Comme nous l'avons dit (25), le naufrage présente deux cas généraux :

Ou il a lieu sur une côte, — ou il a lieu en pleine mer.

Nous allons tout d'abord traiter des naufrages qui ont lieu sur une côte; ils présentent encore bien des cas différents, dont les principaux sont les suivants :

1° Le sinistre a lieu sur une côte habitée par un peuple civilisé et qui peut vous donner assistance, ou

2° Il a lieu sur une côte habitée par un peuple barbare ou sauvage dont on n'a que du mal à espérer, ou enfin

3° Il a lieu sur une côte déserte. Il n'y a pas de doute que, dans le premier cas, l'équipage du navire naufrageant a bien plus de chances de salut que dans le second. C'est par ce premier cas que nous allons envisager le sinistre,

NAUFRAGE D'UN NAVIRE SUR UNE CÔTE HABITÉE PAR UN PEUPLE CIVILISÉ.

Ce naufrage présente encore bien des situations qui modifient les procédés qu'on doit employer pour sauver son équipage. D'abord la côte sur laquelle on fait naufrage est soumise au flux et au reflux, ou elle n'a pas de marée sensible, comme la mer Méditerranée, par exemple.

114. Le naufrage a lieu instantanément, parce que l'on a touché sur un danger inconnu, ou il est prévu et laisse le temps de prendre quelques dispositions de sauvetage.

Dans le premier cas, on appréciera l'immense avantage qu'il y a pour l'équipage d'avoir ses embarcations insubmersibles, et pour les hommes des moyens d'insubmersion, d'être prêt enfin à tout événement; car, si le navire vous coule rapidement sous les pieds, vous avez au moins dans vos embarcations une immense ressource; surtout, étant peu éloignés de terre, il est à penser que vous recevrez de prompts secours, ou que vous pourrez aller avec ces canots jusqu'à terre, en employant les moyens que nous avons indiqués (62 et suiv.) Il faut se rappeler aussi que ce n'est pas toujours d'un très-mauvais temps qu'un tel événement arrive, mais que, si l'on a un équipage très-nombreux, les embarcations, en allant à terre, seront tellement surchargées de monde, qu'elles ne seront pas manœuvrantes comme si elles n'avaient que leur équipage normal, et alors il est sage de prendre les précautions indiquées.

115. Rarement on s'échoue en franche côte sans en avoir d'avance le pressentiment; il faut, pour cela, qu'on se trouve surpris par la brume, que, ne connaissant pas l'endroit où l'on est, on ne puisse d'aucune manière pressentir l'événement; mais néanmoins, dans ce cas encore, on est bien heureux d'avoir des appareils de sauvetage tout préparés à l'avance. En ceci, si le temps n'est pas trop mauvais et que le navire ne souffre pas trop, surtout si l'on est sur une côte où la mer marne, il ne faut pas abandonner son navire, car l'échouage de ce bâtiment peut n'être qu'un simple échouement s'il y a jusant, dont on pourra se relever la marée suivante. C'est pourquoi on fera bien de mettre ses embarcations à la mer, de les filer, excepté une, assez loin avec leur drive à la mer, pour qu'elles ne viennent pas se défoncer sur leur navire, de sonder avec le canot que l'on a gardé autour de ce navire pour voir de quel côté la côte (ou l'écueil) présente le plus de dépente, de faire d'abord élonger une ancre à jet dans cette direction-là, pour pouvoir élonger par son moyen une ancre de bossoir; et, quand cette ancre est élongée et qu'on est de retour à bord, filer ce canot comme les autres, et attendre ainsi le retour de la marée, afin de travailler au renflouement. Si l'on est à portée d'un port où il y ait des remorqueurs, il ne faut pas hésiter à en demander un, parce qu'un navire échoué sur une côte est toujours plus ou moins en danger, quelque belle apparence qu'ait le temps; il faut donc l'en tirer le plus tôt possible.

116. Si, au flot suivant, le temps devient mauvais et que la mer grossisse, il faut avoir soin, pour prévoir ce cas, dans l'intervalle qui s'écoule entre le moment où l'on a pris ses premières dispositions et celui de l'afflouage, de dégréer les vergues hautes, dépasser leurs mâts, mettre de bonnes bosses sur ses chaînes, de disposer tout pour appareiller promptement, si l'on pare l'écueil; mais comme la chose est douteuse, que le navire tourmenté par la mer pourrait bien ouvrir, il est prudent, avant l'afflouage, de faire embarquer tout son monde dans ses embarcations et d'aller se mouiller à quelque distance au large, pour attendre l'événement, ayant une amarre sur le navire. S'il pare et qu'il vienne de bout à ses ancres, on est bientôt à bord et on a promptement appareillé; s'il coule, on n'a rien à craindre de la catastrophe, puisqu'on n'est pas à bord.

Si c'est de nuit que doit avoir lieu le renflouement, avant de quitter son navire on allume deux fanaux, un qu'on met sur l'avant, l'autre sur le couronnement, et on se met dans telle direction que, s'il affloue, on puisse s'en apercevoir. La chose est facile, surtout maintenant que tous les navires ont des fanaux de couleur. Si le navire est perdu, on se rend à terre, comme nous l'avons indiqué (62) ; si la mer est grosse, et qu'il y ait quelque chose à craindre pour cet atterrissage, il est fort imprudent à un capitaine, qui est dans cette situation, de rester à bord avec tout son équipage, et ses embarcations embarquées, à moins qu'il ne puisse faire différemment. Il ne faut jamais être pusillanime en marine, mais il ne faut jamais non plus être téméraire. Qu'on se rappelle, en pareil cas, l'adage : *La prudence est la mère de sûreté*. A moins qu'on y soit forcé, un marin ne doit rien donner au hasard. Voilà comment nous nous conduisons en pareil cas.

Mais l'échouage qu'on fait a lieu pendant une tempête. Alors il n'y a pas à espérer de sauver le navire, il ne faut s'occuper que du salut de l'équipage, c'est pourquoi les mesures les plus énergiques sont à prendre. Nous supposons encore que c'est au moment du jusant que l'on échoue, et que le navire, affranchi d'une certaine quantité, restera tranquille. Dès qu'il en sera ainsi, on s'empressera, si les embarcations qui sont suspendues au vent n'ont pas été enlevées, de les passer sous le vent, pour les empêcher d'être détruites ou enlevées par les coups de mer. Quand elles y seront, on coupera la mâture et ce qui y tient, pour laisser le tout aller en dérive et ne pas en être embarrassé pour les manœuvres subséquentes. Puis, ce que l'on devra faire, on mettra toutes ses embarcations à la mer et à l'abri de son navire ; on s'y embarquera et on se filera à longue touée sur ce bâtiment, ayant une ancre au large et une amarre à bord, jusqu'au retour de la marée, pour voir si un heureux hasard ne le fera pas parer ; car, avant de quitter le navire, on a mis les deux ancres de bossoir en veille, pris de bonnes bittures et établi des bosses cassantes assez fortes pour que, s'il pare et ne coule pas, on puisse le mouiller et encore espérer de le sauver. C'est au capitaine expérimenté, en pareille circonstance, de bien voir s'il ne ferait pas bien de garder ses bas mâts et ses basses voiles, surtout la misaine, de prendre, avant de quitter son navire pour s'embarquer, toutes les précautions nécessaires, ou pour tenir sur ses ancres, où il tâchera de se rendre, ayant un bon croupiat, pour éviter promptement en démaillant ses chaînes, fuir promptement pour échouer, le plus haut qu'il pourra, sur la côte. Comme il n'a rien à craindre pour sa vie et celle des hommes qu'il commande, attendu les précautions qu'il a prises, des moyens de salut qu'il possède par ses embarcations, il doit employer tout ce qu'il a de génie, afin de sauver, s'il est possible, la propriété qui lui a été confiée, ou d'en rendre au moins le naufrage le moins désastreux qu'il se pourra.

A qui doit-il, dans cette circonstance terrible de sa vie nautique, le sang-froid qu'il a? à qui doit-il l'obéissance passive qu'il obtient des personnes qui sont sous ses ordres? A la persuasion où elles sont toutes, qu'avec des moyens d'insubmersion comme ceux qu'elles portent et des embarcations insubmersibles on ne peut pas périr, qu'on peut perdre son navire, mais non la vie quand on a tant et de si puissants moyens de sauvetage; de là la confiance et l'ordre qui règnent à bord dans un pareil moment et qui font que tout s'exécute vite et bien. Si elles étaient privées de ces moyens de sauvetage, leur inquiétude se changeant promptement en désespoir, tout ne serait bientôt que désordre et confusion qui double le danger réel.

Or pendant ce temps on ne reste pas oisif à terre où l'on connaît la triste position de ce navire; si l'on est à portée d'un port où il y ait des remorqueurs, toutes les dispositions sont prises pour les faire sortir et les envoyer donner des secours au navire en détresse et pour que, s'il pare, on puisse l'aller crocher pour l'amener au port. Si l'on n'est pas à même d'envoyer un remorqueur et que le port le plus voisin où il y en a ne soit pas trop éloigné, au moyen des signaux de côte dont nous parlons (161) on lui fait connaître qu'il y a un navire en danger, et où il est; alors ce bateau prend ses mesures en conséquence.

S'il n'y a pas de remorqueur dans les environs, au moyen du

bateau de sauvetage dont nous parlons (150) on lui envoie un pilote pour le conduire sous le vent dans le port le plus à proximité qu'il pourra atteindre, on lui donne un renfort de monde, s'il en a besoin, et on le conserve à flot le plus longtemps que l'on peut; mais si l'on peut espérer le sauver, comme on connaît la localité, on lui fait faire côte dans l'endroit le moins dangereux qui se trouve sous le vent, et où peut-être on parviendra à le relever, quand la tempête sera apaisée.

Et quelle confiance donne encore à l'équipage de ce navire cette aide qu'il reçoit de terre, il ne se croit presque plus en danger.

Comparez cette situation à celle identique d'un autre navire, mais qui n'a à bord aucun moyen de sauvetage. Voyez-vous cet homme (le capitaine) qui hésite à mettre une de ses embarcations dehors, car il s'attend, aussitôt qu'elle sera à la mer, qu'elle sera ou brisée en mille pièces le long du bord, ou remplie par un brisant, bien plus embarrassé encore pour y embarquer son monde: car, sachant que, quand elle en sera chargée, le danger augmentera encore, il hésite à quitter ce navire, qu'il faut cependant quitter, attendu qu'au flot suivant, s'il n'est pas démoli par la mer, il sera couvert par la marée. Après bien des hésitations et avoir perdu un temps précieux, forcé de tenter l'embarquement, ne quitter son navire que dans les conditions les plus funestes, car l'écueil sur lequel est échoué le bâtiment, comme il y a moins d'eau qu'ailleurs, la mer y est plus furieuse encore. Il y a mille à parier contre un qu'il se noiera avec tout son monde et il en a toute l'appréhension, tandis que, muni des moyens de sauvetage que nous avons indiqués, il y a dix à parier contre un qu'il sauvera tout son monde et se sauvera lui-même; comme il n'est pas obligé de tout tenter pour venir à terre, il peut choisir son moment et attendre celui qui lui présentera le moins de danger. Quelque faible que soit son esquif, il sait qu'il ne peut ni couler ni chavirer, qu'il ne peut être démoli par un brisant qui fondra sur lui, et que, ordinairement soulevé par la lame que ce brisant couronne, il n'éprouvera de choc que par sa crête. Tandis que le dernier a eu le bonheur de parer les dangers de l'embarquement, que ses risques recommencent et plus grands que jamais quand il approche de terre et rentre dans la zone des brisants, l'autre, tenant l'ancre, grâce à sa drive, s'il en a une, ou à son habileté à dériver sur son ancre comme nous l'avons indiqué (39), a dix chances encore contre une qu'il le fera sans accident, tandis que le canot de son malheureux compagnon sera roulé dans la lame et que tous ceux qu'il a embarqués se noieront.

Le premier s'empresse d'abandonner dès qu'il échoue pour échapper à un désastre qu'il envisage comme certain, et pendant que son navire, qui tient encore, ne lui présente pas, par ses débris flottants, d'autres dangers à franchir. Le second, qui a des moyens de sauvetage presque certains, ne l'abandonne qu'après avoir pris toutes les mesures que lui indique la prudence pour non-seulement sauver son monde, s'il le peut, mais encore le meuble qui lui a été confié et la riche cargaison qu'il renferme, si la chose est possible, et ne le quitte qu'au dernier moment.

Nous aurions encore bien longuement à écrire, si nous voulions pousser cette comparaison à ses dernières limites; mais nous pensons que ce qui précède suffit pour démontrer l'incontestable avantage d'avoir toujours son navire muni des moyens de sauvetage que nous avons indiqués.

LE NAUFRAGE A LIEU SUR UN DANGER AU LARGE D'UNE CÔTE DANS UNE MER OU IL N'Y A NI FLUX NI REFLUX.

117. Ce cas présente souvent un danger moins grand que le précédent, mais aussi, souvent, il l'augmente. Dans la première sorte d'échouement, si on fait naufrage quand le courant de jusant est dans toute sa force (c'est-à-dire une heure et demie ou deux heures après la pleine mer) et que le navire ne se démolisse pas immédiatement, il reste bientôt tranquille, et permet de vaquer assez facilement à la mise des embarcations à la mer. Dans le second, au contraire, comme on sait que rien qu'un allégement suffisant du navire ne peut le renflouer, il faut, par mesure de précaution, commencer par mettre toutes ses embarcations à la mer, afin d'avoir cette ressource au besoin, et les filer sous le vent. Si alors il n'y a pas urgence d'abandonner immédiatement le navire parce qu'il ne se démolit pas rapidement, s'il n'est pas trop endommagé enfin et qu'on espère en l'allégeant le sauver, il faut immédiatement s'en occuper, comme de faire sonder, si le temps le lui permet, autour pour voir par quel point il trouvera plus d'eau et dans quelle direction il doit porter ses ancres. Enfin, ayant la ressource de ses embarcations qui sont là pour le sauver avec tout son monde dès qu'il y en aura nécessité, le capitaine prend, comme l'indiquent ses connaissances maritimes, toutes les mesures nécessaires pour sauver son navire, et ne l'abandonne ou n'y renonce qu'alors que tout espoir est perdu, tandis que le capitaine qui n'a pas de moyens de sauvetage à bord tâche de sauver son équipage le plus tôt possible avec ses embarcations.

Ces sortes de naufrages, comme tous les naufrages en général, présentent quatre cas divers ; c'est sur des roches que l'on fait naufrage ou c'est sur un banc de pierre roulante (ou galets) qu'on est échoué, ou c'est sur un banc de sable, ou enfin c'est sur un banc de vase. On conçoit aisément que ce sont les deux premiers de ces écueils qui sont les plus dangereux, mais du reste il est reconnu que le banc de sable est dur comme une pierre tant qu'il est couvert par l'eau, et qu'un navire qui échoue sur un tel banc s'y démolit, comme sur un banc de roches; seulement, comme il ne présente pas d'aspérités aussi nombreuses, il y a moins de causes qui sollicitent le navire à se démolir promptement; ces sortes de naufrages sont donc ordinairement moins désastreux pour les navires que ceux sur un banc de roches.

Souvent aussi on parvient à relever un navire échoué sur un banc de sable, tandis que rarement on réussit à le faire, quand il est échoué sur un banc de roches.

Quant aux bancs de vases, ils seraient peu dangereux pour les navires, s'ils ne les supaient pas, mais ils sont ordinairement très-peu dangereux pour les équipages qui les montent, car, surtout si c'est sur une vase assez molle, rarement la mer y est grosse, ce qui fait qu'on a grande facilité à quitter son navire quand on le doit faire.

DU NAUFRAGE SUR UNE CÔTE HABITÉE PAR UN PEUPLE CIVILISÉ ET QUI A DES MOYENS DE SAUVETAGE QUAND ON EST FORCÉ DE SE METTRE A LA CÔTE.

Lorsqu'un échouement a lieu sur la côte, il présente encore les différentes catégories indiquées ci-dessous, c'est-à-dire que le naufrage a lieu

Sur une côte de roches. Et rarement on se résout à le faire, à moins qu'on n'y voie une grève.

Sur une grève (ou côte de galets). Comme la déclivité y est ordinairement grande, on espère aller jusqu'à terre sur son aire ou du moins à une assez petite distance de terre pour assécher à la basse mer ou établir facilement un va-et-vient avec la côte.

Sur une plage de sable. Cet échouement est ordinairement très-dangereux pour l'équipage, car ordinairement le navire reste à une grande distance du rivage, ou enfin on fait naufrage *sur une plage de vase.*

Enfin un naufrage a lieu sur une côte où *la mer marne* ou sur une côte où *la mer ne marne pas.*

Examinons chacun de ces cas de naufrage en particulier sur une côte où il y a flux et reflux ; nous les examinerons ensuite sur une côte qui n'est pas soumise à une marée apparente (comme dans la Méditerranée, par exemple).

NAUFRAGE SUR UNE CÔTE DE ROCHES OU IL Y A FLUX ET REFLUX QUAND ELLE EST HABITÉE PAR UN PEUPLE CIVILISÉ ET AYANT DES MOYENS DE SAUVETAGE.

118. Comme sur la côte d'Angleterre par exemple, et sur certains points de la côte de France où il y a des sociétés humaines d'organisées.

Lorsqu'on connaît la côte sur laquelle on est menacé de faire naufrage, attendu qu'à moins qu'il ne fasse de la brume, ou qu'on soit très-négligent à sonder rarement, on s'échoue inopinément sur une telle côte, on ne le fait, la plupart du temps, qu'après plusieurs heures employées à combattre la tempête pour tâcher de s'en éloigner, car ordinairement c'est parce qu'un vent furieux vous bat en côte sans que vous puissiez gagner contre lui ni sur un bord ni sur l'autre, mais au lieu de cela que vous dérivez toujours de plus en plus à terre, que vous y échouez; vous avez donc, pendant plusieurs heures à l'avance, le pressentiment de votre naufrage, et pendant le temps qu'il est latent, vous pouvez préparer vos moyens de sauvetage; c'est à vous alors, si vous voyez faire des signaux à terre, de bien y veiller pour en profiter, si vous pouvez; c'est à vous aussi à juger s'il vaut mieux, pour vous, attendre que de brusquer l'événement et vous mettre volontairement au plein pour profiter du moment le moins défavorable pour vous jeter à la côte, celui où le courant de jusant est dans toute sa force par exemple, afin que votre navire, qui déjaugera de quelques centimètres par suite de l'aire qu'il portera en échouant, franchisse le plus tôt possible et reste tranquille, ce qui vous permettra de préparer votre sauvetage.

C'est à vous, capitaine, à juger s'il ne vaudrait pas mieux mouiller et tout employer pour tenir à l'ancre, dussiez-vous même couper votre mâture, plutôt que de vous échouer.

C'est encore à vous à juger si vous ne devez pas préférer faire côte à tel ou tel moment plutôt qu'à tel ou tel autre, pour pouvoir opérer le sauvetage de votre équipage pendant qu'il fait jour.

Vous ferez bien, cependant, d'écouter les avis qu'on vous donne de terre pour diriger votre route vers l'endroit le moins dangereux ; de fixer le moment où vous devrez mettre vos embarcations à la mer et prendre les autres mesures que prescrit la prudence pour sauver votre monde. C'est vous enfin qui avez la responsabilité des mesures à prendre. Mais, si vous avez des moyens de sauvetage bien préparés, vous êtes bien triste certainement de perdre votre bâtiment et ce qu'il contient, mais du moins vous avez l'esprit bien plus en repos, car vous avez la consolation de vous dire : Je sauverai mon équipage, tandis que, sans ces précautions, la chose serait fort douteuse.

Examinons le premier cas; vous devez vous perdre sur une côte de roches; comme sur une telle côte il y a très-peu d'espoir de sauver votre navire, il faut faire tous vos efforts ponr rester à l'ancre, fût-on même à une petite distance de terre, à moins d'un cas bien particulier, comme celui où, la nuit, étant peu éloigné et voyant du monde à terre disposé à établir avec le navire un va-et-vient, le jusant ayant lieu, et n'ayant pas de confiance dans vos chaînes, vous croyez devoir, pour le salut de l'équipage, vous jeter à la côte. C'est encore dans un tel cas qu'on sentira tout l'avantage d'avoir les embarcations insubmersibles, car, si elles le sont, après avoir tout disposé à bord pour que le navire tienne sur ses ancres le plus longtemps possible, avoir même sacrifié sa mâture, s'il le faut, pour présenter moins de fardage au vent, on peut s'embarquer dans ces embarcations, et ayant une amarre sur le navire, embarder au large de ce bâtiment pour ne pas en être gêné si tout casse, mais pour pouvoir retourner à bord, si tout tient bon et que le temps le permette. Puis, quand on en est à un quart d'encâblure (30 brasses, 50 mètres) environ de lui, mouiller et attendre là, en tanguant sur son ancre, l'événement. Si le navire chasse, on le laisse aller et on vient à la côte avec le canot, comme nous l'avons indiqué (62). S'il tient bon, on peut espérer le sauver, et alors on reste encore à l'observer, si l'on ne peut aller à bord. Mais, quand on n'a pas de canot insubmersible, on est obligé ou de se jeter à la côte ou d'attendre à bord du navire ce que le sort décidera de vous, et quel supplice que d'être soumis à une pareille alternative ! Règle générale : « Restez à bord de votre navire tant que vous pourrez.» — Oui, quand on est touché et que l'on n'a pas d'embarcations insubmersibles, car alors vaut mieux attendre l'événement que de venir chercher la terre à la nage ; mais, quand on en a, il vaut mieux s'y embarquer et aller attendre l'événement au large.

FAIRE NAUFRAGE DANS LES MÊMES CONDITIONS SUR UNE GRÈVE (OU CÔTE DE GALETS).

119. La position est ici toute différente ; ordinairement ces côtes, qui sont assez accores, n'offrent pas autant de danger que les côtes de roches pour briser les navires; on peut donc espérer, s'il y a jusant, de monter assez haut sur la grève, en forçant de voile le plus possible, pour qu'en peu de temps le navire reste tranquille et permette d'établir un va-et-vient avec la terre. Quand donc on voit que l'on ne peut pas se relever ni sur un bord ni sur l'autre et qu'on est au moment où le jusant est dans toute sa force, moment que nous avons indiqué (117), on ne doit pas hésiter pour se jeter à la côte, à moins qu'on ne soit à distance de terre, que l'on ait de bonnes chaînes et de bonnes ancres, et qu'on espère pouvoir tenir dessus si l'on mouille. Mais si l'on avait perdu ancres et chaînes, comme cela arrive assez souvent, qu'ayant mouillé au large, la fureur de la tempête fasse tout casser, ou bien, si l'on a été obligé, le moment arrivé, de filer ses chaînes par le bout ou de les démailler, il faut alors forcer de voile le plus possible pour, en arrivant à terre, que le navire se défonce et que les roches, lui entrant dans le ventre, tendent à le fixer où il touchera premier. C'est surtout sur les côtes où il y a beaucoup de profondeur et où on peut approcher la terre qu'on doit en agir ainsi, gouvernant au coup de mer et tâchant de se diriger vers une anfractuosité de la côte où on espère que le navire souffrira moins, ou vers une de ces petites grèves qu'on voit souvent entre les rochers. Du reste, nous n'avons pas la prétention de donner ici des avis sur la manœuvre qu'il y aurait à faire en pareil cas, probablement que les marins qui nous liront seront aussi capables que nous de diriger une telle opération. Mais, si vous avez le bonheur, dans votre terrible situation, que votre navire franchisse peu de temps après votre échouage, et que vous soyez assez près de terre pour établir un va-et-vient avec la côte, dès que ce navire restera un peu tranquille, il faut l'établir en lançant à terre une ligne à l'aide de votre porte-amarre, ou l'envoyant par votre youyou au moyen de votre bouée à voile, ou par un autre flotteur, aux riverains qui sont là et qui s'empresseront d'établir à terre votre communication avec eux. Dès que votre navire sera assez franchi pour ne plus bouger en roidissant bien la draille du va-et-vient, vous pouvez faire alors débarquer aisément tout le monde que vous avez à bord, et il ne faut pas manquer de le faire, car qui sait ce que deviendra votre bâtiment à la marée suivante? Les pierres qui couvrent ces grèves ne sont pas aussi dangereuses, il est vrai, que les roches, pour disloquer promptement un navire, mais, néanmoins, ce sont des pierres, et il ne faut pas s'y fier.

NAUFRAGES SUR LES CÔTES EN FALAISES.

120. De toutes les côtes de roches sur lesquelles un navire est exposé à naufrager, celles en falaises au pied desquelles il monte beaucoup d'eau, comme celles qui s'étendent de la Hève au cap Antifer, celles de Fécamp à Dieppe, de Blanc-nez, de Ramtsgate, etc., par exemple, sont les plus dangereuses; aussi, quand on est en perdition sur de telles côtes, il ne faut pas hésiter à mouiller le plus au large qu'on peut; embarquant alors dans ses canots rendus insubmersibles, il faut aller les mouiller à distance de son navire et attendre l'événement, car, si les chaînes en viennent à casser, on peut être certain que, s'il va contre la falaise, il sera brisé en mille pièces. Si on avait perdu ses embarcations, il ne faudrait pas hésiter, dès qu'on le pourrait, de faire un radeau comme nous l'indiquons (138) et de le tenir prêt à être jeté à la mer et s'y embarquer si les chaînes venaient à casser. C'est, du reste, une position fort critique, et c'est à celui qui s'y trouve à s'ingénier pour y obvier. Mais, *règle générale*, dès qu'on se trouve en danger de naufrage, si l'on a des cuirasses ou autres moyens d'insubmersion à bord, on doit les faire revêtir aux hommes, car, ne serviraient-elles qu'à conserver la chaleur au dos et à la poitrine, qu'elles auraient encore leur utilité.

LE NAUFRAGE A LIEU SUR UNE PLAGE DE SABLE DANS UNE MER OU IL Y A FLUX ET REFLUX ET QUI EST HABITÉE PAR UN PEUPLE CIVILISÉ QUI A DES MOYENS DE SAUVETAGE.

121. Il est reconnu, par l'expérience, que les naufrages sur les plages de sable sont, en général, plus fatals aux hommes qu'aux navires, quand ceux-ci sont imprudents à cause de leur peu de déclivité. Il y a beaucoup de ces plages qui n'ont pas 1 centimètre par mètre de dépente, et par conséquent un navire tirant 6 mètres d'eau qui vient à la côte de pleine mer est souvent à 600 mètres du rivage, et, comme la mer déferlante commence à devenir très-dangereuse par 4 mètres d'eau, il est presque impossible d'établir un va-et-vient avec la terre. Si donc, dans ces conditions, la mer ne se retire pas de 3 à 400 mètres et qu'on n'ait pas de moyens de sauvetage à bord, l'équipage court grand risque de se noyer. Mais, comme les navires se démolissent bien moins rapidement sur ces plages que sur une côte de roche ou une grève, nous engageons les capitaines (surtout si le naufrage a eu lieu au moment du jusant) d'empêcher que des personnes cherchent à se sauver à la nage, car elles courraient un bien plus grand danger que de rester à bord, puisqu'à la mer presque basse le navire, se trouvant rapproché de 3 ou 400 mètres du rivage, la marée descendante, si la plage ne reste pas à découvert, permet alors d'établir à l'aide des riverains un va-et-vient au moyen duquel on peut sauver tout le monde; il faut donc, dans un tel cas, rester à bord de son navire jusqu'à la dernière extrémité, eût-on même une cuirasse ou scaphandre, un plastron à air ou un autre objet d'insubmersion; car voici ce qui arrive, on se jette à la mer et on a un demi-kilomètre et plus de distance à franchir. On nage d'abord vigoureusement et on vient assez vite favorisé par le jet de la lame jusqu'à la zone des brisants; mais, comme l'on est, à chaque instant, couvert par les vagues, on n'a guère le temps de reprendre haleine entre deux d'entre elles, on se fatigue vite et, quand on entre dans la zone des brisants de terre, on a déjà perdu une partie de sa vigueur; c'est précisément le moment où on devrait en avoir une progressivement croissante jusqu'à ce que l'on fût à prendre pied. Aussi on est retourné, roulé dans la lame qui vous ballotte dans tous les sens, qui, déferlant sur vous, vous précipite au fond souvent si rudement, que vous en perdez connaissance. Dès lors, si on ne vient promptement à votre secours, vous êtes un homme noyé. Il est vrai que celui qui a un moyen d'insubmersion, après avoir reçu ces chocs de la lame et eût-il même perdu connaissance, revient sur l'eau; mais l'atteinte qu'il en a reçue sur le fond fait, s'il ne sait pas nager à terre, comme nous l'indiquons (37), qu'il est quelquefois tué, presque toujours grièvement blessé. Il n'y a pas de doute que, si sans autres moyens de sauvetage que son appareil d'insubmersion on se trouve à bord d'un navire qui se démolit sous vos pieds, il faut prendre son parti et tâcher de gagner la terre à la nage; mais, dans un tel cas, nous engagerons encore les hommes qui y sont contraints de se faire un appareil d'insubmersion comme celui que nous indiquons (**111**), et, quand ils seront à la mer, de ne pas se fatiguer d'abord à nager fort, pour réserver toute leur énergie et leur vigueur afin de traverser la zone des brisants, qui est quelquefois très-large. Il ne faut pas, en pareil cas, se fier à son talent natatoire : tel qui pourrait, dans un exercice, nager une demi-heure, trois quarts d'heure, une heure même sans se fatiguer, l'est beaucoup quand il a nagé un quart d'heure au milieu des coups de mer et des brisants qui l'assaillent de tous côtés; d'ailleurs, en pareil cas, comme on n'a pas l'esprit tranquille, la situation morale influe beaucoup sur les forces physiques. Il vaut donc mieux aller plus doucement, et même attendre à bord, si on le peut faire.

122. Après avoir établi cette règle générale, nous revenons au naufrage du navire lui-même. Ici deux cas se présentent, ou le navire est sous voile au moment de faire naufrage, ou il est à l'ancre. S'il est sous voile, le moment arrivé, forcez de toile le plus possible, et arrivez vent arrière sur la côte, afin de le faire franchir le plus que vous pourrez en échouant. Ne craignez pas de le faire remonter, car, si dans ce moment, vous pouviez faire déjauger à votre navire 25 centimètres d'eau et que ce fût un bon navire, probablement que non-seulement vous sauveriez tout votre monde, mais encore votre bâtiment; remonter le plus haut qu'on peut sur la plage est donc à désirer, car la mer tombant vite, attendu que vous avez saisi le moment pour faire côte où le jusant est dans toute sa force (c'est-à-dire que vous avez donné à la côte une heure et demie ou deux heures après la pleine mer), il sera vite complétement échoué et ne sera pas longtemps tourmenté par la lame. Ne mouillez aucune ancre derrière pour vous retenir en venant à la côte, faites-le plutôt, si vous croyez devoir le faire, par mesure de précaution, et, pour renflouer plus tard votre bâtiment, laissez-le venir en travers sur le sable, plutôt que de rester debout à la côte; il souffrira moins en roulant sur son côté qu'en éprouvant des secousses terribles dans la longueur, par suite des coups de mer qu'il recevrait dans son arrière, s'il le présentait à la lame qui pourrait lui défoncer cet arrière en déferlant par-dessus le couronnement comme sur une roche; elle balayerait aussi votre pont de bout en bout et vous pourrait enlever du monde. D'ailleurs, étant en travers, quand votre navire restera tranquille, il présentera un excellent abri pour établir votre va-et-vient avec la terre. Quand vous viendrez au plein, gardez-vous de carguer vos voiles; laissez-les au vent, si elles n'en sont pas déchirées ou emportées; car, pendant que votre navire est encore exposé à rouler avec le mouvement de la lame, elles l'empêcheront de renvoyer au large où il présenterait tout son pont aux coups de mer, ce qui rendrait le naufrage bien plus dangereux et l'établissement d'une communication avec la terre presque impossible. A moins donc que vos voiles ne soient emportées par le vent ou que vos mâts tombent par suite de secousse que reçoit votre bâtiment, n'amenez ni ne carguez rien; mais, dans ce dernier cas, il vous faut couper tout ce qui tient à cette mâture cassée au navire, afin que ses tronçons faisant bélier ne viennent pas, avec le ressac de la lame, en frapper le flanc et le défoncer.

Dans cette position, si le navire ne se démolit pas, on peut attendre, suivant le moment du jour, jusqu'à une heure avant la basse mer pour établir sa communication avec la terre, car la marée, en se retirant et laissant une grande étendue de la plage à sec, diminue d'autant la longueur qu'on devra donner à son va-et-vient, et plus il est court, plus prompt est le sauvetage.

123. Si avant le naufrage on a mouillé, il faut, dès qu'on est étalé, s'empresser de se débarrasser des mâtures et des voiles supérieures en coupant ce qui y tient et le jetant à la mer, tâcher de sauver sa misaine et son grand hunier; quant aux autres voiles, peu s'en préoccuper et, s'il paraît trop difficile de les serrer, les laisser enlever par le vent ou les lacérer quand elles sont même sur leurs cargues; avoir ses chaînes bien prêtes à démailler, un bon croupiat frappé sur celle sur laquelle on devra évoluer; puis, toutes ces précautions prises, s'assurant que tous ses moyens de sauvetage (entre autres, embarcations insubmersibles, va-et-vient, porte-amarre, etc.) sont bien parés, faire revêtir à son équipage ses moyens d'insubmersion, s'il en a, et attendre ainsi, en observant bien les signaux de terre, surtout ceux qui ont rapport à la route à suivre, que le moment soit arrivé de se jeter à la côte. Alors on largue et borde son grand hunier et on largue sa misaine sur ses cargues ; démailler ensuite, éviter lestement sur son croupiat, que l'on coupe dès que l'évolution est faite, et l'on court à la côte dans la direction indiquée. Pour le reste de la manœuvre, c'est un échouement sous voile comme ci-dessus.

Dès le premier coup de talon, le timonier et les personnes qui avoisinent le gouvernail feront bien de s'en défier, car il est probable qu'en défonçant la voûte dans un coup de talon il démontera barre, roue et tout son attirail, et pourrait bien tuer ceux qui en seraient voisins.

Mais on n'a pas toujours la faculté d'attendre jusqu'au moment le plus favorable pour s'échouer, souvent on le fait de pleine mer, avec flot, ou de basse mer. L'échouement de pleine mer doit s'éviter autant que possible, et on fera bien, si on a ses ancres en veille et qu'on soit sous voile, de les laisser tomber et de tâcher de lutter jusqu'à ce que le jusant soit dans toute sa force. Agir ensuite comme ci-dessus.

L'échouement avec flot est très-dangereux, car il vous laisse en butte, pendant une très-grande période de temps, aux coups de mer qui déferlent sur le navire et ordinairement le fait couler avant qu'il ne reste tranquille. C'est pourquoi, si on a ses embarcations insubmersibles, on fera bien d'y faire embarquer son monde dès que l'on aura mouillé et, en s'éloignant un peu du bâtiment, rester à l'observer, car, s'il casse ses chaînes et qu'il aille se défoncer à la côte, on n'est pas à bord, et on peut se sauver avec ses embarcations, comme nous l'avons dit (62).

Enfin le plus dangereux des échouements, parce que c'est celui qui laisse le navire le plus longtemps exposé aux fureurs de la mer et le faisant couler dès la première heure de flot, fait que la marée vient à le couvrir de pleine mer, et fait de lui un écueil sur lequel la lame déferle avec furie, ne laissant à l'équipage d'autre refuge que la mâture, c'est l'échouage qui se fait de basse mer, avec commencement de flot; alors il ne faut pas hésiter à faire embarquer son monde dès qu'on a mouillé et abandonner au moins instantanément le navire, car il y a cent chances contre une qu'il ne résistera pas aux chocs qu'il recevra et sera couvert par la marée.

Quand il y a fin de jusant, mais que cependant la mer tombe encore, le cas est moins dangereux, car le navire, restant un certain laps de temps tranquille ou à peu près tranquille, favorise la mise à la mer des embarcations et l'embarquement de tout le monde. Mais encore ici il n'y a pas à hésiter; dès qu'on a mouillé, il faut abandonner.

Cependant le capitaine d'un navire qui a des embarcations insubmersibles, se trouvant dans une situation beaucoup moins dangereuse que celui qui n'en a pas, pour le salut de son équipage doit rarement faire un échouement volontaire, car il peut mouiller et laisser là son navire à la grâce de Dieu, quand il y est forcé, mais il reste à l'observer tant qu'il peut, et s'il a le bonheur que les ancres ne chassent pas, que les chaînes ne se cassent pas, il peut quelquefois revenir à son bord après la bourrasque et sauver ce navire; aussi, en tel cas, s'il en a le temps, doit-il diminuer le fardage du gréement autant que possible, ne garder en mâture que le strict néeessaire et même sacrifier toute sa mâture, s'il le faut, pour tenir sur ses ancres.

Tels sont les conseils que nous croyons pouvoir donner, en ces terribles circonstances, aux jeunes marins qui ne s'y seront pas encore trouvés.

ÉCHOUEMENT SUR UNE CÔTE DE VASE DANS UN PAYS HABITÉ PAR UN PEUPLE CIVILISÉ ET POURVU DE MOYENS DE SAUVETAGE.

124. Les côtes, en Europe, qui sont bordées par une plage de vase où l'on peut s'échouer sont assez rares; mais sur la côte d'Amérique ces sortes de plages sont assez communes pour qu'on puisse s'en préoccuper, malgré que rarement elles présentent un danger sérieux pour les hommes qui montent ces navires. Nous n'en parlerons donc pas ici, nous réservant de ne traiter ces sortes de naufrages que dans notre quatrième livre, pour prémunir seulement les hommes qui se trouvent à bord des navires qui s'échouent dans de telles conditions, qu'ils doivent se garder de tâcher de gagner la terre à la nage, car, lorsqu'ils approcheraient de la côte, ils trouveraient, même à une assez grande distance de terre, d'abord la vase molle, mais qui deviendrait successivement plus épaisse et finirait par les faire périr, à moins qu'on ne vînt promptement avec un pousse-pied comme celui dont nous donnons le dessin ci-contre, ou tout autre moyen, à leur secours.

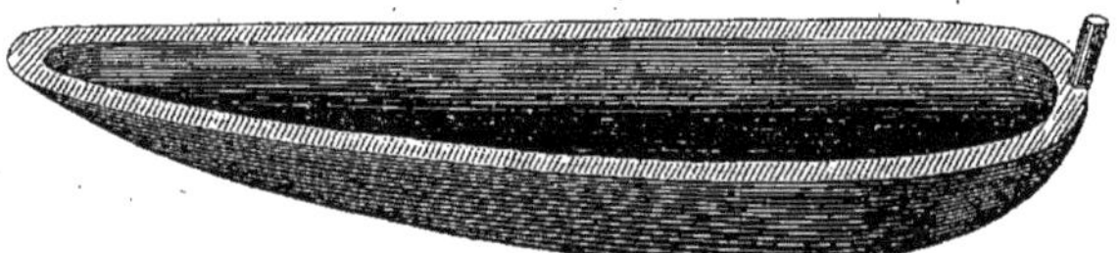

Fig. 23.

DES NAUFRAGES EN GÉNÉRAL SUR UNE CÔTE OU IL N'Y A PAS DE MARÉE APPRÉCIABLE COMME DANS LA MER MÉDITERRANÉE.

125. Après avoir examiné d'une manière générale comment on doit se conduire dans un naufrage, quand il a lieu sur une côte où il y a flux et reflux, il nous faut aussi examiner les mêmes cas dans une mer où il n'y a ni flux ni reflux apparents, telle que la mer Méditerranée, la mer Noire, la mer Caspienne, etc., par exemple. Là aussi les sinistres sont fréquents, là aussi on se perd sur un danger au large d'une côte, sur une côte de roche, sur une grève, sur une plage, sur une vasière; mais, comme on ne peut compter que la mer abandonnera au bout d'un certain temps le navire et que l'on est toujours soumis à la fureur des flots, il faut, dès le premier moment du naufrage, prendre ses mesures en conséquence : on conviendra qu'il serait plus avantageux, pour en conjurer les funestes effets, de les avoir prises à l'avance. Nous allons donc encore ici examiner la manière dont doit se conduire un capitaine qui a le malheur de faire côte sur une telle côte.

LE NAUFRAGE A LIEU SUR UN DANGER AU LARGE D'UNE CÔTE HABITÉE PAR UN PEUPLE CIVILISÉ ET QUI A DES MOYENS DE SAUVETAGE, MAIS DANS UNE MER OU IL N'Y A NI FLUX NI REFLUX.

126. Ici, comme on ne peut pas compter que la marée modifiera ensuite la situation, le plus prudent est d'abandonner aussi vite qu'on le peut son navire, car on ne doit espérer rien de bon en restant à bord, si le mauvais temps continue. On peut encore, si c'est vers une période du jour où ordinairement cessent souvent les coups de vent, telle que le passage de la lune ou du soleil au méridien, le lever ou le coucher de ces astres, rester, dans ses embarcations, à observer son navire jusqu'après cette période, surtout quand des signes connus de presque tous les marins font espérer que la tempête cessera ; mais, en tout cas, il faut se mettre en sûreté dans ses embarcations mouillées à une certaine distance au large de son navire. Quant à la manœuvre pour venir à terre, c'est toujours celle que nous avons expliquée (62).

Une chose que l'on doit toujours tâcher de faire dans un naufrage, c'est de s'efforcer de ne terrir que de jour. Les atterrissages de nuit sont trop dangereux pour les tenter, à moins d'y être forcé. C'est pourquoi, dans un tel cas, si on a des embarcations insubmersibles et qu'elles soient pourvues d'un bon grappin et d'un bon câblot, on est maître de sa position, à moins que, par une cause quelconque, ce câblot ne casse, ce qui est rare quand il est de longueur et de grosseur nécessaires proportionnées à l'embarcation qu'il doit retenir. Il faut donc, dans les naufrages quelconques, se rappeler cette règle générale : *il ne faut jamais aller chercher la terre de nuit, à moins d'y être forcé.*

Souvent il se présente aussi que le danger au large sur lequel le navire se perd est en grande partie hors de l'eau ; si c'est une roche isolée et que la côte vis-à-vis soit aussi de roches, il faut venir s'en mettre à l'abri dans ses embarcations, si l'on peut, jusqu'à ce qu'un temps meilleur vous permette de vous retirer de cette fâcheuse position. La chose est facile, quand on monte un canot pourvu des objets dont nous avons fait mention (50), puisqu'on y a des vivres pour plusieurs jours. A l'abri de la roche où s'est perdu le navire, on fait avec la voile un taud, et on attend, sans trop souffrir, la fin du mauvais temps. Mieux vaut le faire que de hasarder un atterrissage qui, en mettant votre canot en pièces, vous expose à perdre ou à blesser beaucoup de monde.

ON FAIT NAUFRAGE DANS LES MÊMES CONDITIONS SUR UNE CÔTE DE ROCHES.

127. Ici il n'y a nullement à hésiter, il faut mouiller son navire au large et abandonner avant qu'il touche, tâcher de tenir soi-même aussi longtemps que possible sur son ancre, surtout si c'est de nuit, et par mesure de prudence, comme c'est là une question de vie ou de mort, on fera bien d'embarquer une ancre à jet, une gueuse, un objet quelconque pour mouiller de nouveau, si votre câblot venait à casser. Il faut se munir aussi d'une bonne aussière, pour en faire un nouveau câblot, car, si vous perdez votre ancrelle ou votre grappin, il faut pouvoir vous arrêter. Il est vrai que, si vous n'avez qu'une gueuse, votre gueuse n'arrêtera pas longtemps votre canot, si elle ne s'engage pas; mais, si la côte est de roches à terre, il est très-probable qu'elle se prolonge ainsi au large, et alors cette gueuse, en draguant sur le fond, peut s'engager entre quelques anfractuosités de ces roches et vous offrir un point d'appui suffisant pour arrêter votre canot. On ne saurait, d'ailleurs, en pareil cas, prendre trop de mesures pour retarder le moment de venir à la côte, surtout si c'est de nuit. Nous avons vu (62) comment il faut se comporter de jour pour aborder une telle côte; nous n'en reparlerons plus ici.

ON FAIT NAUFRAGE SUR UNE GRÈVE DANS UNE MER OU IL N'Y A PAS DE MARÉE APPARENTE.

128. Ici, comme ordinairement la côte est assez unie et qu'elle a une grande déclivité, on fait bien de courir sous toutes voiles à terre, pour faire franchir le navire au moment de son échouage. Mais, avant d'exécuter cette manœuvre, il faut décider quel sera le bord qui sera du côté de terre pour prendre toutes ses dispositions préalablement de ce côté pour établir sa communication avec la terre dès qu'on échouera : ainsi, y faire passer son youyou ou sa bouée de sauvetage à voile, si on en a encore, ses embarcations et son porte-amarre, et courir vent arrière à terre, en venant cependant un peu sur le bord opposé à celui qu'on désire conserver à terre, parce qu'aussitôt que le navire sentira le fond, par son avant, l'arrière tombant du côté de terre, il viendra en travers à la côte, position qui, en donnant aux embarcations que vous voulez mettre à la mer un abri, ainsi qu'à votre va-et-vient, quand vous serez parvenu à l'installer, vous donnera bien plus de chances pour sauver votre monde. Surtout, si la mâture ne tombe pas, si la voilure ne déchire pas, gardez-vous de carguer vos voiles, car elles sont indispensables en pareille circonstance pour empêcher que votre navire ne renvoie au vent. On voit encore ici quel avantage a le navire pourvu des moyens de sauvetage que nous avons indiqués (46 et suiv.) sur celui qui n'en a pas.

NAUFRAGE SUR UNE PLAGE DE SABLE ET DANS LES MÊMES CONDITIONS DANS UNE MER QUI NE MARNE PAS.

129. Nous nous répétons sans cesse, mais c'est que nous croyons que, dans un ouvrage tel que celui que nous avons entrepris, il faut faire meilleur marché du style que de se garder de ne pas rappeler une chose utile.

Nous disons donc ici : Jugez votre position, si vous avez de bonnes ancres, de bonnes chaînes ; si vous croyez que votre navire pourra tenir, mouillez, puis, embarquant dans vos canots insubmersibles, allez vous mouiller à une certaine distance de votre bâtiment pour l'observer, car, s'il tient, vous pouvez probablement le sauver.

Si, par le contraire, vous n'avez plus ni chaînes ni ancres, ni même d'embarcations, que tout vous manque enfin, venez à la côte en forçant de voile, et tâchez d'établir un va-et-vient. Si vous ne le pouvez faire, attendu qu'elle est trop éloignée, tâchez de faire un radeau comme celui dont nous vous donnons la description (138); au lieu d'un mât, mettez-lui une bonne pièce de bois bien appuyée ou faites-lui une bitte improvisée, filez-le à toute touée du navire et établissez avec lui votre va-et-vient, puis, quand celui-ci sera établi, tâchez d'établir votre communication avec la terre. Mieux vaudrait, sans doute, que ce fût une de vos embarcations ; mais, à défaut, à l'abri de votre navire, en usant de l'huile avec discernement, vous pouvez quelquefois bien réussir.

ÉCHOUEMENTS SUR LES CÔTES À PLAGE DE VASE QUAND C'EST DANS UN PAYS OU LA MER NE MARNE PAS ET CHEZ UN PEUPLE CIVILISÉ DONT ON PEUT ATTENDRE DES SECOURS.

150. Quant à ce cas, qui, nous l'avons dit, ne présente guère de danger que pour le navire, à moins que l'on ne soit assez imprudent pour tenter de gagner la terre à la nage, nous n'en parlerons ici que pour suivre l'ordre que nous nous sommes tracé. Si on a encore des embarcations, on pourra facilement approcher jusqu'à une certaine distance de terre, ou au moyen du youyou ou d'un traîneau qu'on fera, et d'un va-et-vient facile à établir, faire une communication avec la terre, car les riverains qui sont là peuvent aisément, quand il sera chargé de trois à quatre personnes, le traîner sur la vase jusqu'à terre, et, quand il sera vide, une seule personne peut le ramener à bord, en ayant soin de rentrer la quille du youyou.

LE NAUFRAGE A LIEU SUR UNE CÔTE HABITÉE, IL EST VRAI, MAIS ON N'EN A EU AUCUNE CONNAISSANCE A TERRE.

131. Dans un tel cas, comme on est réduit à ses seules ressources, il faut agir en conséquence. Si l'on n'a que la situation dont nous avons parlé d'une manière générale, c'est-à-dire si l'on est dans ses embarcations, en se conformant aux instructions que nous donnons (59 et suiv.) et (62 et suiv.) on n'a besoin d'aucun secours des riverains pour venir jusqu'à terre, mais on est heureux de les trouver là pour assister les personnes qui ont souffert et pour les diriger vers les lieux où elles pourront avoir de plus puissants secours.

Mais si l'on doit établir un va-et-vient avec la terre, et qu'il n'y ait là personne pour recevoir l'amarre que vous enverrez, alors il faut que quelqu'un dans l'équipage se dévoue et aille à l'aide du youyou, au delà de la bouée de sauvetage à voile, jusqu'à terre, pour établir ce va-et-vient de salut, car c'est sans contredit le moyen le plus sûr de faire parvenir à terre l'équipage d'un navire naufrageant, et, comme il n'y a là personne pour recevoir l'amarre que vous enverriez, il vous faut bien aller vous-même, ce qui n'est pas sans danger, si c'est une côte de rocher. Il est donc bon de prendre ses mesures en conséquence, quand on en a le temps, si l'on a un youyou d'y embarquer le va-et-vient, et ce qu'il faut pour faire un chevalet comme celui dont nous parlons (156). Si c'est sur une plage de sable, aussitôt le premier homme débarqué, il hale à terre, hors de la lame, le youyou, prend la bosse, la pince et l'amarre, et va enfoncer la pince assez loin et assez profond pour qu'elle puisse, en tout cas, arrêter ce youyou, puis il retourne à bord de ce petit canot, y prend la poulie simple à fouet qui y est, y passe le hale à bord et hale à terre, amarre cette poulie à la pince, le bout de la ligne qui passe dedans sur le youyou, et fait signe alors de le rehaler à bord ; celui-ci, qui est en communication avec le navire par le hale à bord qui l'y joint, est bientôt de retour à bord.

On prend pendant ce temps, à bord, la poulie simple à fouet qui doit servir au va-et-vient, on y passe le hale à bord qu'on amarre sur l'arrière du youyou, et on amarre bien cette poulie sur un tabrin; l'un des bouts de ce hale à bord et hale à terre étant sur l'avant de cette petite embarcation, l'autre sur l'arrière, font la pièce principale du va-et-vient avec lequel on peut ainsi envoyer une autre personne à terre.

Si la mer ne bat pas trop en côte, dès qu'elle y est parvenue on retourne le youyou et on en envoie une troisième. Ayant alors suffisamment de force à terre, ces trois hommes y fixent bien solidement la pince, si c'est dans du sable, font un trépied avec les deux avirons et la gaffe s'ils n'ont pas d'autres éléments pour élever la draille, et font enfin l'installation de leur va-et-vient comme nous l'indiquons (82), à moins qu'il n'y ait à bord un trépied tout fait comme celui que nous avons indiqué (156) pour cet usage.

Si c'est sur une côte de roche qu'il s'agit d'établir ce va-et-vient, le cas est bien plus difficile sans doute et plus périlleux, mais, si les hommes parviennent à terre, ils doivent aviser à amarrer la draille sur une pointe de roche la plus élevée possible au-dessus des flots pour que dans le trajet du bord à terre, autant que faire se pourra, cette draille ne vienne pas à toucher l'eau et que la personne qu'on mettra sur le va-et-vient n'en soit pas immergée et ne se brise contre les rochers.

Enfin, si c'est sur une grève qu'il s'agit d'établir ce va-et-vient, dès qu'on pourra trouver à terre un point d'appui, probablement qu'on n'aura pas besoin de mettre la draille sur chevalet à cause de la grande déclivité de la côte, mais en tout cas on l'établirait comme nous l'avons indiqué (156).

Ce qui différencie ce naufrage de celui qu'on peut faire sur une côte déserte est qu'ici, connaissant que la côte est habitée par un peuple hospitalier, on est convaincu que, aussitôt que votre sinistre sera connu à la terre, les riverains s'empresseront de venir à votre secours, et que l'on n'a donc aucune précaution à prendre ni contre la famine, ni contre la disette, ni même contre une attaque des habitants; qu'on est certain, enfin, qu'on pourra facilement trouver son gîte et se rapatrier. C'est ce qu'on ne sait dans le cas suivant que nous allons examiner, c'est-à-dire quand on fait naufrage sur une côte déserte, où souvent les voies et chemins vous sont complétement inconnus.

NAUFRAGE SUR UNE CÔTE DÉSERTE, MAIS OU IL Y A FLUX ET REFLUX.

132. Nous allons encore ici parler du youyou ; c'est ici qu'on reconnaîtra l'urgence des objets dont nous l'avons muni. Qu'on se rappelle son armement qui paraissait si compliqué, et l'on verra que toutes ces précautions arrivent à point en pareille circonstance. Nous ne recommencerons pas à dire comment on peut établir une communication, à l'aide de cette petite embarcation, entre le navire et la terre; car cela rentre dans la catégorie des événements dont nous avons parlé ci-dessus depuis (**131**). Mais examinons les ressources qu'il renferme quand, tout l'équipage sauvé, on l'a halé à terre.

D'abord il donne les moyens de distribuer quelques aliments à tout le monde, qui doit en avoir grand besoin; puis, chacun s'évertuant à recueillir ce qu'il peut des débris du naufrage, l'un rassemble du bois pour faire du feu, l'autre recueille une voile pour faire la tente, un troisième sauve quelques espars, celui-ci s'emparant de ces éléments, de la hache, de la scie, de la masse, du marteau et des clous, coupe, scie, cloue ce qu'il faut pour faire la charpente d'un abri qu'on couvrira avec les lambeaux de voiles sauvés, un autre allume le feu et met sur ce feu la chaudière dans laquelle il a trouvé le fanal qu'il en a retiré, pour y faire chauffer de l'eau et procurer aux hommes exténués, qui ont été sauvés, quelques boissons chaudes. Un autre prend le fusil et tâche d'en abattre quelques oiseaux de mer, mauvais mets sans doute, mais qu'on ne dédaigne pas de manger en ce moment, où il s'agit de ménager le plus qu'on peut les ressources alimentaires; et, en attendant que ce chasseur improvisé procure d'autre gibier plus succulent, on mange celui-là, sinon avec plaisir, du moins pour ne pas souffrir de la faim.

Un autre naufragé, qui a un peu parcouru le pays, y a remarqué des cours d'eau, des flaques où il y a du poisson ; il vient chercher les lignes, et en attendant que le vent et la mer lui permettent d'aller pêcher au large dans le youyou, monté sur une roche, il se met à pêcher ces poissons-là : ressource non moins précieuse pour les pauvres naufragés.

Enfin chacun s'emploie le mieux qu'il peut pour se rendre utile aux autres; car, dans le malheur commun qui les a atteints, tous ces hommes sont égaux, et cependant ils distinguent parfaitement leurs chefs, parce qu'ils savent que sans eux ils ne pourront pas sortir de l'impasse où ils sont engagés ; mais ceux-ci connaissent trop bien leur devoir pour abuser de cette subordination, et prendre un gramme d'aliment, un centilitre de boisson de plus que les autres. Seulement, pour empêcher les mauvais instincts de la foule, ils gardent les vivres et les armes.

Le capitaine qui, avant de quitter son navire, avait relevé son point de dessus la carte, et qui a trouvé dans le youyou un nouveau routier et ce qu'il faut pour pointer cette carte, marque ce point sur la nouvelle carte, et reconnaît, par là, à peu près où il est; il s'oriente pour sortir un peu plus tard de ce désert. Pendant que tout ceci se fait avec ordre, la fin du jour vient, on allume de grands feux autour de la tente, autant pour éloigner des voisins incommodes dont on entend les hurlements, et dont on voit par moment les silhouettes à peu de distance, que pour combattre le froid et l'humidité de la nuit. Les hommes de garde qui doivent avoir soin d'entretenir les feux sont désignés; on donne à l'un d'eux le fusil et des munitions, et ayant tout prévu, tout ordonné, le capitaine, qui est harassé de fatigues, ainsi que ceux qui peuvent le faire, s'endorment, malgré leur préoccupation d'esprit bien naturelle, pour réparer leurs forces, qui leur seront bien nécessaires les jours suivants.

Enfin le soleil se lève et vient de nouveau éclairer cette scène de désolation ; à la place de ce beau navire qui, la veille encore, fendait si vaillamment l'Océan, on ne voit plus que débris qui couvrent la plage; à peine si quelques pièces de la carcasse viennent indiquer où il a touché. Mais ce qui console un peu dans cette infortune commune, c'est que l'œil n'est point attristé par l'aspect de cadavres humains, déchirés, défigurés, et qui, la veille encore, étaient pleins de vie, de force et de courage. Non, grâce aux précautions prises avant le départ et pendant le voyage, si l'on doit déplorer le sort fatal du navire, on n'a pas à pleurer sur le sort funeste des victimes du naufrage. On s'encourage mutuellement; le capitaine donne l'exemple, manifeste une confiance que souvent il n'a pas, calcule la distance, les ressources, les moyens, et arrête l'heure du départ. On emporte avec soi tout ce que l'on peut du bagage, surtout la toile de la tente, les outils, les vivres, et le précieux petit youyou auquel on a retiré tout ce qu'il avait en route et qui est allégé d'autant, parce que, si l'on a quelques cours d'eau à traverser, on serait sans lui très-embarrassé de le faire. Cependant, si l'on est un équipage affaibli par la maladie, ou que l'on ait des blessés qui demandent qu'on les transporte eux-mêmes, il faut en faire le sacrifice, et au moyen des outils et des cordes qu'on emporte, on fera de petits radeaux pour passer les cours d'eau qui font obstacle.

Si ces obstacles deviennent trop grands, que la masse d'hommes que l'on commande soit trop considérable, qu'on ait des passagers, des femmes et des enfants surtout, qui ne pourraient suivre la caravane, et dont on ferait, en les quittant, le sacrifice volontaire, le capitaine nomme une escouade de deux ou trois hommes auxquels on donne le revolver, des munitions, le sabre et les instructions nécessaires pour atteindre l'endroit habité le plus voisin, où l'on peut espérer des secours. En les attendant, on se case là où l'on est, ou dans l'endroit qu'on juge le meilleur pour ce campement, et le capitaine doit s'arrêter là avec tous ceux qui restent. Il empêche, par son exemple et son autorité, aucune démarche téméraire d'avoir lieu.

Enfin, après bien des jours et bien des vœux adressés au ciel, vient le moment de la délivrance : un navire se présente, qui embarque tous les naufragés et les conduit dans un lieu habité par des êtres humains.

Tel, est en abrégé, l'historique de ces sortes de naufrages; il n'est pas riant il est vrai, mais qu'on lise toutes les relations de naufrages qui se sont faits dans de telles conditions, et on verra que nous en avons encore beaucoup diminué les émouvants épisodes, et qu'en pareil malheur le navire qui sera pourvu des objets que nous indiquons aura dix fois plus de chances pour sauver au moins la vie à son équipage que celui qui en sera privé.

NAUFRAGE SUR UNE CÔTE HABITÉE PAR DES PEUPLES SAUVAGES ANTHROPOPHAGES, BARBARES ET MÊME FÉROCES.

155. On croirait, après avoir lu ce qui précède sur ce qui peut arriver à l'équipage d'un navire qui fait naufrage sur une côte déserte, qu'il n'est pas possible d'être plus malheureux, on se tromperait. Plus malheureux encore est le naufragé qui perd son navire sur une côte habitée par un peuple barbare et sans pitié aucune, qui ne voit dans ce naufragé qu'une proie à dépouiller et souvent dans l'équipage qu'une quantité de gens à dévorer. Aussi, quand un capitaine fait un voyage qui peut le conduire sur ces côtes inhospitalières plus dangereuses par leurs habitants que par les récifs qui les bordent, il lui faut se munir d'armes et de munitions en assez grande quantité, surtout de revolvers, parce que, s'il a le malheur d'y faire naufrage et la chance, dans ce malheur, de sauver ceux qu'il commande, il lui faut, dès qu'il est à terre, ou combattre ou intimider les féroces habitants de ces contrées qui ne connaissent rien que la force brutale. Il lui faut les surveiller sans cesse pour se garer de leurs embûches, pour empêcher qu'ils ne volent tout ce qu'ils pourront attraper, et souvent il est obligé de faire un exemple terrible du pouvoir de ses armes à feu, pour empêcher qu'une nuée de ces barbares ne fassent de lui et de ses malheureux compagnons un massacre général : si ce sont des anthropophages (comme les habitants de la Nouvelle-Calédonie, par exemple), s'ils parviennent à s'emparer des naufragés, ils les mangent ; mais, s'ils ne sont pas anthropophages, ils ne les sacrifient pas ; si ce sont des barbares comme les peuples de la côte d'Afrique, ils les réduisent à un esclavage cent fois pire que la mort, et auquel ils succombent enfin après des jours ou des mois de souffrances inouïes, en maudissant le moment où ils ont échappé au désastre. Dans un tel cas encore, s'ils échappent à cet esclavage affreux, à qui le doivent-ils ? aux précautions préalables qu'on a prises pour se défendre au cas de besoin.

TROISIÈME SECTION DES ACCIDENTS QUI ARRIVENT EN PLEINE MER.

ABANDON DES NAVIRES A LA MER.

134. Il paraît difficile de présenter des situations plus tristes que celles des naufragés sur une côte déserte, ou, ce qui est pis, sur une côte habitée par un peuple inhospitalier. Cependant l'abandon de son navire en pleine mer nécessite souvent encore plus de douleur à supporter. Représentons-nous ce canot chargé de monde de manière à n'avoir que quelques centimètres de franc-bord au-dessus de la mer faisant eau comme un crible, qui, de plus, risque à chaque instant d'être englouti par une vague. Sans vivres, sans eau, errant ainsi à l'aventure et au gré des flots, car il n'a rien pour le diriger, tantôt sous un ciel de feu qui augmente les tourments de la soif, tantôt sous une température froide et brumeuse qui transit les malheureux qui y sont exposés; représentons-nous les peines morales de ces infortunés, les douleurs qu'ils endurent pendant de longues journées et les nuits sans repos, qui leur paraissent encore plus longues. Voyons-les réduits aux plus cruels expédients en attendant que le ciel, touché de tant de misères, mette fin, par la mort ou par la rencontre inopinée d'un navire qui les sauve, à une si cruelle position, et on se représentera aisément que ceux-là souffrent plus encore que les naufragés qui sont sur cette côte déserte, car ceux-ci au moins ont l'espace nécessaire pour se remuer, et, s'ils sont indécis sur leur sort, ils n'ont pas ce supplice de tous les instants, d'appréhender le moindre coup de mer. Quand on est dans le cas d'éprouver de pareils malheurs, combien l'on bénira les précautions prises en vue d'en atténuer les effets, car comparons deux équipages forcés d'abandonner, dans une position critique, leur navire à 3 ou 400 lieues en mer; mais dans l'un toutes les précautions ont été prises à l'avance, les embarcations sont insubmersibles et inchavirables, sont pourvues des objets que nous mentionnons (46) et ont suffisamment de vivres pour nourrir quelques jours les personnes qu'elles embarquent; elles ont aussi des armes, de la poudre et du plomb pour tuer des oiseaux, des lignes pour pêcher du poisson; elles ont un compas de route, une carte, des instruments astronomiques pour se diriger. Les individus qui les montent ont donc enfin le strict nécessaire pour vivre et aller chercher un lieu habité ou une terre quelconque; ils souffrent dans leur petite embarcation. Ils souffrent beaucoup, sans doute, d'être ainsi agglomérés pendant de longs jours, exposés à la chaleur du jour et à la fraîcheur des nuits. Ils sont très-inquiets sur leur sort, mais quelle différence de souffrances tant physiques que morales ils ont avec leurs malheureux collègues, qui sont eux dans une embarcation qui fait eau de toute part et qu'ils ont bien de la peine à soutenir sur l'eau, qui peut être à tout moment remplie d'un coup de mer, et couler sous ceux qu'elle porte qui sont sans vivres, sans eau, sans moyen de pêcher les poissons qu'ils voient sauter autour d'eux, à portée de leur main, les oiseaux qui s'abattent presque sur leur tête, et qui, après avoir épuisé tout ce que le courage humain peut faire supporter pour combattre la soif qui les brûle et la faim qui les dévore, sont réduits à tirer au sort quel sera celui d'entre eux qu'on égorgera pour sustenter les autres, de sorte que le navire qui les recueille voit encore avec horreur des débris de chair pantelante, reste de cet horrible aliment. Les premiers, sans être dans un état de santé parfaite, sont au moins arrivés à bord de leur sauveteur dans une situation qui fait espérer un prompt rétablissement; mais les seconds n'y arrivent que dans un état pitoyable, et plusieurs d'entre eux payent de leur vie le moment de joie qu'ils éprouvent en se voyant échapper à tant de misères. Eh bien, dirons-nous à nos jeunes lecteurs qui liront cet ouvrage, croyez-vous qu'en prenant les précautions que nous avons indiquées, lors d'un abandon à la mer, l'on a payé trop cher la sécurité que l'on a eue à bord du navire qui avait ses embarcations insubmersibles et les avantages qu'elles réunissent sur celles qui n'en ont aucune ? Or un tel abandon est le cas où l'on peut se trouver à chaque traversée, car bien des causes peuvent y forcer; énumérons-en de nouveau les principales :

155. 1° On est contraint d'abandonner son navire à la mer, parce qu'une voie d'eau qu'on ne peut affranchir se déclare et qu'il va couler sous vos pieds;

2° On est obligé d'abandonner son navire en pleine mer parce qu'un incendie s'y déclare et qu'on ne peut s'en rendre maître;

3° On est forcé d'abandonner son navire en pleine mer, par suite d'une collision qui vous a fait couler l'autre navire immédiatement, mais qui a brisé tellement le vôtre, que rien ne pourra le maintenir sur l'eau jusqu'à ce qu'on puisse atteindre une terre;

4° Enfin on est forcé d'abandonner son navire à la mer, par suite de l'affaiblissement de son équipage ou parce que l'on est désemparé et qu'on n'a pas les moyens de réparer ses avaries; par suite du manque de vivres ou par une des causes nombreuses qui se présentent à la mer et qui vous forcent à cette détermination désespérée.

ABANDON FORCÉ ET INSTANTANÉ A LA MER.

136. Les abandons à la mer sont toujours forcés, car on n'abandonne jamais sans doute son bâtiment en pleine mer sans y être contraint; mais ici, ce que nous nommons abandons forcés sont ceux subits qui déterminent instantanément la submersion d'un navire, comme une collision, en pleine mer, entre deux bâtiments, qui en fait couler un immédiatement ou qui même détermine la perte immédiate des deux navires.

L'abordage d'un écueil inconnu, d'une carcasse, d'une pièce de bois, etc., qui détermine une telle voie d'eau, que, avant qu'on ait pu prendre la moindre mesure, le navire coule sous les pieds de ceux qui le montent.

Un bordage qui largue sous l'eau et qui fait au navire une voie d'eau si affreuse, qu'il coule presque immédiatement.

Un coup de mer qui défonce le navire et le fait partir immédiatement par le fond, avant qu'on ait le temps de prendre aucune mesure conservatoire; et bien d'autres accidents qui précipitent tellement l'événement, qu'en un instant toutes les personnes du bord qui n'ont pas été assez alertes pour sauter dans une embarcation quelconque se trouvent à la nage. Mais il faut que l'on ait été assez alerte aussi pour couper tout ce qui retient ces embarcations au navire, et qu'en sondant il ne vous entraîne pas dans l'entonnoir qu'il fait en roulant et, partant de là, dans l'abîme, ce qui assurerait votre perte. Appréciera-t-on encore, en telle circonstance, l'immense avantage que présente à son équipage le navire qui a des embarcations insubmersibles et inchavirables sur celui qui n'en a pas? Oui, sans doute, ils sont immenses en pareil cas, car, en admettant que le navire entraîne une de ses embarcations dans le gouffre qu'il ouvre sous lui en coulant, cette embarcation, si elle n'est pas retenue à lui par une cause quelconque, reviendra à flot, fût-elle même chargée de monde, et, si elle ne l'était pas, elle offrirait aux malheureux qui se débattent dans les flots contre la mort le point de salut pour se sauver, puisqu'elle reviendrait à flot au milieu d'eux.

Ceux des hommes du bord qui auront pu saisir leurs moyens d'insubmersion (s'ils en sont pourvus) peuvent aussi, grâce à ces moyens, espérer être sauvés, car, s'il n'y a qu'un des navires qui coule instantanément, à coup sûr l'autre, après la première confusion inséparable d'un pareil événement, mettra ses embarcations à la mer pour sauver les personnes qu'il pourra sauver, les munissant d'un fanal, si c'est de nuit que l'accident arrive; on a pu se soutenir une heure, une heure et demie sur l'eau, on nage vers une de ces embarcations, mais elle ne vous aperçoit pas et vous la voyez avec désespoir s'éloigner de vous; c'est alors que, saisissant votre cornet, vous vous dépêchez de le détaper, d'en déboucher l'embouchure et d'en tirer un son aigu qui fait connaître à ce canot qu'il y a là quelqu'un à sauver; il vient à votre secours et bientôt vous êtes à bord. A qui devez-vous la vie en cette circonstance? 1° à votre moyen d'insubmersion qui vous a permis de vous soutenir sur l'eau pendant deux ou trois heures et d'attendre que l'un des canots du navire, qui cherche à vous sauver et qui rôde de tous côtés, se dirige du vôtre à votre insubmersible, puis 2° lorsqu'il est attiré vers vous par le son que vous tirez de votre cornet.

Telle autre personne qui est parvenue à s'emparer d'un des coussins, d'un des matelas du bord et qui s'est trouvée avec cet objet d'insubmersion à la mer, s'en sert également pour se soutenir pendant plusieurs heures sur l'eau, et, comme il voit que le navire qui a survécu au désastre est là attendant le jour pour tâcher de sauver les survivants qui sont sur l'eau, cela l'encourage et lui fait supporter les angoisses d'une si cruelle position. Il en est bien récompensé, car au point du jour il est sauvé. Comparez maintenant, mes jeunes lecteurs, la situation qui est faite par un événement semblable à l'équipage dont le sinistre est complet, à ce qu'elle aurait été s'il n'avait pas eu à bord d'embarcations insubmersibles, de moyens d'insubmersion pour les personnes qui sont à bord, de matelas de sauvetage, rien des moyens enfin que nous avons indiqués (93 et 96). Certainement que, sur dix d'entre-elles, neuf se seraient noyées, tandis que, grâce à ces préservatifs puissants d'immersion, à peine si une d'elles succombe, sur dix qu'elles étaient au milieu des flots. On nous dira peut-être, mais c'est la cause du sauvetage que vous plaidez, et en nous présentant le naufrage vous tâchez d'en rendre les incidents aussi multipliés et aussi horribles que possible, pour gagner votre procès contre l'imprévoyance humaine. Mais dans quelles circonstances se trouvent réunies une telle multiplicité de circonstances désastreuses?

..... Dans tous les abordages dont nous venons de parler, répondrions-nous à la personne qui nous ferait une telle objection, et qui malheureusement deviennent plus fréquents de jour en jour à cause de l'extension que prend la navigation à vapeur; mais rarement ces épisodes effrayants parviennent à votre connaissance, car après bien des heures d'une affreuse agonie, à moins d'un miracle, la mer engloutit celui qui l'a soufferte et qui emporte avec lui le secret des souffrances atroces qu'il a endurées jusqu'à son moment suprême. Ce n'est pas ici comme un malheureux puits-sautier enseveli tout vivant sous une masse qu'il faut déranger avec des précautions infinies, mais qui trouve là autant d'hommes courageux et ingénieux qui emploient tous les moyens imaginables pour le sauver; celui-là a la consolation de voir qu'on s'occupe de son salut, et, s'il succombe, il le fait entouré d'espoir. Toute la France, toute l'Europe s'en occupent, et, quand il échappe au péril, il a la joie non-seulement de voir que sa situation terrible a intéressé ses amis, mais même tout son pays, car chacun voudrait avoir contribué à cette œuvre si méritoire qui l'a fait échapper à la mort. Au malheureux naufragé, aucune joie, aucun espoir qu'en Dieu, car son sauvetage doit être un miracle. Cette perspective n'est-elle pas digne d'ouvrir les yeux aux marins et aux passagers de toutes les nations, d'attirer l'attention des gouvernements divers et de leur faire prescrire réglementairement les mesures de précaution que l'on doit prendre, si, parmi les capitaines, les marins et surtout les armateurs des navires, il en est qui sont assez insensés ou assez dénaturés pour n'en pas sentir l'urgence? Nous concevons que souvent l'ignorance d'un danger fasse peu s'en préoccuper : que les marins, malgré les exemples qui s'en multiplient à chaque instant, aimant à se persuader qu'ils ne seront pas au nombre des malheureux auxquels de pareilles catastrophes arriveront, s'en préoccupent peu, trouvant cette idée obséquieuse et ne prennent aucune précaution pour conjurer le mal; mais ceux qui les dirigent, ceux qui par état doivent veiller à leur salut, doivent-ils penser ainsi ? Que penserait-on d'un ministre de la guerre qui mettrait une armée en campagne sans chirurgiens, sans médicaments, sans ambulances, sans enfin ce qu'on doit avoir pour panser les blessés et soigner les malades? Ne dirait-on pas de lui, au moins, que c'est un imprudent? Eh bien, dès qu'on étudiera sérieusement l'urgence des moyens de sauvetage à bord des navires, on reconnaîtra qu'il n'est pas moins imprudent de leur permettre d'aller à la mer sans en être pourvus.

Espérons qu'au moment où la sollicitude impériale vient de créer un orphelinat de la marine, puisque la question que nous traitons, bien étudiée, pourrait en diminuer la nécessité si réelle aujourd'hui, en conservant à ces enfants, dont l'État se déclare le tuteur, leur chef de famille, la question, mieux étudiée, aboutira à nous doter d'un bon système de sauvetage. Nous l'appelons depuis bien des années de tous nos vœux et serions heureux de voir notre patrie se mettre encore à la tête de la civilisation pour ce progrès, et surtout d'y avoir participé pour quelque chose; ce serait la plus douce récompense que nous pourrions avoir de cinquante années de persistance dans nos efforts méconnus et des sacrifices de toute espèce que nous avons faits. Mais ce n'est pas de nous qu'il s'agit ici, c'est de parer, autant que l'homme peut le faire, aux dangers que présente un abandon à la mer; c'est pourquoi nous poursuivons ce chapitre.

ON EST CONTRAINT D'ABANDONNER PAR SUITE D'UNE VOIE D'EAU QUI SE DÉCLARE ET QU'ON NE PEUT FRANCHIR.

137. Quand il se déclare une voie d'eau à la mer, et que, malgré tous les moyens qu'on peut employer, on ne peut la franchir, quand l'eau vous gagne toujours enfin, il faut se décider à abandonner ; mais, comme on aura encore quelques heures devant soi avant que la catastrophe n'ait lieu, on a au moins un peu de temps pour s'y préparer.

On trouve encore un grand avantage à avoir ses embarcations insubmersibles ; car on peut les mettre à la mer et les filer derrière son navire, et déterminer, par la quantité de personnes qu'on y embarquera, la quantité de vivres en supplément qu'on doit encore y embarquer, pour qu'au moins ceux qui les montent souffrent moins de la faim et de la soif; on a le temps de faire son point pour savoir où l'on en est et vers quel point de l'horizon on doit diriger sa route pour aller chercher une terre habitée ; on a aussi le temps de sauver les papiers du navire, les objets précieux, ainsi que les espèces qu'on peut avoir à bord. On peut même, si le nombre des personnes à embarquer n'est pas très-grand, leur permettre d'emporter avec elles quelques-unes de leurs nippes, surtout celles qui sont insubmersibles, comme chemises de coton et autres effets en coton ; car plus l'embarcation sera remplie de ces objets, moins elle pourra contenir d'eau dans ses parties vides ; mais si l'on a beaucoup de monde à sauver, il faut se refuser impitoyablement à ce que la place soit occupée par toute autre chose, et ne rien emporter pour soi-même ; car on doit toujours, en pareil cas, prêcher d'exemple.

Si les embarcations que l'on a ne sont pas déjà pourvues de moyens d'insubmersion, on ne saurait trop se hâter de leur donner cette précieuse propriété, en leur saisissant à l'intérieur des fûts vides. Surtout il faut penser à y embarquer du biscuit et de l'eau, et on peut se servir de deux barils de galère pour cela. Cette précaution démontre encore, jusqu'à l'évidence, les avantages d'avoir cette disposition prise de longue main.

Il arrive souvent, en pareil cas, que les embarcations sont insuffisantes ; dans les paquebots à passagers, par exemple, quand on en a un grand nombre, malgré les nombreuses embarcations qu'ont ces navires, elles sont insuffisantes à porter tout le monde. En cas d'abandon, il faut alors y suppléer avec des catimarons de sauvetage.

LE CATIMARON DE SAUVETAGE.

158. Tous les marins savent ce que c'est qu'un catimaron. C'est une espèce de radeau dont les nègres de la côte de l'Amérique et de l'Inde usent pour aller à la pêche. Ces catimarons-là sont composés de quelques tronçons de bois mis à côté les uns des autres et reliés entre eux par deux ou trois traverses, le tout amarré solidement avec des cordes faites en fibre de coco ; on laisse entre les tronçons un petit espace pour que l'eau y puisse jouer à volonté, et que la lame ne déferle pas dessus ce radeau, car elle s'y divise. Il y a sur ces catimarons un mât et une voile ; l'équipage, qui est ordinairement de deux nègres, le font avancer avec des pagaies et le gouvernent avec un long aviron, et pour lui donner plus de pied dans l'eau, afin de le rendre moins volage et de lui faire mieux tenir le vent, ils enfoncent perpendiculairement, entre les deux tronçons du milieu, deux à trois planches qui dépassent plus ou moins en dessous du radeau, selon qu'ils le jugent nécessaire. C'est ainsi que souvent, sur cette chétive machine, on les rencontre jusqu'à 3 et 4 lieues en mer. Eh bien, c'est une espèce de catimaron semblable, ou construit sur le même principe que nous conseillons de faire, dans un cas de nécessité, à bord des navires, non comme ceux-ci ; car celui qu'il faut faire, en cas d'abandon, étant destiné à porter un poids beaucoup plus grand que celui dont se servent les naturels dont nous avons parlé, et n'étant pas fait de troncs d'arbres à peine dégrossis, comme les catimarons de ces nègres, en diffère assez. Mais le catimaron que nous conseillons serait fait d'après les mêmes principes ; car ici nous ne visons qu'à indiquer les moyens de sauvetage les plus simples et ceux qu'on peut se procurer à bord de tous les navires aux moindres frais possibles. Nous écartons à dessein ces ingénieuses machines que des inventeurs philanthropes ou spéculateurs proposent; nous n'en discutons pas les qualités, mais elles ont pour nous un grand inconvénient, elles coûtent cher. Ensuite nous ne savons jusqu'à quel point une masse d'hommes pourrait s'y fier à la mer; car il ne faut pas compter là sur le beau temps. Il faut donc que le catimaron qu'on doit employer soit d'une construction très-solide et porte beaucoup, c'est pourquoi nous alternons les espars qui en composent la carcasse avec des fûts vides, et nous les distribuons comme ci-dessous. Voici comment nous le composons : nous supposons

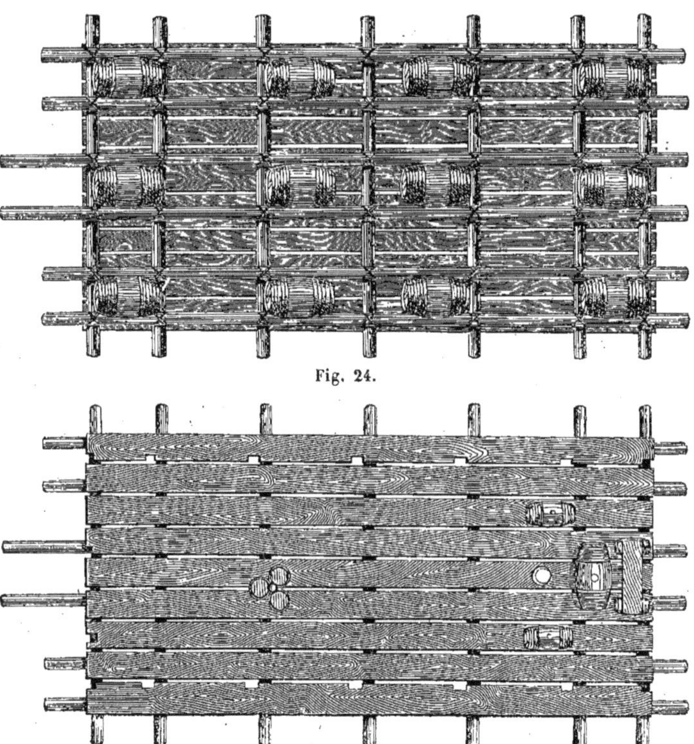

Fig. 24.

Fig. 25.

qu'il a 6 mètres de long sur 3 à 3^m,50 de large, et que conséquemment il présente une surface de 18 à 21 mètres de pont, nous pensons qu'alors il peut aisément porter vingt à vingt-quatre personnes, ainsi que leur bagage, les vivres, et ce que nous allons enfin décrire, qui doit armer ce flotteur. Nous distribuons nos espars de manière à ce qu'il y en ait six sur la longueur et trois au moins sur la largeur, comme dans la figure ci-dessus; des espars longitudinaux sont fixés à la distance nécessaire par des espars transversaux (ce sont des bouts de dehors de bonnette qui forment les premiers, et des vergues de bonnettes et autres bouts de bois qui forment les seconds) (1).

On distribue les espars longitudinaux de manière à ce que ces deux bois de mêmes longueur et dimension soient, autant que possible, ensemble et ne laissent pas entre eux une distance assez grande pour qu'une futaille d'une barrique puisse passer entre eux. On saisit alors sur deux de ces espars voisins trois ou quatre futailles vides, suivant le nombre qu'on en a; ainsi, si on en a beaucoup d'une barrique par exemple, on pourra en saisir douze, quatre sur chaque paire d'espars, car en leur supposant la longueur d'une barrique ordinaire, c'est-à-dire 0^m,70, elles occuperont 2^m,80 d'espars sous le radeau, et en les mettant à 25 centimètres des bouts, elles laisseront entre elles un espace de 67 à 68 centimètres, et, quand le radeau sera à la mer, elles l'élèveront de beaucoup hors de l'eau, puisqu'elles représentent 3,000 kil. de flottaison et, tout autre poids déduit, au moins 2,500 kil.; or, si ce radeau n'est chargé que de vingt-cinq personnes, en les supposant, avec leur bagage, peser 90 kil., cela ne ferait encore que 1,750 kil., mais la charpente du radeau qui viendrait alors à fleur d'eau a une certaine flottaison elle-même : on voit donc que ce catimaron ne coulerait pas sous le poids de vingt-cinq personnes.

Cette carcasse construite solidement, on lui fera un pont avec des planches de pavois, mais en ayant soin de laisser entre elles un intervalle de 15 millimètres environ, pour que l'eau, aux mou-

(1) Celui qui, voyageant dans les colonies ou les pays où croissent les bambous, qui en aurait quelques-uns à bord, aurait là de bien meilleurs espars que tous ceux que nous avons indiqués.

vements que fera le radeau à la mer, puisse y jouer et ne risque pas d'enlever ceux qui y sont embarqués, son pont présente alors l'aspect fig. 24 et 25. On saisit sur ce pont une futaille dans laquelle sont renfermés les vivres, et les boissons alcooliques et autres, ainsi que les objets utiles à diriger le radeau comme les embarcations, et dont nous avons donné la nomenclature (50); on saisit en arrière de celle-ci une futaille contenant de l'eau et des deux côtés deux barils de galère en contenant également. Aux deux tiers de la longueur du radeau, c'est-à-dire à 4 mètres du bout qu'on a choisi pour son arrière, on place debout trois fûts vides, afin de servir d'emplanture au mât qu'on va y mettre. Ce mât est tenu droit au moyen d'étais et de haubans, il dépasse aussi en dessous du radeau et est amarré au pied sur les amarrages des traverses ; on y grée pour voile un catacois ou une autre petite voile carrée.

Pour empêcher qu'aux mouvements de la mer les personnes qui sont sur ce radeau ne soient jetées hors du bord, on le garnit, tout autour, de 2 mètres en 2 mètres, de bancs de guindeau et de vergues de bonnettes enfoncées debout par le gros bout et que l'on tient à distance nécessaire par des perches en travers. Enfin sur ces anspects on saisit tout autour, à hauteur de taille d'homme, des planches de pavois pour servir de garde-corps et aussi pour servir de fargue de nage ; on y pratique des trous carrés comme ceux des dames dans la fargue d'une embarcation, et par-dessous on met une filière qui fait trois ou quatre fois le tour du catimaron. On saisit à ces montants et en travers les avirons dont on peut disposer, et l'on gouverne avec un autre grand aviron, le timonier debout, ou assis sur un banc reposant sur les deux futailles à l'eau. Tout étant ainsi disposé, on y embarque son monde. Tout cela se fait avant de quitter le navire ; mais si l'on est fort pressé, dès que le radeau a été mis à la mer, on y embarque et l'on y saisit bien ce qui doit servir à son installation, puis on s'y embarque, sauf à finir cette installation quand le navire ne sera plus là. Cependant on ne l'abandonne qu'au dernier moment, pour avoir la faculté d'aller prendre encore ce que l'on aurait oublié. Ce que l'on aurait oublié, hélas ! il faut bien le dire, dans de pareils moments la mémoire de la personne la plus courageuse et qui a le plus de sang-froid peut faire défaut, aussi conseillerions-nous, à bord des bâtiments à passagers, d'avoir toujours les éléments de la carcasse d'un ou de plusieurs de ces catimarons, suivant les personnes qu'on embarquera et le nombre des embarcations que l'on a à bord, pour ne pas avoir à chercher après aucune de ces pièces indispensables au besoin : ce serait une petite dépense, il est vrai, mais on peut bien en faire une pour assurer l'existence de 20 ou 25 personnes qui vous ont confié leur vie ; on leur assurerait là et dans les matelas et cuirasses bien des chances de salut au cas de malheur qu'ils n'ont pas sans cela.

Nous livrons ces réflexions aux marins philanthropes qui nous liront, et espérons qu'ils seront de notre avis.

Il ne faudrait, pour avoir de telles précautions à bord, que se munir, avant le départ, de quelques poutrelles, de quelques perches et peut-être de quelques barils de plus ; tout cela peut être facilement logé dans la drome et fournirait les éléments d'un catimaron solide. Ayant la précaution d'avoir toujours à bord autant de barriques d'armement contenant les objets dont nous avons fait la nomenclature (50), on ne serait jamais embarrassé. Mais, nous dira-t-on peut-être, vous voulez que les navires soient approvisionnés d'objets de sauvetage, comme si toujours ils devaient faire naufrage; cependant comptez, il n'y a pas peut-être 1 sur 100 des navires qui font naufrage, et il n'y a pas 1 sur 1,000 qui soient abandonnés à la mer. Vous condamnez donc une somme assez forte à être à peu près infructueusement dépensée?... Si on nous faisait cette objection, nous répondrions : Pourquoi faites-vous assurer vos marchandises contre les risques de mer, si vous ne craignez pas les naufrages? pourquoi faites-vous assurer votre maison et vos meubles contre l'incendie? Il y a pourtant là plus de chance que ce soit une dépense inutile que dans les précautions que nous vous indiquons, et cependant vous ne vous occupez que des objets matériels. La vie des hommes ne vaut-elle pas la peine qu'on en prenne plus de soins encore? Non, ce serait là une mauvaise querelle qu'on ne nous cherchera pas, nous en sommes sûr. Nous concevons que l'on y regarde à deux fois pour donner à son navire des objets de sauvetage fort dispendieux, puisqu'on peut s'en procurer d'équivalents qui ne coûtent presque rien ; mais, à notre avis, fallût-il dépenser ces fortes sommes pour donner toute sécurité aux personnes qui embarquent, il ne faudrait pas les laisser au bon plaisir d'un armateur qui peut être cupide ou d'un capitaine qui peut être imprudent, il faudrait qu'ils fussent prescrits réglementairement comme des mâts, des voiles, des cordages de rechange qu'on prescrit d'embarquer, comme des vivres en supplément et autres objets que l'on embarque par mesure de précaution et qui font cependant un capital mort pour l'armement. Mais cessons ces commentaires sur l'urgence des moyens de sauvetage à bord des navires et surtout sur celle d'avoir toujours assez d'embarcations, de radeaux, d'engins de sauvetage enfin à son bord, pour offrir un moyen de salut à ceux que l'on embarque; si, par une circonstance quelconque où l'on est forcé d'abandonner, nous croyons en avoir dit assez à cet égard pour convaincre les plus incrédules, passons au dernier ordre d'abandon que nous voulons aborder, c'est-à-dire à l'abandon pour cause d'incendie.

ABANDONNER SON NAVIRE POUR CAUSE D'UN INCENDIE QU'ON NE PEUT ÉTEINDRE.

139. Dans ce cas encore, c'est l'imminence du danger qui indique au capitaine ce qu'il doit faire. Il est évident que si on ne peut éteindre l'incendie qui se déclare, mais qu'on lui voie faire peu de progrès, en bouchant toutes les issues à l'air on peut naviguer ainsi plusieurs jours avec le feu à bord et atteindre un endroit quelconque; on a plus d'un exemple, en marine, d'une telle navigation. Mais si, au lieu de cela, le feu éclate, envahit la mâture, le gréement, presque tous les objets si combustibles qui forment presque toutes les parties d'un navire et de son gréement, il faut se hâter de mettre tous ses moyens de sauvetage à la mer et y embarquer les personnes inutiles à combattre le fléau, sauf à les rembarquer ensuite si on parvient à s'en rendre maître. On ne saurait donc trop vite se mettre à faire la carcasse des catimarons; si on en doit faire, et si les progrès sont actifs, dans les ravages que fait le fléau, il faut jeter ces carcasses à la mer, ou les éléments pour les faire, si on n'a pas eu le temps même de les faire, pour qu'elles ne soient pas la proie de l'élément destructeur, sauf à les recueillir avec les embarcations et les faire à la mer même. Pendant ce temps, le capitaine et une escouade d'hommes intelligents s'occupent d'éteindre l'incendie. Au moins on est prêt, en agissant ainsi, à tout événement. Mais le capitaine qui doit employer des catimarons ne doit pas oublier que sa place est sur l'un d'eux.

Une précaution qu'on ne doit point oublier, avant de quitter le navire en pareil cas, est d'avoir ce qu'il faut pour faire une voile de dérive, et pour mouiller, car on conçoit qu'il n'est pas aussi facile de tenir un radeau debout au vent ou d'aborder une côte avec une telle machine qu'avec une embarcation ; il lui faut aussi se munir, s'il se peut, de ce qu'il faut pour faire un va-et-vient.

Nous croyons avoir passé en revue, d'une manière générale, tous les cas de naufrage que présentent pour un navire les accidents de mer. Actuellement nous allons nous occuper, dans le troisième livre, de l'organisation de secours permanents sur les côtes.

LIVRE TROISIÈME.

DES SOCIÉTÉS HUMAINES, DE LEUR PERSONNEL ET DE LEUR OUTILLAGE POUR DONNER DES SECOURS EFFICACES AUX NAUFRAGÉS ET AUX NAVIRES NAUFRAGEANTS.

DES SECOURS QU'ON DEVRAIT AVOIR A TERRE POUR DONNER ASSISTANCE AUX NAUFRAGÉS ET AUX NAVIRES NAUFRAGEANTS DES SOCIÉTÉS HUMAINES ET POSTES DE SAUVETAGE.

140. Nous voilà arrivé à parler des secours qui devraient être partout établis sur les côtes pour donner assistance aux naufragés et aux navires naufrageants. Si nous considérons les engins de sauvetage comme indispensables à bord des navires, nous croyons qu'il serait au moins urgent de garnir les côtes de tout État maritime de postes de sauvetage tellement espacés que partout où un sinistre menace d'avoir lieu, lorsque le danger du navire est connu et qu'on peut lui porter assistance, deux heures après, les secours nécessaires soient réunis sur le lieu du naufrage (ou présumé du naufrage), dirigés par des hommes habiles à s'en servir, courageux et intelligents, pour vaquer au salut des personnes d'abord, puis ensuite susceptibles de diminuer les conséquences matérielles du sinistre, en prenant (quand la chose est possible) les mesures les plus efficaces pour sauver le navire et ce que l'on pourrait de la cargaison.

Nous avons cru devoir faire un chapitre à part de ces procédés de sauvetage, parce qu'ici ce n'est pas une précaution que prescrit l'intérêt personnel, c'est une profession, c'est un état, enfin c'est être sauveteur, profession sublime quand elle est une œuvre de dévouement, profession toujours honorable, même quand elle est rétribuée, car elle exige non-seulement des connaissances spéciales qui ne peuvent guère se puiser dans les livres, et ne s'acquièrent qu'en présence du danger. Il est donc probable que la personne qui se présente comme sauveteur a déjà fait ses preuves, et que c'est un soldat aguerri aux dangers que court bien souvent celui qui va au secours d'une autre personne en danger, ou qui concourt à sauver l'équipage du navire qui fait naufrage et qui, dans l'occasion, déploie autant d'intelligence, de force et de courage, même de dévouement, que l'on doit en avoir pour donner assistance efficace dans ces dangereuses circonstances. C'est enfin la milice de l'humanité, qu'un corps de sauveteurs toujours prêts à mourir pour sauver ceux qui se trouvent en danger. Quel est le soldat qui est plus brave et court plus de danger que le sauveteur? aucun, car il est toujours en présence d'un ennemi invincible qu'il faut qu'il combatte, et qu'il ne peut jamais vaincre d'une manière absolue; or ce soldat si vaillant est un volontaire, car personne n'est forcé d'être sauveteur. C'est donc un état plein de péril, mais un bel état que celui de sauveteur.

141. *Des sociétés humaines.* — Beaucoup de personnes confondent les sociétés humaines avec les postes de sauvetage. Cependant il y a une grande distinction à faire entre les deux. La société humaine est la société commanditaire et l'autre n'en est que la succursale. En Angleterre, où l'organisation des secours sur les côtes est depuis longtemps si bien entendue, il n'y a qu'une société humaine *the humane society ;* mais cette institution, qui est dirigée par Sa Grâce le duc de Devonshire, qui compte au nombre de ses membres les notabilités les plus grandes du Royaume-Uni, avait 129 postes de sauvetage dans tous les endroits du littoral où l'expérience lui a démontré que les sinistres sont fréquents en 1862(1) et un personnel considérable de sauveteurs sous ses ordres. Aussi, chaque année, des centaines de personnes lui doivent la vie.

En France, nous avons aussi des sociétés humaines qui se sont

(1) **Table des bateaux de sauvetage stationnés sur les côtes des îles Britanniques.**

ANGLETERRE.

CÔTE ORIENTALE.

Northumberland.

Berwick-sur-Tweed.
Soly-Island.
North-Sunderland.
Boulmer.
Almouth.
Hauxley.
Newbiggin.
Blisth.
Cullercoast.
Tynemouth.
North-Shields (2).

Durham.

South-Shields (2).
Whithburn.
Sunderland (6).
Seaham.
Hartlepool (3).
West-Hartepool (2).
Seaton-Carew.

Yorkshire.

Middlesborough.
Redear.
Saltburn.
Whitby.
Robinhood-bay.
Scarborough.
Filey.
Bridlington.
Hornsey.
Spurn-Point.
Lincoln.
Donna-Nvok.
Theddlethorpe.
Sutton.
Skegnen.

Norfolk.

Burnham.
Sherringham.
Cromer.
Mundesley.
Barton.
Palling.
Winterton.
Caistor.
Yarmouth (2).

Suffolk.

Gorleston.
Lowestoft.
Pakefield.
Thorpeness.
Aldborough.

Essex.

Harwich.

Kent.

Margate.
Broadstaird.
Ranngate.
Walmer.
Dover.
Dunyeness.

Sussex.

Camber.
Rye.
Hasting.
Eastbourne.
Newhaven.
Brighton (2).
Shoreham.
Worthing.

Dorset.

Lyme-Regis.

South-Devon.

Exmouth.
Teignmouth.

Cornwall.

Polkerris.
Lizard.
Penzance.
Sennen-Core.

CÔTE OCCIDENTALE.

Cornwall.

Padstow.
Bude-Haven.

North-Devon.

Bidefort (2).
Braunton.
Ilfracombe.
Burnham.

Wales.

Porthcawl.
Swansea.
Lilnelly.
Ferriside.
Tenby.
Fisgard.
Cardigan.
Aberdovey.
Bannouth.
Port-Madoc.
Camarvon (2).
Lianddwyn.
Rhoscolyn.
Holyhead.
Cemlyn.
Moelfre.
Wales.
Penmon.
Rhyl.

fondées, il faut le déclarer, à l'intégration et d'après les principes de la grande société anglaise, Boulogne, Calais, Dunkerque et bien d'autres postes ont leurs sociétés humaines, mais ces sociétés fondées sur une petite échelle ne peuvent disposer que de faibles ressources, n'ont pas pu étendre leur bienfaisante influence plus loin qu'à quelues milles du port où elles ont été fondées. Espérons que plus tard les institutions humanitaires de ce genre prenant une plus grande extension, une grande société humaine se fondera aussi en France, qui couvrira de ses postes de sauvetage tous les points dangereux du vaste littoral de notre vaste empire. Car, grâce à l'initiative prise par M. le Ministre de la marine actuel (M. le comte de Chasseloup-Laubat), ce nombre tend sensible-

Point-of-Ayr.

Cheshire.

Fromby.
Holylake.

Lancashire.

Liverpool.
Southport.
Lytham.
Pleetwood.

AYR. — CÔTE D'ÉCOSSE.

Ayr.
Irvine.
Ardrossan.

CÔTE ORIENTALE.

Caithness.

Wick.

Aberdeen.

Fraserburgh.
Aberdeen (3).

Kincardine.

Stonehaven.

Montrose.

Montrose.
Arbroath.
Buddonnen.

Foksar.

Dundee.

Five.

Saint-Andrews.

CÔTE ORIENTALE D'IRLANDE.

Down.

Groomsport.
Newcastle.

Louth.

Dundalk.
Drogheda.

Dublin.

Skerries.
Rowth.
Dublin.
Kingstown.

Wicklow.

Wicklow.
Arklow.

Vexford.

Cahou-Point.
Rosslare.
Camsore.

CÔTE MÉRIDIONALE.

Vexford.
Kilmore.

Waterford.

Tramame.
Dungarvan.
Ardmore.

Cork.

Youghbal.
Ballycotton.

CÔTE OCCIDENTALE.

Mayo.

West-Port.

Il y a donc 129 postes de sauvetage sur le littoral de l'Angleterre, et 144 bateaux qui, à 12 hommes par bateau, font un personnel de 1,728 personnes payées par la Royal humane Society. Le gouvernement anglais a donc là 1,728 excellents canotiers qui peuvent, au besoin, lui rendre de très-grands services s'il les requiert. Nous avions rêvé quelque chose de semblable pour notre pays, et nous demandons qu'on nous permette de développer plus loin, page 187 et suivantes, notre distribution de ces postes de sauvetage. (*Note de l'auteur.*)

ment à s'augmenter, et nous considérons ce progrès non-seulement comme un bienfait pour l'humanité, mais aussi pour la marine en particulier; nous le considérons même comme une œuvre de bonne politique de Son Excellence, puisque par ce moyen il conservera, chaque année, à l'État nombre d'hommes utiles pour armer au besoin nos armées navales et défendre l'honneur de notre pavillon; c'est pourquoi nous applaudissons fort à la mesure qu'a prise Son Excellence; car, lorsque tous les ports de notre littoral auront chacun leurs sociétés humaines, on arrivera sans doute à une organisation définitive du sauvetage sur nos côtes qui soit telle, qu'en quelque endroit que le danger se présente le secours soit prêt à y être opposé. Mais pour cette organisation, comme pour faire la guerre, trois choses sont indispensables : de l'argent, de l'argent et encore de l'argent; car non-seulement il en faut pour fonder, mais il en faut encore pour entretenir. Or, il est fâcheux de le dire, si la charité publique s'allume vite, elle se lasse aussi très-aisément, surtout quand elle n'est pas tenue en haleine par des malheurs nouveaux qui l'émeuvent, et nous ne pouvons pas désirer de lui voir éterniser ses secours à pareils prix. Il est donc à craindre que plusieurs de ces sociétés, après avoir débuté d'une manière brillante faute de ressources, ne tombent en désuétude, parce que les subsides pour leur entretien leur manqueront.

Il est à craindre aussi que ces institutions, faute d'un personnel suffisant, ne rendent que de faibles services; c'est ce qui nous fait penser que, tant que ce seront des institutions séparées, elles végéteront; mais elles prendraient un brillant essor et se soutiendraient à la hauteur de leur mission, si le gouvernement en prenait la haute direction et leur imprimait son impulsion suprême. C'est ce que nous appelons de tous nos vœux et que nous espérons voir se réaliser sous le gouvernement d'un prince si envieux du bonheur de ses sujets. Il est beau, sans doute, d'être le tuteur des orphelins de la marine, mais nous croyons qu'il serait plus beau encore d'employer tous les moyens possibles pour diminuer le nombre de ces orphelins, parce qu'on leur conserve leur père.

Cependant nous croyons qu'on pourrait atteindre ce but désirable, sans surcharger l'État d'un nouveau subside, au moyen d'un petit droit que les marins payeraient avec plaisir, puisqu'il serait tout dans leur intérêt; on couvrirait amplement cette dépense, et on pourrait même perfectionner l'institution. Mais, comme nous ne sommes pas appelé à donner notre avis sur ce qu'aurait à faire le gouvernement en telle circonstance, nous cessons nos observations et rentrons dans notre sujet, qui est d'indiquer ce qui constitue le personnel et le matériel d'un poste de sauvetage bien organisé. Cependant encore, nous demandons à nos lecteurs la permission de leur soumettre le tableau des postes de sauvetage que nous établirions sur notre littoral, si nous en avions le droit, et ce pour faire pendant au tableau que nous donnons ci-contre aux postes de sauvetage établis sur la côte d'Angleterre.

D'abord nous avons parcouru et minutieusement examiné tous les points de ce littoral en détail, pour juger quel était le degré d'intérêt qu'il y avait à y mettre un poste de sauvetage. Ce voyage d'exploration nouvelle, qui ne nous était pas commandé, nous a néanmoins coûté beaucoup de soin et de dépenses; mais n'en faisons aucune mention, ce n'est pas la première fois que nous avons fait des sacrifices à notre pays, qui ne s'en est pas aperçu. S'il nous a conduit à fournir un bon renseignement qui soit utilement employé plus tard, nous serons trop récompensé de nos sacrifices. Voici donc la liste des postes de sauvetage que nous établirions sur notre littoral, si on nous chargeait de ce soin; mais comme il faut bien distinguer les endroits où nous pensons que ces postes sont les plus utiles, nous prévenons nos lecteurs que nous écrivons en lettres majuscules le nom des ports militaires, chefs-lieux d'arrondissement, en italique le nom des ports de commerce importants, et en caractère ordinaire celui des autres ports, havres, criques, etc. Nous prévenons aussi que nous avons classé en trois catégories les postes de sauvetage 1re, 2e et 3e classes. La première classe est celle des postes placés dans des endroits déserts pour ainsi dire, et où tout est à créer, personnel et matériel. La seconde est celle des postes placés dans des lieux où la population est trop pauvre pour faire des sacrifices pour le matériel, mais qui pourrait fournir le personnel. Enfin la troisième est celle des ports où la localité peut tout fournir, personnel et matériel. Nous désignerons ces postes par 1re classe,

2e classe, 3e classe. On conçoit que nous ne nous étendrons pas plus loin dans les détails de cette organisation, car nous aurions l'air de donner un conseil au gouvernement, et nous sommes bien loin d'avoir cette prétention. Voici donc la nomenclature de ces postes de sauvetage, en partant de notre frontière de Belgique jusqu'en Italie. Mais nous dira-t-on peut-être : qui est-ce qui vous priait de vous donner tant de peine et de faire tant de dépense? A une pareille question nous répondrions : C'était une mission que nous nous étions donnée, nous voudrions être missionnaire pour la propagation des moyens de sauvetage, comme des hommes inspirés le sont pour la foi. Qui est-ce qui a forcé ces hommes d'une vertu si sublime d'aller prêcher leur foi dans des pays barbares où ils n'ont, la plupart du temps, pour récompense de tant d'abnégation que le martyr? Une voix intérieure qui leur a dit : Marche! Nous n'avons pas la prétention de nous être donné une mission aussi grande, mais aussi nous avons entendu une voix intérieure qui nous a dit : Marche! Et nous marcherons jusqu'à la fin de nos jours vers le même but. Cinquante ans de déceptions et de déboires ne nous ont pas corrigé, et cet ouvrage en est la preuve, il a fallu que cette voix fût bien puissante, puisqu'elle nous a donné la hardiesse de l'entreprendre. Mais notre excuse de tant d'audace est dans le motif qui nous fait agir, c'est pour sauver les naufragés. Tout est là.

TABLEAU DES POSTES DE SAUVETAGE A ÉTABLIR D'APRÈS L'AUTEUR SUR LE LITTORAL DE L'EMPIRE FRANÇAIS.

Mer du Nord.

Zuydeoote. P. 2e cl.
Dunkerque. P. 3e cl. (S H).
Gravelines. P. 2e cl.
Waldam. P. 1re cl.

Pas-de-Calais.

Calais. P. 3e cl. (S H).
Sangatte. P. 1re cl.
Wissant. P. 2e cl.
Cap Ginnez. P. 1re cl.

Manche.

Andreselle. P. 2e cl.
Embleteuse. P. 1re cl.
Boulogne. P. 3e cl. (S H).
Etaples. P. 2e cl.
Berek. P. 2e cl.
Willers. P. 1re cl.
Le Cistoy. P. 2e cl.
St.-Valeryss. Pte. du Hordel. P. 2e cl.
Cayeux. P. 2e cl.

Le Treport. P. 2e cl.
Entrée de la Bresle. P. 1re cl.
Dieppe. P. 3e cl. (S H).
St.-Valery-en-Caux. P. 2e cl.
Fécamp. P. 3e cl.
Etretat. P. 2e cl.
Le Havre. P. 3e cl. (S H).

Embouchure de la Seine.

Le Hoc. P. 1re cl.
Tancarville, P. 1re cl.
Quilbœuf. P. 2e cl.
Cap la Roque. P. 1re cl.
Honfleur. P. 2e cl.
Trouville. P. 2e cl.
Caen à Sellenelle. P. 3e cl.
Courseuille. P. 2e cl.
Port-en-Bessin. P. 2e cl.
Isigny. P. 2e cl.
Saint-Martin. P. 1re cl.
Grand-Champ. P. 2e cl.
Ile St.-Marcouff. P. 3e cl.
Saint-Waast. P. 3e cl.
Barfleur. P. 1re cl.
CHERBOURG. P. 3e cl.

Rade de Cherbourg. { Ile Pelee. P. 1re cl. / La digue. P. 1re cl. / Querqueville. P. 1re cl. }

Cap la Hague. P. 1re cl.
Dielette, au cap Cateret. P. 2e cl.

{ Jobourg. P. 1re cl. / Cap Feminville. P. 1re cl. / Anneville. P. 1re cl. / Agon. P. 2e cl. } La Déroute.

Granville. P. 3e cl.
Grande île Chausey. P. 1re cl.
Mont-St.-Michel. P. 1re cl.
Le Vivier. P. 2e cl.
Cancale. P. 2e cl.
Saint-Malo. P. 3e cl.
Saint-Servan. P. 3e cl.
Ile Cesembre. P. 1re cl.
Dinart. P. 2e cl.
Saint-Briac. P. 2e cl.
Rade de la Frenay. P. 1r cl.
Dahouet. P. 2e cl.
St-Brieuc-au-Légué. P. 2e cl.
Binic. P. 3e cl.
Iles Saint-Quay. P. 1re cl.
Paimpol. P. 3e cl.
Ile de Brehat. P. 2e cl.
Port Blanc. P. 1re cl.
Pontrieux. P. 2e cl.
Perros. P. 2e cl.

Sept-Iles. { Saint-Agnès. P. 1re cl. / Thome. P. 1re cl. }

Lannion. P. 2e cl.
Toulahiri. P. 2e cl.
Plougasneau. P. 1re cl.
Morlaix-au-Château-du-Taureau. P. 2e cl.
Paimpoul. P. 2e cl.
Roscoff. P. 2e cl.
Ile de Bas. P. 2e cl.
Plouguerneau. P. 1re cl.
Le Corrijon. P. 1re cl.
Labervrac. P. 2e cl.
La Berbenoist. P. 1re cl.
Portsal. P. 2e cl.
Largenton. P. 2e cl.
Laber. P. 2e cl.

Océan.

Archipel d'Ouessant. { Ouessant. P. 2e cl. / Bannec. P. 1re cl. / Balanee. P. 1re cl. / Quemènes. P. 1re cl. / Molène. P. 2e cl. / Beniguet. P. 1re cl. }

Lèconquet. P. 2e cl.
Pointe St.-Mathieu. P. 1re cl.
Bertaume. P. 1re cl.
BREST. P. 1re cl.

Rade de Brest. { Le Port-Zie. P. 1re cl. / Pte de Cornouailles. P. 1re cl. / Pointe espagnole. P. 1re cl. / Ile Longue. P. 1re cl. / Plougastel au Passage. P. 2e cl. }

Suite de l'Océan.

Camaret. P. 2e cl.
Morgatte. 2e cl.
Douarnenez. P. 2e cl.
Baie des Trépassés. P. 1re cl.
Ile de Seine. P. 2e cl.
Beuzec. Pointe du Ras. P. 1re cl.
Audierne. P. 2e cl.
Pointe de Pennemark, à Kristy. P. 1re cl.
Pont-l'Abbé, à l'île Reudy. P. 2e cl.
Quimper, à Benaudet. P. 2e cl.
Concarneau. P. 2e cl.
Iles Glenaux. — Penfret. P. 1re cl. — Ile Verte. P. 1re cl. — Port du Kergan. P. 1re cl.
LORIENT. P. 1re cl.
Rade de Lorient. — Ile de Goix. P. 2e cl. — Port-Louis. P. 2e cl. — Ile St.-Michel. P. 1re cl.
Intel. P. 2e cl.
Quiberon. P. 2e cl.
Belle-Ile-le-Palais. P. 2e cl.
Ile d'Houat. P. 2e cl.
Ile d'Hedic. P. 2e cl.

Morbihan.

Port Navalo. P. 2e cl.
Loc-Mariaker. P. 2e cl.
Ile aux Moines. P. 2e cl.
Ile d'Ars. P. 2e cl.
Ile de May. P. 1re cl.
Penerf. P. 2e cl.
Bilier. P. 2e cl.
Mesquer. P. 2e cl.
Le Croisic. P. 2e cl.

Entrée de la Loire.

Le Rocher-du-Four. P. 1re cl.
Le Pouliguen. P. 2e cl.
Saint-Nazaire. P. 2e cl.
Paimbœuf. P. 2e cl.

A la pointe de Mindin.

Le Pilier. P. 1re cl.
Ile de Noirmoutier. P. 2e cl.
Saint-Gildas. P. 2e cl.
Ile Dieu, au port Breton. P. 2e cl.
Beauvoir. P. 2e cl.
Saint-Gilles. P. 2e cl.
Sables-d'Olonne. P. 2e cl. (S H).
Moric. P. 2e cl.
Enaudes. P. 2e cl.
Ile de Ré, St.-Martin. P. 2e cl.
Pertuis breton, la Flotte. P. 2e cl.
Ile d'Oloron, le Château. P. 2e cl.
Pertuis d'Antioche, Saint-Denis. P. 2e cl.
La Rochelle. P. 3e cl.
Fouras. P. 1re cl.
ROCHEFORT. P. 1re cl.
Ile d'Aix. P. 1re cl.
Marennes. P. 2e cl.
La Tremblade. P. 2e cl.
Maumasson. P. 1re cl.
Pointe de la Coubre. P. 1re cl.

Gironde sur l'Océan.

Royan. P. 2e cl.
St.-Palais. P. 1re cl.
Banc de Talais, à bord du Bateau-feu. P. 1re cl.
Le Verdon. P. 1re cl.
St.-Christoly. P. 1re cl.
Cordouan. P. 1re cl.

Golfe de Gascogne.

Bassin d'Arcachon. P. 2e cl.
La Teste. P. 2e cl.
Munizou. P. 1re cl.
Larden. P. 1re cl.
Cap Breton. P. 2e cl.

Entrée de l'Adour pour Bayonne.

Le Boucaud. P. 1re cl.
Pte des Signaux. P. 1re cl.

Océan.

Biarritz. P. 1re cl.
Le Sacoua. P. 2e cl.

Entrée de la Bidassoa.

Andaye. P. 2e cl.

MER MÉDITERRANÉE, GOLFE DE LYON.

Port-Vendres. P. 2e cl.
Collioure. P. 2e cl.
Lafranqui. P. 1re cl.
La Nouvelle. P. 2e cl.
Beuzies. P. 1re cl.
Agde. P. 2e cl.
Fort Brescon. P. 1re cl.
Cette. P. 3e cl.
Maguelone. P. 2e cl.
Gros d'Aigues-Mortes. P. 1re cl.
Pointe des Tignes. P. 1re cl.
Fos (Bouches-du-Rhône). P. 2e cl.
Rouc. P. 2e cl.
Ile de la Camargue. P. 2e cl.
Cap Couronne. P. 1re cl.
Marseille et baie. P. 3e cl.
Le Lazaret. P. 3e cl.
La Catalane. P. 3e cl.
Iles des Pendus. P. 1re cl.
Le Château d'If. P. 1re cl.
Ile Pommèque. P. 1re cl.
Ratanneau. P. 1er cl.
Ile Planier. P. 1re cl.
Ile Jaïre. P. 1re cl.
Cassis. P. 2e cl.
Ile Verte. P. 1re cl.
La Ciotat. P. 2e cl.
Bandols. P. 2e cl.
Cap Sicié. P. 1re cl.
TOULON. P. 1re cl.
Iles d'Hyères. { Porquerolle. P. 1re cl.
Postocrop. P. 1re cl.
Boynau. P. 1re cl.
Titan. P. 1re cl. }
Le Lazaret. P. 1re cl.
Hyères. P. 2e cl.
Cap Sepet. P. 1re cl.
Saint-Tropez. P. 2e cl.
Fréjus. P. 2e cl.
Cannes, aux îles Sainte-Marguerite. P. 2e cl.
Antibes. P. 2e cl.
Nice. P. 3e cl.
Villefranche. P. 2e cl.
Menton. P. 2e cl.
Port Maurice. P. 2e cl.
Oneille. P. 2e cl.

Ne connaissant pas les limites du département, nous nous arrêtons ici.

Il y aurait donc, selon nous, 221 postes de sauvetage à établir sur la côte de France, qui, à 12 hommes par poste, feraient 2,652 sauveteurs embrigadés qui pourraient, dans un cas de nécessité, être à la disposition du gouvernement, et lui fournir ainsi la pépinière de canotiers habiles pour monter les embarcations à bord des navires de l'État, car on remarquera que les postes de première classe étant ceux où la localité ne peut rien fournir, en personnel, comme il y en aurait 85, ce serait donc 1,020 hommes que l'État pourrait fournir de ses cayennes.

Quant aux postes de deuxième classe, qui sont ceux où la localité pourrait offrir des marins, en faisant à ces hommes un petit avantage, celui, par exemple, de n'être levés pour le service que dans un cas d'absolue nécessité, on en trouverait tant que l'on voudrait; on aurait donc, dans le personnel de ces **99** postes, encore **1,128** excellents canotiers. Quant à ceux qui tomberaient à la charge des ports de commerce importants et seraient payés par eux, ils seraient dans une catégorie différente.

... Nous aurions bien poussé notre liste des postes de sauvetage plus loin, car nous considérons que la Corse, l'Algérie et nos colonies ont aussi un littoral français; mais nous devons avouer que nous ne l'avons pas visité; nous craindrions donc de nous fourvoyer en en parlant, tandis que pour les autres nous croyons que nous pourrions appuyer notre opinion sur de bonnes raisons.

PERSONNEL OBLIGÉ DE TOUTE SOCIÉTÉ HUMAINE BIEN ORGANISÉE.

142. Nous ne parlerons pas ici des personnes qui composent les membres payants d'une société humaine, de son président, des membres de son conseil d'administration, de son état-major enfin. Ici le nombre est illimité, et plus il y en a, mieux cela vaut. Mais nous parlons du personnel actif de toute société humaine, si on veut qu'elle rende de sérieux services à l'humanité, et il se compose d'au moins dix personnes qui doivent être soldées, et qui ont les emplois suivants :

1° Un capitaine, directeur des sauvetages;

2° Un sous-directeur (qui peut être un bon matelot) ;

3° Six canotiers (tous marins et hommes éprouvés pour leur courageux dévouement);

4° Un infirmier, garde-magasin (ce peut être aussi un marin);

5° Un charretier (ce peut encore être un marin).

Toute société humaine qui n'aura pas un tel personnel actif n'obtiendra que des demi-succès, car on n'improvise pas un sauveteur à la côte et surtout un canotier; on peut être un très-bon marin et ne savoir pas être un bon sauveteur, on ne le devient que par de nombreux exercices.

En effet, on peut être un bon gabier et ne pas savoir ramer

dans une grosse mer, scier au premier signe ou au premier ordre, jeter une ligne à un navire naufrageant ou à une personne qui se noie, défier le canot que l'on monte, d'abordages qui peuvent le démolir, accoster un navire dans un mauvais temps et au milieu de coups de mer affreux pour sauver son monde, embarquer les personnes effrayées que l'on va sauver, quitter le navire, aller chercher la côte au milieu des brisants, s'élever avec son embarcation, de la côte, sauter lestement à bord du navire naufrageant, s'il le faut, et aussi lestement à la mer, quand on revient à terre, et faire enfin les mille exercices que peut exiger le sauvetage. Il faut se rappeler qu'en pareille circonstance il suffit d'un canotier maladroit qui laisse engager son aviron pour faire noyer tout le monde. Ce n'est donc pas le premier marin venu qui peut être canotier dans une embarcation de sauvetage, il faut, pour cela, des gens d'élite bien exercés, et aussi courageux qu'adroits, qui voient, sans sourciller, le canot qu'ils montent se mâter sur la lame, et savent se débrouiller, quand par une cause quelconque il chavire sur eux, et dans toutes les circonstances difficiles où ils se trouvent (elles le sont presque toutes et elles sont souvent dangereuses pour celui qui les exécute). Toute cette pratique, nous le répétons, ne peut s'improviser ; ce n'est que par des exercices fréquents qu'on peut former un sauveteur cotier. Car nous ne nommons pas ainsi les personnes de bonne volonté qui se dévouent dans un naufrage pour aller donner des secours aux naufragés, nous ne les nommons pas sauveteurs, nous les nommons dès hommes dévoués et, tout, en reconnaissant le mérite de l'initiative qu'ils prennent, souvent ces gens dévoués sont plus embarrassants qu'utiles dans une opération qui doit être bien conduite pour réussir, et qui exige, de ceux qui y coopèrent, beaucoup d'ensemble et d'attention. Nous aimons mieux, quand il s'agit de donner des secours dans un naufrage, avoir dix bons sauveteurs sous nos ordres qui ne savent ce qu'ils ont à faire et qui agissent comme il est nécessaire au premier commandement, sans trouble et sans confusion, que d'avoir cent personnes dévouées il est vrai, mais qui crient toutes ensemble, n'obéissent à aucun ordre et qui, en se remuant dans tous les sens, s'embarrassent les unes les autres : certainement que ces dernières ont un mérite bien grand à nos yeux, mais nous aimerions mieux les voir bien tranquilles chez elles que là où elles nous embarrassent.

Or, puisqu'il faut de nombreux exercices à un marin, même pour devenir bon sauveteur côtier, on ne peut exiger, d'une personne qui doit gagner sa vie et celle de sa famille par son travail, qu'elle consacre tout son temps gratuitement à acquérir ces connaissances pratiques, telle dévouée qu'elle soit; c'est pourquoi il faut que toute société hnmaine qui veut atteindre son but ait un personnel soldé. Oh! si elle n'a pour but que de décerner des encouragements aux personnes qui se sont dévouées pour leurs semblables, de mettre leur belle conduite en relief, de faire valoir leur mérite auprès du gouvernement, rien de mieux, elle peut le faire à petits frais. Mais, quand il s'agit de donner à tout moment des secours à la côte, d'aller en donner en mer avec un canot de sauvetage, quand il s'agit enfin d'agir et non de discourir, il faut qu'on ait un noyau de personnes exercées; sans cela les engins de sauvetage que l'on possède sont souvent la cause de malheurs plus grands que si on n'en avait pas eu, car le naufragé qui sait qu'il est sur une côte habitée par une population qui a des moyens de sauvetage compte sur eux pour en être assisté dans sa détresse, et, si vous lui faites défaut, il est plus exposé que s'il n'avait compté sur rien que sur ses propres ressources.

Il ne suffit donc pas d'avoir les outils, il faut encore avoir les ouvriers habiles à s'en servir pour en tirer tout le parti possible. Aussi les Anglais qui sont nos devanciers dans l'art de donner des secours à la côte, nous nous plaisons à le reconnaître, n'ont-ils pas un seul poste de sauvetage sur leurs côtes où il n'y ait au moins douze personnes soldées pour en faire le service, tant pour donner les secours à la côte que pour monter leur *life-boat* quand il doit aller à la mer.

FONCTIONS DE CHACUN DES MEMBRES DU PERSONNEL D'UN POSTE DE SAUVETAGE.

143. Le *directeur*, ce titre seul fait comprendre que c'est lui qui dirige les secours à donner quand on en va porter à un navire naufragé sur la côte.

C'est lui aussi qui gouverne le bateau de sauvetage quand on doit aller avec cette embarcation donner des secours à la mer.

C'est lui qui connaît l'emploi de chaque objet du matériel qui est à sa disposition, qui fait réunir les sauveteurs et qui se dirige avec eux et ce qu'il désigne du matériel sur les lieux du sinistre.

C'est lui qui dirige l'instruction, les exercices, qui a enfin la haute main sur tout le personnel et le matériel du poste de sauvetage.

On conçoit que pour remplir ces différentes fonctions ce doit être un marin consommé, qui ait déjà fait ses preuves dans plusieurs naufrages, et dont le courage et le dévouement ne puissent être mis en doute.

144. Le *sous-directeur* doit avoir les connaissances pratiques nécessaires pour seconder le directeur, qu'il remplace quand celui-ci ne peut aller avec le bateau.

C'est lui qui monte le bateau quand le directeur juge utile de rester à terre, qui commande une section des sauveteurs quand on opère à terre, qui surveille l'entretien et le bon état du matériel pour qu'il soit prêt à toute réquisition; c'est lui enfin qui remplace le directeur dans la direction des exercices et quand celui-ci est empêché par une cause quelconque. On conçoit que cet homme doit aussi être un bon marin.

145. L'*infirmier garde-magasin* doit demeurer dans le local de la société, et avoir soin de maintenir en bon état toutes les parties du matériel et de les aérer, sécher, conserver; c'est lui qui est chargé des coffres à vivres et effets d'habillement, des médicaments et des ustensiles, de tout le matériel enfin.

Quand on va donner des secours à la côte, c'est lui qui est chargé de monter la tente, d'allumer le feu, de préparer les aliments, de soigner les malades, et de tout rassembler pour que rien ne s'égare quand on quittera la côte pour revenir. Pendant le trajet en retour, c'est encore lui qui est chargé de donner des soins aux malades, de les loger dans l'hôpital dès l'arrivée provisoire de la société humaine et de leur donner encore là ses soins jusqu'à ce qu'on les transporte ailleurs; enfin c'est sur lui que roule toute la besogne intérieure.

146. Le *conducteur du chariot* est l'aide de l'infirmier dès qu'on est à la côte pour l'installation intérieure de la tente. Il doit parfaitement connaître tous les chemins du littoral avoisinant son poste de sauvetage pour pouvoir se rendre sur le lieu du sinistre le plus directement possible; il doit savoir soigner son cheval et entretenir son chariot et ses harnais. Enfin il est à la disposition du garde-magasin comme aide toutes les fois que le directeur ou le sous-directeur n'a pas d'autres besognes à lui commander.

147. Les *matelots sauveteurs* doivent être d'abord d'excellents canotiers, vifs, intelligents, adroits, courageux et dévoués. Ce sont eux qui montent le bateau de sauvetage quand il faut aller donner des secours à la mer; ce sont eux qui sont sur la côte quand le navire naufragé ne demande pas qu'on aille par mer à son secours; ce sont eux qui montent le bateau de sauvetage portatif s'il y a lieu, qui établissent les va-et-vient avec le navire, qui aident à l'atterrissage des embarcations qui viennent à terre dans les brisants, qui vont à la mer aider ou sauver les personnes qui cherchent à gagner au milieu des brisants la terre à la nage, qui les conduisent à la côte, leur donnent les premiers soins si elles en exigent, les transportent à la tente avec les précautions voulues, s'il y a lieu de les transporter; ce sont eux enfin qui, sous les ordres du directeur et de son second, font tout ce qu'il faut faire pour donner une assistance efficace aux naufragés, et, après le sauvetage des personnes opéré, qui s'occupent, s'il y a moyen de le faire, d'arracher à la mer tout ce qu'il est possible de valeurs en marchandises et ustensiles du navire pour les mettre en sûreté.

Indépendamment de ces fonctions personnelles, ce sont eux qui commandent les escouades des gens de bonne volonté qui se présentent, quand il y en a besoin, et qui les dirigent pour éviter tout désordre.

Ils sont astreints, ainsi que nous l'avons dit, à des exercices périodiques et fréquents, sous la direction du garde-magasin; à entretenir et à réparer tous les engins de sauvetage; aussi sont-ils divisés en trois groupes de deux personnes qui ont chacune leurs fonctions particulières, mais dont l'une commande l'autre. Comme on le voit quand, bien surveillés par les chefs, ils remplissent bien leurs obligations, ils ne sont pas oisifs, même hors les cas de naufrage.

DU MATÉRIEL D'UNE SOCIÉTÉ HUMAINE.

148. Toute société humaine doit être pourvue du matériel suffisant pour porter des secours, non-seulement à l'endroit où elle a son siége, mais aussi à la mer et dans son voisinage, à 5 ou 6 milles de distance, quand un sinistre y a lieu ou menace d'avoir lieu. Elle doit donc être au moins pourvue des objets suivants :

1° Un *local* à la plage la plus convenable du port où elle est établie ;

2° Un *bateau de sauvetage*, pour donner des secours à la mer, (ce que les Anglais nomment life-boat) ;

3° Un *bateau de sauvetage portatif*, pour donner des secours sur la côte ;

4° Un *chariot*, pour porter le plus promptement possible le matériel à la côte, qui sert aussi à établir une tente sur la plage ;

5° Un *va-et-vient à chaise et à hamac* (ainsi que son chevalet, dans les pays à sable) ;

6° Une *arbalète porte-amarre* et un porte-amarre à tir direct ;

7° Une *civière à caléfacteur*, pour transporter sans secousses les asphyxiés en danger de mort ;

8° Une *grue mobile*, pour les sauvetages à l'entrée et dans l'intérieur des ports, le long des quais ;

9° Des *signaux de jour*, de nuit et de brume, pour correspondre avec les navires en détresse ;

10° Des *vêtements* pour les sauveteurs et dans les pays à roches, des *garde-tête* et *garde-cuisses* ;

11° Autant de *tureluttes* que de sauveteurs allant à la côte ;

12° Des *literies* en suffisante quantité, et double de couvertures de laine ;

13° Des chemises, des caleçons, des bonnets et des bas de laine, ainsi que des sabots ;

14° Des médicaments et instruments de chirurgie ;

15° Des objets de batterie de cuisine, comme bouilloires, avec combustible, allumettes, etc., etc. ;

16° Des vivres et des boissons alcooliques et vineuses, ainsi que de l'eau ;

17° Un mât brisé, pour hisser les signaux quand on est sur une plage.

Nous allons successivement prendre chacun des articles de ce matériel, et en expliquer l'usage, ainsi qu'en donner le dessin, quand il y aura lieu de le faire.

149. 1° *Un local.* Le local d'une société humaine doit être divisé en trois parties :

1° Le magasin où sont logés tous les objets du matériel, même les embarcations, au besoin ;

2° Le logement du concierge, qui doit toujours avoir tout prêt, si la circonstance le commande, et qui, pour bien soigner l'établissement, doit y loger ;

3° L'hôpital, où se trouve réuni tout ce qui est nécessaire pour donner les premiers secours à une personne qui les réclame, lit, bain, médicaments, poêle, etc., etc., tout enfin ce dont on peut avoir besoin. On conçoit que cette construction peut être bâtie en bois. En tout cas, il est indispensable qu'elle soit à proximité du port où est le siége de la société et de la mer, afin de ne pas être retardé dans les secours à donner.

150. 2° *Un bateau de sauvetage pour donner des secours à la mer.* Nous avons soin de distinguer ici, car nous ne partageons pas l'avis des personnes qui s'imaginent que les bateaux de sauvetage dont on a besoin pour aller à la mer donner des secours à un navire en danger ou naufragé peuvent également servir à la côte, et être transportés rapidement d'un poste où ils sont dans le local d'une société humaine, sur tel point de la côte que ce soit, la route fût elle-même carrossable, attendu que nous avons l'expérience de la presque impossibilité de cette manœuvre. Un bateau de sauvetage, comme ceux dont on fait usage en France et en Angleterre, pèse plusieurs tonneaux, et il n'est pas facile de changer et transporter un poids de 4 à 5,000 kilogr. d'un point à un autre, de le mettre à l'eau en franche côte, et après le sauvetage effectué, de le réintégrer à son poste. Une pareille manœuvre prend beaucoup de temps et de force, et exige des engins accessoires très-dispendieux (triqueballe ou autres), qui coûtent très-cher quand on l'exécute. Il vaut donc mieux, en pareil cas, avoir un bateau de sauvetage portatif comme celui dont nous parlerons bientôt.

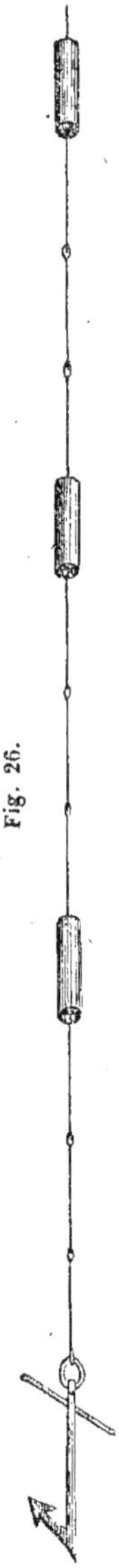

METTRE A FLOT LE BATEAU DE SAUVETAGE.

150 *bis*. Il faut, dans tous les cas, pouvoir mettre un bateau de sauvetage à flot; quand on est dans une mer qui ne marne pas, on n'a pas à s'en préoccuper, mais sur les côtes où il y a flux et reflux c'est une chose importante que d'assurer ce service, car la mise à l'eau d'une embarcation de sauvetage est non-seulement chose difficile, mais aussi fort dangereuse. C'est pour obvier à ces dangers, surtout sur les plages, que nous proposons qu'à chaque poste de sauvetage le canot pour la mer soit placé sur deux chantiers ayant une inclinaison vers la mer d'environ 22° 30' et une longueur de 100 à 115 mètres. Il y est retenu par un taquet qu'on met dans sa coulisse et par un amarrage sur la bitte d'avant. De plus, à 200 mètres dans la direction de son chantier, est mouillé un corps mort, comme celui dont nous donnons le dessin ci-contre; il est étalingué, non d'un câble (150 *bis*), mais d'une chaîne d'arpenteur, comme celle que nous représentons, dont chaque tronçon a 1 mètre de longueur, et qui, de 3 mètres en 3 mètres, est passée dans un rouleau de bois de sap, précaution nécessaire pour qu'elle ne s'ensable pas. Le bout en est fixé à la bitte, au moyen d'un cadenas dont le garde-magasin à la clef.

Fig. 26.

Quand on veut aller au secours des naufragés, et mettre conséquemment ce canot à flot, on y fait embarquer tout le monde, la figure tournée du côté de l'avant de l'embarcation qui regarde la mer; prêt à ramer, le patron se dispose aussi à gouverner avec un aviron de queue, puis les deux premiers canotiers d'avant, c'est-à-dire le brigadier et son premier matelot, prennent le double de la chaîne à bord et se tiennent prêts à l'abraquer aussi vite que possible. Alors on enlève le taquet qui est sur l'avant dans la coulisse, et le canot n'est plus retenu que par l'embridure qu'il a sur l'arrière. La mer venant battre le bas du chantier, ou plus haut, on largue cette embridure, et le canot part comme un trait et arrive avec un tel élan à la mer, qu'il défie toute répulsion de la lame, jusqu'à ce qu'il soit à flot, au moment où il en serait mâté, ou est alors retenu de l'avant par le câblot, et le canot étant debout à la lame et à flot, les canotiers commencent à ramer. Dès qu'on voit que cette embarcation commence à courir de l'avant, on jette la chaîne du corps mort à la mer et on continue sa course.

Nous devons à l'obligeance du savant amiral Pâris une opinion sur le meilleur *life-boat* jusqu'ici reconnu, et nous nous empressons de l'insérer ; car on ne saurait trop donner de publicité à de si utiles documents.

(1) « Les beaux modèles de *life-boats* déposés sous les galeries et un spécimen exposé dans le jardin rappellent le but généreux et les efforts de cette association qui, sous le patronage du duc de Northumberland, sauve, chaque année, tant d'existences et montre la philanthropie la plus pratique. Elle est arrivée, par des souscriptions volontaires, à garnir les côtes d'Angleterre d'un admirable matériel de sauvetage, dont la dépense effrayerait bien des budgets, et à organiser un personnel de marins courageux et intelligents, qui déploient souvent leur énergie et sont plus récompensés par le bonheur d'avoir sauvé quelques existences que par les modiques rétributions qu'ils reçoivent.

« Pour réunir les efforts et le fruit de toutes les expériences, le duc de Northumberland établit, en **1851**, un prix de **2,100** fr. pour le bateau qui remplirait le mieux les conditions reconnues nécessaires à la suite de quelques désastres maritimes. Afin d'établir une opinion parmi les **280** modèles ou dessins qui furent adressés, on donna des coefficients aux qualités exigées : ainsi

(1) Extrait de l'ouvrage de l'amiral Pâris : *l'Art naval à l'exposition universelle de Londres de* 1862.

20 fut affecté à la marche à l'aviron; 18, à la voile; 10, à la stabilité et à la manière de s'élever à la lame; 9, à la place laissée en dedans à l'envahissement de l'eau, parce qu'un canot ordinaire est exposé à remplir et à chavirer; 8, à la faculté de se vider facilement; 7, aux caissons et autres manières de se tenir à flot; 6, à la faculté de se redresser de soi-même; 4, à celle d'accoster facilement les plages; 3, à l'espace pour prendre des passagers; 3, au poids modéré pour le transport par terre; 3, à la protection du fond du bateau; 3, au lest, fer, eau ou liége, et le reste pour des accessoires; en tout 100. La plupart de ces qualités sont indispensables, et le bateau qui n'en aurait eu qu'un petit nombre n'eût pas été assorti au programme quand même elles auraient été poussées très-loin.

« Ce fut M. James Beeching de Yarmouth qui obtint le chiffre le plus élevé 84, c'est celui qui est représenté dans la planche ci-contre, et M. Henry Hinks de Devon, qui s'en approcha le plus en arrivant à 78. M. Fasdel de Great-Yarmouth a proposé les caissons d'air séparés et pouvant se visiter facilement; M. Bromley l'a rempli de liége; M. Sharpe a proposé de laisser la facilité de jeter une partie du liége pour faire place à des passagers; et en général on préfère le liége aux caissons d'air, surtout pour les fonds, à cause de sa sécurité.

« Le duc de Northumberland a publié, en 1851, un album de 14 planches et d'un texte des différents systèmes présentés par les compétiteurs de ce beau prix; les dessins en sont très-soignés et ont servi de modèle aux figures de 1 à 8 planches qui représentent le life-boat de Yarmouth; sa longueur de tête en tête est 10^{m},90, de quille 10^{m},37, le bau 2^{m},897, le creux 1^{m},067, caissons d'air 8$^{m\ c}$,49, capacité intérieure jusqu'au niveau du platbord 5 tonneaux, aire des tubes de vidange 0^{m},178, proportion de ces tubes à la capacité 1 : 64; poids du bateau 3,5 tonneaux, lest 2 tonneaux d'eau, et 1/2 tonneau de quille en fer; total, 2 1/2; tirant d'eau avec 30 hommes à bord, 0^{m},66. Il borde 12 avirons à couple, est construit en chêne et cloué en fer. Enfin il porte deux voiles de chasse-marée et coûte au complet 6,250 fr. Les trous *a a* et autres, qui font communiquer l'intérieur et l'extérieur à travers les caissons d'air, sont garnis de soupapes en cuivre avec rebords

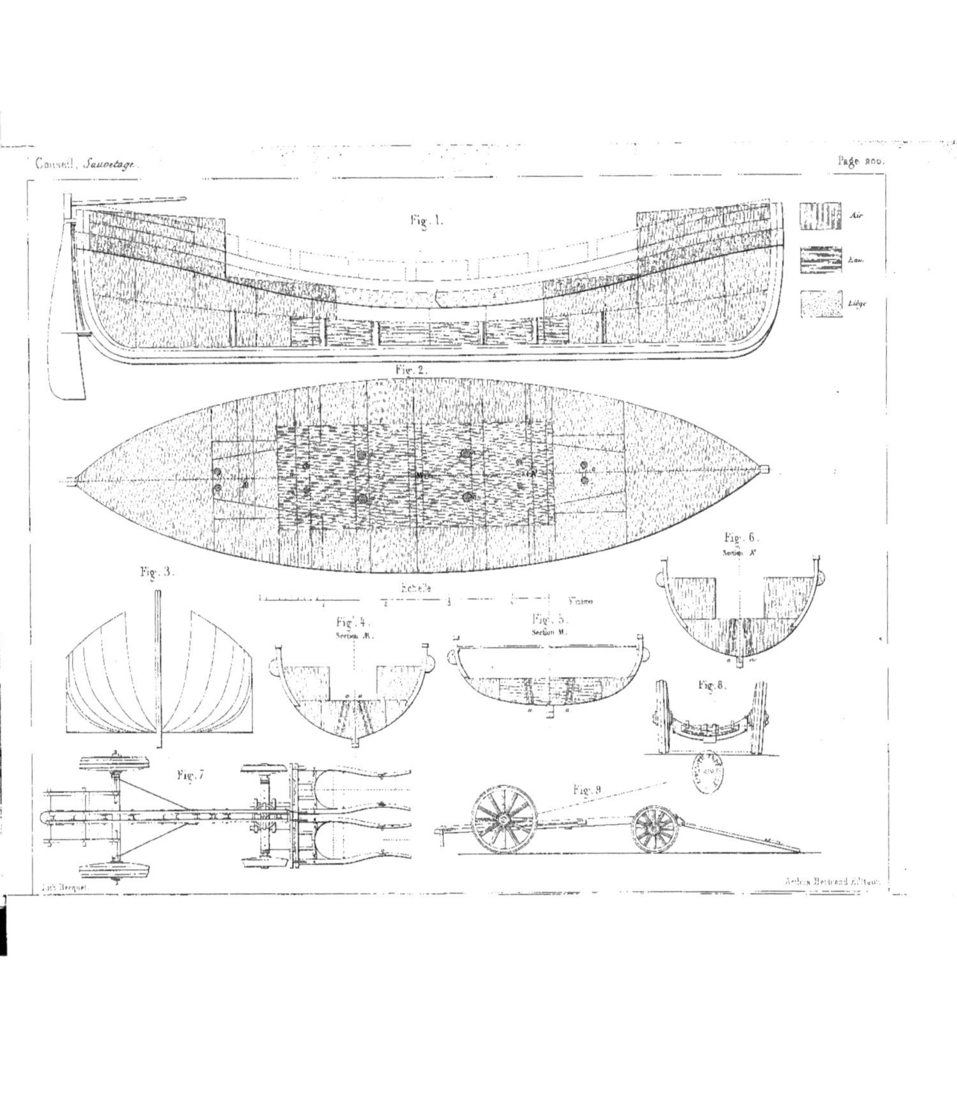
Fig. 1.
Air
Eau
Liège
Fig. 2.
Fig. 3.
Echelle
Fig. 4.
Fig. 5.
Fig. 6.
Fig. 7
Fig. 8.
Fig. 9
Arthus Bertrand éditeur.

en caoutchouc, qui laissent sortir l'eau quand le bateau s'élève à la lame et se referment ensuite. Comme le plancher du caisson d'air inférieur n'est pas beaucoup au-dessous de la flottaison, il se dégage d'autant plus de l'eau que les mouvements sont plus violents.

« Parmi les autres types, celui de M. Pellew-Plenty est beaucoup plus plat; tout le fond de sa carène est couvert d'une épaisseur assez considérable de liége, et des caissons d'air sont situés au-dessus. Il y en a qui ont des quilles en fer. A Ipswich la longueur est 12^{m},50 et la largeur 3,3 avec des lignes fines, des caissons d'air et du lest d'eau; celui de Southshields ressemble, au contraire, à un canot-tambour, celui de Rotterdam est une sorte de grande plate. Le lieutenant Sharpe n'emploie au lieu de caissons que du liége avec une quille en fer; M. Peake mêle les caissons à une grande quantité de liége dans les fonds. MM. White de Cowes, dans l'île de Wight, ont fait un canot de sauvetage destiné aux navires tels que les grands paquebots, et l'amirauté a récemment ordonné qu'il en serait mis à bord de tous les navires stationnés sur la côte ouest d'Afrique. Il serait utile que cet ordre s'étendît à toutes sortes de bâtiments. C'est le meilleur bateau de son genre, il marche bien à l'aviron et à la voile.

« Comme de tels bateaux sont très-exposés à chavirer, on a eu soin de les disposer de manière à se relever d'eux-mêmes, par la disposition de leur lest et de leurs caissons d'air, surtout de ceux des extrémités, qui par leur volume sont à eux seuls capables de porter tout le bateau. Beaucoup d'équipages de sauveteurs et de naufragés ont été sauvés par cette propriété précieuse, qu'on a regardée longtemps comme une chimère, quoiqu'elle ait été démontrée dès 1792 par une expérience. Ce ne fut qu'en 1850, à l'occasion du prix du duc de Northumberland, qu'on revint sur cette question, qui depuis a été étudiée avec un soin particulier et résolue d'une manière satisfaisante. Le lest est ordinairement de l'eau qui ne charge pas outre mesure le canot, quand il faut le transporter sur la charrette représentée fig. 7, 8 et 9, et qui ne s'introduit que lorsque le bateau est à flot.

« Toutes les qualités d'un vrai life-boat sont énumérées et discutées avec une intelligence pratique remarquable par le capitaine Ward, qui en est l'inspecteur et a inventé la ceinture de sûreté, que chaque canotier est tenu d'avoir autour de lui et dont la disposition laisse les mouvements très-libres. *Ces documents intéressants sont encore une occasion de regretter que notre marine n'ait aucune de ces publications périodiques où les marins peuvent connaître les questions intéressantes de notre métier.*

« Pour continuer l'examen succinct auquel nous sommes réduit, nous dirons que quelques personnes ont proposé l'emploi des roues à aubes ou d'hélices tournées à bras ; un seul propose la force de la vapeur et un autre celle de l'air comprimé, mais jusqu'à présent on préfère les avirons. En effet, si la force de la vapeur permet de surmonter de grands obstacles, elle expose aussi à de sérieux dangers, en ce que ce n'est pas en vain qu'on coupe les vagues sous l'impulsion d'un moteur ; ce n'est qu'en embarquant beaucoup d'eau. De plus, si dans des lames de fond un bateau chavire ou remplit, il est perdu parce que sa machine pèse trop pour espérer la porter avec les caissons étanches ; et, s'il talonne, le poids mort de son appareil moteur l'expose beaucoup plus à être disloqué par le choc. Il y a donc là des difficultés qu'on ne peut surmonter qu'en agrandissant le bateau ; mais alors il ne peut plus accoster, et on en reviendrait à n'employer la vapeur qu'à traîner un plus petit bateau, comme on l'a déjà fait avec des remorqueurs ordinaires traînant un life-boat.

« Outre les plans publiés par l'association des life-boats, il y a lieu d'observer qu'il y avait plusieurs modèles exposés. M. Thyman de Ramsgate avait un modèle de petit chasse-marée ponté très-bien disposé pour supporter le mauvais temps, mais un peu grand pour accoster les navires. Il est vrai que la distance du banc Godwin, et des bancs du large de la côte nord d'Angleterre, sur lequel tant de navires se perdent, exige qu'un bateau soit capable d'aller au large. M. Richardson exposait un modèle formé de deux longs tubes en tôle, courbés aux deux bouts pour former les extrémités ; en dessus des tubes sont les bancs et une fargue supportant les tolets ; le fond est formé par un caillebottis. Cette sorte de radeau a rendu de grands services à Rhyl, sur la côte nord du pays de Galles, mais on ne sait quelle confiance accorder au fer à cause de la rouille ; de plus, il serait difficile à transporter dans quelques localités. M. Halket a une sorte de radeau formé d'un anneau ovale en toile caoutchouctée plein d'air, avec une plate-forme en osier au milieu et une double pagaie, qui a rendu des services dans des expéditions d'Amérique, mais serait trop petit pour la mer. Plusieurs colonies anglaises ont adopté les life-boats de l'institution de la métropole. Les catimarons et les radeaux n'ont pas été exposés, et on les a considérés comme une dernière ressource, dont on devait faire usage à bord des navires naufragés plutôt qu'à terre.

« En général, on a regardé la forme de baleinière comme la meilleure; la longueur 6 mètres, 7^{m},60, 9, 10 et 11 mètres, suivant les localités; 9 mètres et dix avirons paraissent les meilleures proportions. Lorsque les naufrages ont lieu sur des bancs éloignés, les dimensions augmentent, et l'usage de la voile est plus important, comme à Yarmouth et à Deal. Le rapport de la largeur est 1 : 4 ou 1 : 3,3. Si la légèreté est utile pour le transport par terre, son excès livre trop le bateau à la merci des vagues et surtout du vent. On préfère les avirons à couple et les tolets aux dames. La voilure varie suivant les localités, et souvent il n'y en a pas. L'armement est admirablement combiné, tout est bien disposé, de bonne qualité, rien de trop. Le compas liquide est une perfection dans son genre et fait honte à nos volets, qui à chaque coup d'aviron font le tour de la rose et ne servent à rien dès qu'il y a de la mer. Quant aux matériaux à employer, le bois est adopté jusqu'à présent; la tôle s'oxyde trop vite pour inspirer assez de confiance; le zincage ne la préserve pas assez : le cuivre est cher et mou; mais il conserve sa valeur et se prête à faire de bons caissons d'air; il a été employé avec succès pour les pirogues qui descendent des rapides en Amérique. Les canots à double couche de bordages croisés sont préférés. La gutta-percha, le caoutchouc et le kamptulicon ne paraissent utiles que pour rendre étanches les joints des caissons d'air. Le liége varie beaucoup de poids et de prix; on en a placé en dehors pour rendre plus léger; dans les fonds, il ne peut être utile que pour amortir les coups, comme sur les côtés où il sert de défense. On ne peut guère compter sur les caissons étanches et pleins d'air ; au bout de quelques mois, le bois se sèche, la tôle s'oxyde et se perce.

Plusieurs modèles ont $5^{m3},673$, d'autres $7^{m3},509$ de volume, afin de n'être pas surchargés par l'eau embarquée ou par les passagers, mais alors il reste trop peu de place intérieure. Les caissons d'air doivent être placés dans les parties les plus hautes du bateau; ils ne doivent pas être construits avec lui, mais être séparés afin de pouvoir être vérifiés; mais alors il y a trop de place perdue. On aurait avantage à avoir aussi des caissons inférieurs et même de l'eau dans le fond pour servir de lest, ce qui diminue le poids quand on traîne le bateau à terre. Il est bon que dans un bateau de $9^{m},10$ la capacité libre pour les hommes ne soit pas de plus de trois tonneaux. Les bateaux doivent se vider d'eux-mêmes comme on l'explique plus haut. Il est aussi indispensable qu'un bateau de sauvetage se redresse s'il est chaviré. On a eu beaucoup d'exemples de l'importance de cette qualité. Enfin, et c'est une des plus essentielles, il faut des équipages braves, exercés, et surtout des patrons habiles, sachant assez en imposer pour être obéis.

« Les life-boats sont très-difficiles à juger, parce qu'on n'a jamais d'occasion de les comparer; chaque localité vante le sien et n'en connaît pas d'autres. S'ils exécutent dans quelques sauvetages hardis, leur réussite porte à les imiter sans plus d'examen. L'éloignement empêche également les constructeurs de les comparer, et il serait dispendieux de les réunir pour attendre des circonstances où ils puissent montrer réellement leurs qualités, et dans chaque pays les canotiers se refuseraient à tenter une aventure dans un canot qui n'est pas le leur. Il y a aussi la responsabilité très-sérieuse de pousser, par des prix élevés, des hommes à se servir d'un canot qu'ils n'approuvent pas. Aussi faut-il beaucoup de temps avant d'établir des opinions qui présentent quelque exactitude.

« Les fusées et les mortiers porte-amarre n'ont généralement pas donné de bons résultats; les lignes se brisent presque toujours. M. Delvigne en a proposé un qui est rayé en spirale, et son projectile en bois porte des ailettes, afin de prendre un mouvement de rotation qui facilite le dévidage qui se fait sur le projectile par un fil métallique et à terre; par le moyen ordinaire, on n'atteint guère qu'à 105 mètres de beau temps et 90 de mauvais quand il vente; c'est presque toujours insuffisant, et les fusées ont le défaut de se dévier. On regarde l'abaca de Manille comme préférable au chanvre pour les lignes. Comme généralement les naufrages ont lieu au vent des côtes, la Hollande a exposé un double radeau avec une voile, pour envoyer une corde à terre et un bateau plat en tôle plissée ; M. W. Rich (1) a exposé un cerf-volant bien disposé : un modèle montre le moyen de sauver des hommes par un va-et-vient sur une corde tendue en l'air, amarrée par un bout à un mât et par l'autre roidie sur une bigue. Enfin, parmi les ceintures de sauvetage, il y en a en forme d'anneaux de liége ou de toile caoutchouctée; mais les meilleures sont celles du capitaine Ward, qui sont formées de lattes de liége réunies par de la toile et qui se mettent autour de la taille; elles supportent $11^{k},300$ et tiennent la tête élevée, ne gênent aucun mouvement, et sont précieuses pour les hommes des embarcations ; l'équipage du canot de sauvetage devrait toujours en être pourvu. Elles coûtent 17 fr. 50 ; l'institution des life-boats en met à tous ses canotiers. Enfin elle a publié, fait traduire en français et distribué gratuitement une instruction des plus pratiques sur la manière de manœuvrer les embarcations dans les brisants (2), ainsi que sur les soins à donner aux noyés. En fait de moyens de préserver la vie des marins, de bonnes cartes passent en première ligne, et l'amirauté en a exposé quelques-unes. On remarque aussi le voyage scientifique autour du monde, le dernier peut-être, exécuté récemment par le commodore Wüllersdorf von Urbair sur la frégate autrichienne *Novara*.

« Il y a maintenant cent vingt bateaux de sauvetage sur les côtes d'Angleterre et d'Irlande, et les conditions locales, ainsi que l'immense commerce, en commandent tellement l'usage, qu'il y en a dèpuis longtemps, et que les premiers ont été établis sur les côtes

(1) M. Broquet, sous-commissaire de marine, a aussi proposé un cerf-volant fort ingénieux.

M. le comte d'Houdetot vient d'inventer un porte-amarre qui lance sa ligne jusqu'à 300 mètres et qui peut, étant tiré à l'épaule avec une charge de 5 grammes de poudre, la porter à 160 mètres.

L'arbalète Le Métayer l'a portée jusqu'à 75 mètres.

Enfin la turelutte la peut porter jusqu'à 25 mètres. (*Note de l'auteur.*)

(2) *Instruction sur la manœuvre des canots naviguant dans les grosses mers et dans les brisants*, traduite de l'institution de *Life-boat* par l'amiral Pâris.

du Northumberland, lorsqu'en 1789 on vit un équipage réfugié dans la mâture tomber un à un, sans qu'on pût porter secours. En 1824, on établit l'institution pour sauver les existences dans les naufrages, qui est la life-boat, institution actuelle. Le matériel avec les échelles, dont le dessin est donné ci-contre, ainsi que les machines et tous les accessoires, s'élève maintenant à une valeur de 15,000 fr.; le premier établissement d'une station coûte 11,250 fr., et son entretien 1,000 fr.; malgré cela, et 50 autres bateaux de sauvetage, 800 personnes périssent, chaque année, sur les côtes d'Angleterre. En 1850, il y a eu 277 navires totalement perdus, 84 coulés par voies d'eau ou abordages, 16 abandonnés et 304 assez endommagés pour être déchargés, et on croit qu'il a péri 784 personnes. C'est en février et mars qu'il arrive le plus de naufrages. Dans ce dernier mois, il y en a eu 134, ou plus de quatre par jour. Sur les côtes d'Angleterre, c'est aux environs de Newcastle on the Tyne que l'affluence des bâtiments allant chercher du charbon concentre le plus de sinistres.

« En France, il y a des bateaux de sauvetage à Dunkerque, Calais, Boulogne, le Havre, établis par des souscriptions locales. La côte de Bretagne ni l'embouchure de la Somme n'en ont pas encore, malgré les dangers dont elles sont hérissées. Au Havre ils sont dirigés par M. Durécu, qui a sauvé lui-même plus de cinquante personnes. Ces bateaux ne remplissent pas moins toutes les conditions nécessaires; *si chez nous l'organisation de la société ne permet guère les souscriptions volontaires de la richesse concentrée de l'Angleterre, le gouvernement éclairé de l'Empereur a pris les devants, et on organise un service de sauvetage pour lequel il est à espérer qu'on trouvera des hommes zélés, comme l'amiral Washington et l'infatigable inspecteur, le capitaine Ward, sur les côtes d'Angleterre.*

« Le Danemark a présenté un bateau plat bien disposé pour les plages, avec les avirons de queue à chaque bout, et sur une distance de 200 milles; il a 25 life-boats avec les appareils de mortiers et de fusées. Beaucoup de marins leur ont dû la vie. La Suède et la Russie en ont quelques-uns sur les modèles anglais, et beaucoup d'autres pays les adoptent. Le congrès des États-Unis en entretient 27. »

Les meilleurs bateaux de sauvetage jusqu'ici employés sont les life-boats anglais, dont nous donnons le dessin ci-dessous. Les

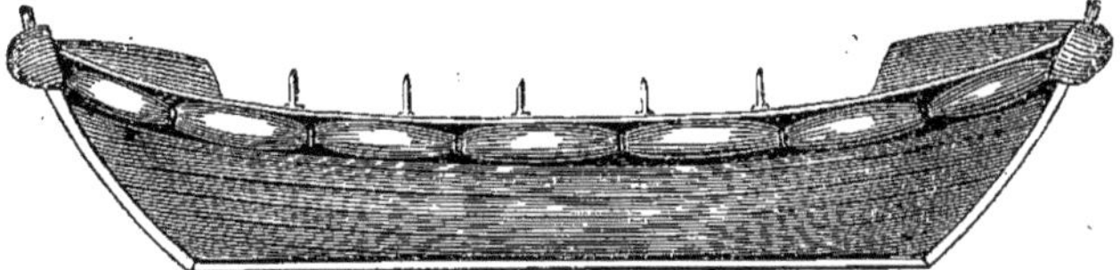

Fig. 27

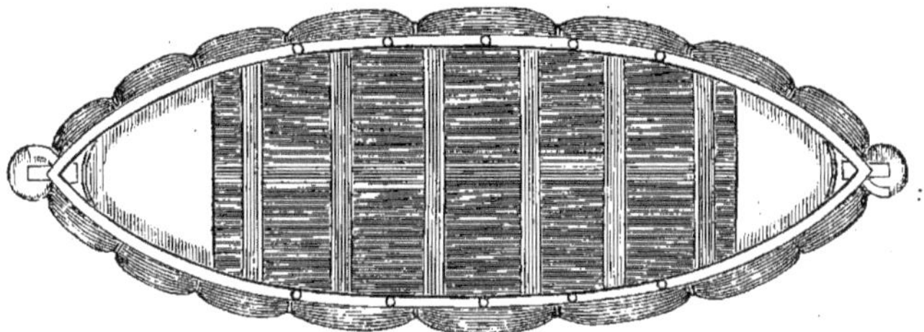

Fig. 28.

expériences qui en ont été faites sont toutes concluantes en sa faveur. Cependant nous croyons que l'on pourrait remplacer les deux coffres qui sont aux deux extrémités par des caisses à air plus commodes. Ceci n'est qu'une opinion ; mais nous pensons que le sujet est assez digne d'intérêt pour qu'on en fasse l'objet d'un concours en France comme on l'a fait en Angleterre. Nous ne donnerons pas ici une description détaillée de ces sortes d'embarcations ; car, en consultant les plans que nous en donnons, tout constructeur peut en faire ; on aura tous les renseignements possibles à cet égard. Du reste, si on suivait notre principe, comme toutes les embarcations seraient insubmersibles et inchavirables, toutes ces embarcations seraient plus ou moins, à l'occasion, des bateaux de sauvetage (1).

151. Le bateau de sauvetage d'une société humaine devant

(1) On trouve, dans l'*Illustrated London News* du 7 février 1863, le dessin et la description d'un autre bateau de sauvetage auquel on donne le nom de *tu-*

toujours être prêt à mettre à la mer, il faut qu'il soit toujours parfaitement armé, qu'il ait ses avirons, ses voiles, son câble, son ancre et ses porte-amarres à bord, qu'il ait même un va-et-vient toujours prêt à lancer à un navire qui fait naufrage et qui n'en a pas, afin d'établir une communication avec lui de cette manière. Nous voudrions aussi qu'il fût pourvu d'un baril fermant hermétiquement, dans lequel il y aurait quelques vivres et cordiaux; car, lorsque des hommes sont exposés à passer plusieurs heures, tout un jour, toute une nuit d'hiver quelquefois, dans une embarcation, ils éprouvent des besoins, et, dans un tel cas, une galette de biscuit, un verre d'eau-de-vie raniment leurs membres engourdis et leur font conserver leurs forces. Nous croyons donc que cette précaution est fort utile, d'autant plus que ce petit fût peut être fermé à clef, et la clef être entre les mains du chef qui commande l'embarcation. Il faudrait aussi que dans le même fût se trouvassent un cornet puissant et un flambeau à essence de térébenthine pour faire des signaux de nuit, et un pavillon pour en faire le jour.

Les hommes qui montent un bateau de sauvetage devraient tous avoir des vêtements insubmersibles et imperméables, comme ceux dont nous parlons (165), ou du moins une cuirasse ou un scaphandre, comme ceux dont nous donnons les dessins (93 et 93 *bis*); car il ne faut qu'en aucun cas ils aient la crainte de se noyer. De cette sécurité qu'ils ont pour eux, dépend beaucoup l'intelligence qu'ils déploient pour sauver les naufragés. Nous penchons pour les vêtements insubmersibles et imperméables;

bular life-boat rescue (bateau de sauvetage tubulaire). Il nous paraît sans doute remplir toutes les conditions d'une excellente embarcation de sauvetage, mais par ses dimensions n'être propre qu'aux endroits où on peut toujours l'avoir à flot; il a 42 pieds anglais (13 mètres) de long, 10 pieds (3 mètres) de bau; la spécialité de sa construction consiste en deux tubes courant de l'avant à l'arrière avec quatorze brides en bonnes sangles; le corps du bateau est fait comme celui d'un bateau ordinaire; c'est M. John Hamilton de la fonderie de Windsor qui est l'auteur de ce perfectionnement. Nous ne doutons pas que cette sorte d'embarcation soit excellente pour la mer; mais, comme on n'en donne pas le prix, nous la croyons fort chère, et qu'on pourrait atteindre le même but à meilleur marché; ce qui est à considérer, surtout si on organisait le sauvetage sur notre littoral sur une grande échelle : c'est de cette embarcation que l'amiral Pâris fait mention, page 205.

car nous voudrions diminuer, autant que possible, les souffrances des sauveteurs. Nous croyons qu'on ne tient pas assez compte, en général, que ce sont des hommes qui se précipitent volontairement dans le danger où les naufragés ont été entraînés fatalement. Nous les croyons donc, pour le moins, aussi dignes d'intérêt que ceux au secours desquels ils vont, et nous pensons qu'on ne l'oublie que trop souvent.

152. 3° *Un bateau de sauvetage portatif pour donner des secours à la côte.* Toute société humaine, tout poste de sauvetage, doit avoir, indépendamment de son life-boat, une autre embarcation bien plus légère et portative pour donner des secours à la côte. Ci-dessous est le dessin de celle que nous proposons à cet effet, et qui a été inventée en 1859 par M. E. Winther, ingénieur civil danois, demeurant à Dunkerque.

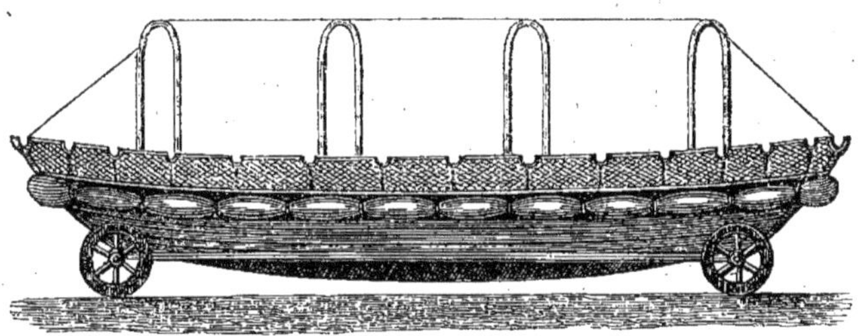

Fig. 29.

Comme on le voit, le canot Winther est tout bonnement un fond d'embarcation surmontée d'une fargue en treillage de fil de fer. Nul doute que, si on allait dans une grosse mer avec une pareille embarcation, on ne souffrît beaucoup, car il est comme un outriger au ras de l'eau ; mais aussi, comme il n'est destiné qu'à établir une communication entre un bâtiment naufrageant sur la côte et la terre, quand on ne peut établir le va-et-vient directement, à cause de la grande distance, et à le faire à l'abri du navire naufrageant, il souffre peu de la mer, et comme il présente beaucoup moins de brousse-vent que les autres embarcations, il peut surmonter des obstacles insurmontables, quelquefois pour des embarcations qui ont un haut bordé au-dessus de la mer, et présente conséquemment une grande surface à la mer et au vent. Il est vrai que les hommes qui le montent sont toujours à peu près dans l'eau; mais s'ils sont munis de vêtements comme ceux que nous proposons (165), ils souffriraient peu, car ils ne seraient qu'inondés par les coups de mer, mais ne seraient pas mouillés à la peau.

Cette sorte d'embarcation offre, selon nous, le grand avantage de sa légèreté, ce qui permet qu'on la place sur un chariot comme une partie du bagage indispensable à emporter en pareil cas, quand il faut aller à la côte, et de la transporter ainsi rapidement jusque devant le sinistre, ou dans le lieu le plus voisin du sinistre, et fait que les canotiers qui doivent la monter, et qui sont venus jusque-là bien commodément assis dedans jusqu'à cet endroit, n'ont pas épuisé inutilement et prématurément leur force à tirer cette embarcation où elle doit servir. Ils ont donc, en arrivant, toute l'énergie nécessaire pour la transporter, s'il le faut, sur le point de la côte où elle doit être employée, et pour en tirer le meilleur parti possible (1).

153. 4° *Un chariot pour porter tout le matériel de sauvetage dont on peut avoir besoin à la côte.* Quand on entend parler d'un sinistre qui a lieu sur un point ou un autre de la côte, maintes gens émus par l'idée du danger que les pauvres naufragés courent s'empressent de s'y rendre pour tâcher de leur donner assistance, mais ils y arrivent avec rien, et s'il advient (ce qui n'a que trop souvent lieu) que le navire n'ait lui-même aucun moyen de sauvetage préparé, cette foule de cœurs généreux en est réduite à contempler les différentes péripéties du naufrage, à voir noyer des hommes devant eux sans pouvoir leur porter secours. Quel supplice pour un homme dévoué, il a causé la mort de plus d'un sauveteur! Mais, pour une société humaine, il ne doit pas en être ainsi, puisqu'on s'est outillé pour donner des secours non-seu-

(1) Pour la description détaillée de ce bateau, s'adresser à M. E. Winther, ingénieur civil à Dunkerque.

lement dans l'endroit où est le siége de la société, mais aussi pour en donner jusqu'à 6 milles de distance au moins des deux côtés. De ce point-là, il faut y transporter les objets dont on pourra avoir besoin pour le sauvetage : des *lignes*, des *tureluttes*, des *porte-amarres*, des *signaux*, des *vivres*, des *effets* pour changer les pauvres naufragés, le *bateau portatif*, etc., etc., et enfin les objets dont on aura probablement besoin, et faute desquels on peut manquer, du moins en partie, le but pour lequel on s'est rendu à la côte, et voir mourir une ou plusieurs personnes sous ses yeux, auxquelles il est matériellement impossible de porter secours. Mais pourrait-on faire porter tout cet attirail par les sauveteurs ? Impossible, surtout si la distance est grande, et qu'ils aient le vent au visage. Il faut donc avoir un chariot qui appartienne à la société, et qui soit disposé comme celui dont nous donnons le dessin ci-dessous. Ce chariot, au lieu d'avoir des ri-

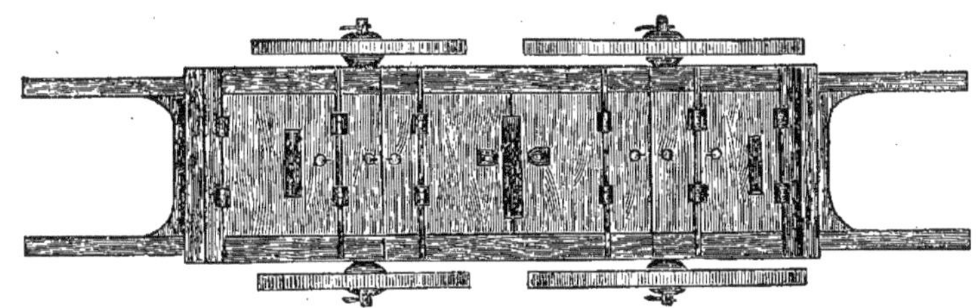

Fig. 30.

delles des deux côtés, est couvert d'un grand coffre partagé en cinq compartiments : le premier est le magasin aux vivres et aux boissons; il est séparé en trois compartiments, dont deux desquels sont des citernes, l'une pour l'eau, l'autre pour l'alcool ; dans le premier, il y a du biscuit, du café et du sucre, et enfin ce qu'on juge nécessaire à l'alimentation d'une certaine quantité de personnes. Dans la citerne à l'eau, il y en a suffisamment pour donner à boire et faire des boissons chaudes à la même quantité de personnes. Dans la deuxième citerne, on peut ménager l'avantage d'avoir de l'eau-de-vie et du vin en suffisante quantité. C'est enfin ici la cambuse.

Le second compartiment renferme un lit, c'est-à-dire 1 matelas, 1 oreiller et 2 couvertures de laine.

153 *bis*. Le troisième contient 12 chemises de laine, 12 caleçons aussi de laine, 12 paires de bas de laine, 12 bonnets *idem* et 12 paires de sabots. C'est le magasin pour donner des effets secs aux naufragés, quand ils seront venus à terre trempés et grelottants. Il renferme de plus 2 matelas dont la toile est d'un côté imperméable, 2 oreillers et 4 couvertures de laine. Ceci est la réserve pour parer aux cas imprévus, où l'on aurait plus de deux malades ou blessés à soigner et où on serait obligé de les étendre sur le sol.

Le quatrième compartiment est un lit comme le deuxième.

Enfin le cinquième est le magasin général. C'est là que sont la *bouilloire à trois pieds* pour faire chauffer de l'eau à la côte et sa plaque de tôle, le *combustible*, le *porte-amarre*, le *va-et-vient*, les *signaux* et le *coffre à médicaments*. C'est là, enfin, que sont logés tous les objets dont on peut avoir besoin, *fanaux*, *flambeaux*, *fusées*, *allumettes*, *cordes*, *turelutes*, *porte-amarres*, etc.

Sur ce coffre sont établis trois chantiers pour poser le canot portatif. C'est aussi sur lui que sont placés les montants de la tente et les toiles pour la couvrir; c'est même lui qui sert de principale base à cette tente et qui fait qu'on peut l'installer solidement; autrement, au milieu d'une tempête, il serait bien difficile d'établir une telle baraque; car où trouver un point d'appui solide, surtout si on est sur une plage? Cependant une tente est un objet indispensable à élever sur la côte à proximité du sinistre, tant pour y donner des soins à l'abri de la pluie et du sable qui fouettent et aveuglent ceux qui y sont exposés que pour pouvoir y faire quelques boissons chaudes pour rendre des forces et ranimer naufragés et sauveteurs, pouvoir donner les premiers soins aux malades, pouvoir faire enfin ce qu'il est indispensable de faire dans une pareille situation. Nous expliquerons plus loin comment on s'y prend pour faire cette tente; seulement nous ferons observer, pour compléter la description du chariot, qu'il a, le long des deux côtés, des crochets de prolonge, comme un affût d'artillerie, pour y crocher des prolonges, pour que, dans les endroits où le chemin est trop tirant, les sauveteurs, sautant à terre, aident au cheval à le faire marcher rapidement.

DE LA TENTE DE SAUVETAGE.

154. Nous venons d'indiquer ci-dessus pourquoi une tente est presque un objet indispensable, quand on va donner des secours à la côte. Quand on est dans un endroit accidenté, où l'on peut trouver un abri pour la faire, il ne serait pas matériellement besoin du chariot pour la consolider, mais ceci est l'exception; presque toujours, si on opère sur une plage, on est obligé de s'installer en pleine côte; alors on conçoit de quelle utilité est ce chariot pour qu'avec un vent furieux cette tente ne s'envole pas.

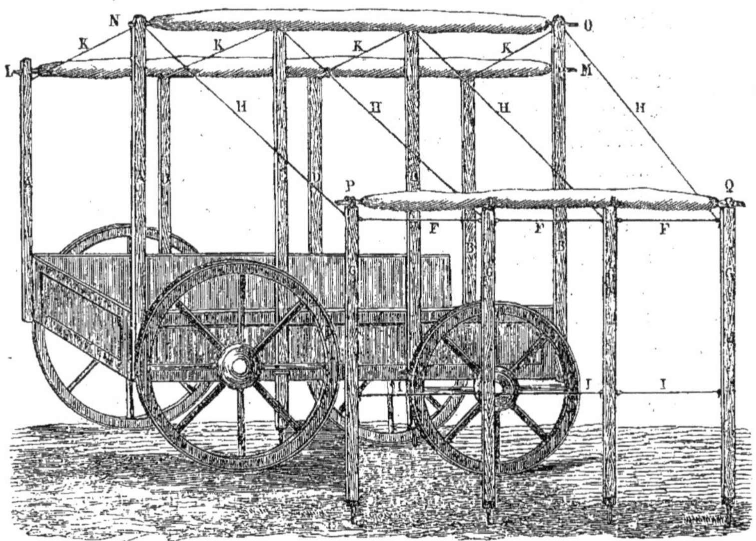

Fig. 31.

Il serait à souhaiter aussi de lui donner une certaine élévation;

mais, par la même cause, il faut la faire aussi basse que possible : 3 mètres au plus aux côtés, 4 mètres au faîtage. Au moyen donc de quelques montants qu'on dresse contre le chariot et autour de lui, on parvient à faire cet abri utile. Comme nous le représentons, p. 213, on voit que le chariot a deux brancards, que les côtés du chariot sont garnis de crampes; dans ces crampes se fichent des montants à pieux, ayant 3 mètres plus le pieu au-dessus du sol; on redresse les deux brancards et l'on a quatre montants debout de chaque côté de ce chariot. Les montants du côté gauche ont 3 mètres de long, ceux de droite 4 mètres, plus le pieu qui va se ficher en terre jusqu'au ras du bois. Ils sont, à l'autre extrémité, garnis d'une fourche en fer pour recevoir une traverse sur laquelle est enverguée une toile qui sert de côté extérieur à la tente et qui est fixée par des lignes d'amarrage et aux crampes et aux pieds des pieux.

Les deux autres pieux, que l'on enfonce dans les crampes, de l'autre côté du chariot, étant destinés à recevoir le faîtage de la tente, ont 4 mètres de longueur; ils s'enfoncent aussi dans le sol, et sur ces pieux, qui sont aussi garnis d'une fourche, se place une traverse garnie de deux toiles : l'une, qui a deux fois la largeur du chariot, sert de toit en arrière de la tente et, venant passer sur la traverse des premiers pieux, tombe d'environ 1 mètre en doublure sur la toile dont nous avons parlé et va, au moyen de quatre bouts de ligne, s'amarrer aussi sur les crampes du côté gauche; l'autre est une toile qui est destinée à faire l'autre côté du toit de la tente. Pour former le devant de la tente on a quatre pieux de 3 mètres de longueur, aussi garnis de pieux et de fourches dans lesquelles sont placées une traverse et une toile qui font cette partie de la tente; ils sont reliés aux autres par des crochets et appuyés sur des haubans; ils servent de point d'appui à la toile qui de là va s'amarrer à leur pied, comme nous l'avons dit plus haut. Les pieux de soutenement sont tenus droits, d'abord par des crochets en fer venant des pieux intermédiaires, puis par la toile et deux haubans; l'un des bouts de la tente est abrité par une toile qui se met à l'extrémité du chariot, tenant par le haut aux deux pieux extrêmes sur le chariot et au troisième fiché en terre. Quant à l'autre bout, il reste libre. On évite le chariot de manière à ce que la partie consolidée de la tente, qui est appuyée sur lui, soit au vent et que l'abri du bout soit aussi au vent.

Il nous est assez difficile de décrire ici cette tente; cependant nous en avons éprouvé de bons effets, et, si on jugeait à propos de l'adopter, nous donnerions tous les renseignements désirables à cet égard, et l'on verrait que c'est le moyen le plus rapide et le plus solide d'élever un abri aux naufragés et aux sauveteurs à la côte, et qu'en même temps c'est celui qui offre le moins d'embarras pour l'apporter sur le lieu du sinistre et le remporter après le sauvetage opéré. On a, par ce moyen, une tente dans laquelle on a deux lits de malade, tous les objets d'approvisionnement réunis et 36 mètres carrés d'espace où une personne peut se tenir debout et marcher; ce qui donne le moyen d'y abriter vingt-quatre à trente personnes, d'y faire du feu, d'y distribuer des vivres et enfin de faire ce que l'on doit faire en pareil cas. A l'extrémité d'un des brancards servant de montant auxiliaire, on dresse une gaule pour hisser un pavillon de jour, un fanal de nuit et y faire des signaux; cette précaution est nécessaire, surtout de nuit et de jour, quand la tente n'est pas parfaitement en vue, afin que les sauveteurs sachent où la trouver.

DU CHEVAL.

155. Nous n'avons pas parlé de cet animal dans la nomenclature des objets de sauvetage que nous indiquons pour une société humaine, parce que ce serait, à notre avis, une dépense superflue, attendu qu'on peut s'arranger avec un camionneur ou un loueur de chevaux qui en fournirait un toutes les fois qu'on en aurait besoin. Certainement que, si l'établissement était riche, il vaudrait mieux en avoir un à soi, car il faut habituer cet animal au bruit du vent, à l'aspect de la mer en furie, comme on dresse un cheval de cavalerie à la manœuvre et au bruit du canon; mais c'est une grande charge dont on peut se débarrasser. Cependant il y aurait un moyen d'avoir un cheval appartenant à la société, qui ne coûterait rien, ce serait d'avoir un autre camion avec celui qu'on a pour le sauvetage, et le louer au commerce quand il en aurait besoin. Ce qu'il rapporterait serait plus qu'équivalent à payer l'entretien du camionneur du cheval, pour nourrir cet animal, entretenir les attelages et même amortir le coût de l'animal, couvrir les frais enfin, car, à mérite égal, chacun s'empresserait de louer le camion de la société humaine, de préférence à tout autre. On aurait alors le charretier et le cheval pour rien les dimanches et les jours de fête, où il ne serait pas occupé, on pourrait faire exercer et l'homme et son cheval. Par ce moyen, au bout de quelque temps, on aurait donc et camion et cheval pour rien ; comme ils sont indispensables, c'est une question intéressante à étudier.

156. 5° *Un va-et-vient à chaise et à hamac.* Nous avons vu (82 et 83) de quelle utilité était un va-et-vient à bord d'un navire ; mais, comme, malheureusement, on doit se défier des précautions prises par les marins, qu'on trouvera plus de navires naufrageants qui n'auront pas cet objet utile qu'il y en aura qui l'auront, il est bon que chaque poste de sauvetage en soit pourvu, surtout ceux qui sont placés sur des côtes dont la déclivité est tellement grande, que le naufrage devrait avoir lieu à une petite distance de terre, comme les grèves par exemple, ou les côtes escarpées sur les pics des roches, desquelles on peut se faire un solide point d'appui pour le bout de terre du va-et-vient. Ces sortes d'engins, qu'on doit avoir à terre, étant absolument les mêmes que ceux que nous avons décrits (81 et suiv.), nous nous dispenserons d'en donner une autre description ici. Nous n'ajouterons donc qu'une observation, c'est pour établir ce va-et-vient assez haut sur les côtes où la déclivité est presque insensible. On conçoit aisément que, lors même qu'on parviendrait à consolider parfaitement le bout de cet appareil qui est à terre, il serait extrêmement difficile de haler la chaise sur laquelle serait assise la personne ou le hamac dans lequel elle est couchée, si on n'élève pas suffisamment la draille et la poulie à fouet de ce va-et-vient au-dessus de terre pour que le hale à bord et le hale à terre ne traînent pas sur le fond. C'est pourquoi il faut alors avoir avec soi un chevalet-trépied comme celui dont nous donnons le dessin p. 216, dans la fourche duquel plaçant la draille et sur laquelle fourche frappant la poulie à fouet, on élève ces deux objets à environ $1^{m},50$ de terre; ce qui rend alors la manœuvre facile, ce sont les côtes de sable et de vase qui présentent en général ces inconvénients, ce sont elles aussi sur lesquelles il est plus facile d'élever ce trépied.

157. 6° *Une arbalète porte-amarre.* Ce petit porte-amarre, dont l'idée première est due à M. Le Métayer, alors capitaine de port au Havre, peut rendre d'utiles services dans bien des cas. Nous en avons donné une description (98); nous n'y reviendrons plus que pour dire qu'il est presque indispensable d'en avoir une dans chaque poste de sauvetage, soit pour établir directement une communication avec le navire en détresse, soit d'un bateau de sauvetage au navire en danger, soit enfin entre le bateau portatif et le navire naufrageant, pour que celui-ci ne risque pas à s'aller briser sur ce bâtiment. Il vaut mieux, dans un tel cas, qu'un porte-amarre à poudre, parce que tout le monde peut le manier et qu'on ne craint pas que la charge se mouille. Mais nous croyons qu'il y aurait un perfectionnement utile à lui apporter, ce serait de pouvoir facilement démonter l'arc, afin de l'allonger comme le fusil de l'arbalète, car, en travers comme il l'est dans ces sortes d'armes, il serait gênant dans un canot de sauvetage. Nous croyons, du reste, que ce perfectionnement ne serait pas difficile à effectuer, et alors il serait tout aussi avantageux pour les porte-amarres des navires que pour ceux des postes de sauvetage à terre.

158. 6° *bis. Un porte-amarre à tir direct.* Nous voulons parler ici du porte-amarre inventé par M. le comte d'Houdetot, dont nous avons donné un aperçu (103). Celui-ci a sans doute un bien grand avantage sur le porte-amarre Le Métayer, attendu qu'il n'est pas embarrassant, porte plus juste et plus loin; mais il faut de la poudre pour s'en servir, et cependant on ne peut se dispenser d'en avoir un dans chaque société humaine, parce qu'on peut, avec cette arme, presque toujours établir sa communication avec le navire naufrageant, ce que l'on ne peut faire bien souvent avec l'autre. C'est aussi une arme fort commode que le petit porte-amarre à tir direct, puisqu'il ne tient pas plus de place qu'un fusil, et si, dans les exercices où on l'a essayé, il a porté sa ligne à 160 mètres, dans bien des cas, si c'était d'abord d'un canot qui serait au vent du navire naufrageant qu'on le tirerait, il porterait sa balle à 200 mètres, ce qui mettrait sans danger cette embarcation en communication avec le navire naufrageant.

139. 7° *Une civière à caléfacteur.* Bien souvent il arrive qu'après bien des peines et des dangers, quand on donne des secours à la côte, on ne parvient à sauver qu'un cadavre ou une personne qui est dans un état d'asphyxie tel que vous craignez qu'elle n'expire à tout moment. Mais si cette personne pouvait être transportée sans secousses à la tente, si on pouvait lui administrer les secours urgents que réclame sa triste position, on parviendrait à la rappeler à la vie. C'est ce qui a fait à M. Dereins, courtier maritime à Calais, imaginer une sorte de civière sur laquelle l'asphyxié étant étendu, deux personnes peuvent le porter sans secousse aucune. Cet appareil est tout bonnement une civière

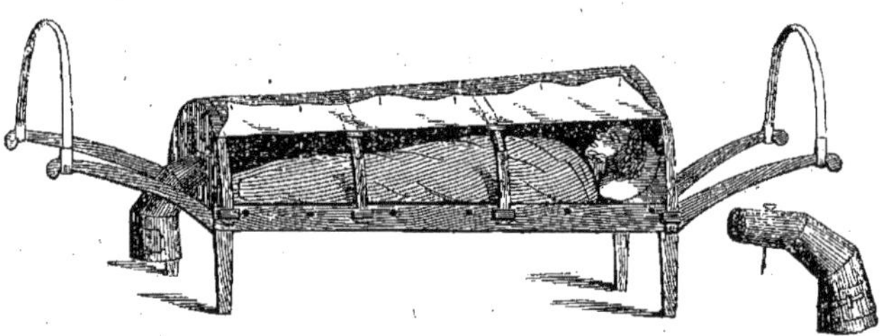

Fig. 32.

couverte comme celle dont nous donnons un dessin ci-dessus. La seule innovation qui la distingue des autres, c'est l'installation du caléfacteur.

Le pied de la civière est fermé par une planche dans laquelle se met une carcasse en fer-blanc qui a la forme de la carapace de homard; à l'extrémité inférieure, il y a une porte qui permet de placer dans l'intérieur une lampe à esprit-de-vin allumée, l'autre bout a son orifice couvert d'une toile métallique, afin d'empêcher la flamme, en aucun cas, de dépasser cet orifice; cette carcasse s'enfonce dans la planche et vient au travers, jusque sous les couvertures, aux pieds de la personne couchée sur la civière. Par ce moyen, quelque rigoureuse que soit la saison, on parvient à conserver la chaleur et le dernier souffle de vie qui restent à ce pauvre asphyxié, et à le porter vivant jusqu'à la tente, où des soins continus et bien entendus le ramènent souvent à la vie (1). Bien des naufragés n'auraient pas succombé, si on avait partout de ces civières.

160. 8° *Une grue mobile.* Il arrive souvent, dans un mauvais temps, qu'une embarcation chavire dans l'entrée d'un port et même dans l'intérieur d'un port. Les personnes qui la montent cherchent à gagner la terre à la nage, mais, si elles abordent contre

(1) Tous les établissements de sauvetage n'ont pas de civière à caléfacteur, et cependant souvent des transports que l'on fait sans secousse d'une personne asphyxiée dépend sa vie, le moindre mouvement brusque peut la faire expirer. Il est donc très-utile d'avoir, dans tous les postes de sauvetage, le moyen de transporter un asphyxié sans secousse dans un endroit où on puisse lui donner les soins que réclame cette dangereuse position; c'est ce qui nous fait proposer le brancard ci-dessus. Comme on le voit, c'est un morceau de bonne toile à voile ayant 1 mètre de largeur absolue, mais qui, des deux côtés, a un ourlet de 15 centimètres de large, ce qui fait qu'il n'a, en réalité, que 0m,70 de largeur; à l'une des extrémités est une toile de doublure formant une espèce de taie d'oreiller qui est remplie avec des copeaux fins de bois de sapin, ce qui forme une façon d'oreiller; on passe deux bouts de bois de 2m,66 dans les deux ourlets. c'est ce qui sert à porter la personne. Puis on couche l'asphyxié sur cette civière, la tête un peu inclinée à droite et on la couvre de ce que l'on peut. Alors deux personnes la prennent et la transportent ainsi en marchant au pas, où on peut lui donner des soins. Elle n'est pas aussi bien ni aussi chaudement que sur une civière à caléfacteur, il est vrai, mais elle y est infiniment mieux que si on la portait à deux ou à dos. Comme les porteurs ont leurs hanches entre les brancards, il n'y a pas à craindre qu'ils serrent trop cette personne et diminuent sa faculté de respirer. Cet appareil, qui n'est ni dispendieux ni difficile à faire, devrait se trouver partout sur les côtes.

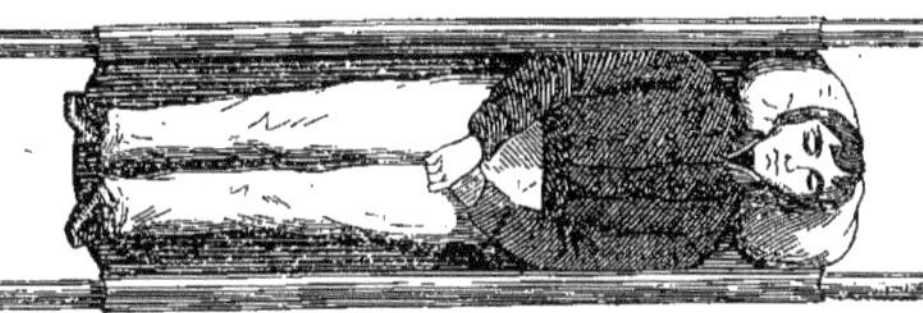

Fig. 33.

un quai, contre une jetée, contre une estacade, et que la mer soit grosse, elles sont bien exposées à périr, même quand il y aurait là des personnes pour les secourir, car la lame les frappe contre ces bâtisses et réagissent avec eux plus loin, dans peu de temps épuisent leurs forces, à moins qu'on ne trouve moyen de les soustraire à ses mauvais effets, mais souvent cela est fort difficile et

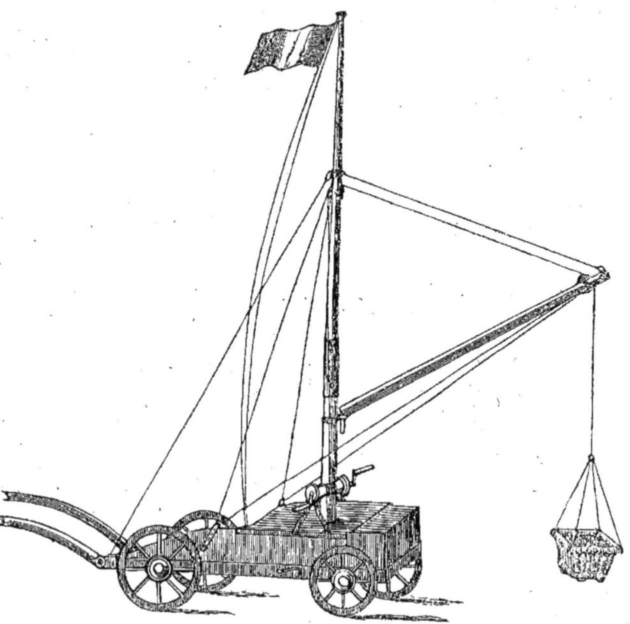

Fig. 34.

même souvent impossible, si l'on n'a sous la main des cordes à leur jeter. Avec la grue mobile dont nous donnons ci-dessus le dessin, il y a grande chance de réussir ; c'est pourquoi cet engin doit faire partie de tout le matériel de sauvetage des ports. En effet, lorsqu'on voit qu'un canot qui donne dans le port est en grand danger de s'y perdre, on va de suite à l'établissement chercher cette grue qu'on roule au pas de course jusque vis-à-vis le canot, ayant soin de le suivre, et par ce moyen, s'il vient à chavirer, on peut espérer de sauver les personnes qui attraperont le corbillon (1) et monteront dedans ; car, dirigeant la corne en dehors et faisant pendre le corbillon à l'eau, il est facile à ceux qui l'atteindront d'y monter et de s'y maintenir; alors, au moyen de la virevaudague, qui est placée à cet effet sur la grue, on hisse la personne qui y est à hauteur du quai, de la jetée ou de l'estacade, et là, faisant tourner la corne vers la terre, on dépose cette personne vivement sur le quai pour jeter le corbillon à une autre. Cette manœuvre, qui peut se faire promptement, peut sauver plusieurs personnes.

Si c'est de nuit qu'on opère le sauvetage, on a soin de passer l'itaque du corbillon dans les anses d'un fanal qui est allumé et qui s'arrête sur la patte d'oie du corbillon. La personne qui nage à la mer, voyant cette petite lumière au-dessus de l'eau, vient à la lueur, et, trouvant cette corbeille, y monte; alors elle cache la lumière et on en conclut qu'il y a quelqu'un dans la manne, on hisse et l'on sauve. Cet objet est plus souvent employé au sauvetage qu'au premier instant on serait tenté de le croire; mais il ne faut pas attendre, pour aller chercher la grue, que le malheur soit arrivé; il vaut mieux l'avoir là comme mesure de précaution quand le danger menace.

161. 9° *Des signaux de jour, de nuit et de brume.* On doit être convaincu que si des signaux sont utiles à bord d'un navire, à fortiori ils le sont dans un poste de sauvetage, d'abord pour di-

(1) Il n'est pas non plus indifférent d'expliquer ici comment est fait le corbillon de cette grue. Il est en osier, mais crainte que, alors qu'il y a une ou deux personnes dedans, il ne défonce, on l'établit sur une croix de Saint-André en bois, et les quatre branches de la patte d'oie qui servent à le suspendre se croisent aussi par-dessous et sont retenues au fond et autour de l'ouverture supérieure par deux estropes; cependant il est à jour au fond, parce qu'il faut qu'il coule à fleur d'eau, mais, pour qu'il n'aille pas plus loin, il y a autour de cet orifice supérieur un bourlet bourré avec des rognures de bouchons. Par ce moyen, cet orifice est toujours au-dessus de l'eau.

riger la route du navire en perdition vers l'endroit le moins dangereux de la côte, s'il est encore sous voile; ensuite pour s'enquérir de sa situation, savoir s'il a des moyens de sauvetage et l'avertir de ce qu'on veut faire pour sauver son équipage, afin qu'on vous seconde à bord et que, par des manœuvres intempestives, on ne vienne pas tirer de hue quand il faudrait tirer de dia; mais, pour cela comme pour les signaux dont nous avons parlé (104) à bord des navires, il serait à souhaiter qu'un mode uniforme de signaux de sauvetage fût adopté par les peuples navigateurs. Nous nous sommes permis (106) de produire ceux que nous croyons les plus simples et les plus faciles, mais nous n'avons donné ici que notre avis, et sommes tout prêt d'accepter ceux qu'on nous proposera, s'ils doivent mieux remplir le but que les nôtres. Après cette profession de foi qui prouve que nous ne sommes pas entiché de nos idées, nous nous permettrons aussi de donner le vocabulaire que nous adopterions à pareille occasion pour signaler entre sauveteurs à terre l'équipage d'un navire naufrageant. Nos signaux, comme on le sait, sont de plusieurs sortes, *ballon*, *hémisphère* et *cône* pour les signaux de jour à grande distance; quand la distance est beaucoup plus petite, ils se font avec les bras, comme nous les représentons dans la planche qui est consacrée à ces signaux. Pour signaux de nuit, nous croyons qu'on peut employer trois modes, des *fanaux*, des *fusées* et l'*acoustique*; nous avons expliqué (104) comment nous ferions les signaux avec des fanaux et par l'acoustique, reste à nous expliquer sur les signaux à faire avec des fusées. Les signaux de nuit, faits avec des fusées, ont été employés depuis que l'art pyrotechnique a été inventé, car, si ce sont les plus courts, ce sont aussi ceux qui se voient de plus loin et qui fixent le plus l'attention, car ils s'élèvent dans les airs. Nous voudrions donc qu'on eût onze sortes de fusées ou chandelles romaines pour faire ces signaux : une claire dans son jet, une rouge, une bleue et une rose ou jaune. Les quatre autres seraient comme suit : fusée n° 5, premier jet clair, second jet rouge; n° 6, premier jet clair, second jet bleu; n° 7, premier jet clair, second jet rose ou jaune; n° 8, premier jet rouge, second jet clair; n° 9, premier jet bleu, second jet clair; n° 10, premier jet bleu, second jet rouge; n° 11, premier jet rouge, second jet bleu. Ainsi, en commençant par zéro et représentant la fusée jet clair par 0, la fusée jet rouge par cette figure barrée d'un trait vertical Φ, la troisième par cette figure traversée d'un trait horizontal ⊖, enfin la quatrième par la figure faisant la croix de Saint-André qui est plus que suffisante pour exprimer tout ce que nous voudrions en affectant le n° 11 au signal d'attention, le numéro *zéro* au mot *oui* et le n° *un* au mot *non*.

Quant aux signaux de brume, nous en avons parlé (104); ils sont faits par l'acoustique. Après cet exposé préalable de notre méthode, passons aux spécimens des dialogues à établir entre la terre et le navire naufrageant, entre les postes voisins à terre, entre les sauveteurs qui sont à la tente et ceux qui sont sur le littoral, ou enfin entre deux des sauveteurs. Commençons par le premier.

162. DIALOGUE N° 3, LA TERRE S'ADRESSANT A UN NAVIRE QUI EST EN DANGER.

11	Attention !	11	Aperçu.
2	Vous courez sur des dangers.	0	Aperçu.
3	Dirigez-vous sur le point que nous allons vous indiquer. *Signaler ensuite ce point par la table des vents.*	0	Aperçu.
4	Gouvernez à l'aire de vent que nous allons vous indiquer : *l'indiquer par la table ci-dessus.*	0	Aperçu.
5	Disposez tous vos moyens de sauvetage.	0 1	Oui. Nous n'en avons pas.
6	Tâchez de retarder votre échouement jusqu'à l'heure que nous allons vous signaler. *Signaler ensuite cette heure.*	0	Aperçu.
7	Nous allons essayer de vous envoyer le bateau de sauvetage, veillez-y.	0	Aperçu.

8	Embarquez-vous avec votre monde et venez à terre, car, dès que votre navire va toucher, il va être brisé en mille pièces.	0	Aperçu.
9	Veillez à ce qu'aucun de vos hommes ne tente de gagner la terre à la nage, ils se noieraient et, en attendant à bord, quand votre navire viendra presque à sec, ils seront tous sauvés.	0	Aperçu.

163. Pour que jamais les signaux ne se confondent, il faut que la personne à laquelle ils s'adressent ne fasse que répondre jusqu'au moment où celle qui lui parle, cessant de signaler, le lui fait connaître en amenant et hissant deux fois le dernier signal, et l'amenant ensuite qu'elle a fini. Si alors elle désire questionner à son tour, elle hisse son signal d'attention. Les rôles changent, l'interrogé d'abord devient interlocuteur.

DIALOGUE N° 4 ENTRE LES SAUVETEURS ET LE POSTE DE SAUVETAGE LE PLUS VOISIN.

0	Attention!		
1	Venez promptement à mon aide. Je ne puis suffire sur ce point.	0	Aperçu. Le poste voisin doit de suite déférer à cette invitation et se mettre en route avec son monde.
2	Mettez votre canot à la mer et allez donner des secours par mer au navire naufrageant pendant que je les donnerai par terre.	0 4	On va le faire. On ne peut le faire.
3	J'ai connaissance d'un sinistre qui doit avoir lieu à l'aire de vent que je vais vous signaler. *Signaler ensuite cette aire de vent.*	0	Aperçu.
4	Ne m'envoyez qu'un renfort de monde, nous avons ici tout ce qui est nécessaire au sauvetage.	0	Aperçu.
5	Envoyez-moi les objets de votre matériel que je vais vous signaler : *les signaler ensuite.*	0	Aperçu.
6	Envoyez-moi des vivres j'ai beau-		

	coup plus de monde à nourrir que je ne le pensais.	3	On va le faire.
		4	On ne peut le faire.
7	Envoyez-moi un médecin; nous avons des malades et des blessés.	3	On va le faire.
		4	On ne peut le faire.
8	Envoyez quérir l'autorité; je ne puis venir à bout, sans cela, des riverains.	3	On va le faire.
9	Envoyez-moi votre chariot; j'ai plus de monde à transporter que je n'ai de place.	3	On va le faire.
		4	On ne peut le faire.

164. On voit que nous raisonnons ici dans l'hypothèse que la côte de France est garnie de postes de sauvetage tellement disposés qu'ils fassent une chaîne continue, telle qu'en quelque endroit où un sinistre arriverait sur notre littoral, deux heures après qu'il y serait connu, on puisse y réunir des secours quand il serait possible de lui en donner. Dans un tel cas, les postes de sauvetage étant solidaires entre eux, quand le personnel d'un poste ne suffirait pas, on en appellerait un second et même un troisième, ce qui ferait qu'au besoin on pourrait avoir jusqu'à 30 sauveteurs exercés et trois matériels pour donner des secours aux naufragés, et à la côte et à la mer, quand leurs navires seraient naufragés ou en perdition. Mais il faudrait, pour cela, que le sauvetage fût une institution organisée sous la surveillance du gouvernement et non confié au bon vouloir des sociétés humaines particulières. Car, malgré que nous reconnaissions mieux que personne la bonne volonté qui dirige ces sociétés humanitaires, malgré que nous soyons sans cesse en relation avec les deux premières fondées en France et l'un des membres fondateurs de la troisième, nous croyons que difficilement on déciderait, si elles en avaient un, le personnel d'une société à aller se ranger sous les ordres d'un autre chef que le sien, et c'est cependant ce qui devrait avoir lieu, si on voulait en avoir de bons résultats; la société, ou plutôt le personnel actif de la société appelée, devrait venir se ranger sous les ordres des chefs de la société qui l'appellerait. Car on doit supposer que, arrivée la première sur les lieux, ses chefs doivent avoir mieux étudié que les arrivants la position du sinistre et les inconvénients qu'elle présente. Alors, oh alors! on pourrait donner des secours efficaces sur une côte, surtout si de distance en distance on pouvait disposer, dans ces occasions, d'un puissant remorqueur, qui porterait les embarcations de sauvetage sur les lieux du sinistre, et qui, s'il ne pouvait aider au sauvetage du navire, serait au moins là pour en recevoir les hommes que lui apporteraient ces bateaux de sauvetage. Une telle installation est-elle possible ? Nous le pensons, et croyons qu'elle coûterait beaucoup moins que n'a coûté l'installation de l'institution des life-boats à la côte d'Angleterre (1).

(1) Nous croyons aussi que rien ne serait plus facile, surtout actuellement que notre littoral est garni de télégraphes électriques, que de lui faire signaler les navires échoués sur les côtes ou faisant des signaux de détresse, surtout si de tels signaux étaient généralement adoptés par tous les peuples navigateurs. Le service actif des douanes a toujours, et quelque temps qu'il fasse, une chaîne continue d'hommes en rebat. L'un de ces hommes, connaissant les signaux de détresse que les navires peuvent faire à la mer, en les apercevant se rendrait à la hâte à son poste, duquel on ferait au poste télégraphique le plus voisin le signal qu'il y a un navire échoué dans tel ou tel endroit ou qu'on aperçoit un navire faisant des signaux de détresse dans telle ou telle aire de vent. Dès lors il serait tenu d'en aviser le poste de sauvetage le plus voisin, et lui-même, au moyen de fusées qu'il lancerait la nuit, de faire connaître au navire en danger qu'on connaît sa fâcheuse position. Par ce moyen, rarement un navire périrait sans qu'au moins on ait essayé de lui porter secours, tandis qu'actuellement la chose arrive quatre fois sur cinq sur nos côtes, car ce n'est souvent qu'au bout de plusieurs heures qu'on a connaissance de son danger, et, quand on vient pour secourir, il est trop tard.

Les postes de douane sont rarement éloignés de plus d'un myriamètre les uns des autres, ils sont aussi presque toujours en vue de la côte ; supposons qu'ils aient, chacun devant eux, un espars de 10 mètres servant de mât de pavillon ou plutôt de mât de signal, on pourrait, par les moyens que nous avons indiqués (104 et suiv.), faire des signaux de jour, de nuit ou même de brume, d'un poste à l'autre. On pourrait aussi faire porter, aux douaniers qui sont de rebat, un cornet au moyen duquel sans se déranger de leur service, quand ils seraient au vent, ils pourraient signaler à cet égard ce qu'ils voient. Voici un spécimen de ce que nous entendons par ces signaux. Un préposé de rebat voit un navire échoué sur la côte, de nuit, si c'est de nuit, il fait avec son cornet le signal d'attention et, après la réponse, celui n° 1 qui veut dire : *Je vois un navire qui est naufragé sur le point de la côte que je vais vous signaler*. Ensuite, au moyen d'une table des lieux qu'il a, il signale ce point. Si c'est un navire qui fait des signaux de détresse, il l'annonce; après le signal d'attention, en faisant le signal n° 2 qui veut dire : *Je vois un navire qui fait des signaux de détresse dans l'aire de vent que je vais vous signaler*, et, comme il a aussi une table des vents, il indique où les signaux ont lieu. Enfin, si c'est un navire naufragé sur un danger au large, après l'attention il fait le signal n° 3, qui veut dire : *J'aperçois un navire naufragé au large dans l'aire de vent que je vais vous signaler*, et ensuite il signale cette aire de vent. Le poste le plus voisin qui reçoit cet avis s'empresse de faire les mêmes signaux au poste télégraphique ou d'y envoyer, et celui-ci de le signaler ou d'en donner avis au poste de sauvetage le plus prochain ; par ce moyen, on

Tout ce plan est bien arrêté dans notre tête; mais, comme nous craindrions qu'on ne pût nous soupçonner de vouloir donner des avis à plus capable que nous, nous nous abstiendrons de pousser plus loin ces réflexions et venons à un autre cas où les signaux de côte sont utiles, c'est celui où le sauveteur (ou les sauveteurs) qui agissent sur un point ont besoin de renfort. Il faut qu'ils puissent correspondre entre eux, et ils le font soit au moyen des bras, par les signaux que nous avons indiqués (104), soit par l'acoustique, au moyen de leur cornet, comme nous l'avons aussi indiqué (104). Voici un spécimen de dialogue à établir en pareil cas.

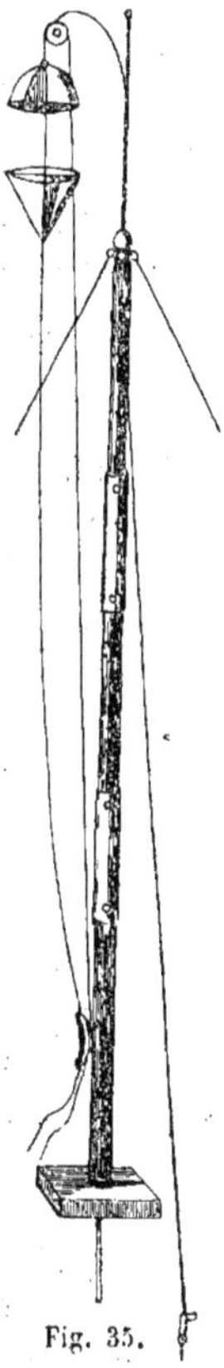

DIALOGUE N° 5 ENTRE DEUX SAUVETEURS QUI SONT SUR LA CÔTE.

0	Attention !	0	Aperçu.
1	Venez promptement à mon aide. Je ne puis suffire seul ici.	3	J'y vais.
		4	Je ne puis.
2	J'appelle tous les sauveteurs ici, car un canot chargé de monde se dirige de mon côté.	0	Aperçu.
3	J'appelle un renfort de sauveteurs, car plusieurs naufragés se dirigent à la nage de mon côté et je ne puis les assister tous.	0	Aperçu.
4	Envoyez-moi le va-et-vient.	0	Aperçu.

Pour que les signaux que l'on fait sur une côte puissent être bien aperçus de la mer, il faut qu'on les élève assez pour qu'ils y soient saillants ; c'est pourquoi les signaux que l'on hisse sur une plage de sable exigent un mât brisé comme celui que nous représentons ci-contre, fig. 35.

Ce mât brisé consiste en trois tronçons de perche ayant chacun 2 mètres 50 de longueur, et se reliant entre eux par des coulants en cuivre ou en tôle de 0^{m},50 de longueur; il a des hau-

Fig. 35.

serait promptement avisé du danger que court un navire, et l'étant à temps et surtout lui ayant fait connaître qu'on est instruit de sa fâcheuse position et qu'on se prépare d'aller à son secours, souvent on empêcherait son naufrage, car on rendrait à cet équipage désespéré son courage et son sang-froid qui, presque toujours, font défaut en pareille occasion.

5	Envoyez moi le porte-amarre arbalète.	0	Aperçu.	bans, une pomme avec ses drisses à l'extrémité
6	Envoyez-moi le porte-amarre à tir direct.	0	Aperçu.	supérieure, et un pieu à l'autre bout qui s'enfonce en terre en passant
7	Envoyez-moi la civière à caléfacteur.	0	Aperçu.	au travers un plateau en bois de 0m,25 de diamè-
8	Venez à mon secours, je suis moi-même en fort grand danger.	0	Aperçu.	tre, pour qu'il ne s'enfonce pas plus loin dans
9	Prévenez à la tente qu'on va y porter une personne asphyxiée.	0	Aperçu.	le sol.

Tel est à peu près le sommaire des services que peuvent rendre de pareils signaux, et ils seraient immensément utiles si toutes les nations maritimes adoptaient la même manière de signaler. Quand cela sera-t-il? Peut-être jamais. En tout cas nous l'appelons de tous nos vœux; car nous pensons qu'un bon système de secours établi sur les côtes sauverait, chaque année, la vie à des milliers d'hommes et à des centaines de navires.

165. 10° *Des vêtements pour les sauveteurs.* Nous avons dit quelque part que l'on ne se préoccupait pas assez des sauveteurs. Nous croyons que ceux qui s'exposent volontairement (soldés ou non) à un grand danger, pour donner assistance à ceux qui n'y sont que forcément, sont encore plus dignes d'intérêt que ces derniers; c'est pourquoi nous voudrions qu'on employât tous les moyens possibles, non-seulement pour les garantir des risques inhérents à un si dangereux état, mais aussi pour leur conserver la santé. Or comment ces deux conditions sont-elles observées aujourd'hui? On donne aux hommes qui montent un bateau de sauvetage des scaphandres, quand on en a, afin que, dans le cas où le canot viendrait à chavirer, ils puissent les préserver de couler, mais ces moyens d'insubmersion ne les abritent pas des coups de mer pendant qu'ils y sont exposés, ni des intempéries de la saison après leur tâche accomplie; aussi, à la suite d'un sauvetage, les hommes qui y ont coopéré reviennent-ils aussi mouillés que les naufragés, aussi transis que ceux qu'ils ont sauvés. Or il est bien reconnu que, pendant qu'on est occupé d'un sauvetage, on ne sent pas les atteintes de la température; le feu que l'on met à cette besogne d'humanité vous empêche de ressentir le froid de l'eau de mer ou même de la pluie. Mais après le sauvetage opéré, quand vous n'avez plus cette exaltation qui vous faisait ne pas ressentir les intempéries auxquelles vous étiez soumis, que vous êtes refroidi, vous en ressentez les cruels effets, et si vous êtes obligé, pour regagner votre domicile, de faire ainsi tout mouillé 2, 3, 4 milles contre une brise furieuse et glaciale, il arrive bien souvent que vous n'arrivez chez vous que pour vous mettre au lit avec une bonne fièvre que suit une fluxion de poitrine qui souvent a pour vous une conclusion funeste, ou qui pour le moins vous cloue pour un mois ou deux sur votre couche, et vous laisse souvent le germe d'une maladie incurable. Certainement que, si le sauveteur réfléchissait, avant d'aller à la côte, aux conséquences que peut avoir son dévouement, il y en a beaucoup qui n'y iraient pas. Eh bien, nous voudrions qu'ils ne fussent pas exposés à de telles épreuves ni à de tels dangers. Nous voudrions que chacun de ceux qui feraient partie du personnel d'un poste de sauvetage eût un vêtement imperméable et qu'il pût rendre insubmersible à volonté, dessous lequel il aurait un bon caleçon et une chemise de laine pour avoir assez chaud au corps pour ne pas souffrir de la température extérieure, de gros bas de laine montant à mi-cuisses; et un bourgeron d'étoffe compléterait ce vêtement premier, afin qu'il ne fût pas gêné dans ses mouvements, mais qu'il fût sec dessous le vêtement imperméable, se mît-il dans l'eau jusque par-dessus la tête. Ce vêtement serait tout d'une pièce, comme si un pantalon à pied, ayant des semelles de bottes, faisait suite à un bourgeron dont le col et les bouts des manches seraient garnis d'une bande de caoutchouc, afin que, lorsqu'on s'y serait glissé, l'eau ne pût d'aucune façon pénétrer à l'intérieur, qu'il fût fait enfin comme celui que nous dessinons ci-contre; la poitrine et le dos devraient être garnis d'une disposition à peu près comme

Fig. 36.

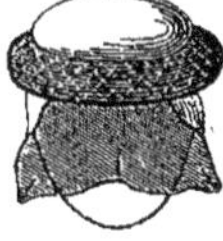
Fig. 37.

celle que nous donnons dans les cuirasses, c'est-à-dire que, par le moyen d'un robinet facile à porter à la bouche, la personne qui voudrait se donner l'insubmersion n'eût qu'à insuffler la quantité d'air nécessaire dans l'intérieur au moyen d'un tube en caoutchouc qui mettrait le plastron du dos en communication avec celui de la poitrine, afin que le même robinet servît pour les deux à la fois. Ce vêtement, qui ne serait pas difficile à confectionner, se passerait par le cou sur le corps. On y introduirait d'abord les jambes, et les bas iraient se loger dans les pieds du pantalon; puis enfoncé dedans de manière à ce que, le col étant une étoffe en caoutchouc serrée hermétiquement à votre cou, vous passeriez les manches, aux poignets desquelles vous auriez également une bande de caoutchouc qui vous les ferait serrer aux poignets de façon à empêcher l'introduction de l'eau, quand même vous y fourreriez vos bras.

Indépendamment de ces précautions, quand ce serait sur une côte de roches qu'on aurait à opérer, le vêtement de sauvetage aurait le devant des jambes garni, depuis le cou-de-pied jusqu'après le genou, d'une bourre qui ferait que, si l'on tombait, on ne se blesserait pas les jambes, précaution très-utile alors, car, lorsque les roches couvrent et découvrent, tous les marins savent combien il est difficile d'y marcher sans choir, attendu qu'elles sont presque toujours tapissées d'une espèce d'herbier très-glissant; au moins, si l'on tombait, on ne se blesserait pas. Mais il fallait aussi penser à préserver la tête en pareille circonstance; c'est pourquoi nous proposerions de donner un capuchon imperméable à ce vêtement, quand on devrait opérer sur les plages; mais, quand ce serait sur les côtes de roches, nous ferions aux sauveteurs se couvrir en plus leur tête d'un véritable bourrelet en baleine, comme on en met aux enfants qui commencent à marcher. Le fond de ce bourrelet serait garni d'un coussin qui renfermerait des matières élastiques. Il serait fixé sur la tête par deux brides qui viendraient sous le menton et par une espèce de collet comme en portent les soldats en Afrique et dans les pays chauds pour se préserver de l'ardeur du soleil. Ici n'est pas le cas, sans doute, mais il sert à parfaitement consolider le bourrelet sur la tête de celui qui le porte, et offre encore l'avantage de présenter une poche où est logé un petit flacon de sel ammoniac et un autre petit flacon d'éther ou d'un autre médicament propre à faire revenir une personne qui est sauvée dans un état apparent d'asphyxie. Le bourrelet lui offrirait l'avantage de préserver la figure du contact des roches si on tombait, et de garantir la tête contre leur choc, si on était obligé, par une circonstance quelconque, de gagner la terre à la nage.

Nous croyons qu'on ferait bien, si on adoptait ce système, d'accorder la préférence à M. Sélingue, qui est déjà inventeur d'une sorte de vêtement insubmersible, et qui, s'il en avait l'entreprise, les fabriquerait sans doute au meilleur marché possible.

166. 11° *Des tureluttes.* Ce petit instrument de pêche, dont nous donnons le dessin ci-contre, est employé dans la pêche de l'aucornet, attendu que ce poisson, qui est sans os et comme formé d'une matière mucilagineuse, ne mord pas à l'hameçon, et que, quand on relève une turelutte sous ses nombreuses tentacules, ses crochets y pénètrent, et par ce moyen on parvient à l'amener au-dessus de l'eau. Nous avons pensé à nous en servir pour qu'un sauveteur pût attirer à lui un corps flottant dont il ne peut approcher à cause des brisants; cette espèce de plomb de sonde, dont la base est garnie de crochets, amarré sur une ligne légère, peut aisément, quand on y est exercé, se jeter à une distance de 5 à 6 brasses au moins. Or, comme chaque sauveteur ne peut avoir avec lui un porte-amarre, ce qui serait non-seulement très-dispendieux, mais encore assez embarrassant pour lui, il est préférable qu'il ait suspendues au cou la glène de cette petite ligne et la turelutte, le tout ne pesant pas 1 kilog., parce que, si le cas se présente, en avançant jusqu'à mi-corps dans l'eau, et jetant sa turelutte à 6 brasses par exemple, c'est-à-dire au delà et par-dessus le corps flottant, la ligne tombe dessus; tirant alors doucement à lui sa ligne, il la fait glisser sur le corps jusqu'à ce que la turelutte le touche. Mais celle-ci, qui est armée de crochets de fer ou de cuivre, au lieu d'échapper sur le corps, enfonce les crochets dans ses habits, et, en continuant à tirer avec précaution, le sau-

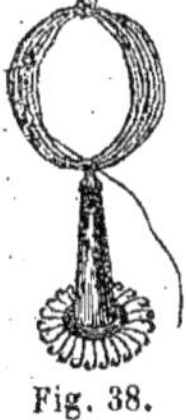
Fig. 38.

veteur parvient à attirer à lui ce corps flottant jusqu'à ce qu'il puisse le saisir avec les mains, et, si c'est un naufragé, il est bientôt à terre.

Si, par le contraire, ce naufragé n'a pas perdu connaissance, il voit la ligne qu'on lui jette, s'en saisit et, tiré par le sauveteur à terre, il est encore bientôt en lieu de sûreté.

167. Nous avons pensé qu'avec une légère modification on pourrait employer un autre moyen; nous le soumettons en toute humilité au jugement de nos lecteurs : ce serait une espèce de pistolet à ressort, à peu près comme ceux qu'on donne aux jeunes enfants pour lancer une petite flèche, mais dont le ressort serait d'une énergie proportionnée à son emploi; nous en donnons le dessin ci-contre. On y enfoncerait une flèche qui tiendrait par le talon à la ligne, et celle-ci serait couchée dans une rainure faite à cet effet dans la flèche pour qu'elle pût entrer sans peine dans le canon de ce pistolet d'une nouvelle espèce; en lâchant la détente, le ressort partirait et lancerait cette flèche à 12 ou 15 mètres de la personne qui tirerait l'arme; par ce moyen, la ligne passerait également par-dessus la personne qu'on voudrait faire approcher, et, comme cette flèche serait garnie d'un petit grappin, celui-ci ferait l'effet de la turelutte. Nous croyons que le sauveteur viserait mieux avec une pareille machine et risquerait moins de manquer son but. Du reste, tout ce qui peut tendre à rapprocher la personne qui se débat dans les brisants en pareille circonstance doit être employé, mais le moyen le plus simple est toujours le meilleur. Nous voudrions donc qu'on étudiât cette question, qui est, à notre avis, assez importante pour qu'on s'en occupe.

168. 12° *Avoir des literies en suffisante quantité et le double de couvertures de laine.* On a bien, sur le chariot dont nous avons donné la description, deux lits garnis il est vrai, mais ce n'est pas suffisant quand il y a beaucoup de malades dans le nombre des naufragés; il convient donc d'avoir en plus dans le coffre du milieu du chariot 2 autres matelas, 2 oreillers et 4 couvertures de laine. Les matelas se mettront tous les deux dans le coffre du milieu, s'il est assez large, et cela fera quatre lits prêts à recevoir des malades, qui peuvent être ainsi amenés jusqu'à l'établissement de la société humaine sans être dérangés ou avariés. La civière fait un cinquième lit, ce qui fait que l'on a des literies en suffisante quantité pour à peu près tous les cas qui peuvent se présenter. D'ailleurs, si on n'en avait pas suffisamment, en signalant au poste voisin d'apporter les siens, on doublerait le nombre de ces literies disponibles.

169. 13° *Des chemises, des caleçons, bonnets et bas de laine.* Nous avons déjà parlé de tout cela (**153** *bis*), quand nous avons parlé du chariot de sauvetage.

170. 14° *Des médicaments et des instruments de chirurgie.* On conçoit aisément que l'un des objets les plus utiles que les sauveteurs puissent emporter avec eux est un coffre à médicaments, car, en attendant l'arrivée du médecin, un infirmier intelligent doit savoir donner les premiers secours aux asphyxiés, panser les blessés, assister les malades enfin qu'on lui apporte, et qu'un médecin qui arrive en toute hâte pour donner les secours de son art à un naufragé ne peut emporter avec lui, car il n'emporte pas sur son dos toute une pharmacie; il faut donc qu'à son arrivée il puisse trouver les objets qui lui sont indispensables pour donner des secours efficaces.

171. 14° *bis. Du médecin.* Si nous n'avons pas fait mention d'un médecin dans le personnel d'une société humaine, quoique ce soit une personne indispensable, c'est qu'ordinairement plusieurs docteurs philanthropes, dans les localités où il y a une société humaine, font partie des membres de cette société et lui offrent à l'envi les secours de leur art. Mais, comme il est souvent urgent qu'ils arrivent très-promptement sur le lieu du sinistre, nous croyons qu'on ferait bien d'avoir un harnachement, selle, bride, etc., pour le cheval, afin que, alors que le besoin des naufragés le réclame, on pût se rendre à franc-étrier où on doit trouver ce médecin et qu'on pût lui donner une monture qui le porte lui-même très-promptement sur le lieu du sinistre.

172. 15° *Des objets pour mettre sur le feu et pour faire du feu.* Toute la batterie de cuisine consiste en une bouilloire à trépied, qui est assez élevée de terre par ce trépied pour qu'on puisse faire du feu dessous. Comme il faut que cette bouilloire soit fort grande, elle est à robinet, ce qui fait que jamais on n'a besoin de la soulever quand elle est en place, et, comme aussi le feu est difficile à prendre sur un sable mouillé, on la place dans un bac en tôle sur lequel on fait le feu, fût-ce au milieu de l'eau.

On utilise ce meuble en le remplissant des gobelets de fer-blanc dont on peut avoir besoin ; on peut aussi y loger du charbon de bois et tout ce qui est nécessaire pour allumer promptement du feu ; car, dans une pareille expédition, il ne doit y avoir aucune place perdue de ce que peut porter le chariot.

173. 16° *Des vivres et des boissons.* Nous en avons fait mention (**153**), quand nous avons parlé des distributions du chariot. En ceci encore, il faut se borner aussi au nécessaire, pain, vin, eau-de-vie, thé et sucre.

174. 17° *Un mât brisé pour les signaux.* Nous en avons aussi fait mention (fig. 32), quand nous avons parlé des signaux (**160**).

Nous avons donc passé en revue les objets principaux qui doivent composer le matériel d'une société humaine bien organisée. Il nous reste maintenant à indiquer de quelle manière on doit mettre en œuvre les hommes et les choses.

Il ne faut pas se préoccuper ici des effets de marée, quand il y en a dans la mer où l'on opère ; car les sauveteurs doivent parfaitement connaître à quoi s'en tenir à cet égard. Ici ce n'est pas comme pour les navires, chacun connaît sa localité, en apprécie les ressources, et par conséquent doit savoir se conduire en conséquence. Supposons donc le cas où le naufrage a lieu sur une côte de roches.

SAUVETAGE DES NAUFRAGÉS SUR UNE CÔTE DE ROCHES.

175. Si le naufrage a eu lieu à l'insu de la terre, que ce ne soit qu'après l'événement accompli qu'on soit appelé à donner assistance aux naufragés, il est souvent bien difficile de le faire par terre ; car, dans une tempête, la mer brise tellement sur de telles côtes, qu'elle ne laisse aucune faculté de s'approcher des naufragés. Si on domine le sinistre, il faut alors tâcher d'établir avec lui un va-et-vient au moyen d'un porte-amarre; mais si on voit qu'on ne peut y parvenir, il faut s'occuper de donner des secours du côté de la mer, sortir avec le canot de sauvetage, aller se mouiller sous le vent, s'il est possible, du navire naufragé, pour tâcher d'établir avec lui un va-et-vient. Pendant qu'on est occupé de ce soin, il faut aussi qu'une escouade de sauveteurs veille à terre pour voir si le navire ne lui envoie son va-et-vient, si des hommes ne tenteront pas de gagner la terre à la nage. Mais il n'est guère possible de donner des secours autrement que par mer. Voici, pour aller avec un life-boat donner des secours à un navire naufrageant, ce que nous lisons dans l'excellent petit ouvrage anglais dont nous avons déjà donné quelques extraits et dont nous devons la traduction à l'amiral Pâris, *De la manœuvre des canots à avirons avec grosse mer*; c'est ce que nous pouvons indiquer de mieux. Nous le transcrivons donc ci-dessous :

176. « *Accoster un navire naufragé, ou un bâtiment sous* « *voile, ou à l'ancre, avec le life-boat.* Les circonstances dans « lesquelles les bateaux de sauvetage sont forcés d'accoster des « navires échoués à l'ancre ou en appareillage sont tellement « variées, qu'il serait impossible de donner aucune règle géné- « rale à cet égard, parce que tout dépend du savoir-faire du pa- « tron, de sa *présence d'esprit,* ou de celle de l'officier comman- « dant le canot; il devra donc pleinement posséder ces qualités, « *car l'opération d'accoster un navire avec une grosse mer ou du* « *ressac est certainement une de celles qui présentent le plus de* « *danger* (1).

« Il est presque inutile de dire que, lorsque c'est praticable, « un navire échoué ou à flot ne doit être accosté que par-dessous « le vent, en ce qu'il faut surtout éviter d'éprouver le choc vio-

(1) Pour, donc, diriger une embarcation en pareil cas, il faut être un peu pratique de ces sortes d'exercices, et on voit qu'on ne peut improviser l'équipage d'un bateau de sauvetage. Il faut donc avoir un personnel exercé.

(*Note de l'auteur.*)

« lent du bateau contre le navire, de chavirer par le ressac de la « mer contre lui, ou par sa direction irrégulière en rencontrant « un corps solide. La plus grande violence de la mer sur le côté « du vent expose à beaucoup plus d'accidents de ce genre, et le « danger est aussi plus grand lorsque le navire est échoué, et que « les vagues passent par-dessus.

« La chute des mâts est le principal danger à redouter, en ac- « costant par-dessous le vent un bâtiment échoué en travers à la « lame, ou si déjà ils sont abattus. Les avaries ou la destruction « du bateau par les morceaux de mâts et de gréement qui flottent « le long du bord sont également à redouter.

177. « Dans de telles positions, il faut souvent aller prendre « l'équipage du navire naufragé, ou à l'avant ou à l'arrière du « navire. Toutefois le canot à l'aviron, partant d'un rivage sous le « vent pour se diriger vers un navire naufragé, doit se tenir sous « le vent de celui-ci et s'en servir comme brise-lame, afin de « s'avancer ainsi sur une eau comparativement calme, ou du « moins abritée des vagues les plus violentes. C'est ainsi que ma- « nœuvrent ordinairement les bateaux de sauvetage de la côte « d'Angleterre. Les plus grands bateaux de ce genre, surtout ceux » de Norfolk et de Suffolk, qui vont au secours des naufragés « sur des bancs éloignés, sans cependant mouiller au vent du na- « vire échoué, en mouillent à 100 ou 150 brasses (183 à « 274 mètres), et filent jucqu'à ce qu'ils soient assez près pour « jeter une ligne à bord ; alors le plus grand soin est apporté à ne « pas toucher la carcasse, et l'équipage naufragé est souvent forcé « de sauter à la mer pour être halé à bord du bateau, avec des « cordes (1). En tout cas, il faut qu'en accostant un navire échoué « ou à flot les lignes qui l'amarrent au bateau soient assez longues « pour permettre à ce bateau de suivre tous les mouvements que « lui imprime la mer, et chaque amarre doit être tenue à la main « et prête à filer dès que la nécessité s'en fait sentir. Dès que des « naufragés sont embarqués dans le bateau de sauvetage, *ils sont*

(1) C'est dans une telle circonstance qu'on sent l'avantage d'avoir un porte-amarre à courte portée comme une turelutte qu'on peut jeter aux personnes qui sont à l'eau. (*Note de l'auteur.*)

« *placés en travers entre les bancs en nombre égal de chaque côté.* « Il faut, autant que possible, *empêcher les naufragés de se précipiter en foule dans les canots*, et, si le navire est un bâtiment « naufragé, le capitaine sera sommé de rester à son bord, pour y « maintenir l'ordre, jusqu'à ce que tout le monde ait évacué « son navire. »

178. Ces excellents préceptes, que nous ne saurions trop reconnaître, sont suivis de conseils pratiques pour servir de guides aux marins de navires marchands et aux patrons de canots. Malgré qu'il conviendrait mieux de les insérer à la suite des avis que nous donnons (17 et suiv.) pour qu'ils ne nous échappent pas de la mémoire, nous allons les transcrire ici, car ils peuvent également servir aux canotiers sauveteurs.

179. 1° « Prenez l'habitude de rester assis dans les embarca- « tions et de ne jamais vous lever pour exécuter tout travail qui « peut être exécuté assis.

180. 2° « Ne montez jamais au sommet d'un mât, même avec « beau temps, pour passer une drisse dans son clan ou dans sa « poulie ou pour tout autre motif, mais démâtez plutôt; il y a eu « beaucoup de canots chavirés et de marins noyés pour cette « seule faute; plus un canot est volage et petit, plus il faut obser- « ver ces précautions.

181. 3° « Tous les objets d'armement, tels que les mâts, les « voiles et les avirons qui sont placés sur les bancs, seront soli- « dement amarrés en abord, et tous les objets lourds seront fixés, « autant que possible, au milieu du canot, afin de les empêcher « de tomber sous le vent dans quelques forts coups de roulis que « recevrait le canot.

182. 4° « Si un navire marchand échoue ou se trouve en dan- « ger avec une mer grosse ou en pleine côte, ou s'il se brise « totalement sur la plage, l'équipage devra rester à bord autant « que possible plutôt que de se jeter dans les embarcations. En « général, on court plus de risques dans un canot que dans un « navire tant que la membrure ne s'en disjoint pas, et même « avec du calme il y a, en réalité, beaucoup plus de mer sur une « côte sous le vent qu'un canot de navire *marchand* n'en peut

« supporter, quelque bien manœuvré qu'il soit par l'équi- « page (1).

5° « Lorsqu'on est forcé d'abandonner un navire dans ses em- « barcations, on ne saurait prendre trop de précautions avant « d'essayer d'accoster la terre, venant du large. La mer n'a ja- « mais une apparence aussi formidable au large que lorsqu'on « l'aperçoit de terre (2); ceux qui sont dans un canot sont donc « très-exposés à se tromper à cet égard. Ils tâcheront donc de « prolonger la côte jusqu'à ce qu'ils trouvent un poste de doua- « niers ou de gardes-côtes, une station de bateaux de sauvetage, « ou enfin un village de pêcheurs d'où ils puissent être aperçus « par les gens de terre; ceux-ci leur signaleraient sur quel point « de la côte il est possible d'accoster (3), et ils les avertiraient de « regagner le large (4), ou ils s'avanceraient à leur secours dans « un bateau de sauvetage ou de pêche, parce qu'en général les « bateaux de pêche de la côte sont beaucoup plus capables de « lutter contre les lames du fond que des embarcations de na- « vires, et que les pêcheurs sont plus adroits à la manœuvre de « ces embarcations que les hommes des équipages. En général, « il vaut mieux mouiller le canot en dehors des brisants jusqu'au « jour, que de chercher à accoster la terre de nuit avec un ca- « not; c'est pour cela qu'il faut toujours, avant de quitter le bord,

(1) **182'**. Avec un bateau insubmersible, on peut être chaviré et roulé à terre; mais, en venant à terre comme nous l'avons indiqué (62), il y a bien des chances que l'événement n'arrivera pas avant que le canot échoue à la côte, et alors il faut être prêt, dès qu'on le voit venir en travers, à sauter dehors.

(2) Parce que de la mer on ne voit que le dos de la lame, tandis que du côté de terre on voit cette lame debout.

(3 et 4) Sans doute que l'auteur de la brochure a supposé ici que le canot est à une grande distance de terre, car il doit savoir, comme nous, que rien n'est plus difficile ni plus dangereux que de chercher à faire éviter une embarcation dans les brisants de terre. Dans un tel cas, la voix ne sert à rien, il faut des signaux; on en voit donc ici l'urgence. Prolonger une côte, quand on en est à une certaine distance, nous paraît encore chose faisable, mais regagner le large, si on en est affalé sur la côte, nous paraît chose impossible à faire; ensuite il faudrait que tout le long de la côte on pût avoir des signaux qui indiquassent que là il y a un poste de sauvetage ou de douane; ceci rentre donc encore dans le plan que nous avons tracé (188) et dans les précautions que nous indiquons qu'on doit avoir à terre (140). (*Notes de l'auteur.*)

« mettre un grappin et un câblot dans le canot et aussi deux ou « trois seillots en sus de l'escope (ou de la pompe à main) qui « doit toujours rester en place, afin de pouvoir vider l'eau à « mesure qu'elle embarque (1).

183. 6° « Des canots peuvent se tenir avec sécurité debout au « vent pendant un coup de vent, en amarrant ensemble leurs « mâts et leurs avirons et s'y tenant amarrés avec le câblot ou sa- « baye. Le radeau formé de la sorte amortit la mer et peut être « mouillé ou laissé libre de dériver selon les circonstances.

« Si le bateau est à voile, on amarre un paquet de ces « pièces de bois avec une voile déferlée, ce qui brise beau- « coup la mer de l'avant; un poids suspendu au point d'écoute « diminuera la dérive, si cela est nécessaire (2). Dans le cas où « l'on se tient sur cette ancre flottante, il faut garder à bord du « canot au moins deux ou trois avirons pour parer au cas où l'on « perdrait cette drome.

184. 7° « Lorsque la mer ne brise qu'à petite distance de terre, « si on se trouve plusieurs canots ensemble, mettre le cap à terre « à celui qui accoste le premier pour qu'il s'approche en filant « sur un autre mouillé en dehors, ou bien, s'il est seul, se filer « ou dériver sur son grappin, en sciant avec les avirons.

185 (3). 8° « Outre leurs mâts, leurs voiles et leurs avirons, « tous les canots de navires, pendant qu'on est au large, doivent « toujours avoir à bord les objets suivants, et, s'ils ne s'y trou- « vent pas, il faut s'efforcer de les y mettre avant de quitter le « navire : une escope (ou une pompe à main), des seaux, des « tolets et des estropes de rechange, si les avirons sont disposés « de la sorte; un grappin, un câblot, une ligne comme celle d'un « harpon ou de grande sonde (bien détordue), les bouées (ou an-

(1) Nous reconnaissons pleinement la justesse de cette mesure de précaution; c'est pourquoi nous engageons toujours les naufragés qui viennent chercher la terre, dans une embarcation ou sur un catimaron, à n'y venir que de jour.

(2) C'est l'ancre flottante que nous conseillons (70), mais nous approuvons fort la drome dont nous n'avons pas parlé, pour rompre l'effet de la mer.

(3) Nous sommes heureux de nous si bien rencontrer dans nos avis aux marins avec un juge aussi compétent que l'auteur de cet opuscule.

(*Notes de l'auteur.*)

« neaux) de sauvetage qui se trouveront à bord; si c'est de nuit « loin de terre, un fanal avec des allumettes, et, si c'est pos- « sible, des feux de Bengale et des signaux (1); si c'est hors de « vue de terre, un compas, une longue-vue, et naturellement « de l'eau douce et des provisions, une ligne de loch, une am- « poulette, une ligne de sonde et son plomb à main; des armes « et des munitions, un pavillon rouge (ou une chemise de cette « couleur) et une gaffe pour l'élever et attirer l'attention, sont « des objets qu'il faut tâcher d'emporter.

186 (2). 9° « En outre, il est utile de prendre de petits barils « vides comme des barils de galère ou des bouées d'ancre à jet, « les bien boucher et les amarrer solidement sous les baux, afin « de transformer presque le canot en bateau de sauvetage pour « l'empêcher de couler s'il est possible, et pour laisser dedans « le moins d'espace possible à l'eau qui embarque; c'est ce qui « diminue de beaucoup le travail de vider l'eau qui, en pareil « cas, est presque continuel (3).

10° « Il ne faut jamais amener ou hisser aucun canot, sans avoir « eu soin, auparavant, d'amarrer sa sabaye ou d'avoir sur lui une « amarre bien fixée à son avant, afin de l'empêcher de balancer « et d'aller en dérive si les palans cassent ou se décrochent. Le « gouvernail doit aussi avoir toujours sa sauvegarde amarrée, « afin de ne pas le perdre. »

Enfin cet article se trouve terminé par une note que nous croyons utile de produire ici, car elle concerne les compas d'embarcations que nous faisons figurer, comme on le sait, dans le

(1) Comme on le voit, l'auteur recommande aussi les signaux; nous croyons qu'on ne peut rien faire de bien sans eux.

(2) On voit que lui aussi recommande, et par les mêmes moyens, de rendre les embarcations insubmersibles avant de quitter le navire : il est donc bien plus avantageux de les avoir toujours ainsi.

189 (3). Nous croyons que, si l'on pouvait composer le câblot d'un canot d'un cordage qui eût une certaine longueur en caoutchouc, on diminuerait considérablement l'effet des coups de mer, car le brisant n'a tant de puissance déferlante que parce qu'il trouve une résistance complète que lui fait l'embarcation quand elle fait tête à la lame; si donc le câblot pouvait, dans ce moment, s'allonger, l'effet du coup de mer serait bien moins terrible. (*Notes de l'auteur.*)

nombre des objets qui devraient se trouver invariablement dans chaque canot quand un navire prend la mer. La voici :

187 (*). « L'institution nationale des bateaux de sauvetage a « mis à bord de ses canots un admirable compas de canot (ou vo- « let), avec son habitacle, que l'on peut voir chez M. Dent, dans «l e Strandt, à Londres. Le mouvement de sa rose est rendu « plus lent par de l'esprit-de-vin avec l'eau, qui remplit sa cu- « vette et qui l'empêche de jouer au moindre monvement du « canot et de faire le tour de l'horizon à chaque coup d'aviron, « comme lorsqu'elle est placée dans l'air. »

Il n'y a pas de doute que ce soit là un avantage considérable, mais nous nous demandons comment on éclaire une telle boussole la nuit, sans doute que l'inventeur de cette nouvelle espèce de compas a prévu ce cas.

188. Nous voudrions voir notre côte, ainsi que l'indique l'auteur de cet utile opuscule, garnie, comme celle d'Angleterre, de postes de sauvetage : nous croyons qu'en employant les moyens que nous avons indiqués (150 *bis*), il serait toujours possible de mettre un bateau de sauvetage à la mer ; car, dans presque tous les cas, il est impossible, quand la mer brise fortement la côte, de mettre à flot, par un autre moyen, une autre sorte d'embarcation. Nous pensons donc que c'est en vain que des naufragés attendraient des secours à cet égard, et leur conseillons, en prenant les précautions que nous avons indiquées (61 et 62), de venir chercher la côte eux-mêmes s'ils ne se décident pas à rester mouillés au large des brisants de terre. Comme l'auteur du *Manœuvrier des canots*, nous les engageons à ne se hasarder que forcément à venir de nuit chercher la terre, car il faut convenir qu'il y a grand danger à le faire, surtout sur une côte de roches.

190. Nous passons actuellement aux secours à donner aux naufragés quand le sinistre a lieu sur une grève, dans une mer où il y a flux et reflux.

Ici on ne saurait encore trop se hâter de porter des secours, car la nature de la côte peut démolir en peu de temps le navire qui y est roulé dans la lame. Cette lame s'élève aussi fort haut, parce que ces sortes de côtes ont beaucoup de déclivité et les navires y renvoient plus facilement d'un bord sur l'autre, par l'effet du ressac, qu'ils ne le font sur une côte plus plate, ce qui augmente encore beaucoup le danger et de l'équipage et du bâtiment. Les secousses qu'il reçoit sont terribles et presque toujours font que les mâts s'abattent, et que restant tenus au navire par le gréement ils y font bélier pour le défoncer, et paralysant les moyens d'établir une communication entre la terre et le bâtiment en détresse, ils augmentent donc de beaucoup le danger, car il n'est guère facile, en pareil cas, d'employer un porte-amarre pour établir un va-et-vient, ce qui serait chose assez praticable si tous ces obstacles ne venaient pas se cumuler, attendu que, par suite de la grande pente qu'ont ces sortes de côtes, ordinairement l'échouement a lieu assez près de terre pour pouvoir établir un va-et-vient.

191. Dans une telle situation, le petit bateau de sauvetage portatif dont nous avons donné la description (152), peut rendre de grands services si on seconde à bord du navire naufrageant les efforts des sauveteurs. On frappe, sur l'extrémité la plus au vent du navire, une poulie à fouet dans laquelle on passe une bonne aussière de légère dimension; lorsque la terre vous a envoyé un porte-amarre, vous lui envoyez sur ce porte-amarre le bout de l'aussière que vous avez passée dans la poulie à fouet, alors les sauveteurs l'amarrent sur le bout de l'arrière du canot portatif, y font embarquer deux hommes et le poussent à la mer, en ayant soin de lui mettre, sur l'autre bout (sur son avant) qui se présente cap à terre, une bonne amarre pour le rehaler à terre quand il aura pris tout le monde qu'il peut prendre; il va ainsi le plus près possible du bris, et les naufragés s'y embarquent, soit en se filant sur l'amarre du bord, soit en s'affalant à la mer et gagnant cette embarcation à la nage, car il ne faut pas accoster avec elle le navire de peur de la briser contre lui. Quand il y a 6, 7 ou 8 personnes tout au plus à bord, on fait signe de haler à terre. Les sauveteurs qui sont sur la côte halent le canot à terre pendant que les naufragés restés à bord du navire les transfilent en douceur ou brusquement suivant le cas, au moyen de leur hale à bord maintenant cette petite embarcation debout à la lame. Quand elle est presque arrivée à terre, ils attendent qu'un fort coup de mer déferle, et, quand le canot est sur la crête du brisant lancé à terre, ils le halent vivement et le mettent à sec, de suite ils s'empressent de débarquer tous ceux qui sont à bord, même les deux canotiers qui sont remplacés par deux autres qui font signe à bord de rembarquer le hale à bord, et de terre on remet promptement le canot à flot; recommençant la même opération, jusqu'à ce que l'on soit aux derniers hommes qui sont à bord, particulièrement au capitaine qui est le dernier. Pour celui-là, il a soin d'envoyer sur un autre bout de corde au bateau sauveteur le bout de son hale à bord, afin de pouvoir se maintenir du canot même debout à la lame. Quand cette précaution est prise, le capitaine s'embarque comme les autres, et tout le monde quittant le navire vient à terre presque sans danger en veillant à se maintenir toujours debout à la lame sur le bâtiment.

192. Ici nous avons raisonné dans l'hypothèse que le navire s'est échoué avec flot, ce qui implique conséquemment que plusieurs heures se passeront avant que le navire échoué ne reste tranquille; c'est pourquoi il n'y a pas un moment à perdre, car le navire sur une telle côte se démolit ordinairement rapidement et ses débris de toute sorte augmentent le danger. Nous engageons l'équipage, dans un pareil naufrage, d'avoir une hache bien parée pour couper tous les bouts de manœuvres qui tiennent les tronçons aux autres débris de mâts au navire, car, s'il était possible de s'en débarrasser, ce serait une chose heureuse, attendu que souvent le ressac les faisant filer le long de la côte quand ils arrivent à terre, la marée ou un courant y aidant, ils vont plus loin encombrer la plage et laissent libre le côté du navire qui fait face à la côte, ce qui peut aider au sauvetage parce qu'il est plus facile de s'avancer vers le navire avec le bateau portatif qui vous en met à l'abri. Puisque nous avons expliqué comment on s'y prend dans le premier cas où il y a flot (175), nous pensons qu'il est parfaitement inutile de recommencer ici la description de cette manœuvre quand il y a jusant, attendu qu'elle est plus facile. On peut encore diminuer les dangers qu'on court en allant chercher la terre soit avec l'embarcation, soit à la nage, en répandant de l'huile à la mer, tous les marins en connaissent les propriétés, pour empêcher la lame de briser, et par ce que nous en avons dit (65). Ce sont les personnes du navire que cela regarde; mais, si elles n'ont pas pris cette précaution, comme il importe au salut des deux sauveteurs comme à celui des naufragés d'en répandre, on a soin à terre d'envoyer une touque ou un baril sur le hale à bord, que ces sauveteurs font parvenir à bord, où on l'emploie comme nous l'avons indiqué. Nous insistons sur ce point, car nous le croyons fort important pour le succès complet du sauvetage. Qu'est-ce, en effet, qu'une grosse houle battant en côte si elle ne brise pas? Peu de chose, et avec l'aide des sauveteurs à terre une personne même à la nage a peu à en craindre les effets.

193. *Le navire est échoué.* Le sauvetage devient plus facile encore, car il reste tranquille et permet ou de sauver avec le bateau portatif, ce qui est le plus simple, ou, si on n'en a pas, avec un va-et-vient que l'on installe.

194. *Le navire, en arrivant à la côte, se brise en mille pièces et force l'équipage à se jeter à la nage.* C'est un cas fort dangereux, c'est là qu'il faut que les sauveteurs veillent et que toujours, à la mer, ils soient prêts à donner aide aux malheureux qui viennent ainsi à terre, harassés et par les fatigues naturelles qu'ils ont essuyées et par leur position morale. Quand ces personnes viennent à terre, si elles ne sont pas habituées à nager comme nous l'indiquons (39), elles sont bousculées, roulées dans la lame et bientôt noyées, si une main secourable ne vient pas à leur secours. C'est dans ce moment que les *turelutles* dont nous avons parlé (166) peuvent rendre de sérieux services, car souvent il est impossible au sauveteur le plus intrépide de traverser la zone de brisants qui le sépare de la personne qu'il voit s'agiter de manière à lui faire connaître qu'elle va perdre sentiment et se noyer. Mais il lui jette sa turelutte, celle-ci tombant par-dessus le naufragé, s'il lui reste encore un souffle de connaissance, il s'empare de cette ligne et son sauveteur le traîne à terre; sinon, c'est à ce sauveteur à chercher à l'accrocher, et, s'il parvient à le faire, il y a encore bon espoir de réussite à l'attirer jusqu'à lui. Mais toutes ces manœuvres ne se font pas sans danger pour le sauveteur lui-même qui, emporté par son ardeur plus loin qu'il ne le faut, est souvent enlevé par la lame et obligé de se sauver lui-même; d'ailleurs, voyant qu'il n'y a pas d'autre moyen de porter le secours nécessaire, il se met volontairement à la nage au milieu de cette mer terrible pour rejoindre celui qu'il veut sauver.

195. C'est dans un tel cas surtout, quand une telle circonstance se présente, que le canot portatif peut rendre de sérieux services; on le met à flot, et il va se mouiller entre le navire et la terre. Les malheureux naufragés qui l'aperçoivent viennent le chercher, on les y recueille et ils sont ordinairement sauvés; mais il y a également beaucoup à craindre pour cette embarcation, qui peut être brisée par le choc d'un débris du navire lancé par la lame. On fait donc bien, en ce cas, d'avoir un bon coussin, comme une cuirasse de sauvetage, par exemple, à placer devant son étrave dès qu'il est mouillé, pour lui servir de défense.

DES SAUVETAGES DANS LES DEUX CAS PRÉCÉDENTS, C'EST-A-DIRE LORS DES NAUFRAGES SUR DES ROCHES OU SUR UNE GRÈVE, QUAND C'EST DANS UNE MER OU IL N'Y A NI FLUX OU REFLUX.

196. Dans une telle mer, comme on ne peut compter, d'aucune manière, sur une modification favorable par suite de la marée, il faut agir immédiatement, soit de jour, soit de nuit, pour opérer le sauvetage. Du reste, il serait bien difficile de donner aucuns préceptes, car ce n'est qu'une longue pratique qui peut indiquer aux sauveteurs les moyens d'assister les naufragés dans une si triste circonstance. Nous croyons cependant qu'en procédant comme nous l'avons indiqué (**176**), en parlant des naufrages qui ont lieu de flot dans une mer où il y a marée, on approchera, autant que possible, des moyens les plus rationnels de donner des secours aux naufragés. Quant à ceux-ci, s'ils ont encore des embarcations, nous les engageons à s'y embarquer, même avant que leur navire n'échoue, et à se conduire comme nous l'avons indiqué (**62**, **63** et suiv.); c'est parfaitement d'accord avec l'auteur de la *Manœuvre des canots*. Nous croyons cependant que passer un jour et même plusieurs à l'ancre, dans un canot insubmersible, tel petit qu'il soit, est moins dangereux que de venir chercher la côte à la nage. Or, ordinairement, ces sortes de mers, sans marée, sont en un instant furieuses, mais aussi elles s'apaisent très-rapidement, et si l'on pouvait tenir vingt-quatre heures, et même moins, dans son canot, on viendrait à terre sur une mer presque calme. Mais, si enfin on est contraint de venir à terre avec ses embarcations, il faut se conduire comme il est indiqué (62), et les sauveteurs seront là pour voler à votre secours.

DONNER DES SECOURS A L'ÉQUIPAGE D'UN NAVIRE NAUFRAGEANT SUR UNE CÔTE DE SABLE OU IL Y A FLUX ET REFLUX.

197. Nous avons dit quelque part que le danger sur une côte de sable était moins grand ordinairement pour le navire que pour l'équipage qui le monte, mais que les hommes qui étaient assez prudents pour attendre à bord que le navire leur manque sous les pieds avaient beaucoup plus de chances de salut que ceux qui se jetaient à l'eau pour gagner la terre à la nage. D'abord ils ont plus de chances de salut, car rarement la mer démolit un navire qui roule sur le sable, et, en admettant les circonstances les plus défavorables, celle où le navire échouerait au commencement du flot et resterait, par ce fait, à rouler avec la lame jusqu'au jusant suivant, ce qui est ici le cas, puisque la mer ne marne pas, il est probable qu'il se brisera moins vite, s'il le fait, que celui qui aurait passé deux heures sur des roches, ou même sur une grève ; restez donc à bord ! crierons-nous à l'équipage du navire naufrageant, jusqu'à ce que la mer tombante, votre navire restant tranquille, donne aux sauveteurs toutes les facilités qu'ils peuvent avoir de vous débarquer, si c'est dans une mer où il y a un mouvement de marée. Il est vrai que les heures paraissent bien longues en pareille circonstance, mais l'impatience n'est pas prudence, et il vaut encore mieux attendre que de s'exposer. Enfin le moment est venu d'établir sa communication avec le navire ; ici il se présente deux cas : si l'on est dans une mer qui marne, ou le bâtiment sera laissé par la marée assez près de terre pour établir avec lui un va-et-vient, ou il viendra à sec, car il n'est pas à présumer qu'à la basse mer il soit encore assez éloigné du rivage pour ne pouvoir établir avec lui au moins un va-et-vient (201). S'il doit venir à sec, il paraît fort inutile de s'exposer; prématurément, il faut attendre. Mais s'il ne vient qu'assez près de terre pour établir avec lui un va-et-vient et que ce soit de jour, il faut le faire; si c'était vers le soir, et qu'on appréhendât que la nuit survînt avant la basse mer, il ne faudrait pas atteindre le bas de l'eau et se hâter, si on ne peut l'établir directement, de le faire au moins avec l'embarcation portative. Il est bien des pays où on ne peut avoir une seule marée de jour en hiver. Sur la côte nord d'Angleterre et sur celles de France et d'Allemagne, au delà du Pas-de-Calais, par exemple, dans cette saison, il fait nuit à quatre heures et demie ou cinq heures, et il ne fait jour qu'à sept heures et demie ou huit heures du matin; on n'a donc que sept à huit heures de jour à consacrer au sauvetage, et, avant qu'on soit parti et arrivé sur le lieu du sinistre, on n'en a souvent pas six; il faut donc regagner en vitesse ce que l'on perd en temps d'installation. C'est pourquoi nous engageons les sauveteurs à employer les procédés les plus simples pour sauver les naufragés, et nous pensons que le canot portatif de sauvetage est le plus convenable d'entre eux. Enfin, si par hasard le tirant d'eau du navire le met trop loin de terre pour pouvoir établir avec lui un va-et-vient, il faut se servir du bateau portatif pour former un point intermédiaire. Il est bien difficile de préciser une méthode sur ces sauvetages; c'est à l'expérience de celui qui opère sur les lieux à le guider sur ce qu'il convient de faire; ceci prouve encore ce que nous avons dit (142), qu'on n'improvise pas un chef sauveteur et qu'une société humaine ne peut se passer d'un personnel exercé.

198. Le procédé de sauvetage avec le bateau portatif s'emploie dans un cas de naufrage sur une plage de sable, comme on l'emploie pour une grève; seulement il faut des amarres beaucoup plus longues, et, quand on est obligé d'opérer à 100 ou 120 brasses de terre (160 à 200 mètres) de terre, il sera bon de mettre devant, à ce bateau, deux amarres sur le navire pour qu'il ne dérive pas en dehors de la zone d'abri que ce bâtiment lui donne. Si l'on est plus éloigné que 100 à 120 brasses de la rive, il faut, dans un tel cas, placer le bateau entre le navire et la terre comme point intermédiaire, et établir avec lui deux va-et-vient, un du navire au bateau, l'autre du bateau à terre. Dans une telle position, comme il est urgent, pour la manœuvre des va-et-vient, qu'ils soient un peu élevés au-dessus du canot, on se sert d'un aviron comme mât (si on n'a pas un petit mât très-court pour cela), on l'appuie bien par deux étais et deux haubans, et on les consolide suffisamment ; alors on frappe les deux drailles et les deux poulies à fouet à environ 1^{m},50 du fond, ce qui permet de faire venir les hommes du bord au canot et de les expédier de ce canot à terre; mais il est urgent, dans cette manœuvre, d'employer de l'huile.

Comme sur des côtes qui ont si peu de déclivité il serait presque impossible de travailler avec le va-et-vient au ras de terre, on emploie le chevalet que nous avons indiqué (156 et suiv.).

199. Enfin, pour examiner toutes les situations qui peuvent se présenter, il faut considérer le cas où forcément l'équipage est obligé de quitter le navire à la nage. Le danger est fort grand sans doute; mais, si on observe bien les règles que nous avons tracées (150), on se retirera presque toujours d'affaire : l'essentiel est donc de ne pas épuiser inutilement ses forces pour réserver toute son énergie à traverser la zone des brisants, et ensuite les ménager de nouveau pour encore pouvoir donner un coup de collier quand on arrive près de terre, car, malgré que la mer y soit moins grosse et moins dangereuse que dans la zone des brisants, elle l'est encore beaucoup pour une personne fatiguée, parce qu'elle roule sur le fond; mais les sauveteurs sont là pour aider, dans ce cas, à venir à terre. Néanmoins celui qui aura une cuirasse, un scaphandre, un plastron ou tout autre objet d'insubmersion fera bien de s'en revêtir avant de quitter le bord, car on ne sait pas ce qui peut arriver dans le trajet; on peut avoir une crampe, un étourdissement, être blessé par un débris de navire, et enfin avoir dix incidents divers qui paralysent vos forces pour un certain temps et vous feraient périr; avec ces appareils on peut rester sur l'eau un temps illimité, tandis que sans eux on peut couler et se noyer.

200. *Le navire se perd sur une plage de sable dans une mer où il n'y a ni flux ni reflux.* Nous disons encore ici que c'est à l'habitude et à l'expérience du sauveteur qu'on doit laisser le soin d'approprier les secours à la circonstance, et nous pensons que dans un tel cas le bateau portatif est susceptible de rendre de grands services, mais que, ne pouvant compter sur aucune modification favorable du côté de la mer, il faut agir vigoureusement et débarquer les naufragés le plus vite possible, si ceux-ci n'ont pas déjà abandonné dans leur canot.

201. ***Des secours à donner à un navire échoué dans la vase.*** Comme ici ordinairement le navire est à une très-grande distance de terre, et que la mer n'est jamais très-grosse sur de pareils fonds, attendu qu'ils sont mous, on peut aller sauver les naufragés par mer, s'ils le demandent, et que par des efforts infructueux ils acquièrent la certitude qu'ils ne retireront plus leur navire du bourbier, car la vase supe, et le navire, s'enfonçant progressivement, finit par disparaître. Si la mer pouvait un jour se retirer sur la côte d'Amérique, et la vase aussi, on verrait maintes carcasses de navires qui ont été enfoncés mâture et tout par ce perfide élément, mais au moins, si le navire reste droit, a peu de mouvement, on peut donc aller jusqu'à bord avec des embarcations, si les naufragés n'en ont pas eux-mêmes pour venir à terre. Mais il ne faut pas penser à venir à terre à la nage, à moins que ce ne soit sur le coup de pleine mer ou pendant la marée de flot, s'il y a marée, car on périrait en arrivant près du rivage. Les sauveteurs peuvent encore, dans un tel cas, communiquer avec le navire naufragé à l'aide d'un pousse-pied comme celui dont nous donnons le desssin ci-contre. Il n'est pas besoin

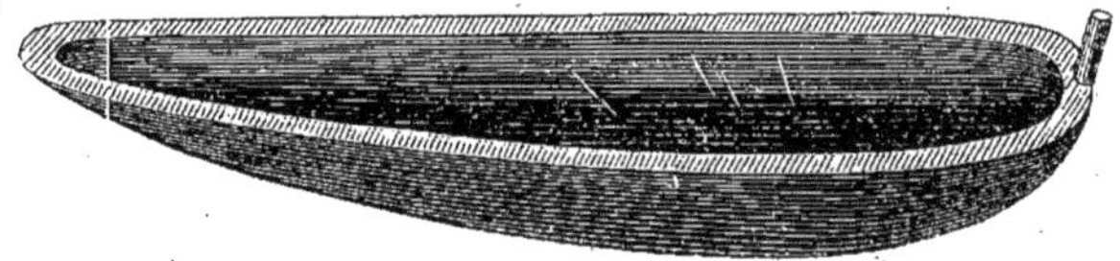

Fig. 39.

de dire ce que c'est qu'un pousse-pied, son nom l'indique; on voit tout d'abord que c'est une espèce de plate qu'on fait avancer sur la vase avec le pied. Dans un pousse-pied de 2m,50, on peut sauver aisément deux personnes.

LE NAUFRAGE A LIEU SUR UN DANGER AU LARGE D'UNE CÔTE.

202. Souvent il arrive de s'échouer sur un danger qui, sans être très-éloigné d'une côte, en est cependant séparé par un chenal qu'on ne peut franchir de pied; c'est dans une telle circonstance que le bateau portatif est indispensable si le navire n'a plus d'embarcations, c'est par son moyen qu'on peut aller porter secours aux naufragés, attendu qu'ordinairement le sinistre est trop loin de la côte pour qu'on puisse lui envoyer un porte-amarre. C'est encore à celui qui le commande à bien juger de ce qu'il pourra faire. S'il est possible de se servir de cette embarcation comme point intermédiaire, il faut le faire, car, par ce moyen, on a un sauvetage continu, tandis, que si l'on est obligé d'aller à bord, et qu'on ne puisse prendre dans son canot que six à huit personnes, on augmente le désespoir des autres qui sont à bord, car le sauvetage est long, et qui sait ce qui se passera entre deux voyages du bateau, s'il ne lui arrivera pas d'être brisé, d'avoir une partie des hommes blessés, découragés, etc.? On conçoit que le naufragé qui calcule tout cela n'est pas à son aise quand il doit embarquer un des derniers. Dans un tel cas, il faut voir si la distance est petite et que le nombre des personnes restant à bord est aussi petit, s'il n'y aurait pas moyen de traîner à la suite du canot ceux qu'on ne peut embarquer, en leur faisant faire des appareils d'insubmersion, s'ils n'en ont pas, comme celui que nous indiquons (**108**, fig. 18). En faisant un faisceau de planches, mâts et autres débris sur lequel on frappera une bonne patte d'oie et on déploiera une petite voile, et remorquer cette espèce de radeau chargé du reste du monde en allant à terre, ce sera un brise-lame, et on ferait embarquer les personnes pourvues d'appareils insubmersibles sur ce radeau; les y bien amarrer et traîner cette drome, et l'arrière du canot s'aidant du câblot qui y tient pour le retenir debout à la lame, et faire qu'il ne vienne pas tomber sur le canot qui le remorque. Par ce moyen, bien que le canot soit trop petit pour embarquer tout le monde, on parvient néanmoins à les emporter tous, et on arrive ainsi avec tout le monde à terre, car ce canot tirant peu d'eau, quand il viendra à toucher, certainement que les personnes qui y sont remorquées à sa suite auront pied ; alors tout le monde valide saute à l'eau, et, comme on a du secours des sauveteurs, on est bientôt débarrassé. Ce procédé est moins dangereux que d'essayer de gagner la terre à la nage; mais, comme c'est un moyen *in extremis*, nous engageons à n'en user que si c'était vers le soir et que l'on craignît, avant qu'on pût revenir recueillir les naufragés restants, que la mer grossissant ne redoublât encore le danger.

203. *Le sinistre a lieu au large.* Si le naufrage a lieu assez loin de la côte pour qu'on ne puisse employer un tel moyen comme sur un banc qui borde une côte à petite distance au large; ainsi les bancs de la côte nord d'Angleterre, les bancs de Flandre, les bancs de Hollande, etc.; il faut alors employer le life-boat, car le canot portatif est trop léger pour y aller porter des secours. Voici comment on s'y prend pour mettre cette embarcation à la mer en pareille circonstance : on sait qu'il faut l'avoir sur un plan incliné, comme nous l'avons décrit (150 *bis*, fig. 24), c'est-à-dire qu'on y fait embarquer le monde, trois d'entre eux prêts à embraquer le mou du câble, les autres les avirons bordés prêts à ramer, et le patron bien prêt à gouverner ; on commence par ôter le chef, puis, quand l'embarcation repose sur son stoppeur, on largue celui-ci ; le canot qui n'est plus retenu glisse avec une rapidité très-grande, et sur son aire court trois ou quatre longueurs dans la mer. Puis il est arrêté par la lame qui le repousse, mais, comme on a embraqué pendant ce temps le mou du câblot, on le retient au moment où il va pour reculer et on le maintient à flot; un moment après, les canotiers aident au hale à pic, et, quand on y est, on n'a plus qu'à s'orienter et se diriger à la rame pour gagner le large. Ces embarcations, quoique lourdes, marchent fort bien, et rarement on ne parvient pas à gagner la pleine mer. C'est, à notre avis, le meilleur moyen à employer, car tous les autres que nous avons vu essayer pour atteindre un tel but nous paraissent bien dangereux.

INSTRUCTION SUR LES CHIFFRES EMPLOYÉS PAR L'AMIRAL FITZ-ROY POUR TÉLÉGRAPHIER LES CIRCONSTANCES DU TEMPS.

204. Cet ouvrage est consacré à indiquer aux marins les meilleurs moyens de sauvetage que nous ayons pu nous procurer, malgré que le savant amiral n'ait pas daigné répondre à la lettre que nous avons pris la liberté de lui écrire. Comme nous ne faisons pas d'une question d'humanité une question d'amour-propre, et que nous croyons, à l'opposé de bien des marins, que le système qu'il préconise peut être fort utile aux navigateurs, car s'il ne prédit pas avec une exactitude mathématique qu'il fera tel temps ou qu'il soufflera tels vents, le jour suivant ou deux jours après celui où se sont faites ses observations, il n'en a pas moins quatre fois raison sur cinq. Nous croyons donc devoir insérer ici l'instruction qu'il donne pour pouvoir interpréter les signaux de son système que l'on venait faire à terre. Voici donc cette instruction :

« Les télégrammes composés, chaque jour, par l'amiral « Fitz-Roy sont composés de ce qui suit :

« 1° Du temps qu'il fait dans cinq parties de la Grande-Bre- « tagne (Valencia — Questown — Scarborough — Penzance et « Galway) à 8 heures du matin, et l'état météorologique de ces « cinq points est exprimé par un groupe de cinq chiffres.

« Ces renseignements pourront être utiles à connaître sur les « côtes nord de France, parce qu'il paraît déjà démontré, selon « l'amiral, que les coups de vent du nord éclatant toujours en « Angleterre avant d'arriver en France ; il doit en être de même « pour les coups de vent du sud, qui doivent se déclarer plutôt « sur les côtes de France que sur celles d'Angleterre.

2° « Du temps probable pour le lendemain, le surlendemain « sur les côtes nord-ouest de France, depuis Rochefort jusqu'à « Calais en langage usuel.

« Chaque télégramme se compose de cinq et six groupes de « cinq chiffres chacun et quelquefois d'un petit nombre de « mots.

« Ces groupes de cinq chiffres seront toujours dans le même « ordre.

« Les observations seront expédiées telles qu'elles auront été « faites sans aucune altération de chiffres lus sur les instru- « ments.

1er Groupe. « Quantité de pluie tombée. 1er et 2e chiffres, « nombre d'heures de pluie. 3e, 4e et 5e, quantités d'eau tombées. « Le premier groupe indique la quantité de pluie tombée depuis « ce dernier rapport et sa durée en heures, de 1 heure à 24 heu- « res ou de 1 heure à 48 heures, si la veille a été un dimanche « ou un jour de fête. Les deux premiers chiffres indiquent le « nombre d'heures en mettant un zéro devant le nombre, si ce « nombre est plus petit que 10.

« Les trois derniers la quantité de pluie, le dernier indiquant « le nombre de pouces, le 4e et le 5e les fractions décimales de « pouce.

« Supposons que la pluie ait duré 8 heures, et qu'il soit « tombé un pouce et demi d'eau, le télégramme sera 0,8150.

2e Groupe. « *Maxima* et *minima* du baromètre. 1er, 2e et « 3e chiffres baromètre, 4e et 5e thermomètre.

« Le deuxième groupe fait connaître le point le plus remar- « quable (*maxima* ou *minima*) qu'avaient atteint le baromètre et le « thermomètre depuis le dernier rapport.

« Le baromètre sera indiqué par les trois premiers chiffres « des unités de pouces, les deux suivants en seront les décimales.

« Le thermomètre sera représenté en nombre entier par le « 2e chiffre.

« Supposons que le baromètre ait indiqué 30 pouces 142 et le « thermomètre 59 lignes, le télégramme sera 0, 14, 59.

3e Groupe. « Baromètre... (B) 1er, 2e et 3e chiffres... barom.
— — 4e et 5e — thermom.

« Le troisième groupe exprimera la hauteur du baromètre (B) « au moment de l'observation et la hauteur de son thermomètre « d'après la même règle que le deuxième groupe.

4e Groupe. « Vent et caractère du temps. 1er et 2e chiffres, di- « rection du vent (D)... 3e et 4e chiffres, sa force (F)... 5e chiffre, « nature du temps (T).

« Le quatrième groupe exprime le caractère du temps, mais « plutôt ses variations extrêmes que son caractère moyen d'après « le dernier rapport.

« Les deux premiers chiffres donnent la direction du vent (D); « le 3e et le 4e, sa force (F) et le 5e, le caractère du temps (T), « d'après l'échelle de Beaufort.

« Les aires de vent sont comptées de 1 à 32 (8 représente « l'est), (16 représente le sud), (24 représente l'ouest), (32 re- « présente le nord). La force du vent est composée de 12 degrés « différents, *un* étant une brise à peine sensible et 12 un ou- « ragan.

« Soit le vent (D) ESE, sa force (F) 6, et le caractère du temps : « ciel couvert 6, on aura pour télégramme **10066**. (Quand la « force du vent est au-dessus de 10, on fait précéder le chiffre « d'un zéro.

5e Groupe. « Hygromètre et vents... Thermomètre sec (E), les « deux premiers chiffres, 3e mouillé, thermomètre (M) le 3e chif- « fre... Direction du vent (D), les 4e et 5e chiffres.

« Dans le cinquième groupe, les trois premières figures expri- « ment la hauteur du thermomètre à sec (2e chiffre) et sa diffé- « rence avec le thermomètre mouillé (trois chiffres), les deux « derniers chiffres indiquent la direction du vent au moment « de l'observation.

« Supposons E 54 M 51 D, le télégramme sera **54 308**.

6e Groupe. « État du temps et de la mer... Force du vent « (F), les deux premiers chiffres... État du ciel (C), 3e chiffre... « Caractère du temps (T), 2e chiffre... État de la mer (S), « 5e chiffre.

« (F), la force du vent, exprimée de 1 à 12, sera donnée par « les deux premiers chiffres.

« (C), la quantité approximative de nuages sera donnée par le « troisième chiffre de 1 à 9.

« (T), le caractère du temps sera donné par le cinquième « chiffre, d'après l'échelle de Beaufort.

« (S), l'état de la mer est donné par le cinquième chiffre de « 1 à 9.

« Supposons F2... C3... T1... S4, le télégramme sera **0,2314**.

« On voit que dans ces notifications on évite l'emploi des points « et des virgules décimales qui, en télégraphie, comptent comme « des mots.

« Si, dans certaines circonstances, on doit se servir des mots, « on emploie, autant que possible, les abréviations indiquées « dans la table suivante :

205. SIGNAUX D'AVERTISSEMENT DES TEMPÊTES PROCHAINES.

CONE pointe en haut.	CONE pointe en bas.	CYLINDRE.	CONE sur CYLINDRE.	CYLINDRE sur CONE.
CONE NORD.	CONE SUD.	TAMBOUR.		
Coup de vent probable de la partie du nord.	Coup de vent probable de la partie du sud.	Coup de vent tournant successivement.	Vents dangereux commençant probablement par le nord.	Coup de vent dangereux commençant probablement par le sud.

« La nuit, les cônes hissés au sémaphore seront remplacés par « des fanaux disposés, trois en triangle pour remplacer les cônes, « quatre sur un carré pour remplacer les cylindres.

Échelle de Beaufort pour caractériser l'apparence des temps.

5e chiffre du 4e groupe T.

1	Ciel bleu	b	6	Très-couvert	o
2	Nuages détachés (cires)	c	7	Pluie	r
3	Brume ou brouillard	F	8	Neige	s
4	Grêle	h	9	Tonnerre et éclair	t
5	Sombre nébuleux	m			

« On emploie les chiffres dans les télégrammes-chiffres et les « lettres dans les télégrammes en langage usuel. »

« Les dimanches et les jours de fête, on n'enverra pas de télé-« grammes.

« Chaque groupe sera toujours composé de cinq chiffres, le « zéro servant à remplacer le chiffre des dizaines quand il « manque.

« Il est bien entendu que le premier et le dernier groupe se « rapportent toujours au temps total écoulé depuis le dernier té-« légramme. »

DES PRÉCAUTIONS A PRENDRE APRÈS AVOIR SAUVÉ LES NAUFRAGÉS.

206. Dans un ouvrage comme celui que nous offrons aux marins, nous ne devons pas nous borner à indiquer quels sont les moyens de sauver les naufragés, il nous faut aussi indiquer ceux de les rappeler à la vie, quand on ne parvient à le faire que lorsqu'ils sont dans un état d'asphyxie qui peut faire craindre pour leur existence ; c'est pourquoi nous terminons ce livre par l'instruction que la société humaine de Dunkerque donne à ses agents sauveteurs, pour donner les premiers soins aux naufragés ou aux asphyxiés par d'autres causes qui les réclament. Il serait à souhaiter que les prescriptions données dans cette instruction fussent plus connues de tout le monde; alors on ne verrait pas, comme il n'arrive que trop souvent, suspendre un noyé par les pieds ou le coucher la tête en bas, ou le rouler sur une barrique pour lui faire rendre l'eau qu'il a avalée, et, par ce moyen, tuer d'une façon à peu près certaine une personne qui, soumise à des soins moins barbares, aurait pu être sauvée. On ne verrait pas les sauveteurs charger un malheureux asphyxié sur leurs épaules et la tête pendante d'un côté, les jambes de l'autre, ne déposer, au bout de la course pénible qu'ils ont faite pour le mettre à terre, n'y déposer qu'un cadavre. Nous croyons une telle instruction si utile pour tout le monde, que, si nous pouvions l'ordonner, elle ferait partie des connaissances que l'on enseigne aux enfants dans les écoles communales et autres; d'abord elles ne serviraient à rien qu'à ennuyer les enfants, mais cette connaissance première inculquée dans leur jeune tête n'en sortirait plus, et, si le hasard voulait qu'ils fussent appelés, à une époque quelconque de leur vie, à donner des secours à un asphyxié, ils se rappelleraient comment ils doivent s'y prendre, ce qui sauverait certainement la vie à nombre de personnes qui périssent, chaque année, par cette ignorance.

DES PREMIERS SOINS A PRENDRE POUR RAMENER UNE PERSONNE ASPHYXIÉE A LA VIE.

207. Plusieurs causes peuvent amener l'asphyxie.

1° L'asphyxié a séjourné un certain temps sous l'eau.

2° Il a respiré des gaz méphitiques comme en exhale la sentine d'un navire, quand il ne fait pas d'eau et qu'il y a longtemps qu'on n'a pompé.

3° L'asphyxie est produite par l'ivresse.

4° Elle est produite pour avoir descendu sans précaution dans des lieux bas et humides (un puits, par exemple). Dans tous les cas, c'est une affection mortelle qui demande les secours les plus éclairés, les plus prompts et les plus persévérants.

Voici l'instruction que donne la société humaine de Dunkerque, en pareil cas, à ses agents :

INSTRUCTION DONNÉE PAR LA SOCIÉTÉ HUMAINE DE DUNKERQUE A SES AGENTS DANS LES CAS OU ILS SAUVENT UNE PERSONNE QUI EST ASPHYXIÉE.

208. 1° *Par immersion*. En attendant le médecin, quand on a porté l'asphyxié à la tente, il faut éviter *tout mouvement brusque;*

2° De suspendre la personne par les pieds pour soi-disant lui faire rendre l'eau qu'elle a bue, car c'est le moyen le plus prompt de la tuer par suite de congestion cérébrale;

3° De la mettre étendue la tête en bas pour le même motif, car les effets de ce traitement barbare sont les mêmes que dans le cas précédent ;

4° De frotter l'asphyxié avec du sel ou des liqueurs spiritueuses ;

5° De lui faire des injections de fumée de tabac. Les cinq préceptes qui précèdent sont applicables aux asphyxiés en général; ceux qui vont suivre sont plus particulièrement applicables aux noyés.

Dès qu'on a pu saisir la personne, il faut la traîner à terre sans secousses et ne pas essayer de la porter, surtout de la charger sur les épaules, afin de ne pas lui donner de mouvements brusques; il vaut mieux, dans ce cas, si on ne se sent pas la vigueur nécessaire pour porter la personne sur les bras, comme on porterait une femme ou un enfant, la traîner à reculons (surtout si c'est sur le sable, où la chose est facile) que de la porter, même à deux personnes. (On conçoit que nous n'engageons à la traîner ainsi que hors des coups de mer, car, si on la traînait jusqu'à la tente, on la fatiguerait énormément.) Quand on a une civière à caléfacteur, deux des sauveteurs viennent la chercher, la posent doucement sur le matelas après l'avoir préalablement deshabillée, lui posent la tête sur l'oreiller de manière à ce que ce soit la joue droite qui porte, la couvrent de deux bonnes couvertures de laine jusqu'au cou, et allument la lampe du caléfacteur qui, bientôt, répandant sa chaleur sous la couverture, à une très-haute température, empêche que le dernier souffle de vie ne s'échappe; alors, au moyen des bretelles qui sont sur la civière, en réglant leur pas, ils la transportent ainsi sans secousses jusqu'à la tente, et même à l'abri du vent et de la pluie, attendu que la civière est couverte d'une bonne toile peinte qu'on laisse tomber sur le côté.

Nous avons dit qu'il fallait déshabiller le noyé avec précaution, promptement et sans secousses; le mieux, c'est de lacérer ses habillements, pour l'en débarrasser plus vite.

Mais on n'a pas partout une civière à caléfacteur pour cet usage, cependant transporter l'asphyxié sans secousses est une question plus vitale encore que celle de le réchauffer; c'est pourquoi, lorsque dans un poste de sauvetage on n'a pas l'appareil dont nous avons donné la description (159), il faut avoir au moins une toile de hamac comme celle dont nous donnons ci-contre le dessin : comme on le voit, cette toile est pourvue, des deux côtés, de grands ourlets dans lesquels on peut passer des perches assez longues pour qu'elles dépassent le hamac d'environ

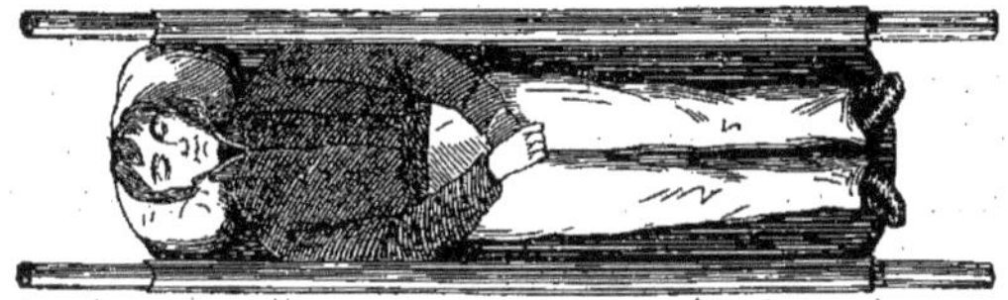

Fig. 40.

1 mètre de chaque bout; cette toile doit être matelassée avec des copeaux de bois de sap, des rognures de liége ou autre chose semblable; elle a un oreiller sur un bout, pour élever la tête de l'asphyxié et le mettre dans la position la plus favorable, qui est celle que nous avons indiquée (159), elle doit être aussi bien goudronnée, afin d'être imperméable quand on l'étend sur le sol. On fera bien aussi d'y ajouter une ou deux couvertures de laine. On commence à y étendre l'asphyxié, on le couvre bien, et deux sauveteurs l'enlèvent facilement. Comme ils sont placés entre les deux branches des perches, ils empêchent qu'elles ne se rapprochent assez pour que la personne asphyxiée soit comprimée, et ils la transportent ainsi à la tente. Certainement qu'à défaut de civière ce procédé est le meilleur.

Il y a quelques précautions préalables à prendre avant de l'emporter. D'abord, comme nous l'avons dit (207),

1° Avoir soin que la tête et les épaules soient un peu plus élevées que le reste du corps, et que celui-ci soit placé autant que possible, sur le côté droit.

2° Après avoir déshabillé la personne, la bien essuyer et l'envelopper dans une bonne couverture, et, dès qu'on arrivera à la tente, la placer, s'il est possible, dans une couverture chaude ou un lit bien chaud.

3° Nettoyer la bouche et les narines des écumes et des flegmes qui les obstruent.

4° Appliquer aux narines des sels volatils (esprit de corne de cerf ou tous autres). C'est pourquoi chaque sauveteur doit être muni d'un petit flacon de ces sels. On transporte alors l'asphyxié à la tente. Là (toujours en attendant le médecin) on peut réchauffer doucement le corps, passer sur le dos une bassinoire enveloppée dans un morceau de flanelle ou de linge, appliquer des bouteilles d'eau chaude ou des briques chaudes, également enveloppées, sur le ventre, aux aisselles, entre les cuisses, sous la plante des pieds; frotter le corps de flanelle chaude, et, si on est à même, mettre le corps dans un bain à la chaleur de **100°** (Fahrenheit) **66°** centigrades.

5° Faire des injections avec une pinte d'eau de-vie et d'eau chaude.

6° Quant à l'électricité, à moins que l'on ne soit fort expert à en user, elle ne doit être appliquée que par le médecin.

Si c'est une personne nue que l'on a sauvée, ce qui arrive fréquemment, attendu que, pour nager plus facilement, le naufragé se déshabille, il faut s'empresser de la couvrir avec quoi que ce soit.

Mais on ne saurait trop se presser de la transporter à la tente, où l'on est plus à même de lui donner des secours plus puissants.

TRAITEMENT QUAND L'ASPHYXIÉ A POUR CAUSE LE FROID.

209. Dès que le corps est à votre disposition, il faut le débarrasser de ses effets humides et le frotter de neige, de glace, ou même d'eau froide, pour lui rendre un peu de chaleur naturelle, puis lui appliquer le même traitement qu'aux asphyxiés par immersion.

TRAITEMENT DES PERSONNES ASPHYXIÉES PAR DES VAPEURS MÉPHITIQUES OU PAR LA FOUDRE.

210. 1° Placer le corps dans un lieu frais;

2° Jeter de l'eau froide sur la figure, le cou et la poitrine;

3° Si le corps est déjà froid, employer, pour ramener la chaleur, les mêmes procédés que pour les noyés;

4° Rétablir aussi la respiration par les mêmes procédés;

5° Employer l'électricité, surtout dans les accidents produits par la foudre.

TRAITEMENT DES PERSONNES TROUVÉES PENDUES OU ÉTRANGLÉES.

211. Le même traitement que pour les noyés et, de plus, pratiquer une saignée aussitôt que le médecin le jugera convenable.

TRAITEMENT EN CAS D'APOPLEXIE.

212. Mettez le corps dans un lieu frais, ôtez la cravate et saignez aussitôt que possible; rasez immédiatement la tête et appliquez-y des compresses trempées dans de l'eau froide, des esprits ou du vinaigre. Évitez tout stimulant.

TRAITEMENT EN CAS D'IVRESSE.

213. Malgré qu'une personne qui s'enivre soit peu digne d'intérêt, on ne peut, en pareil cas, la laisser mourir comme un chien, et celui qui la soigne est aussi un sauveteur, quand il prodigue ces soins avec zèle et intelligence. Or voilà ce qu'il faut faire.

Placer le corps sur un lit avec la tête élevée ; ôtez la cravate qui peut gêner la respiration. Dans ces accidents, un médecin est presque indispensable, car le traitement dépend beaucoup de l'état du malade. Mais, en l'attendant, on doit toujours appliquer, sur la tête, des linges trempés dans de l'eau froide, et, aux mollets ainsi qu'aux pieds, des bouteilles d'eau chaude ou des briques bien chaudes.

TRAITEMENT DES PERSONNES FRAPPÉES D'UN COUP DE SOLEIL.

214. *Le même traitement qu'aux apoplectiques.*

Nous avons vu dans les colonies, dans ce dernier cas, employer un moyen pratique qui avait de bons effets, et qui en tout cas, s'il ne fait pas de bien, ne peut pas faire de mal; c'est ce que les créoles nomment faire courir le pauban. On s'empresse de raser la tête de la personne frappée d'un coup de soleil, et pendant ce temps une autre personne remplit un de ces flacons aux fruits confits à l'eau-de-vie, d'eau bien fraîche; d'appliquer l'orifice de ce flacon, que les créoles nomment pauban, sur la tête du malade, de manière à ce que l'eau fraîche soit sans cesse en contact avec une partie du cuir chevelu, en lui en faisant parcourir toutes les parties; quand on arrive à l'endroit où le rayon a exercé son principal ravage (car ce n'est souvent qu'un espace assez restreint du cuir chevelu), on voit l'eau comme bouillir dans le pauban, s'élever en bulles vers le fond, et le maintenant sur ce point, le renouvelant par d'autres paubans contenant de l'eau plus fraîche, les mulâtresses, qui sont fort adroites à donner ces soins, assurent qu'elles pompent le coup de soleil. Le fait est que nous avons vu plusieurs personnes être sauvées de fièvres cérébrales très-intenses par ce simple procédé. Nous ne nous permettons pas de l'expliquer, nous le donnons à examiner à plus savants que nous, à la faculté en général.

REMARQUES GÉNÉRALES.

215. Quand la respiration et les autres symptômes de la vie reparaissent, il faut donner au malade une cuillerée d'eau chaude, et, s'il a la faculté d'avaler, lui donner, successivement et de temps en temps, de petites quantités de vin chaud mélangé d'un peu d'eau-de-vie. Il faut le laisser au lit et exciter, par tous les moyens possibles, ses dispositions à dormir, excepté dans les cas d'apoplexie, d'ivresse ou de coup de soleil.

Il faut continuer le traitement indiqué pour ces différents cas pendant trois ou quatre heures; il est absurde de supposer que la vie est perdue parce que les symptômes vitaux ne paraissent pas plus tôt.

Il ne faut pas croire non plus que, parce qu'une personne a passé plusieurs minutes, voire même une demi-heure sous l'eau, elle est morte; non, il y a bien des exemples de cures aussi miraculeuses qui ont prouvé qu'il faut avoir courage, dévouement et patience, et que souvent de telles peines sont récompensées d'un plein succès. Quel bonheur, en effet, pour un sauveteur qui a sauvé une personne à l'état de cadavre, de la voir revenir à la vie, et de pouvoir se dire à soi-même : C'est à moi qu'elle la doit.

Voilà certainement bien des prescriptions, cependant elles rentrent toutes dans l'éducation du sauveteur; car sait-il dans quel cas il se trouvera ? C'est surtout au sauveteur marin et au sauveteur riverain qu'il importe de les connaître; car, plus que les autres hommes, ils seront souvent obligés d'en faire l'application. Or, de cette application plus ou moins rationnelle, dépend souvent aussi la vie de la personne qu'il sauve.

Aussitôt donc qu'un sauveteur marin doit aller à la côte pour donner assistance à un équipage en danger, il lui faut être nanti de toutes ses armes comme un soldat qui va au combat, c'est-à-dire qu'il doit avoir revêtu son vêtement insubmersible imperméable; il doit avoir avec lui, en collier, sa turelutte et la glène de ce petit engin, en hausse-col son cornet, derrière le cou son flacon d'esprit de corne de cerf ou de sel ammoniac; il doit savoir parfaitement employer ces différentes précautions, soit qu'il lui faille jeter sa turelutte à une personne qu'il voit se débattre entre deux eaux, pour l'attirer à lui et la traîner à terre; là, si elle n'est qu'évanouie, la faire revenir en lui faisant respirer des sels; mais, si elle est asphyxiée, son cornet lui permet d'appeler du monde à son aide, de dire d'apporter la civière, d'avertir à la tente qu'on va y envoyer un malade qui demande des soins, etc., etc.

Il faut qu'excellent nageur il ait le courage de se dévouer, suivant le cas, à lutter contre les flots pour arracher à la mort la personne qu'il voit qui y va succomber; il faut qu'il sache lancer un porte-amarre, installer à terre un va-et-vient, mettre le canot de sauvetage portatif à flot en franche côte; le monter comme patron, brigadier ou canotier. Il faut qu'il sache comment accoster le navire, s'en défier, venir à terre au milieu des brisants terribles qui battent en côte; il lui faut être alerte et adroit; il lui faut, s'il doit aller donner des secours à la mer, être aussi bon manœuvrier dans le grand canot, dans le life-boat enfin, que dans le canot portatif; il lui faut surtout être sobre, pour qu'en toute circonstance, si on l'appelle, il soit prêt à faire son devoir; il le faut aussi d'une probité non douteuse, car souvent il peut sauver des personnes dont la défroque ferait envie, et qui paraissent avoir sur elles des valeurs; il lui faut enfin bien des qualités, bien des connaissances et un dévouement qui font qu'il est un homme vraiment exceptionnel. Tel est le sauveteur, ce pionnier de l'humanité, ce soldat si brave, qu'il combat, sans cesse et sans se rebuter, un ennemi qu'il ne sait ne pouvoir vaincre, la tempête.

Mais, par la raison même qu'il est un homme fort utile et fort difficile à remplacer, le sauveteur doit soigner sa santé; il le doit pour sa famille, pour lui et dans l'intérêt de l'humanité. Or chacun sait comment les choses se passent, du moins dans notre pays. Un sinistre est signalé, cent hommes remplis de cœur courent pour donner assistance aux naufragés; mais il n'y a aucune direction, aucune subordination, aucun ensemble, et chacun agit à sa guise, ce qui fait que souvent deux bonnes volontés se contrarient, ce qui produit la confusion et empêche souvent le succès. Mais ce n'est pas tout, le sauvetage terminé, chacun de ces hommes dévoués et inconnus les uns aux autres regagne son domicile, sans auparavant avoir eu un soulagement quelconque; ils arrivent donc chez eux mourants de faim, de soif, trempés jusqu'aux os, et avec le germe d'une maladie qui les cloue sur leur lit pendant longtemps, si elle ne les tue pas; car pendant le temps qu'ils ont couru à la côte et se sont évertués à donner des secours aux naufragés, pendant leur moment d'exaltation, enfin, ils ne se sont pas aperçus qu'il fît chaud ou qu'il fît froid, et n'ont ressenti aucun besoin ni de la faim ni de la soif; mais, quand par suite de la conclusion du sauvetage ils sont rendus à la réalité, alors ils ressentent plus vivement et leurs besoins et leurs maux, et les intempéries de la saison. Il y a là vraiment de quoi singulièrement refroidir le dévouement, et nous, qui avons observé cent fois ces faits, nous nous étonnons qu'il ne soit pas plus tiède qu'il n'est. C'est parce que le courage et le dévouement sont innés chez ces hommes. Eh bien, nous voudrions qu'il n'en fût pas ainsi, nous voudrions d'abord que, puisque presque toujours ils ne prennent aucun soin d'eux, la société humaine qui les emploie eût pour eux cette grande sollicitude : Tu auras un vêtement imperméable sous lequel tu auras tes effets secs, lui dirions-nous; tu obéiras à un chef capable de te commander et qui a ta confiance; quand tu auras fini cette mission d'humanité, tu trouveras des aliments et des moyens de transport pour te réintégrer à domicile, et, si tu attrapes du mal, ce sera ta faute. Nous dirions à la foule inutile : Ne nous suivez pas, car nous n'avons pas besoin de vous, braves amis, et ce serait sans résultat que vous viendriez sur les lieux ; car nous vous défendrions d'opérer alors sans notre direction. Nous vous engagerons donc à ne pas vous exposer à attraper une maladie, puisque nous sommes suffisants pour donner des secours au navire naufrageant et à son équipage. Ceux qui, après une telle harangue, persisteraient à venir seraient ou les entêtés de la bande, ou des gens mal intentionnés; au moins le nombre des premiers serait limité; quant aux seconds, ce sont des hommes dangereux qu'il faut à tout prix éloigner. On pourrait, si on en a l'occasion, occuper les premiers, pour répondre à leur désir de se rendre utiles, et s'ils consentaient à agir sous votre direction ; autrement, non. Ceux qu'on aurait employés auraient droit à vos secours ; pour les autres, il ne faut pas s'en inquiéter, mais se beaucoup préoccuper des sauveteurs, du soin de conserver leur santé. Il y aurait aussi un acte d'humanité à accomplir pour beaucoup de naufragés, ce serait de leur faire, pendant quelques jours, subir un traitement pour les parfaitement remettre des émotions terribles qu'ils ont dû supporter. Dans le premier moment du sauvetage, la joie que l'on éprouve d'être sauvé fait promptement oublier, dès qu'on est à terre, les douleurs physiques que l'on a éprouvées et les peines morales qui vous ont fait passer tant d'heures cruelles; mais, lorsque le premier moment de cette joie est apaisé, souvent on ressent l'effet des désordres que ces causes si naturelles ont produits, et si, par quelques soins bien entendus, on ne rétablit pas l'équilibre de l'organisme qui a été ébranlé, il en résulte souvent de graves maladies; c'est pourquoi à sauver les naufragés ne doit pas se borner le soin d'une société humaine; elle doit encore, pendant les premiers moments, s'occuper de conserver la santé à ceux qu'elle a sauvés et jusqu'à ce que ceux-ci la quittent; c'est elle qui doit prendre toutes les précautions utiles, d'abord pour que le naufragé et le sauveteur n'aient pas froid et soient débarrassés de tout vêtement humide; c'est pour cela que le magasin est bien fourni de chemises de laine, de caleçons, bonnets et bas de la même substance si chaude ; et, autant que possible, les porter sur le chariot, pour qu'ils se reposent bien tranquillement et que les sens des premiers se remettent. Le médecin de la société a donc encore là un devoir très-grand à remplir, et, quand il le fait avec zèle et le dévouement qu'on est presque certain de rencontrer en pareille circonstance, il rend aux naufragés plus de services qu'un sauveteur. Bien que ce soit sortir du cadre que nous nous sommes tracé que de parler des connaissances médicales et chirurgicales que devrait avoir chaque directeur d'un poste de sauvetage, comme ce sont aussi celles que devrait avoir la plupart des capitaines qui commandent des navires dont le nombre d'hommes d'équipage n'exige pas, d'après la loi, un chirurgien (21 hommes), comme la majeure partie des navires du commerce sont au-dessous de ce chiffre, nous croyons devoir dire un mot de ces connaissances, dont souvent dépend la vie de plusieurs personnes, car, si une maladie se déclare dans le cours d'une traversée, il faut bien que le capitaine supplée à l'homme de science hygiénique qui lui manque. Il rentrerait donc dans les connaissances exigées de tout capitaine, selon nous, qu'il prouve qu'il a une connaissance au moins superficielle des substances qui sont dans son coffre à médicaments, et qu'il sait les employer.

DES CONNAISSANCES MÉDICALES ET CHIRURGICALES QUI DEVRAIENT ÊTRE EXIGÉES DE TOUT DIRECTEUR DE SAUVETAGE OU DE TOUT CAPITAINE.

1° De savoir, ainsi que nous l'avons indiqué (242), soigner un asphyxié, pour diriger l'infirmier à cet égard.

2° De savoir saigner ;

3° De savoir panser une blessure ou une plaie ;

4° De savoir comment appliquer les différentes substances qu'il y a dans les coffres à médicaments.

Tout le monde sait faire une tisane sudorifique ou rafraîchissante, mais il ne faut pas user de bien de médicaments qui ne sont pas aussi bénins, sans discernement ; surtout se garder de ces remèdes d'empiriques que chacun possède en plus ou moins grande quantité, et dont souvent le premier effet est de convertir une indisposition en une maladie sérieuse. Dans le cas même où celle-ci se déclare, si l'on n'est pas capable d'indiquer un traitement rationnel, il vaut mieux laisser agir la nature en l'aidant de remèdes anodins que de s'exposer à faire une fausse application d'un médicament qui peut avoir, étant mal employé, des conséquences funestes.

LIVRE QUATRIÈME.

SAUVETAGE DES NAVIRES ET DE LEURS CARGAISONS.

SAUVETAGE DES NAVIRES.

216. Après avoir traité le sauvetage des personnes dans tous les cas généraux de naufrage que nous avons cités, nous croyons devoir traiter maintenant le sauvetage des navires et de leurs cargaisons comme une suite obligée de notre ouvrage sur les sauvetages, car, après le soin de sauver son équipage, le devoir le plus impérieux d'un capitaine qui a fait naufrage doit être de tâcher de relever son navire, et, à défaut de pouvoir le faire, de tâcher de sauver au moins ce qu'il pourra de sa cargaison pour atténuer les conséquences de son sinistre.

Nous avons avancé (3) et nous croyons avoir prouvé qu'année moyenne les pertes occasionnées par les naufrages s'élevaient, tant en navires qu'en marchandises, à plus de 200 millions de francs, et nous croyons fermement qu'en employant les moyens que nous allons indiquer on en sauverait plus de la moitié, ce serait donc 100 millions de valeur que moyennement, chaque année, on enlèverait aux fureurs de la mer, et qui, actuellement, se perdent sans profit aucun pour personne. Nous croyons que de tels résultats, si on voulait y réfléchir, seraient dignes qu'on examinât sérieusement cette grave question. Est-il possible de sauver plus que l'on ne sauve actuellement, tant en navires qu'en marchandises formant leur cargaison? Si, jusqu'ici, on n'a pas voulu nous écouter, espérons que nous serons plus heureux, car nous allons traiter ici des intérêts matériels. Nous allons traiter ces sauvetages à notre manière, sauf à la modifier dans une nouvelle édition, si les hommes du métier, qui voudront s'en occuper comme nous, veulent bien nous faire parvenir leurs observations franco à l'adresse suivante, ce que nous osons espérer :

CONSEIL, ancien capitaine de port, rue de la Grille, 5, *à Dunkerque.*

217. Nous commencerons par classer les naufrages pour les navires comme nous les avons classés pour les personnes et en ferons les trois catégories suivantes :

1° Un naufrage a lieu sur une côte où la mer marne ;

2° Ou il a lieu sur une côte où la mer ne marne pas ;

3° Ou enfin il a lieu en pleine mer.

Les deux premières de ces catégories de naufrages présentent naturellement plus de chances de sauvetage que la troisième. Elles se modifient des quatre manières que nous avons déjà citées :

1° Le naufrage a lieu sur une côte de roches;

2° C'est sur une côte de galets qu'a lieu le naufrage ;

2° Ou c'est sur une plage de sable que le naufrage se fait ;

4° Ou enfin il a lieu sur une plage de vase.

Chacune de ces différentes catégories d'échouement présente ses modifications différentes, que nous allons traiter tout d'abord pour les mers où la marée se fait sentir ; mais, avant de le faire, nous demandons qu'on nous permette ici quelques observations générales.

Il ne faut pas qu'un capitaine s'imagine, parce qu'il a fait naufrage sur une côte habitée, qu'il soit exempt de prendre toutes les mesures nécessaires pour sauver ce navire ou ce qu'il peut de ce navire et de sa cargaison. Ce serait là une grave erreur qui pourrait le conduire bien loin ; car, s'il ne peut mettre son navire en lieu de sûreté, il est de son devoir de ne l'abandonner qu'à toute extrémité, puisqu'en restant à bord il peut préserver la propriété qui lui a été confiée d'une perte totale. Il doit donc s'occuper des moyens de sauver ce bâtiment, tout en réclamant de l'autorité les secours qui ne peuvent lui être refusés pour sauvegarder ce qu'il peut sauver et de ce navire et de sa cargaison. Pour cela, il peut envoyer un exprès au syndicat le plus voisin en France, où l'administration de la marine s'empressera de lui envoyer le syndic des gens de mer qui a l'autorité nécessaire, en pareil cas, pour faire des réquisitions de toute nature; mais, pendant les vingt-quatre premières heures de son échouement, le capitaine est libre de diriger toutes les opérations du sauvetage ; si, au bout de ces vingt-quatre heures, il l'abandonne, l'administration de la marine prend acte de cette déclaration, et, comme curateur aux biens vacants, prend en main le sauvetage; mais le capitaine a néanmoins droit d'avis, et, s'il reconnaît qu'on s'y prend maladroitement pour sauver ce navire, il doit protester contre les mesures que l'on prend, sauf à justifier de son dire devant qui de droit. Il doit seconder l'autorité de ses conseils et de son concours et ne quitter la place qu'après en avoir eu mainlevée. Souvent il suffit d'une réparation faite à propos pour pouvoir renflouer un navire et le conduire dans un port voisin, et la loi prescrit impérieusement au capitaine de n'abandonner le meuble qui lui a été confié qu'alors qu'il a perdu tout espoir de le sauver. Il le doit si ce navire n'est pas assuré, il le doit encore quand il est assuré, et, par négligence de ne pas travailler au sauvetage, il pourrait, si la chose était prouvée, être attaqué par les intéressés en vertu de l'article **221** du code de commerce, qui dit : « Tout capitaine, maître ou patron, chargé de la conduite d'un navire est garant de ses fautes, même légères, dans l'exercice de ses fonctions. »

Après cet avis, que nous avons cru salutaire de donner, en passant, à nos jeunes collègues, quoique nous eussions bien pu nous en dispenser, attendu que la plupart de nos lecteurs connaissent leur devoir aussi bien que nous, nous allons entrer en matière.

SAUVER UN NAVIRE NAUFRAGÉ SUR DES ROCHES, DANS UNE MER OU IL Y A FLUX ET REFLUX.

218. Rarement on peut sauver un navire qui fait naufrage sur une telle côte, car ordinairement il s'écoule peu de temps avant qu'il soit mis en pièces. Cependant, si c'est à la fin d'un coup de vent qu'on fait naufrage, que ce soit avec garant et qu'on soit dans un décours de marée, on peut encore espérer le sauver, ou sauver du moins une partie de sa cargaison et de ses agrès et apparaux, de ses débris enfin, si on ne le voit pas se démolir avant qu'il soit franchi, car, dès le moment qu'il ne bouge plus sur son lit de roches, et que le temps devient meilleur à la marée suivante, malgré qu'ordinairement il est coulé au flot, il reste tranquille, puisqu'il ne flotte d'aucune manière, il fait roche comme on dit, et, si la mer tombe, il souffre peu de ses efforts sur lui. Dans un tel cas, il n'y a pas un moment à perdre, il faut y employer tout le temps qu'on peut employer jour et nuit, et tout d'abord s'occuper de son déchargement, et de sauver tout ce que l'on peut, de ses agrès et apparaux, pour deux causes : pour dérober à la mer tout ce que l'on pourra avant le revif, ensuite pour alléger le navire le plus que l'on peut, afin qu'il soit plus léger pour l'enlever de là, dès le revif, à la marée suivante qui sera favorable si le temps le permet.

Dès qu'on a pris ces premières précautions, il faut le visiter et, autant qu'on le peut, aveugler les voies d'eau qui sont aveuglables, même avec des plaques de plomb clouées si la chose est possible, en ayant soin, néanmoins, de lui laisser assez d'ouvertures pour que l'eau de mer puisse monter dans sa cale au niveau de celle extérieure, toutes les marées jusqu'au bas de l'eau de la marée où on veut l'enlever, qu'on laisse toute l'eau écouler et qu'on les condamne aussi. Pour que le navire puisse se soulever et flotter, on emploie l'un des deux moyens suivants : ou on amarre sur son vègre dans sa cale le plus grand nombre de grands fûts vides (et bien bouchés) que l'on peut se procurer, et on en met un second rang par-dessus, s'il est nécessaire; ou on lui fait un coffre dans la cale sur lequel on le fait soulever. Dans le premier cas, on ne doit introduire les fûts vides dans la cale qu'à la marée où on veut soulever le navire, à moins qu'ils n'aient deux bondes, l'une en dessus et l'autre en dessous, pour qu'on puisse vider ces futailles en temps utile et les laisser se remplir chaque marée. Tout étant ainsi disposé, la marée basse qui précède celle du rafflouement, on vide tous les fûts si ce sont des futailles que l'on a prises pour renflouer le navire, ou on bouche les lumières du coffre selon le mode de renflouement qu'on a adopté, et à la marée montante on élonge ses ancres dans la direction convenable pour mettre le navire en pleine eau si elles ne l'ont pas déjà été, puis on met une ancre en veille avec sa bitture bien parée; alors, quand la marée est assez montée, elle soulève le bâtiment et le remet à flot de manière à pouvoir le touer dans un port voisin (1-2).

Nous croyons inutile de dire ici que, pour faire cette opération, il convient de tout dépasser en fait de mâts supérieurs, afin de garder le moins de fardage en haut et de poids possible sur le pont, et même, si l'on a deux chaînes, on fera bien de les affaler au pied du grand mât, afin de donner un peu plus de stabilité au navire. Si c'est surtout un navire fin, on pourra même laisser pleines plu-

(1) On est heureux, dans une telle circonstance, de pouvoir se procurer un remorqueur.

(2) Si on se trouvait sur une côte où l'on ne pût se procurer ni pièces vides, ni le bois nécessaire pour faire le coffre, mais seulement de la paille, en remplissant la cale de son navire de bottes de paille et condamnant bien les panneaux, on relèverait encore son navire, et même cette paille ne serait pas perdue, car, en la mettant dans l'eau douce, puis ensuite la gerbe en bas, elle sécherait parfaitement et serait encore propre à la litière des animaux ; d'ailleurs, en tout cas, elle ne serait que bien meilleure pour faire de l'engrais, puisqu'elle serait saturée d'eau salée.

A défaut de paille, on se trouverait dans un pays à bois comme dans le Nord par exemple, en remplissant la cale du navire de planches de madriers, de bois enfin, on obtiendrait le même effet.

Dans un pays de pêche, où l'on embarille le poisson, on doit se procurer facilement des barils à poisson; bien bouchés, les tonnes ou les barils produiraient encore le même effet. On voit que l'on a bien des ressources pour soulever un navire et le sauver quand on ne peut même aveugler ses voies d'eau, quand c'est sur une côte où il y a flux et reflux et que le navire vient à sec de basse mer.

sieurs des futailles du milieu du premier plan, car l'eau, qui pénétrera malgré les fûts, donnera bien un lest certainement, mais ce lest tendrait à le rendre plus volage encore, en se portant tout entier du côté où le navire inclinerait. Il vaut mieux, en pareil cas, si on n'a pas des objets pesants à mettre au milieu sur carlingue, faire une ceinture de futailles vides de plus au-dessus des deux plans, et remplir le premier rang de futailles qui sont sur carlingue, que de se hasarder à naviguer, même pour un court trajet, balai sur carlingue, comme disent vulgairement les marins. C'est pourquoi aussi, si on est forcé, faute d'avoir des futailles vides en suffisante quantité, de faire un coffre, il vaut mieux en faire deux, l'un d'un côté de la carlingue, l'autre de l'autre côté, qui aient à eux deux la capacité du grand coffre qui afflouerait le navire, et alors l'eau qui monte entre les deux coffres, ne pouvant se répandre ni d'un côté ni de l'autre, s'élève dans le milieu et donne comme poids au fond du navire ce qui est nécessaire pour le lester suffisamment; autrement, on est non-seulement exposé, mais encore gêné sur le pont pour manœuvrer, car, dès que quelques hommes passent de plus sur un bord que sur l'autre, le navire incline à ne pouvoir marcher et menace de chavirer.

Il n'y a pas de doute que, si l'on a le vent pour soi et qu'on ait encore quelques voiles en vergue, il faut en profiter pour gagner le port; mais ordinairement aussi on peut avoir un remorqueur, ou des lamaneurs à défaut, qui vous touent, ce qui permet assez de tranquillité sur le pont.

L'ÉCHOUEMENT SUR UNE CÔTE DE ROCHES A EU LIEU DANS UNE MER OU IL N'Y A NI FLUX NI REFLUX.

219. On conçoit aisément qu'ici il y a bien moins de chances de sauver le navire, puisqu'à moins que le mauvais temps ne calmisse tout à coup et que la mer en même temps ne tombe, ee qui est fort rare, cette mer ne cesse pas de tourmenter le navire et de le disloquer.

Quand bien même il resterait tranquille, il est coulé; on ne peut donc en extraire la cargaison assez à temps, en admettant qu'on puisse le faire pour la remplacer par des fûts vides, on ne peut non plus, puisque la cale est pleine d'eau, faire un coffre. Comment donc opérer en supposant toutes les chances favorables? Nous ne voyons d'autre moyen que de placer deux navires fort chargés de lest qu'on viendrait amarrer des deux côtés du navire naufragé et qui, lorsqu'ils seraient tenus solidement le long de son bord et que leurs ancres seraient élongées, jetteraient bien uniformément leur lest à la mer en s'allégeant et montant sur l'eau, feraient monter le navire coulé ave ceux. Mais quel est le marin qui voudrait courir avec son navire un tel risque? Nous considérons donc le sauvetage, en pareil cas, comme une œuvre presque impossible. Cependant, si le navire naufragé était chargé de sel, de salpêtre, d'une marchandise fondante enfin, et que l'embrèlement se fît lestement, la cargaison, en se dissolvant dans l'eau, pourrait encore y aider; mais c'est fort chanceux. Nous considérons donc un tel sauvetage comme le gain d'un quaterne à la loterie. Mais, pour ne rien laisser au hasard, nous engageons le capitaine, dans un tel cas, à dépasser le plus vite possible ses mâts supérieurs, pour empêcher le navire d'autant souffrir des mouvements que lui donne la mer.

SAUVER UN NAVIRE ÉCHOUÉ SUR UNE GRÈVE DANS UNE MER OU IL Y A FLUX ET REFLUX.

220. Bien qu'une grève soit certainement une côte très-dure quand un navire y fait naufrage, attendu qu'elle présente beaucoup moins d'aspérités qu'une côte de roches, on doit espérer de le relever si le navire ne se démolit pas dès la première marée et que le temps s'embellisse; c'est pourquoi il ne faut pas abandonner la partie sans la jouer. Si l'on s'aperçoit au bas de l'eau que le navire n'est pas trop disloqué, il faut à grand renfort de bras diminuer son fardage en dégréant, calant et dépassant tout ce que l'on peut dans sa mâture, et l'alléger pour qu'à la marée suivante il remonte sur la plage le plus haut possible. Ne vous inquiétez pas qu'il remonte, il est toujours facile, quand le temps le permettra, de descendre un navire, et plus il sera haut sur la grève, plus vous aurez de chance d'abord d'en sauver la cargaison, ensuite de le relever. Il est certain que plus haut sur la côte sera le navire, et plus tard il sera fatigué par la mer montante, plus vite il restera tranquille pour qu'on y travaille à la marée descendante, enfin plus de temps on aura à travailler au sauvetage de ce qu'il a à bord. On ne doit donc pas hésiter, en pareil cas, à laisser remonter son navire tant qu'il le pourra faire, parce que, qu'il soit chargé ou au lest, quand on en aura extrait le chargement ou jeté le lest à la mer, il déjaugera assez pour venir à flot à la grande mer suivante, si c'est de syzygie que le naufrage a eu lieu, et si ses voies d'eau ont pu être aveuglées. Mais une chose à laquelle il faut prêter grande attention, c'est qu'il ne roule pas avec la lame d'un bord sur l'autre, car ce roulis fatigue extraordinairement un bâtiment qui est échoué sur la côte ; c'est pourquoi, à moins d'être démâté et de devoir couper toutes les manœuvres qui retiennent les tronçons de mâts le long du bord, pour les empêcher de défoncer le navire, il faut, quand on vient sous voile à la côte, forcer de voiles au lieu d'en diminuer, pour courir à terre, et laisser ces voiles sur le navire pour l'empêcher de rouler au vent, et dans cette position, de présenter son pont à la lame, ce qui est fort dangereux de toutes les manières, et pour l'équipage et pour le bâtiment.

Il ne faut pas non plus, en pareil cas, hésiter à laisser son navire en travers à la côte ; car, malgré que dans cette position il présente tout son flanc aux coups de mer, et conséquemment la moitié de sa carène, il souffrira moins que si on le maintenait debout à la lame. Cette position est d'abord fort difficile à obtenir, mais si on pouvait la prendre à l'aide de fortes ancres que l'on mouillerait d'avance et dont l'on prendrait les chaînes par l'arrière, et faire échouer le navire de bout à la côte, il faut se garder de le faire, le tangage en pareille position est plus disloquant que le roulis, surtout si le navire ne roule pas au vent.

Il est souvent utile, dans une pareille situation, lorsque l'on s'est échoué sur une côte où il y a du ressac, ou que l'on ne veut pas que le navire remonte trop haut, de le faire couler toutes les marées ; car, couvert d'eau, il souffre moins que quand il y a une partie de ses œuvres mortes hors de l'eau. Pour ce faire, il suffit de délivrer un bout de bordage un peu au-dessus de son petit fond, alors il se remplit d'eau, mais ne se remplit pas de sable si c'est sur le sable qu'il a échoué ; quand le moment est venu de le relever, il faut simplement faire mettre dans cet endroit un romaillet qui le ferme.

Comme dans ces opérations il est important, quand il en est temps, que le navire se vide promptement, il faut avoir des tampons bien parés et assez gros, faire entre mailles, dans le fond du navire, divers trous du diamètre de ces tampons, les laisser ouverts jusqu'au moment d'opérer ; mais, quand toutes les dispositions de renflouement sont prises, au bas de l'eau, quand le fond du navire contient encore une certaine quantité d'eau, retirer ces tampons, laisser écouler l'eau autant que possible, puis les reboucher soigneusement ensuite. Il est bon même, s'il s'est amassé une certaine quantité de sable ou de vase dans le fond du navire, d'y avoir quelques hommes qui remuent ce sable ou cette vase, afin qu'il s'en échappe le plus possible par les trous des tampons. Ces trous de tampons doivent toujours être faits sur le côté du navire qui ne porte pas terre, pour que le sol ne présente aucun obstacle à l'écoulement de cette eau, et que le sable ou la vase ne pénètre pas par ces trous.

Quant aux dispositions intérieures à prendre pour faire flotter son navire, elles sont les mêmes que celles que nous avons indiquées pour les côtes de roches, des fûts vides ou deux coffres. Tels sont, à notre avis, les moyens les plus puissants, et nous le pensons aussi les plus économiques ; mais cependant il ne faut pas rejeter les autres qui peuvent se présenter. Ceux-ci demandent une certaine préparation qui entraîne souvent plusieurs journées. Or il faut se rappeler qu'un navire à la côte y est toujours en danger, et qu'on ne saurait trop se hâter de le relever ; c'est pourquoi, si l'on est à portée d'un port où l'on puisse se procurer deux bateaux à lest ou à vase, deux navires à fond plat, et tirant très-peu d'eau, deux chameaux enfin, et les placer dès qu'on a déchargé le navire naufragé, un de chaque côté, et les y bien embreler, on doit préférer cette manière d'opérer.

DES OUTRES DE SAUVETAGE.

Nous avions même songé à avoir, dans chaque port, un moyen portatif permanent de sauvetage pour les navires qui viendraient faire naufrage à l'entrée de ces ports, ou dans les environs. Ce serait d'avoir des outres en toile enduites de caoutchouc, et qu'on pourrait insuffler pour les gonfler, de les placer dans le navire à soulever, vides d'air, en présentant alors peu de volume, de les insuffler ensuite, et alors elles feraient renflouer le navire comme des futailles vides. Mais nous craignons bien que ce moyen ne soit une des cent utòpies que les faiseurs de projets enfantent. Cependant nous en avons parlé ici, car si on parvenait à insuffler promptement de telles outres, si ce procédé était praticable, à coup sûr ce serait le moyen le plus certain et le plus économique de renflouer un navire, quelle que fût sa dislocation. Nous le soumettons donc au jugement de nos collègues les marins.

RELEVER UN NAVIRE NAUFRAGÉ SUR UNE CÔTE DE GALETS, DANS UNE MER OU IL N'Y A PAS DE MARÉE SENSIBLE.

221. Nous croyons devoir faire suivre parallèlement les deux genres de sauvetage, parce que nous ne voulons pas distraire l'attention de nos lecteurs du sujet qui nous occupe.

Nous devons convenir que, quand le naufrage a lieu dans une mer où il n'y a pas de marée sensible, il faut être favorisé par des circonstances bien extraordinaires pour qu'on puisse relever un bâtiment qui est à la côte. Dans un tel cas, il vaut mieux qu'il coule que de rester exposé aux brisants, et nous ne voyons pas, à moins que le naufrage n'ait lieu sur un banc ou un autre danger assez éloigné de terre pour pouvoir y envoyer des navires, qu'il soit possible de le relever autrement qu'au moyen des chameaux. Si donc le navire en vaut la peine, il ne faut pas hésiter, si on ne peut se procurer deux navires à fond plat, deux barques à vase ou à lest, que l'on fera bien ponter, et qui pourront même être sous l'eau sans couler, à faire faire deux chameaux. En pareil cas, les futailles vides sont d'un faible secours. Quand on a réuni un de ces moyens, on conduit les deux navires (bateaux ou chameaux) le long du navire à soulever, puis on y fait entrer toute l'eau qu'ils peuvent contenir, pour les faire enfoncer le plus possible dans la mer, et, s'il est possible, dépasser avec leur fond les deux côtés du navire à soulever; on les tient à distance nécessaire entre eux au moyen de traverses (poutrelles, mâtures ou autres), et on y saisit bien sur eux, avec des chaînes, le navire naufragé. Ici encore il n'est pas indifférent de savoir placer ces chaînes; il faut, autant que possible, qu'elles soient en double, pour qu'un double soit amarré d'un côté du chameau, l'autre de l'autre, en passant par-dessous lui, afin que, quand le bâtiment qu'il faut renflouer fera effort sur ces chaînes, il ne fasse pas incliner son flotteur, et que celui-ci agisse carrément pour le soulever.

Alors on pompe toute l'eau qui est dans les chameaux et, autant que faire se peut, similairement, afin qu'ils produisent le même effort de soulagement sur le navire qui est entre eux. Si on parvient à le soulever par ce moyen, avant de tenter de le renflouer, et pour ne pas faire trop souffrir les apparaux, on passe des chaînes par-dessous, qui viennent s'amarrer solidement sur le bord intérieur des chameaux. Ce point est capital, car il assure l'opération, si quelque chose vient à manquer; ces chaînes de soulagement sont au moins passées, et de ces chaînes dépend à peu près, un peu plus tôt, un peu plus tard, tout le succès de l'opération. C'est pourquoi, si on ne pense pas pouvoir lever carrément le navire avec les engins dont on dispose, il faut au moins les placer sur le bout qui offrira le plus de chances de lever pour le soulager, et, quand il le sera, passer les chaînes par ce bout. Qu'on se le rappelle, les chaînes de soulagement passées, les trois quarts de la besogne sont faits.

On conçoit qu'une telle opération ne peut se tenter que de belle mer, car les chameaux seraient bientôt crevés sur le navire qu'ils doivent soulager, si la mer était agitée. On doit donc, quand on peut avoir une telle appréhension, garnir le bord du chameau, qui doit porter contre le navire, de bonnes fourrures pour lui servir de défense, et avoir aussi bien soin d'établir de bonnes fourrures au portage des chaînes; car plus le poids à lever est lourd, plus naturellement les chaînes de soutenement forcent, et par l'effort qu'elles font, travaillent à entrer dans le bord *du chameau sur lequel elles portent.* Il est bon aussi que ce poids considérable ne porte pas sur le même point de ce chameau, il vaut beaucoup mieux qu'il porte sur trois, quatre, ou dix membrures; c'est pourquoi nous engageons à mettre sur le bord de ces chameaux, au portage de ces chaînes, de bonnes poutrelles ou autres longues pièces de bois, qui fassent que toutes les membrures d'un côté du chameau travaillent ensemble. Tout cela, ce sont des précautions préparatoires que la prudence indique à la personne qui est chargée de la direction du sauvetage. Mais l'une des choses les plus importantes est, dans un tel cas, de pouvoir épuiser promptement et uniformément l'eau que contiennent les deux chameaux, pour qu'ils travaillent ensemble au soulèvement. Pour cela toutes les pompes peuvent être employées; mais nous croyons que, dans les endroits où l'on aurait de pareils moyens de sauvetage, on ferait bien d'avoir surtout des pompes Gwyn, qui peuvent épuiser 200, 300, 400, 500 tonneaux d'eau à l'heure, suivant leurs forces. C'est pourquoi nous donnons une description de ces puissantes pompes (242).

RELEVER UN NAVIRE NAUFRAGÉ SUR UNE PLAGE DE SABLE DANS UNE MER OU IL Y A FLUX ET REFLUX.

222. Nous avons dit quelque part que les naufrages qui avaient lieu sur une plage de sable étaient, en général, moins désastreux pour le navire que pour les hommes. En effet, bien que le sable, quand il est mouillé, soit dur comme une pierre, comme il est fort uni, le navire qui roule dessus, s'il est solide, se démolit bien moins facilement que celui qui est sur une côte de roches ou sur une côte de galets. Seulement elle présente un autre inconvénient, c'est que, s'il crève en dessous, le sable pénètre dans son intérieur et souvent y forme une couche aussi épaisse que celle qu'il foule extérieurement et qui remplit les mailles. Quant à la couche intérieure, il serait assez facile de s'en débarrasser, si on connaissait où est la voie d'eau, mais là est le difficile; il faut donc, en pareil cas, avoir toutes ses dispositions prises. Si le navire vient à sec au bas de l'eau, on peut tout disposer pour l'enlever et travaillant de force le débarrasser du sable qui est au-dessus du vègre, quand on a une bonne pompe pour épuiser l'eau qui vient ordinairement de la couche supérieure combler la souille et se niveler dans la cale. Mais, quand il ne vient pas à sec, il présente plus de poids que s'il avait été échoué sur les roches. Surtout, s'il est ensablé, l'opération est fort difficile, car il faut non-seulement soulever le poids du navire, mais l'arracher de la couche de sable qui l'enserre et qui a avec lui une grande cohésion, et de plus il faut enlever le poids de sable qui est à bord et qui est souvent équivalent à celui de la coque. Il n'y a guère d'espoir de l'exhumer en pareil cas, qu'en mettant deux bons chameaux dessus et lui remplissant la cale de fûts vides.

Supposons qu'il vienne à sec à basse mer, mais qu'il est fort ensablé. Il faut, tout d'abord, tâcher de se débarrasser du sable qui est dans l'intérieur; pour cela il faut tâcher de le faire sortir de sa souille. Nous y avons heureusement employé des bottes de paille, et voici comment : on commence par faire un grand trou dans le sable le plus qu'on peut sous le navire échoué, en ayant soin d'absorber l'eau qui vient des sables supérieurs au moyen d'une pompe puissante, on a donc fait dessous, en creusant, une profonde rigole. Puis, dans la fosse que l'on a faite ainsi, on couche des bottes de paille en grande quantité et, quand on les a bien entassées et bien pressées, l'on rejette par-dessus le sable qu'on a extrait pour faire la fosse; quand la marée arrive, le sable recouvrant tout autour du navire, la paille, qui finit par être pénétrée par l'eau de mer, cherche à sortir de la fosse, et quand il a monté 50, 75 centimètres ou 1 mètre d'eau par-dessus la couche de sable qui la couvre, cette paille forçant à sortir tout en grand, elle soulève le navire en s'échappant; alors la quantité de sable qui la couvrait, tombant dans le fond de la souille, la comble en partie et fait qu'à l'échouage suivant le navire est sorti d'une certaine quantité de son trou; on fait sauter les bottes de paille et on les amoncelle en javelles, la tête en bas, pour qu'elles s'égouttent, et à la marée suivante on recommence; on finit ainsi, au bout de deux ou trois marées, à exhumer assez le corps du bâtiment pour pouvoir en extraire le sable qu'il avait dans la cale, et qui y est resté en bien moindre quantité, car c'est de beau temps que l'on fait cette opération, et c'est principalement les mouvements de la mer et du navire qui ont été la cause que le sable s'est amoncelé en si grande quantité dans sa cale.

Mais, si c'est un navire chargé qui a fait naufrage, il peut bien s'ensouiller, mais la cargaison absorbant une grande partie de la capacité de sa cale, rarement il arrive qu'il s'y amoncelle une grande quantité de sable. Dans une telle circonstance, il faut se hâter de se procurer des futailles vides pour les placer dans le fond du navire à mesure qu'on en extrait un colis, afin que le sable ne puisse pas prendre la place de ce colis, car c'est un perfide compagnon, mieux vaudrait avoir des outres de sauvetage, pour mettre par-dessus le premier plan de futailles. En tous cas, il ne faut pas attendre, dès qu'une portion de vègre se découvre, à y clouer des crampes et à y passer des bouts de corde pour fixer les fûts vides d'une manière absolue. Il y a, dans cette circonstance, une précaution à prendre, c'est d'ouvrir à chaque futaille un second trou de bonde à l'opposé de la bonde principale, pour laisser, à la futaille que l'on met en place, la faculté de se remplir tant qu'on n'a pas besoin qu'elle soit vide. Mais, dès qu'elle doit agir comme flotteur, on la bouche dès que l'eau s'en est écoulée, et, comme on ne peut pas aller le faire en dessous, c'est par le trou de la bonde même qu'on le fait, au moyen d'une tige de fer passant dans la bonde principale et ayant à son extrémité la bonde qui doit boucher ce second trou de bonde. Quand elle est en place, faisant glisser la grande bonde d'en dessus, on la condamne également et on lute le trou avec de la terre glaise.

Tous ces détails paraîtront bien puérils, sans doute, aux hommes du métier qui se diront : A quoi vise-t-il? nous prend-il pour des enfants auxquels il faut apprendre l'A B C du métier? Mais cependant nous avons vu, en maintes circonstances, une opération échouer par les détails; ainsi nous croyons être le premier qui ayons pensé à faire un double trou de bonde aux futailles, afin qu'elles se remplissent quand on n'en a pas besoin, ainsi qu'à la manière de boucher les pièces quand elles sont mises en place, et par le moyen que nous indiquons on peut le faire aisément, ce qui permet de placer ces futailles au fur et à mesure qu'on se les procure; car, se remplissant toutes les marées, elles ne font aucun effort pour se déranger et soulever le navire, ni pour s'afflouer jusqu'au moment où il faut en faire; elles ne fatiguent donc pas et ne fatiguent pas inutilement leurs estropes; elles n'ont aucune disposition à se déranger de l'endroit où on les a mises. Sans cela, la pièce qui est submergée est dans un mouvement continuel et, par cela même, ne permet pas de bien arrimer ses voisines; elle fait une force énorme sur ses estropes quand elle couvre et risque à les casser ou en arracher les crampes; elle risque, enfin, s'il y a une certaine quantité sur un point et que la marée monte très-haut avant que tout soit disposé à renflouer le navire et le faire changer de position, le faire venir en travers sur le bulin qu'il avait formé et le faire se casser. Elle risque, enfin à faire manquer une opération qui a demandé beaucoup de soins et de travail. On voit donc une fois de plus, par un pareil détail, qu'une petite cause produit souvent un grand résultat ou l'annule. Nous ne croyons donc pas hors de propos d'entrer quelquefois dans des détails qui peuvent paraître minutieux, mais qui sont utiles, et, comme nous croyons qu'il y aurait grand avantage d'avoir, dans chaque port, des moyens facilement transportables, comme les outres en toile dont nous avons dit un mot (p. 278), nous allons dire ici ce que nous en pensons.

Fig. 41.

Fig. 42.

Oui, nous croyons qu'on relèverait bien plus de navires qui naufragent, surtout sur des côtes de sable ou de galets, si on avait, dans chaque port, de 250 à 500 tonneaux d'outres en toile comme celle dont nous donnons le dessin ci-contre et dont nous allons donner la description.

Afin que la toile qui formerait ces outres pût résister à la pression qu'elle éprouverait étant gonflée, nous ne les ferions pas de trop grande dimension, et nous leur donnerions 1 mètre de long sur 60 centimètres de diamètre; elles jaugeraient donc 270 litres et emploieraient, pour les faire, environ 4^{m},50 de toile à voile en lin n° 1, enduite de gutta-percha ou de caoutchouc, et pourraient peser toutes faites 10 kilog. ; elles pourraient donc en soulever 260, étant remplies d'air (ou environ 260 litres). Quand elles seraient vides, elles occuperaient peu de place, en sorte qu'on en pourrait aisément mettre 150 à 200 sur une charrette, qui porterait ainsi 49 à 50 tonneaux de flottaison à mettre dans un navire (1). Or il faut se souvenir ici que ces 40 ou 52 tonneaux d'outres soulèveraient dans un navire non-seulement de 40 à 52 tonneaux de poids, mais occuperaient de plus 40 à 52 tonneaux de place qui ne peut plus être occupée par l'eau de mer. Et comme la coque, si c'est un navire en bois, a aussi par elle-même une certaine flottaison, ou que l'on ne peut pas estimer à moins d'un tiers du poids total qui a fait couler le navire, il faut donc compter que, si l'on met, dans une coque de navire qui pèse 150 tonneaux par exemple, 200 de ces outres, on soulèvera, quand elles seront gonflées, 154 tonneaux, et, comme 154 tonneaux sont à peu près le poids de la coque d'un navire vide de 300 tonneaux, on le fera flotter. D'après ce calcul, s'il est exact, dans un port où on aurait 500 tonneaux d'outres, on pourrait, par leur moyen, relever une coque d'un navire de 1,500 tonneaux au moins quand il serait vide de tout autre poids, ce qui ferait que dans bien des cas un navire de 500 tonneaux, chargé de 700 tonneaux de marchandises lourdes, pourrait être renfloué avec toute sa

(1) Nul doute que, si on reconnaissait que la toile dont seraient faites les outres pût résister à une plus forte pression, on pourrait les faire plus grandes, leur donner 80 centimètres de diamètre par exemple ; ce qui ferait qu'elles jaugeraient 320 litres, et, comme elles ne pèseraient pas 2 kil. de plus, on pourrait compter qu'elles en soulèveraient plus de 300.

cargaison. Tous ces calculs sont plus ou moins erronés, car nous ne raisonnons que par hypothèse; mais il est certain que, si ce moyen est praticable, il donnerait la faculté de sauver un grand nombre de navires qu'actuellement on abandonne. On voit donc que dans une seule charrette on pourrait mettre assez d'outres pour soulever un navire de 200 tonneaux et plus, s'il n'était pas ensablé comme nous l'avons dit ci-dessus. Tous ces calculs sont susceptibles de vérifications, nous ne prétendons pas les donner ici comme des vérités mathématiques, mais on conçoit qu'il est peu important ici de calculer la flottaison au gramme près, car il vaut mieux dépasser un peu le but que d'être en dessous; si donc ces outres sont possibles, ce que nous croyons et que le gouvernement voulût l'autoriser, ce que nous pensons aussi qu'il ferait, nous engagerions toute société humaine des ports d'avoir, comme accessoire à son matériel de sauvetage, de 200 à 500 tonneaux d'outres, suivant le tirant d'eau des navires qui peuvent entrer dans leur port. Le sauvetage des hommes effectué, elle pourrait entreprendre le relevage du navire et sauvetage de la cargaison, lorsque la chose serait possible moyennant rétribution raisonnable, et ainsi non-seulement payer ce surcroît de matériel, mais encore réaliser de beaux bénéfices applicables à l'extension de cette institution, et récompenser le zèle des sauveteurs et leur assurer une retraite honorable lorsque l'âge ou les événements leur auraient interdit de continuer leur dangereuse profession. Alors la place de sauveteur serait enviée, et on n'aurait plus à choisir que parmi les plus dévoués et les plus habiles.

Mais nous voyons que nous nous égarons en nous élançant dans le pays des chimères. Revenons donc à notre sujet, et continuons, pour l'instruction des jeunes marins qui prendront la peine de nous lire, à leur indiquer comment nous avons réussi à sauver des navires qui paraissaient destinés à ne jamais reparaître, et comment bien d'autres hommes capables ont opéré en pareille circonstance. Ici il ne s'agit pas d'employer la science supérieure d'un ingénieur et les puissants moyens qu'elle lui donne, il faut se servir de ce que l'on a sous la main, ou que l'on peut se procurer aux environs; c'est l'homme pratique qui travaille, et voilà tout.

EMPLOI DE LA PAILLE POUR RELEVER UN NAVIRE.

223. Quand il s'agit de renflouer un navire, il faut savoir user de tous les moyens qui sont à la main. Supposons que ce navire soit sur une côte d'un très-difficile accès et loin d'un port d'où l'on puisse tirer des ressources; ainsi, pas de fûts vides, pas de chameaux, pas de navire, rien de ce que nous avons indiqué; mais on est près d'un village où l'on peut se procurer une grande quantité de bottes de paille, moyen facile à transporter. Voyez ce qu'il en faudrait pour remplir la cale de votre navire; si vous pouvez vous les procurer, achetez-les et remplissez cette capacité de ces bottes le plus serré possible. Vous afflouerez encore votre navire; mais, s'il n'y en a pas assez, vous pouvez vous procurer des bourrées, vous mettez en réquisition toutes les planches, toutes les poutres, tous les plançons que vous pouvez réunir; vous disposez tout dans votre cale pour former des massifs de paille retenus par ces bois; vous y ajouterez le peu de fûts vides que vous pourrez vous procurer aux environs, vous distribuerez tout cela avec intelligence, et vous enlevez encore votre navire. Il ne faut pas liarder en pareille circonstance, et réunir à grands frais, s'il le faut, des secours; car si votre navire, une propriété qui vaut 50,000—100,000—150,000 francs, est là exposé, et que vous puissiez le sauver en dépensant 10,000—15,000—20,000 francs, il n'y a certainement pas à hésiter; rappelez-vous qu'il n'y a pas un moment à perdre, et là plus qu'en aucune autre circonstance, *time is money* (1), agissez vite et bien, et rarement vous aurez à vous en repentir, rarement vous n'aurez pas vos efforts couronnés de succès. Ne ramèneriez-vous au port qu'une coque toute disloquée et qu'il faudra démolir, rarement elle vaudra moins que les frais que vous aurez faits pour la sauver. Cependant,

(1) *Le temps est de l'argent.* Proverbe américain.

comme il est une mesure à toutes choses même bonnes, avant d'entreprendre une telle opération, rendez-vous bien compte de ce que vaut votre navire là où il est, et de ce qu'il vous en coûtera pour le relever, et, si cette opération ne vous présente pas un bénéfice raisonnable, abandonnez-la; car ici il ne faut pas travailler pour l'honneur, mais bien pour l'intérêt réel de celui qui vous emploie. Il faut vous souvenir, dans ces évaluations que vous devez porter en ligne de compte, des hasards que présente votre opération; car vous pouvez, votre navire flottant entre deux eaux, le perdre encore par une cause quelconque. Il faut bien calculer sur tout cela avant de commencer.

224. On voudra bien remarquer, nous l'espérons, que, dans les conseils que nous nous permettons de donner, les moyens que nous indiquons sont très-vulgaires, il est vrai, mais nous nous sommes attaché, dans cet ouvrage, à n'employer, autant que possible, que ceux-là; car nous regardons comme des exceptions tous les procédés qui demandent de la science et un emploi d'engins compliqués, non que nous les méprisions, tant s'en faut; mais notre but est de parler à des hommes comme nous, à des marins qui ont plus d'expérience que de science, et conséquemment nous ne devons pas nous élancer dans des régions qui nous sont inconnues. Nous serions le premier à seconder de tout notre pouvoir l'emploi de ces savants procédés, si nous nous trouvions à même de le faire; mais nous avons la certitude que, pour mille cas de naufrage qui arriveront, il y en aura 999 qui auront lieu dans des circonstances où les personnes qui dirigeront le sauvetage seront des hommes pratiques plutôt que des savants, et nous croyons bien faire en ne cherchant pas à sortir de la généralité. Tout en respectant la science, nous parlons à la foule.

On remarquera aussi que la paille, les outres, les fûts ou autres engins que nous proposons d'appliquer dans les cas de naufrage sur une côte de sable sont tout aussi applicables dans un naufrage sur une côte de roches ou de galets. Or souvent il arrive que des difficultés majeures se présentent pour conduire et amarrer, le long d'un navire naufragé, d'autres navires, des chameaux, des futailles même, tandis qu'une personne peut aisément porter, fût-elle même obligée de sauter de roche en roche, cinq ou six bottes de paille, et quand il y en aura à peu de distance une suffisante quantité dans l'espace de quelques heures, 30, 40, 50 hommes, qui feront chacun dix voyages du rivage au navire, ou feront la chaîne, en auront porté 1,500, 2,000 ou 3,000 bottes à bord du navire, ce qui peut suffire à le remplir et à le soulager, selon sa capacité. Nous espérons qu'on nous excusera cette explication que nous avons crue utile pour faire apprécier notre système, qui est d'employer, autant que possible, toutes les ressources que l'on trouve dans l'endroit où on est. Ainsi, si nous faisions naufrage sur les côtes de la mer du Nord, près d'un endroit où nous pourrions nous procurer des planches, des madriers, des tronçons de sap, en assez grande quantité pour afflouer notre navire, nous l'en remplirions, et sommes persuadé que, flottant sur la cargaison, nous le sauverions.

Tel est notre système; il faut user de ce qu'on peut se procurer abondamment en pareil cas et à bon marché, peu importe quoi, pourvu qu'on atteigne le but, qui est d'opérer vite et bien; car, nous le répétons, à la côte il n'y a pas un moment à perdre.

Nous aurions bien parlé ici de cette puissante pompe dont nous donnons la description (242), qui jette 300,000, 400,000, 500,000 litres d'eau à l'heure, si, pour l'établir, il ne fallait pas des dispositions particulières qui ne permettent pas de l'employer partout et à tout moment; car, à moins qu'elle ne se trouve à bord du navire naufrageant lui-même, ce n'est qu'exceptionnellement qu'on peut en faire usage pour renflouer un bâtiment. Ensuite pourrait-on avec elle empêcher l'eau de rentrer aussi vite qu'on l'épuiserait? Peut-être oui, mais c'est un peut-être. N'en parlons donc que pour mémoire, et réservons-nous d'en faire mention en temps utile, quand nous parlerons d'empêcher les navires de couler.

Seulement, quand le bâtiment naufragé vient à sec de basse mer, et que le sable a une certaine inclinaison, pour ne pas être gêné par l'eau qui vient des sables supérieurs remplir la souille à mesure qu'on la creuse, ce qui exige, la plupart du temps, qu'on emploie un chapelet ou une autre sorte de noria, nous engageons les travailleurs à creuser un chenal dans la direction de l'écoulement des eaux, et quand il est assez profond pour être plus bas que le fond du navire, à y coucher des drains, comme ceux qu'on emploie pour dessécher les terres sur une certaine étendue de terrain, et, au moyen de palplanches, d'y diriger les eaux de la fosse, ce qui permet de travailler facilement à l'approfondir, car elle est toujours à sec; faire même, s'il le faut, devant le navire, un maque en planche pour déverser ces eaux au large.

DESCENDRE UN NAVIRE.

Mais il se présente encore un autre cas : souvent les eaux ont tellement gonflé par suite de la tempête, qu'elles ont remonté le navire au-dessus de haute mer, et comme, d'après le système que nous avons exprimé (220), on doit le laisser remonter tant qu'il tend à le faire naturellement, il arrive qu'au moment où la circonstance devient favorable pour renflouer il est trop haut, et que la marée ne peut y aider, malgré que vos dispositions soient bien prises. Il faut le descendre alors; c'est une opération très-ardue. Cependant voici comment nous nous y sommes pris à pareille occasion : si nous avions pu toujours nous procurer des chameaux, nous les eussions employés de préférence en passant tout d'abord des chaînes sous le navire, en faisant, s'il le faut, une fosse pour les passer, venant échouer ensuite nos deux chameaux, un de chaque côté, sur lesquels nous embosserions bien ces chaînes, et allongeant des amarres derrière ou devant, suivant la position du bris, sur des ancres bien empennelées, nous attendrions la marée qui, en soulevant nos chameaux, soulèverait aussi notre navire et ainsi nous permettrait, en embraquant sur nos amarres, de faire, dans notre marée, descendre le navire d'une, deux, trois longueurs, si nous ne le mettions pas tout à fait à flot, sauf à recommencer le lendemain. Mais il n'y a pas des chameaux partout, ce sont même objets assez rares dans nos ports; il faut savoir y suppléer, voici comment nous engageons à le faire :

IMPROVISER DES CHAMEAUX A LA CÔTE.

225. On creuse une fosse tout autour du navire, et sur son flanc on saisit solidement un long espars (une forte poutre, par exemple) à des crampes que l'on a aussi solidement clouées sur le bord. Contre cette pièce de bois, on saisit des futailles vides, ou du moins qu'on videra quand il en sera temps. On prend ensuite 6 espars assez longs que l'on relie trois à trois à égale distance par des traverses, trois de chaque côté du navire sous lequel on a eu soin de passer les chaînes de soulèvement et que l'on saisit fortement à ces espars, puis on couche dans l'intervalle, entre deux espars, des fûts vides (des pipes autant qu'on le pourra), et en quantité ou capacité égale des deux côtés, on en fait ainsi deux radeaux renversés sur le sable. Dans la peule que forment les deux rangs de futailles de chaque radeau, ou en couche un troisième, ce qui fait que ce radeau a presque l'air d'un prisme triangulaire. Ce sont ces deux radeaux et les pièces qu'on a saisies sur les espars amarrés aux flancs du navire qui, lorsque la marée vient, doivent être affloués et l'afflouent lui-même; on le descend alors comme si l'on avait des chameaux.

Nous croyons inutile de dire ici qu'on peut fort bien faire ces deux chameaux provisoires, à part, sur la côte aussi loin qu'on le veut du navire, et les y conduire ensuite; mais cependant, quand les chaînes peuvent y être établies tout d'abord, c'est mieux. C'est pourquoi nous engageons à faire leurs traverses assez grosses pour qu'on puisse facilement passer les chaînes en dessous et les bien fixer autour des espars qui en forment la carcasse.

Il y a d'autres personnes qui font une fosse assez profonde autour du navire pour qu'en l'y descendant la marée montante l'y affloue; ce système est bon, mais il est dispendieux et souvent impraticable, à moins que l'on ait de puissants moyens d'épuisement.

D'autres personnes, enfin, sont parvenues à descendre des navires sur une semelle et deux couettes glissant sur des rouleaux. Tous les moyens sont bons s'ils sont couronnés de succès.

226. *Un navire est sur le côté, le redresser*. — C'est l'A B C du sauvetage cela, tout naturellement, il faut appliquer ses moyens de flottaison au côté qui porte sur terre; quand à la marée basse il vient à sec ou presque à sec, s'ils sont assez puissants ils le redressent sur sa quille, avant qu'il ne puisse flotter; il faut, dès qu'il est droit, s'efforcer de lui faire changer de position, de peur qu'il n'échoue de nouveau dans la même souille où il était, et ne revienne à basse mer dans la position d'où on l'a retiré.

Retourner un navire quand il est chaviré la quille en l'air. — L'opération ici est double; si on peut avoir un point d'appui à terre suffisamment solide, elle n'est pas néanmoins fort difficile; on fait passer des cordages sur le pont du navire, qui dans ce moment est la partie portant sur terre, et on les établit de manière à ce qu'ils agissent à contre-sens, c'est-à-dire que, si on veut faire retourner le navire bâbord en l'air, premier par exemple, on place les apparaux de tribord du côté de bâbord, et ceux de bâbord du côté de tribord, afin qu'ils agissent en sens contraire. On garnit le côté de bâbord d'un chapelet de futailles vides, ou, mieux, si l'on peut, on y place tout près, le plus près possible, un chameau que l'on fait, comme nous l'avons indiqué (221): à mesure que le navire se relève sur bâbord, on fait embraquer les apparaux agissant sur tribord, et, dès qu'il est sur le côté de tribord, on fait embraquer vivement partout, ce qui fait que bâbord incline à rabaisser, tandis que tribord tend à relever; ainsi, dès que l'équilibre est détruit, le navire se retourne seul.

Mais ordinairement on n'a pas la faculté d'un point d'appui à terre, quand le navire est chaviré en franche côte, par exemple; il y a encore deux moyens qu'on peut employer, ou celui d'aller échouer, à une certaine distance du navire à retourner, deux autres navires tirant plus d'eau que lui, l'un d'un bord, l'autre de l'autre côté, sur lesquels on établit ses appareils, et des guindeaux et cabestans, des treuils enfin, desquels on se sert dans l'opération; ou si on n'a pas deux tels navires, mais deux plus petits, les aller mouiller à quatre amarres bien roides dans des positions analogues, employer, à cet effet, des barques à vase ou à lest, quand ce sont de petits navires, et y mettre de bons cabestans; ou enfin, quand on ne peut disposer d'aucun bateau, mais seulement d'ancres, en mouiller deux bien renardées de chaque côté du bris, dans la cigale desquelles on aiguillette une solide poulie de retour, et dans lesquelles poulies on passe les aussières croisées qui doivent servir au redressage. Alors renvoyant le bout de ces aussières sur deux navires pontons ou autres mouillés des deux côtés du bâtiment à retourner, mais à contre-bord, c'est-à-dire que les aussières venant des ancres de tribord seront portées sur le navire de bâbord et *vice versâ*, virant alors ensemble en temps utile on parvient encore à retourner le navire chaviré; mais on ne peut se dissimuler que cette opération soit très-délicate et difficile, souvent même impossible suivant la nature de la cargaison dont il est chargé, ou suivant les moyens dont on dispose; du reste, on a presque toujours le temps nécessaire pour réunir ce qu'il faut et prendre son moment en pareille circonstance, car un navire qui est ainsi chaviré souffre peu, s'il n'a déjà eu d'autres avaries précédentes et risque rarement, étant même échoué sur le sable, de s'ensouiller.

LE NAUFRAGE A EU LIEU SUR UNE PLAGE DE SABLE, IL EST VRAI, MAIS DANS UNE MER OU IL N'Y A NI FLUX NI REFLUX APPARENTS.

227. Les ressources que l'on a dans un tel échouement sont bien moins grandes que dans le précédent, car on ne peut pas compter sur la marée pour prendre telle ou telle disposition; il faut donc tâcher, dès que le temps le permet, de descendre le navire, s'il est trop haut monté avec le gonflement que la tempête a occasionné à la mer.

La première chose à faire est d'alléger le plus vite possible le bâtiment de tout ou partie de sa cargaison, en procédant par les moyens que nous indiquons (232 et suiv.), puis employer des navires ou des chameaux à le soulever ou à le descendre. Mais l'important tout d'abord est de passer les chaînes en dessous, afin de ne pas avoir à lever préalablement le navire, ou quand il convient de le soulever par une de ses extrémités pour passer sous lui les chaînes. Il est bon qu'il le soit d'une certaine quantité pour pouvoir bien les mettre en place. Il faut avoir soin de garnir d'orins et de bouées le bout de ces chaînes, quand on ne peut tout d'abord les croiser par le navire lui-même (1). Cette opération importante terminée, on peut dire que la moitié de la besogne est faite ; puisque l'on a les points d'appui nécessaires pour enlever le bâtiment, on n'a plus qu'à réunir les grands moyens de le soulever si on ne les a pas encore à sa portée. Nous n'en connaissons pas d'autres que d'aller mouiller deux navires ou deux barques chargées de lest le plus près possible des deux côtés du bâtiment, puis sur ces chameaux (car ils sont, par ce fait, de véritables chameaux, seulement d'une autre forme) établir solidement les apparaux, puis après jeter le lest qui les charge à la mer ou dans d'autres bateaux à ce destinés, mais bien également, c'est-à-dire que les atteliers doivent s'entendre pour que les navires lèvent bien carrément (2) et, en se levant, ils enlèvent l'épave. On a soin, dès que le navire est soulagé, de bien embréler les trois navires ensemble, pour qu'ils ne s'écartent pas l'un de l'autre, et on les remorque ainsi tous trois à la fois.

A défaut de deux navires, on peut soulager le bâtiment naufragé avec un seul, mais l'opération est plus difficile. Cependant on y parvient quand le bâtiment qu'on y emploie est d'un tonnage plus grand que celui à soulever, en le prenant avec le navire sauveteur par-dessous, et en lui mettant par-dessus le pont des apparaux tribord et bâbord qui le maintiennent droit, quand il est redressé ; mais il faut avoir soin, en pareil cas, de prendre toujours les deux navires des deux côtés, c'est-à-dire que, si c'est tribord du navire naufragé qui doit s'appliquer contre bâbord du navire sauveteur, les chaînes du navire naufragé passant par tribord passeront par-dessous le navire sauveteur et s'amarreront à tribord ; celles de bâbord du même navire naufragé viendront par bâbord

(1) Nous ne nous permettons pas ici d'expliquer comment on passe une chaîne sous un navire et on la roidit, ce sont des opérations de matelotage que connaissent tous les marins, et notre livre n'a pas la prétention d'en donner des leçons à des hommes tout aussi habitués que nous à ces opérations, nous nous contentons donc de les indiquer.

(2) Ce qui n'est pas très-difficile quand on a eu soin préalablement de tracer, sur ces deux navires, des lignes de déplacement.

en passant par-dessus son pont et bien juxtaposées à bâbord s'amarrer sur le côté de bâbord du navire sauveteur; et pour qu'en aucun cas ces deux navires ne tendent à incliner, soit l'un, soit l'autre, soit même tous les deux à l'encontre l'un de l'autre, indépendamment des apparaux frappés du navire sauveteur sur le navire naufragé, les chaînes de soulagement seront prises entre les deux navires et bien saisies sur le côté de tribord du navire naufragé et sur le côté de bâbord du navire sauveteur par de fortes embridures. Mais si on a les moyens de faire un chameau avec des espars et des futailles pleines que l'on videra ensuite, quand il sera le long du bord, au moyen d'une pompe, il aidera beaucoup à cette opération qui est fort délicate et demande un bon maître d'équipage pour la bien conduire sous le chef qui la dirige.

228. *Le navire naufragé est incliné, il faut le redresser*. Il faut mouiller à 15 brasses de lui (25 mètres environ) deux bonnes ancres bien empennelées qui auront de fortes poulies de retour aiguilletées dans leurs cigales; dans ces poulies de retour passeront deux aussières de force suffisante, dont l'un des bouts sera étalingué sur une ancre à jet, un grappin ou un crochet fait exprès.

On placera du côté où le navire incline un autre navire mouillé de l'avant et de l'arrière et ayant deux bigues reliées au bout par une traverse et bien établies sur le bord pour l'empêcher de trop accoster le bris. A bord de celui-ci on aura deux bonnes aussières entre lui et le bris, garnies de crocs (ou de grappins), pour s'en servir dès qu'il sera possible.

On renverra les bouts d'aussières passées dans les poulies de retour des ancres à bord du navire sauveteur, et on les garnira au treuil. Virant alors de force sur ces aussières au moment de pleine mer, comme elles feront avec le bord du navire un angle obtus assez petit, elles tendront à le redresser. Pendant qu'on travaillera de la sorte, on s'assurera avec une gaffe que le côté qui était enfoui dans le fond s'évente et vient au-dessus de l'eau; dès qu'on a la certitude qu'il l'a fait, on l'accroche avec les deux aussières qu'on a disposées, on dégarnit les appareils du large et on garnit ceux du bord, sur lesquels on tire de force, tandis qu'au moyen de deux marguerites on ne fait qu'abraquer ceux du large. Ainsi on le redresse de manière à lui donner une pente inverse.

De peur qu'il ne retombe dans le même trou, on lui amarre solidement contre le bord ses appareils du large, et accostant alors le long de son bord le navire sauveteur, on l'empêche de retomber.

Si le côté incliné vers la terre n'était pas enfoui, on ne se donnerait pas toute cette peine; on ne mettrait pas d'ancres au large, on se contenterait de placer les deux appareils de redresse, et quand le côté du navire qui était le plus sous l'eau viendrait au niveau de l'autre, d'accoster le navire sauveteur et de tout disposer pour le soulager.

On conçoit que nous raisonnons ici sur un navire qui ne découvre pas à mer basse, car, lorsqu'il le fait, on a toute faculté de placer comme on veut ses appareils.

Ainsi que nous l'avons déjà dit, nous recevrons avec reconnaissance tous les avis qu'on voudra bien nous donner pour rectifier ce qu'il y aura d'erroné dans nos procédés, ou la description de procédés meilleurs. Nous craignons bien qu'on nous trouve souvent diffus et obscur dans les descriptions que nous faisons des moyens à employer. Nous en demandons pardon à nos lecteurs; mais on conviendra qu'il est plus facile, dans ce cas, de faire exécuter que de décrire; d'ailleurs nous sommes déjà convenu que tel n'est pas notre talent.

229. *Le navire à renflouer est chaviré, mais c'est encore dans une mer où il n'y a pas de marée, la quille en l'air.* Nous aurions à renflouer un navire dans cette position. S'il est fortement échoué, il faut tâcher de saisir les chaînes de haubans, les boucles de pataras, les points enfin sur lesquels on pourra établir solidement des amarres. Ceci fait, on mouillera un autre bâtiment du bord opposé à celui sur lequel on veut que le bâtiment naufragé relève et se retourne. On frappera sur les chaînes en question deux aussières sur chaque, une allant à bord du navire sauveteur, qui doit être mouillé avec de fortes ancres par son travers, ainsi qu'au devant encore derrière dans le sens de sa longueur, ayant seulement deux ancres à jet entre lui et l'épave, ou deux amarres sur l'épave, pour qu'il ne s'en éloigne pas; on lui enverra à bord une des aussières pour virer dessus, puis on viendra, avec un chameau ou un second navire, s'embosser sur le côté par lequel on veut lever le bâtiment naufragé, on jettera le lest de ce dernier à la mer ou dans un autre bateau, on l'allégera enfin, et en montant il fera, au bâtiment à retourner, se relever un peu; on aura alors deux ou trois crochets doubles faits exprès pour cette opération, et qui soient à peu près comme celui ci-contre. Dès qu'on aura assez soulagé le navire chaviré, pour pouvoir faire prendre ces crochets en dedans du plat-bord, ce que l'on fera aisément au moyen des manches de harpon qui sont dessus et servent à les diriger, on les crochera, et garnissant les filians qui y tiennent au guindeau et au cabestan, on s'en servira pour redresser continuellement le navire à retourner. Dès que le pont de celui-ci aura une inclinaison de 45° avec le fond, et que l'on verra que les aussières frappées sur l'autre navire peuvent puissamment agir, on lui criera de virer, tout en continuant de virer soi-même, de manière à avoir le plat-bord du bord où l'on s'est placé presque à fleur d'eau. C'est alors que l'autre navire fera des efforts efficaces pour retourner le bâtiment à redresser, qui, dès qu'il aura dépassé l'angle de 90°, finira par se retourner complétement tout seul. Reste alors à agir pour le relever, comme on le fait dans le cas précédent.

230.

Fig. 43.

231. *Si le navire flottait sur son pont*, la chose serait plus facile; il faudrait le fixer solidement au moyen d'amarres qu'on mettrait dans des crampes clouées à cet effet sur le fond même, puis mouiller les deux navires employés au retournage, un de chaque bord bien fixés à distance par des ancres. Alors, au moyen de petites ancres à jet, crocher ce bâtiment chaviré à contre-bord, c'est-à-dire que nous accrochons notre navire par la quille avec nos crocs sus-mentionnés, par exemple, faire passer nos furins par tribord sur le pont, et les faire aller au navire qui est à bâbord. Pendant ce temps, nous mettons à pic, au-dessus du côté de bâbord, notre second navire, dont les crocs sont pris sur le côté de bâbord pour forcer le navire à relever de ce côté, et nous virons dessus vigoureusement; dès que nous avons obtenu l'angle de 45°, nous faisons aussi vigoureusement virer sur les furins qui sont crochés à la quille, et les deux navires travaillant ensemble, l'un à soulever, l'autre à tourner, nous arrivons à dépasser le point d'équilibre qui ferait au bâtiment retomber sur son pont, et alors il se redresse tout seul.

Mais il faut bien se représenter que jusqu'ici nous avons supposé agir sur un navire vide, et que c'est là l'exception ; la plupart du temps il est chargé, et c'est ce qui augmente l'embarras. Voyons donc actuellement comment il faut s'y prendre pour extraire la cargaison d'un navire naufragé dans les différents cas où nous l'avons placé. Pour cela, il faut tenir grand compte de la cargaison qu'il porte : s'il est chargé en fûts ou en marchandises qui flottent, comme le coton, par exemple, l'œuvre est difficile, mais moins difficile que s'il est chargé en lourd, comme en minerai, charbon, saumons de fer ou de plomb, ou autres matières pesantes. Il nous faut donc examiner ces deux cas :

Le navire est chargé en marchandises qui flottent ;

Il est chargé en marchandises qui ne flottent pas.

Si le navire fait naufrage dans une mer qui marne et qu'il assèche à basse mer, les chances augmentent, quel que soit son chargement ; mais, s'il est naufragé dans une mer où il n'y a pas de marée sensible et s'il est coulé, ces différentes circonstances compliquent la besogne et la rendent plus difficile. Examinons d'abord le premier cas.

SAUVER LA CARGAISON D'UN NAVIRE NAUFRAGÉ CHARGÉ EN LÉGER DANS UNE MER OU IL Y A FLUX ET REFLUX ET QUAND IL ASSÈCHE.

232. La première chose à faire, dès qu'on le peut, si le navire ne se démolit pas, est de faire gréer des apparaux pour travailler par tous les panneaux à la fois, car on ne saurait trop vite mettre la cargaison en sûreté. On doit donc, s'il a encore ses mâts, gréer, sur chacun d'eux, des mâts et des palans de charge, et avoir du monde en quantité suffisante pour aller vite et bien, avoir aussi sous sa main tous les engins nécessaires pour élinguer, patter, crocher les colis ; surtout ne pas ménager les hommes de travail, car il faut sauver. Ayant tout réuni pour décharger, faire marcher toute la besogne à la fois, décharger, enlever, dégréer, et de basse mer et de haute mer, si la chose est possible, en laissant, quand il fait beau temps, les panneaux ouverts, pour que les colis flottants sortent de la cale, avoir là des embarcations légères toutes prêtes à les recueillir, pour les conduire à une allége voisine, à terre, ou en lieu de sûreté; ne jamais perdre, que forcément, une minute; car qui peut compter sur la marée suivante? personne. Enfin, si on pouvait vider le navire dans une seule marée, en dépensant le double de cé qu'on aurait dépensé en prenant son temps, il ne faut pas hésiter à le faire, tel est notre avis; et cette manière d'opérer nous a réussi en maintes circonstances. Nous ne parlerons pas ici de la manière dont on élingue une pièce, on patte une barrique, on croche une balle, etc.; car, ainsi que nous l'avons dit, cet ouvrage n'est pas un cours de matelotage. La seule recommandation que nous ferons, c'est, quand il y a beaucoup de colis susceptibles de flotter, comme des futailles par exemple, de voir, quand une marée de flot a été suivie de la marée de jusant, si on peut travailler à basse mer, si on ne fera pas mieux de surseoir jusqu'à ce qu'au flot suivant il y ait une certaine quantité d'eau dans le navire : car, à la basse mer, les fûts dérimés qui flottent çà et là dans la cale d'un navire à moitié déchargé échouent sans ordre et sont souvent en équilibre, équilibre que le moindre mouvement intempestif peut rompre et occasionner ainsi une grande perte, en faisant à ces futailles s'affaisser brusquement et se défoncer entre elles, parce qu'elles tombent d'une certaine hauteur sur un fond solide, tandis que, s'il y avait eu un mètre d'eau dans le bâtiment, elles seraient tombées dans l'eau et ne se fussent pas crevées. C'est donc à celui qui dirige le travail, en pareil cas, de juger s'il ne vaudrait pas mieux attendre que la mer soit un peu montée. Alors, avoir des personnes montées sur un panneau ou un autre petit radeau à flot dans l'intérieur de la cale, qui, au moyen de gaffes, attireraient à elles les colis flottants, les crocheraient, les patteraient ou les élingueraient, et donneraient la faculté de les hisser sans risquer de les cuver ; c'est ce que l'on appelle en terme de sauvetage *décharger son navire au flot*. C'est le seul cas où nous engageons à différer.

La personne qui est dans la cale, pendant qu'on hisse un colis, doit s'occuper de dérimer les autres le plus promptement possible, ce qui est très-facile, attendu leur tendance à flotter, car, en pareil cas, il serait à souhaiter que tous les objets flottants fussent libres; c'est ce qui arrive, du reste, ordinairement par le mouvement de la mer, qui se fait sentir même dans la cale du navire naufragé, et qui tend à dérimer les fûts entre eux. Il faut favoriser, au lieu de contrarier, cet effet le plus possible, si le temps permet de sauver.

Souvent il arrive aussi que des colis trop imprégnés d'eau ne flottent pas, mais qu'avec une petite flottaison factice ils le feraient; quand alors on a de petits fûts, des outres ou quelque chose de semblable à sa disposition, il faut les saisir sur ces colis au moment de basse mer, et au flot ils les enlèvent. Enfin, quand on doit agir sur une pierre, une pièce de fer ou un autre objet qui ne pourrait flotter, naturellement il faut user du même stratagème en saisissant, sur ces objets qu'une personne ne pourrait remuer, une futaille ou une outre qui puisse soulever plus que leur poids, et elles viendront à flot. Nous ne faisons ici qu'indiquer quelques moyens, c'est à celui qui dirige le sauvetage à s'ingénier d'en imaginer de nouveaux, car il faut avoir de l'imagination en pareille circonstance, et tous les moyens sont bons, pourvu qu'ils atteignent le but. Voilà les conseils que nous donnerons aux jeunes marins qui se trouveraient obligés de diriger leur sauvetage s'ils avaient une cargaison de futailles ou de marchandises diverses dont la plupart flottent. Mais si c'était une cargaison de marchandises lourdes? Ici il se présente deux cas : ces marchandises sont *en lingots, en saumons* ou *en gueuses*, ou elles sont *en barres*, ou enfin *elles sont en vrac dans la cale du navire, comme les minerais, les charbons, les terres*, etc. Voyons donc comment on peut s'y prendre, en pareille circonstance, pour sauver tout ou partie au moins de sa cargaison.

SAUVER LA CARGAISON D'UN NAVIRE CHARGÉ EN LOURD, QUAND LES COLIS SONT SÉPARÉS.

233. Si le navire vient à sec, rien de plus facile, il faut s'en débarrasser en les jetant hors du bord et les faisant enlever au fur et à mesure pour qu'ils ne viennent pas créer un nouvel écueil au navire en cas de mauvais temps; mais, si le bâtiment n'assèche pas et que même il reste sur ces marchandises une couche d'eau assez épaisse à basse mer pour ne pouvoir s'en saisir à la main, il faut les crocher et, pour cela, employer, entre autres choses, des *chiens*. On nous demandera peut-être ce que c'est qu'un chien : c'est la sorte de pince dont nous donnons ci-contre le dessin. Comme on le voit, les deux branches de cette pince sont dentées pour mieux mordre dessus l'objet qu'elles peuvent crocher; la branche mobile est calculée pour rester ouverte, à moins qu'on ne la ferme en tirant sur son cartahu.

Voici comment on se sert de ces chiens : on tâte le colis avec le bout rigide de la pince qui tient au manche; puis on fait tomber l'autre branche qui était ouverte, de manière à ce qu'elle saisisse l'objet à enlever comme dans une tenaille. On hale alors fortement sur le cartahu qui tient à la branche mobile, et plus on fait d'effort pour lever, plus cette branche serre sur l'objet à enlever; on peut ainsi l'amener à fleur d'eau, où l'on s'empresse de le saisir dans la crainte qu'il ne glisse et s'échappe. Aussi, comme ce cas est fréquent, peut-on prendre une autre précaution. On a un panier ayant suffisamment de poids au fond pour le faire couler facilement, et alors on ne se sert du chien que pour soulager la pièce et la mettre dans le panier; c'est avec celui-ci qu'on la hisse en haut. Cette méthode accélère même la besogne, car, en ayant ainsi trois à quatre paniers disponibles, avec un seul chien on peut faire la besogne de quatre de ces instruments, puisque, aussitôt que la pièce qu'on a crochée est soulevée et dans le panier, le chien devient libre pour en crocher une autre. Or, dans les endroits où il y a une grande hauteur d'eau (3 à 4 mètres, par

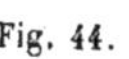
Fig. 44.

exemple) au-dessus du chargement à sauver, quand on peut travailler, la mer est ordinairement si claire, qu'on voit parfaitement au fond les objets qu'on veut enlever; on ne tarde donc pas, quand le chien est libre, de lui faire mordre sur un nouveau colis. Si on doit opérer sur des saumons de plomb ou des marchandises dans lesquelles les dents du chien peuvent s'enfoncer, ordinairement on en manque peu quand on peut les crocher, car on peut gréer un palan sur l'itague du chien, ce qui décuple les forces pour soulever ou arracher l'objet; mais, quand ce sont des pièces de fonte, ou des gueuses, des barres de fer, ou quelque chose de semblable, dans la texture desquelles les dents du chien ne peuvent s'enfoncer, souvent elles glissent. Alors il faut s'appliquer à les dérimer plutôt qu'à les soulager; tout d'abord mordant une des extrémités, tâcher de les mâter et, quand on y parvient, faire couler une estrope à maillons le long du manche du chien pour la leur capeler, et, quand elle est bien engagée, la laisser retomber, en halant sur le courant du cartahu qui tient à l'estrope, on souque un cordage qui ne glisse que par lui, et avec lequel on enlève l'objet saisi. On nous pardonnera, nous l'espérons, tous ces détails, car le sauvetage d'une cargaison étant un cas exceptionnel, on peut être fort bon marin et ne pas être très-adroit à sauver des saumons de plomb, des gueuses de fonte ou autres objets semblables; mais, renseigné sur les moyens à employer, il n'est pas un matelot qui ne suive aisément notre manière d'opérer, et qui, au bout de la deuxième ou troisième fois qu'il se servira des engins que nous venons de décrire, ne sache aussi bien que nous opérer. Il est d'autant plus facile d'agir prudemment en pareille circonstance, surtout si l'on n'a pas en vue le sauvetage de la coque. On ne craint pas que la cargaison s'en aille en dérive; on a plutôt à craindre que, le navire se démolissant, elle ne s'enfonce et ne disparaisse, surtout si c'est sur une côte de sable un peu mouvant.

234. Nous nous bornons à ces indications, car il y a des cargaisons qui ne sont sauvetables qu'alors de circonstances exceptionnelles. Ainsi celles qui sont composées de matières fondantes, comme le sel, le sucre, le guano, etc., par exemple, on ne peut espérer d'en sauver une partie que dans les mers où il y a flux et reflux et dans le moment qui s'écoule depuis l'échouement jusqu'au retour de la marée suivante.

Les grains, les graines présentent une chance différente, bien que mouillées et considérablement détériorées par ce fait, elles peuvent quelquefois avoir une certaine valeur; mais dans ce cas encore il faut s'empresser d'en enlever une partie, car elles gonflent et feront, pour le moins, sauter le pont du navire où elles sont emmagasinées si on ne s'empresse pas de faire une place suffisante dans la cale pour ce surcroît de volume qu'elles prennent. Toutes ces considérations doivent être appréciées par la personne qui dirige le sauvetage; d'abord elle doit se rendre bien compte si l'on ne doit pas sacrifier le navire à la cargaison ou la cargaison au navire, ou enfin s'il n'est pas possible de sauver une partie de l'une et de renflouer l'autre; ce n'est qu'en calculant bien les obstacles que présente le naufrage, les frais qu'il en coûtera pour les surmonter, les résultats pécuniaires que présentera ce sauvetage, qu'elle doit arrêter son projet, à moins que, ainsi qu'il arrive quelquefois, le naufrage ait lieu dans un endroit où le navire naufragé fasse écueil, et alors qu'il faille, coûte que coûte, l'enlever. Ainsi un navire coule en travers dans l'intérieur d'un port ou dans son entrée ou dans un chenal qu'il obstrue; il ne s'agit plus alors de ce qu'il en coûtera pour l'enlever et de ce qu'il rapportera par son sauvetage et celui de sa cargaison, il faut qu'on l'enlève, dût-il en coûter dix fois sa valeur; alors ces sortes de sauvetages rentrent dans une des trois catégories suivantes :

Le navire naufragé assèche de basse mer.

Le navire naufragé assèche en partie de basse mer.

Le navire naufragé n'assèche pas.

Nous ne parlons pas ici du naufrage dans une mer où il n'y a pas de marée apparente, parce que les cas de naufrage dans de telles mers rentrent dans la troisième catégorie des naufrages que nous allons analyser.

Nous avons dit (219 et suiv.) comment on peut s'y prendre pour renflouer ce navire dans le premier de ces cas; ou des fûts vides qu'on y introduit, ou des outres qui remplissent le même office, ou des coffres qu'on fait à bord, ou des navires dont on s'aide pour l'enlever, doivent être employés selon que la position le réclame; les trois premiers moyens sont impraticables si le navire est chargé, reste le quatrième si on veut opérer lestement, et qu'on ait à sa disposition deux navires de grandeur suffisante à y employer; autrement il faut commencer par décharger, et vite, vite, le bâtiment naufragé.

Il en est de même dans le second cas. Comme le navire découvre en partie, on s'efforce soit de le décharger, soit d'y établir des apparaux pour l'enlever à une des marées suivantes.

Enfin, quand il ne découvre pas, il faut encore essayer de l'enlever. Tout dépend encore ici de sa cargaison. S'il est chargé en lourd et surtout en vrac, c'est fort difficile. Cependant il faut tâcher de le soulever assez par un des bouts, pour passer des chaînes par-dessous; si l'on n'y parvient pas et qu'il crée un écueil, nous avouons que nous ne voyons pas le moyen de le retirer d'où il est, car, s'il était chargé d'une cargaison qui pût se disperser, nous dirions : Faites sauter le pont et, au besoin, le navire lui-même, et, alors démantelé, cette cargaison se séparant de tous côtés, peut-être parviendrez-vous à enlever la carcasse; mais s'il est chargé d'une marchandise compacte, comme des pierres, des fontes, du charbon, par exemple, en le démantelant vous n'enlèveriez pas l'obstacle, vous ne feriez, au contraire, que le rendre plus directement dangereux; c'est alors à la science qu'il faut avoir recours.

Mais si ce navire coulé renferme une cargaison d'une grande valeur, et qui flotterait si elle n'était comprimée sous le pont du bâtiment qui résiste à ses efforts, alors il faut faire sauter ce pont pour sauver la marchandise.

235. *Faire sauter le pont d'un navire.* Pour cela il y a différents moyens, nous allons donner les deux que nous avons vu employer. Le premier est par la poudre, en introduisant intérieurement dans la cale un pétard ; le deuxième, par le bris de tous les obstacles, ou en défonçant ce pont.

Dans le premier cas, on fait faire en tôle un T que l'on remplit de poudre, à l'extrémité de la queue duquel on met un tube en caoutchouc venant par son extrémité au-dessus de l'eau, dans lequel est placée une mèche préparée qui communique à la poudre. Il faut aussi se munir d'une plaque de liége ou de bois suffisamment forte pour soutenir ce tube au-dessus de l'eau, ainsi que la fusée qui doit y mettre le feu. Cette première disposition prise, on ira avec un navire ou en bateau au-dessus du bâtiment dont on doit faire sauter le pont (nous supposons qu'il a encore ses panneaux condamnés). On ouvrira le grand panneau, soit en crochetant les barres qui le ferment, soit en défonçant les écoutilles au moyen d'une forte gueuse que l'on aura suspendue sur un cartahu ou autrement; dès qu'on aura ouvert cette grande écoutille, les marchandises qui en bondent l'entrée en sortiront si elles flottent et viendront à la surface de l'eau, on ira se mouiller dans les environs avec une allége et au moyen d'embarcations; à mesure qu'il sortira un colis de la cale, on le sauvera et on l'embarquera, puis, lorsque le canot sera chargé, il viendra faire le dépôt de ces marchandises à bord de l'allége; par ce moyen il se fera suffisamment du vide dans la cale pour y couler le T, l'engageant autant que possible sous le pont, soit d'un côté, soit d'un autre; puis cet artifice coulé, le tube bien préparé, une fusée qui doit brûler un certain temps placée sur la bouée du tube en caoutchouc, afin de s'éloigner suffisamment on allumera cette fusée, on prendra de la distance, et on attendra l'événement; dès que le feu atteindra la mèche préparée que renferme le tube, il communiquera ce feu au saucisson renfermé dans la chemise en tôle, qui fera une explosion d'autant plus violente qu'il aura été mieux bourré, et que la chemise du saucisson sera plus forte. Rarement la position du pont en contact avec cette explosion et les parties voisines résisteront, et elles formeront dans ce pont une large ouverture béante, par laquelle, avec le mouvement de la mer, les marchandises flottantes de la cargaison sortiront; reste alors à les sauver. Si l'opération n'a pas bien réussi cette fois-là, on la recommencera à l'hiloire de l'avant probablement avec plus de succès. En pareil cas, quand on peut se procurer des plongeurs pour aller placer cet artifice le plus profond possible sous le pont du navire coulé, c'est au mieux; mais on ne trouve pas partout des plongeurs, on ne trouve même pas partout des personnes capables de faire un pétard comme nous l'avons indiqué; c'est pourquoi nous allons expliquer comment nous procéderions pour défoncer ce pont, si nous n'avions pas le moyen que nous avons indiqué ci-dessus.

256. On installe, à bord d'un bateau assez fort de tonnage et tirant peu d'eau, une corne de charge; sur l'itague de cette corne on met une lourde gueuse, une pièce de fer, comme un canon, par exemple, une ancre même, suspendue dans le sens de sa longueur, puis on vient s'amarrer au-dessus du navire naufragé, de manière à ce que le poids corresponde au-dessus de la grande écoutille; on hisse le poids à bloc, et on le laisse tomber de toute cette hauteur; il brisera les panneaux, qui sauteront en morceaux. Cette première opération faite, et les débris de ces panneaux enlevés au moyen de crochets que l'on emploie pour en retirer assez de marchandises pour y faire pénétrer une ancre, on en affale une dans la cale, que l'on fait bien crocher sous le pont et qui est étalinguée d'une bonne chaîne; on porte le bout de cette chaîne sur un bâtiment mouillé à cet effet dans le voisinage et qui est à pic; il se couvre de toile, puis dérapant, fuit vent arrière toutes voiles dehors; l'ancre arrache l'hiloire, démonte tout le pont et les épontilles, et brise les barreaux voisins; dès lors la trouée est faite. En aidant à la dislocation avec le bateau qui est dessus le navire coulé, on parvient à enlever successivement les planches du pont. Pendant ce temps, les embarcations qu'on doit avoir là pour surveiller les marchandises venant à flot s'occupent du sauvetage et d'envoyer et dans le bateau ou dans le navire qui a servi à enlever le pont, et qui peut alors servir d'allége, les marchandises sauvées. Mais il faut, pour cela, profiter d'un beau temps et avoir une grande quantité de canots sur les lieux; car on doit s'attendre que, débarrassés de l'obstacle qui les maintenait, tous ces colis s'échapperont çà et là, et que, s'il y en a plus sur l'eau qu'on n'en peut sauver, on risque de les perdre, s'il y a du courant qui les entraîne; c'est pourquoi, si ce sont des fûts, nous engageons les sauveteurs à ne pas chercher à les embarquer, mais seulement en faire des dromes qu'ils mouilleront au fur et à mesure qu'elles seront d'une certaine longueur. C'est aussi pourquoi, avant de partir du port avec ces embarcations, si on connaît la nature des marchandises à sauver, on doit avoir dans chacune d'elles 15 à 20 élingues; car elles sont bien plus faciles à capeler que de faire des demi-clefs avec un cordage; de plus, en amarrant leurs bouts sur une haussière dont l'extrémité est garnie d'une bouée, on peut faire aisément un chapelet de ces futailles, ce qui est infiniment plus commode à traîner que de les embarquer dans un canot; car, souvent même, la chose est dangereuse, si elle n'est impossible. Mais, avec un petit canot qui ne pourrait même pas embarquer une barrique sans risquer de chavirer, on peut en sauver 20 amarrées en dromes, et les remorquer à l'allége.

Lorsqu'un navire est coulé par une grande profondeur, et qu'on veut le relever, on ne peut le faire qu'à l'aide d'un autre navire d'un bien plus fort tonnage, que l'on va mettre au-dessus de lui et qu'on saisit bien solidement de basse mer sur le navire coulé; alors au flot, en montant, il soulage le navire coulé, et on parvient à le traîner plus à terre.

Si c'était dans une mer où il n'y aurait ni flux ni reflux, il faut lester le plus possible le bâtiment sauveteur avant d'aller le placer sur le navire à soulever, et, quand il est bien amarré, alléger de son lest ce sauveteur, qui, en montant sur l'eau, enlève l'autre navire.

Mais cette manœuvre suppose que l'on a préalablement pu prendre le navire coulé avec des chaînes passées par-dessous, de manière à ce que leurs deux bouts, bien amarrés, de basse mer, sur le navire sauveteur, enlèvent le bâtiment coulé; la première opération est donc de passer ces chaînes. Voici comment on peut s'y prendre pour le faire : on mouille un navire derrière l'épave en travers; puis, avec un autre navire, on tâche de lui passer une chaîne sous son beaupré. Ceci fait, on prend les deux bouts de cette chaîne à bord, et on vire dessus le plus à pic possible, puis on envoie deux aussières sur le navire mouillé en arrière, et on se place ainsi en travers, sur le navire coulé, de manière à ce que la chaîne sous le beaupré ne puisse décapeler. A la marée de flot, on fait ainsi relever l'avant du navire coulé de manière à pouvoir passer par-dessous, par son avant, successivement plusieurs fortes chaînes sous sa quille; chaque fois qu'on en a passé une, on en envoie les deux bouts à bord du navire qui est mouillé sur l'arrière, afin qu'il puisse les faire glisser, le plus de l'arrière possible, sous la quille du navire naufragé. Quand on pense en avoir passé suffisamment pour pouvoir enlever ce navire, le bâtiment qui est mouillé sur l'avant file la chaîne qui lui faisait relever l'autre par son beaupré, et il retombe. Alors, ayant de chaque côté de l'épave assez de bouts de chaînes pour le souever, on vient mettre le fort navire au-dessus de lui, et c'est sur celui-ci qu'on établit solidement, au moment du bas de l'eau, ces chaînes. Quand il lève, il lève aussi le navire coulé.

On conçoit aisément que si on n'avait pas un navire d'un assez fort tonnage pour faire cette opération, mais seulement deux petits navires pouvant servir de chameaux, en les venant mouiller l'un d'un bord, l'autre de l'autre de l'épave, et les reliant entre eux par de fortes rances, frappant sur chacun d'eux les chaînes du côté où il se trouve, on opérerait encore le même effet.

Si c'était dans une mer Méditerranée qu'on opérerait, quand les chameaux seraient placés des deux côtés, on les chargerait pour amarrer les chaînes aussi court que possible, puis, en les déchargeant bien également, on enlèverait encore ce navire.

Naturellement, si les mâts du navire sont en place, après s'en être servi comme balises, pour bien mouiller ses navires. Si l'on ne se sert que d'un seul bâtiment pour enlever le navire coulé, il faut le démâter; c'est ce que l'on fait en mettant le second navire au-dessus du premier à basse mer, coulant un bon maillon sur chacun de ses mâts, et coupant avec des faux, des ciseaux disposés à cet effet, comme des moutons à battre les pieux, par exemple, qui seraient tranchants, ou par d'autres moyens, les dormants au flot, les bas mâts s'enlèveront facilement, car, lorsque leurs braies seront déchirées et leurs coins démontés, ils tendront à sortir seuls, et on pourra les soulager facilement hors du pont.

Si on ne pouvait parvenir à couper les bas furins, démâter peut devenir difficile; il faut alors rompre la mâture, et pour cela frapper dessus, si elle est hors de l'eau, une bonne chaîne dans une patte, le bout à bord du navire sauveteur. Celui-ci, appareillant alors vent arrière, fait casser ces mâts ordinairement ras du pont, ou, s'il les casse par le milieu, les dégage de leurs bas furins, ce qui permet de les reprendre, comme nous avons dit ci-dessus.

Mais, si cette mâture est sous l'eau, il faut faire, avec un bon bout de corde, sur l'un des bouts duquel est un œillet dans lequel passe l'autre bout, une boucle assez grande pour qu'en la laissant tomber elle puisse passer sous la hune; la tenant alors de manière à ce qu'elle ne puisse échapper, s'en servir pour démâter. Pour la glisser ainsi, il faut la faire porter par trois embarcations, ou quatre même, placées en triangle ou en quadrilatère, et tenues ainsi au moyen de perches ou d'espars, que l'on va placer de manière à ce que la mâture se trouve sous le point d'intersection des deux diagonales qui seraient tracées dans ce parallélogramme. Quand elles sont ainsi, larguer *l'œillet tous les quatre ensemble,* et il coule ayant la hune au milieu.

Mais toutes ces manœuvres ont pour condition première le beau temps; car, lorsque la mer est agitée, elles sont fort difficiles et même fort dangereuses; c'est pourquoi il ne faut pas les tenter, mieux vaut différer, en certains cas, un renflouement que de faire une maladresse.

ÉLONGER UNE ANCRE QUAND ON N'A PAS UNE EMBARCATION OU QUAND LA MER EST TROP GROSSE POUR LE FAIRE AVEC UNE EMBARCATION (1).

237. Souvent il arrive qu'un navire échouant sur un danger, on est obligé d'élonger une ancre; mais que n'ayant pas d'embarcations assez fortes pour la porter, ou la mer étant trop grosse, le capitaine est embarrassé de le faire. S'il a même des embarcations

(1) Toute société humaine devrait avoir dans son matériel une bouée à air, pour envoyer une ancre à un navire en danger et qui la réclame, quand elle ne peut le faire par un autre moyen. Nous possédons une telle bouée qui, insufflée, peut certainement porter un poids de 1,000 kil. Supposons qu'un navire qui est en danger réclame une ancre de 500 kil., comme dans ce moment il peut être fort difficile de lui envoyer cette ancre sans exposer l'embarcation qui la porterait et les hommes qui la montent à un grand danger, on insuffle cette bouée qui, garnie d'un appareil comme celui qui sert à suspendre la nacelle d'un ballon, se réunit en dessous en une boucle, à laquelle on suspend cette ancre, et un ou deux maillons de chaîne; on en embarque quelques autres dans le bateau de sauvetage qui servent à la remorquer, et l'on va ainsi avec une ancre et sa chaîne, près du

insubmersibles, il ne s'y fiera pas toujours; car, si cette embarcation, surchargée d'une ancre de bossoir, par exemple, et de sa chaîne, ne pouvait pas la supporter, elle coulerait nonobstant son insubmersibilité. Il faut alors faire une espèce de radeau avec deux pièces à eau, que l'on vide et que l'on marie ensemble par deux traverses auxquelles on suspend cette ancre, et sur les deux pièces on cueille la quantité de chaînes que l'on croit nécessaire à élonger. Alors, sûr de pouvoir porter son ancre pour aisément l'élonger, on envoie son canot porter une ancre à jet dans la direction où l'on veut l'envoyer, en ayant soin d'aiguilleter sur la cigale de cette ancre à jet une poulie simple dans laquelle on passe une aussière légère; quand elle est mouillée, le canot revient avec les deux bouts de l'aussière à bord. Alors on met son petit radeau à la mer, avec l'ancre suspendue, sur un amarrage en demi-clefs, puis on y cueille la quantité de chaînes qu'on veut élonger, et que l'on fixe sur le flotteur au moyen de quelques bouts de fil de caret faciles à casser, pour qu'aux mouvements du petit radeau elle ne s'échappe pas et ne file pas avant qu'il soit utile. On frappe le bout de l'aussière sur ce radeau et on se pomoie sur l'autre, jusqu'à ce que l'on soit à pic sur son ancre à jet. Alors on mouille; on a soin de se faire suivre par son canot, on lève son ancre à jet, et l'on revient à bord avec le petit radeau.

L'installation dont nous parlons est comme ci-contre.

On peut même, quand on doit élonger une telle ancre sous le vent, ou que le courant y porte, l'élonger sans embarcation, en disposant ses demi-clefs à être larguées du bord.

On peut enfin élonger une ancre sans embarcations. Quand on a un courant qui porte dans la direction où vous voulez l'élonger,

navire en danger ; dès qu'on en est à petite distance, on vient à lui, on mouille, et au moyen d'un porte-amarre (d'Houdetot ou autre) on lui envoie une amarre sur laquelle il hale le bout d'une aussière, et sur celle-ci le bout de la chaîne. Quand il l'a à bord, on largue l'amarrage qui tient le reste de la chaîne et l'ancre à la bouée, et celles-ci tombent ; le navire a alors une ancre de 500 kil. de plus avec une bonne touée devant lui, ce qui, 3 fois sur 5, le sauve. On conçoit que ce que nous disons pour une ancre de 500 kil. serait applicable à une ancre plus forte, si on avait une bouée assez forte ou 3 à 4 bouées réunies, car alors on pourrait en envoyer une de 1,500 à 2,000 kil.

pour le faire on s'y prend de la manière suivante : lorsqu'on a une pièce à eau assez longue, comme une pipe, par exemple, pouvant contenir 5 à 600 litres, on peut, avec une telle pièce, élonger une ancre qui pèsera 4 à 500 kilogrammes, sans avoir besoin d'embarcation ; suspendez cette ancre sous la pipe de manière à ce que le joal vienne verticalement derrière, et que les deux bègues de l'ancre soient placées horizontalement (position qu'on peut faire tenir au moyen de deux petites balancines sur ces bègues). Autant que possible, supprimez l'orin et sa bouée, puis placez une petite voile, comme un catacois déployé, par exemple, dont la vergue est tenue, par le milieu, par une patte d'oie, à l'extrémité de la pièce qui supporte les bègues et flotte au-dessus de l'eau au moyen d'un baril de galère qui est saisi sur son milieu et augmente sa flottaison naturelle; ayez sur les deux points d'écoute de cette petite voile deux boulets, deux gueuses ou deux autres poids, pour les faire couler, et sur ces points les deux branches d'une patte d'oie placée à l'autre bout de la pièce ; ne surchargez pas votre pièce du poids de la chaîne qui la ferait couler, mais filez cette chaîne au fur et à mesure, en la faisant soutenir de distance en distance par de petits fûts vides. Quand tout sera à la mer, le catacois servant de voile de dérive fera dériver la pièce qui emporte l'ancre presque aussi rapidement que le courant, et comme celle-ci a ses amarrages sur demi-clefs dont les bouts viennent à bord, quand il en sera temps vous larguerez celle des pattes d'abord, et l'arrière se trouvant suspendu par la tête fera apiquer la pièce. Puis, quand vous voudrez mouiller, vous n'aurez qu'à larguer l'autre demi-clef, et l'ancre tombera.

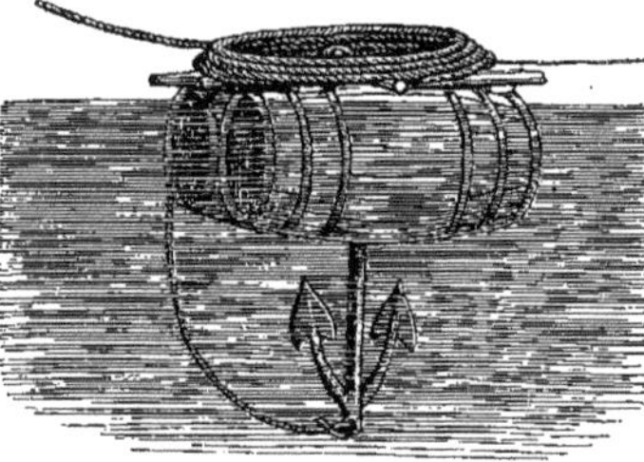
Fig. 45.

Beaucoup de marins encore suspendent cette ancre sous l'un des bouts de la pièce, qui, par ce poids, reste debout dans l'eau, et cueillant un maillon de chaîne sur l'autre bout, l'y fixent, placent la voile de dérive sur le bouge de la futaille et laissent dériver ainsi ; alors ils n'ont qu'une demi-clef à larguer. Cela est avantageux, car la pièce étant debout dans l'eau, presque coulée, présente presque toute sa surface au courant; mais il faut, pour cela, que l'eau soit profonde, ce qui n'a pas toujours lieu. Si on ne peut agir avec le courant, mais qu'on ait le vent pour soi, on peut installer la voile, au lieu d'être dans l'eau, de manière à ce qu'elle soit au-dessus de l'eau, et s'en servir alors comme d'une bouée à voile pour élonger son ancre. Il y a encore bien des moyens d'élonger une ancre sans embarcation ; mais nous pensons que ce que nous venons d'en dire suffit.

DES NAUFRAGES SUR UNE PLAGE DE VASE.

Les naufrages de cette sorte sont peu communs en Europe, car ces sortes de plages y sont assez rares. Nous ne connaissons guère que la baie de l'Aiguillon en France qui pourrait présenter de tels accidents. Nous n'en ferions donc pas mention ici, car ces sortes de naufrages sont rarement dangereux pour les personnes qui montent un navire, s'il en était ainsi partout; mais malheureusement d'autres pays, l'Amérique surtout, en offrent de fréquents exemples, et si le Mississipi seulement voulait rejeter tous les navires qui sont enfouis à son embouchure, on en verrait surgir une flotte nombreuse et oubliée, qui viendrait protester des dangers que l'on court sur une côte de vase. Nous croyons donc devoir dire un mot sur ces sortes d'échouements, non que nous ayons jamais été acteur dans un de ces naufrages, mais d'après différents marins dignes de foi qui nous en ont parlé. Peut-être que quelques-uns de nos lecteurs plus expérimentés que nous voudront bien nous renseigner sur un mode de sauvetage des navires ainsi envasés; quant à nous, nous n'en connaissons pas.

Nous ne rechercherons pas ici la cause qui fait que les côtes d'Amérique sont en partie bordées de vasières d'une grande étendue; nous croyons qu'elle le doit aux immenses fleuves qui la sillonnent, et dont quelques-uns ont plusieurs lieues de largeur dans une partie de leur parcours. Mais que ce soit à ces grands cours d'eau ou à une autre cause qu'il faille attribuer ces immenses plages de vase, toujours est-il que bien souvent un navire est encore hors de vue de terre, que déjà il navigue dans la vase, et que c'est quelquefois l'eau trouble et vaseuse qui fait lever votre gouvernail quand vous approchez ces côtes, qui vous fait connaître à peu près à quelle distance vous êtes de terre. De jour et de beau temps, ceci ne peut pas avoir grand inconvénient; mais quand c'est de nuit et par une forte brise que vous terrissez sur ces côtes, et que par une cause quelconque, comme dérangement de votre chronomètre, impossibilité d'observation, ou un autre motif, vous vous trouvez par erreur dans votre point plus près d'une de ces plages plus dangereuses que vous ne pensez, comme rien ne peut vous faire connaître que vous vous y engagez trop que la diminution de vitesse dans le sillage de votre navire et la mer qui devient plus belle, si vous n'avez pas déjà navigué dans ces parages, vous pouvez vous trouver échoué dans cette vase d'une manière dangereuse, dangereuse surtout pour le navire qui, si vous ne parvenez pas dans peu de temps à le renflouer, y sera supé et s'y enfoncera, et finira par y disparaître mât et tout, car c'est un fond bien perfide, en effet, puisque sans secousses il vous supe et vous attire comme un sable mouvant, au point de vous forcer d'abandonner pour jamais votre bâtiment qui va disparaître pour toujours. Comme jusqu'à ce moment on n'a pas trouvé, du moins que nous sachions, le moyen de combattre ce terrible effet, quand un capitaine voit qu'il est échoué dans ces vases, il lui faut tâcher de retarder l'enfouissement de son navire, non pour sauver son équipage, car s'il a des embarcations suffisamment, en les y embarquant avec quelques précautions, il peut atteindre une terre voisine; s'il n'en a pas suffisamment, il a tout le temps de faire quelques catimarons qui lui serviront à en transporter le reste. Et, comme la mer est toujours belle sur ces fonds, il n'y a donc pas grand'chose à en craindre pour les hommes. A quoi tient que la mer est toujours belle sur ces vasières? Nous croyons que c'est à la densité de plus en plus grande que prend l'eau à mesure qu'on approche de terre. Or, de même que nous ne croyons pas que les plus grands vents peuvent soulever des vagues sur la mer Morte, il faut que la tempête déchaîne bien fort ses fureurs pour donner une forte agitation à ces eaux bourbeuses, et encore nous doutons qu'elle puisse les faire briser, ce qui est la situation la plus dangereuse. Mais le petit mouvement qu'elles produisent néanmoins est funeste au navire, parce qu'il le fait de plus en plus enfoncer. Pour retarder donc son enfouissement, il faut s'étudier à diminuer ce mouvement le plus possible, en calant tous les mâts qu'on peut pour que leur fardage donne le moins de prise possible aux vents. Le second moyen pour retarder l'enfouissement du navire consiste à l'élargir tant qu'on peut au moyen de mâts de vergues, d'espars qu'on fait passer au travers, et sur lesquels on cloue des bordages du pont; il est facile de concevoir que, lorsque ce plancher présente sa surface à la vase, comme il lui présente toute sa superficie horizontalement, si les bordages ne cèdent pas, si les mâts ne cassent pas, il faut bien du temps pour que le navire s'enfonce, nonobstant cet obstacle qu'on oppose à ce sol mouvant, ce qui donne souvent le temps d'enlever la cargaison, au moyen d'alléges, si on peut s'en procurer, ainsi que les agrès et apparaux. Quant à la coque, il faut en faire son deuil et l'abandonner. Tels sont les naufrages dans la vase, du moins comme nous les ont racontés des marins dignes de foi; nous les livrons sans commentaires, car nous n'en pourrions mieux expliquer les effets.

Si une telle côte est si dangereuse pour les navires, on conçoit qu'elle doit l'être autant pour les embarcations, et beaucoup plus pour les hommes à la nage. C'est pourquoi un capitaine prudent, selon nous, ne doit pas hasarder une de ses embarcations à aller à terre sur cette côte mouvante; mieux vaut cent fois, quand il a bien déterminé sa position, tenter d'aller chercher son salut par la mer.

Mais, dans aucun cas, il ne doit permettre que des hommes cherchent à gagner la terre à la nage, car ce serait assurer leur mort. Quand bien même ils réussiraient à atteindre la vase presque solide, n'y pouvant nager, étant obligés d'y marcher, ils y enfonceraient et y périraient misérablement; d'autant plus que ces plages sont ordinairement bordées, à une grande distance, de palétuviers. Cette vérité est d'autant plus reconnue, que dans les endroits de notre pays où la vase a une grande étendue, tels que la baie de l'Aiguillon, par exemple, pour aller tendre leurs filets sur les vases, les pêcheurs ont des pousse-pied, petite nacelle à fond arrondi et sans quille, comme celle dont nous donnons un dessin page 249, fig. 39. Ces bateaux sont des pousse-pied en effet, car la personne qui y monte ne se sert pas de rames, mais de son pied, tantôt d'un côté, tantôt de l'autre, pour les faire avancer, se tenant à genoux dedans. C'est même avec de tels pousse-pied qu'ils vont sauver de basse mer les naufragés qui se trouvent engagés avec leurs embarcations sur ces plages bourbeuses.

DE L'INSUBMERSIBILITÉ DES NAVIRES.

238. Nous venons de passer en revue, à notre point de vue, à peu près tous les procédés de sauvetage qu'on peut employer pour sauver un navire et sa cargaison; mais nous demandons : pourquoi, dans la plupart des cas, est-on dans l'impossibilité de sauver son navire et sa cargaison, ou pourquoi cette opération présente-t-elle de si grandes difficultés? C'est que le navire se trouve dans une des catégories suivantes :

Il a coulé en pleine mer; il y a, en pareil cas, presque impossibilité de le sauver;

Il a coulé par suite d'abordage d'un écueil sous l'eau et éloigné de la côte;

Il a coulé au pied d'un danger sur l'eau, mais qui est séparé de la côte;

Enfin il a coulé dans une trop grande profondeur d'eau.

Et pourquoi a-t-il coulé? demanderions-nous. Est-il donc impossible de rendre un navire insubmersible comme une embarcation? Non, telle est notre réponse à notre soliloque. Or, du moment qu'on parviendrait à donner à un navire cette précieuse qualité (l'insubmersion), il peut se briser sur une côte sans doute, mais, hors ce cas, il ne peut manquer d'en aborder une. Dès lors presque plus d'abandons possibles de navires à la mer, et sauvetage certain d'un tiers au moins des hommes et des navires qui périssent annuellement par ces tristes événements de mer. Allons, croyons-nous entendre dire, voilà qu'on nous lance dans les utopies. Pourrait-on donner à des navires l'insubmersion sans avoir de grands désavantages et sans augmenter, outre mesure, la construction navale qui n'est déjà que trop chère relativement aux bénéfices qu'en retirent les armateurs? Oui, répondrions-nous, oui on le peut par deux moyens : il faut distribuer l'intérieur de vos navires comme nous l'avons indiqué, il y a bien des années, dans les *Annales maritimes*, et comme nous allons vous l'indiquer de nouveau, ou avoir à bord des pompes Gwyn, dont nous allons aussi vous donner non un détail scientifique, mais un aperçu.

RENDRE UN NAVIRE INSUBMERSIBLE AU MOYEN DE CLOISONNAGES ÉTANCHES.

239. Nous voudrions que tous les navires fussent, à l'intérieur, divisés en différents compartiments, par deux cloisons longitudinales s'élevant sur les bouchins du vègre jusqu'au pont, ou jusqu'à celui de l'entre-pont, et par des cloisons transversales se reliant avec celles-ci en suffisante quantité. Pour la longueur du navire, nul doute que les plus longs en auraient davantage que les autres; mais, pour fixer les idées, supposons que ce navire soit partagé en quatre compartiments sur la longueur par deux cloisons étanches dans le sens transversal et deux dans le sens longitudinal, on partagerait la capacité intérieure du navire dans sa cale en 14 compartiments, comme suit : 9 dans la cale proprement dite, plus le cul-de-lampe sous la chambre et le gaviot, sous le logement de l'équipage, puis la chambre, et enfin le logement et l'entre-pont, dans les navires qui auraient un entre-pont bordé; et en 13 dans ceux qui n'auraient pas d'entre-pont, ou qui auraient un entre-pont non planchéié (9 dans la cale, la chambre, le cul-de-lampe, le logement et le gaviot). De ces quatre cloisons, deux se trouvent naturellement faites à bord de presque tous les navires, ce sont celles qui séparent la chambre et le logement de la cale. Les deux autres cloisons transversales, avec les deux cloisons longitudinales, formeraient donc les 9 ou 10 autres compartiments dans la cale, ou la cale et l'entre-pont. Mais, comme nous ne croyons nécessaires que les séparations qui sont placées dans les œuvres vives du navire, nous ne nous occuperons nullement de l'entre-pont, qui resterait toujours débarrassé de toutes séparations ou cloisonnages, comme il l'est actuellement, et serait à lui seul le plus grand des compartiments. La cale proprement dite aurait donc 9 compartiments dans les navires qui auraient 2 cloisonnages intérieurs, 12 dans la cale de ceux qui en auraient 3, et 15 dans celle des navires qui en auraient 4. Dans cette distribution, il y aurait toujours un tiers de ces compartiments de chaque bord, et le troisième tiers au milieu. Les cales des compartiments du milieu auraient la forme d'un parallélipipède rec-

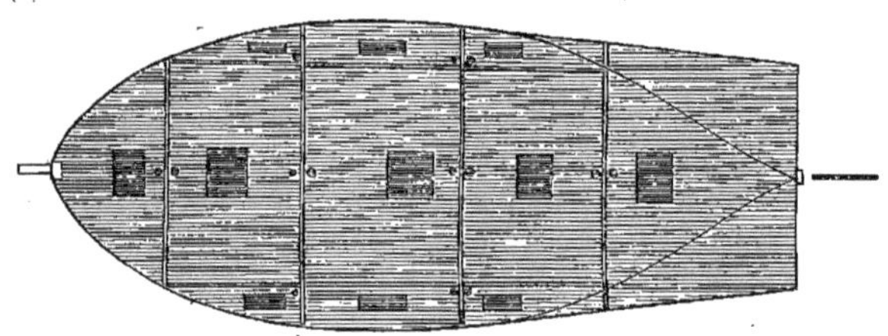

Fig. 46.

tangle, et celles qui seraient en abord auraient pour limites la muraille du navire d'un côté, la cloison longitudinale de l'autre; chaque compartiment aurait une écoutille pour y pénétrer, qui serait assez grande pour y passer au moins une barrique dans celles en abord, et un muid dans celles du milieu. Nous ne pousserons pas plus loin cette description; on conçoit aisément que si, par un abordage ou par un événement quelconque, l'un des compartiments en abord venait à être crevé, il se remplirait d'eau autant que les vides qu'il pourrait avoir en pourraient absorber, il est vrai; mais à lui seul se bornerait le dommage, et cet accident, en supposant qu'on ne pût pas immédiatement y porter remède, n'empêcherait pas le navire de voguer jusqu'à l'endroit le plus voisin où on pourrait le faire réparer. Cela rendrait peut-être ce bâtiment un peu bordier de ce côté-là, mais à coup sûr ne pourrait le faire assez incliner pour le rendre innavigable, et avec quelques chaînes, quelques pièces à eau, quelque poids enfin, qu'on passerait du bord opposé, soit sur le pont, soit dans l'entrepont, on rétablirait facilement l'équilibre.

Le dommage sur les marchandises se bornerait aussi à celles qui seraient dans ce compartiment, et non comme actuellement, qu'une voie d'eau, qu'on ne peut qu'entretenir jusqu'au port de relâche le plus voisin, compromet dans certains cas toute la cargaison, c'est-à-dire plusieurs millions ou centaines de mille francs. Un navire distribué de cette manière serait donc insubmersible, et, à moins qu'il ne fît naufrage sur des roches ou autres écueils qui le démolissent, ne pourrait jamais périr à la mer. Qui donc est-ce qui empêche de distribuer ainsi les navires? On aurait beau vouloir nous alléguer comme motif la diminution dans la capacité intérieure du navire où on doit charger la marchandise, et l'augmentation considérable dans le prix de la construction, l'augmentation du poids de la coque; si nous pouvions l'ordonner, nous prescririons ces dispositions sages; car nous pensons que la vie de plusieurs personnes vaut bien quelques sacrifices, et nous croyons aussi que la diminution des risques emmenant la diminution des primes d'assurances, et sur les coques et sur les cargaisons, les armateurs auraient promptement récupéré ce surcroît de dépenses; car les expéditeurs ne reculeraient pas devant une légère augmentation à payer dans le prix du fût, pour avoir une telle garantie. Or la diminution de prime sur corps, jointe à cette augmentation dans le fret, leur aurait bientôt fait recouvrer non-seulement l'intérêt du capital engagé, mais encore aurait amorti cette dépense supplémentaire, ce qui ferait qu'au bout de cinq ou six ans de navigation cette disposition, loin de leur être onéreuse, leur rapporterait un joli bénéfice.

Or cette distribution intérieure diminuerait-elle si considérablement la capacité logeable du bâtiment pour les marchandises, qu'il faille en tenir grand compte? Nous croyons qu'à cet égard il serait encore facile de prouver qu'on s'exagère beaucoup cette diminution. Les cargaisons des navires du commerce se composent soit d'objets lourds, soit d'objets légers, soit de marchandises diverses que l'on nomme ordinairement marchandises d'encombrement. Or jamais un navire ne remplit sa cale quand il charge en lourd ; il n'y aurait donc d'autre perte, dans ce cas, sur le nombre de tonneaux transportable, que le poids du cloisonnage. Quand il charge en léger, c'est différent, il peut se remplir. Mais encore ici il se présente deux cas : ou il charge en vrac, ou il charge en colis. S'il charge en vrac, il y aura encore là peu de différence, car en bondant toutes ses cales il prendra presque autant que s'il n'avait pas de séparation. Il n'y a donc qu'alors qu'il charge en colis qu'il peut y avoir perte. Nul doute que s'il charge entièrement en colis de grosse dimension, qui ne pourraient passer dans les écoutilles de ses compartiments, en abord comme en barriques de sucre, par exemple, il y aurait pour lui beaucoup de perte ; mais dans les pays où l'on fait de tels chargements il y a des colis plus petits que des barriques, des quarts, des tierçons, des marchandises en sacs, etc., etc., que l'on peut réserver pour les compartiments en abord, et, partant de là, peu de perte encore à éprouver. Enfin, si l'on charge en lourd et objets d'encombrement, la partie lourde de la cargaison, pouvant se mettre dans les compartiments en abord comme dans ceux du milieu, lesterait le navire et lui donnerait des qualités, au lieu de lui en retirer. Quant aux colis d'encombrement, on pourrait les distribuer de manière à ce qu'on pût loger les petits dans les compartiments en abord et les gros dans les cales du milieu. On voit donc, d'après ce raisonnement que nous croyons fondé, que cette disposition intérieure dans le navire ne pourrait être nuisible que pour les navires qui chargent du bois et des mâtures. Mais comme ceci est une exception, et que d'ailleurs la nature de leur cargaison fait ordinairement flotter ces bâtiments sur leur cargaison, quand ils font de l'eau à ne pouvoir l'épuiser, ils ne courent pas grands risques. En effet, il n'est pas rare de voir les navires du Nord flotter sur leur cargaison pendant plusieurs jours. Ce n'est donc pas encore là une objection sérieuse qu'on pourrait nous opposer ; pour ceux-là, on pourrait prendre une disposition particulière.

Chaque compartiment étant isolé aurait sa pompe pour en épuiser l'eau au besoin, et comme on aurait la certitude que, même dans le cas où un des compartiments en abord se remplirait, il ne pourrait entraîner la submersion du navire, ce ne serait que pour la conservation de la portion de cargaison qui y serait logée qu'on aurait à prendre la précaution de la pomper.

DE LA POMPE GWYN, AUTRE MOYEN D'INSUBMERSION POUR LES NAVIRES.

240. Par préjugé, par routine ou par cette répulsion que généralement l'homme qui est prévenu porte à tout ce qui se nomme innovation, nous craignons que beaucoup de marins, sans chercher à nous combattre, ne cherchent pas au moins à nous aider dans notre propagande pour l'insubmersion des navires; si nous pouvions leur donner une pompe qui pût faire face à tout événement et ne changeât rien dans la distribution jusqu'ici consacrée dans l'intérieur de leurs bâtiments à la marchandise, peut-être trouverions-nous grâce devant eux, quoiqu'une telle pompe soit encore une innovation. Essayons cependant de leur parler de la pompe Gwyn, cette puissante machine qui peut jeter de **100 à 1,000** tonneaux d'eau à l'heure, suivant sa dimension et sa force en chevaux; un navire qui jaugerait 500 tonneaux, et qui aurait à bord une pompe pouvant en jeter 300 à l'heure, serait alors bien malheureux s'il coulait. Donnons donc une idée de cette pompe Gwyn.

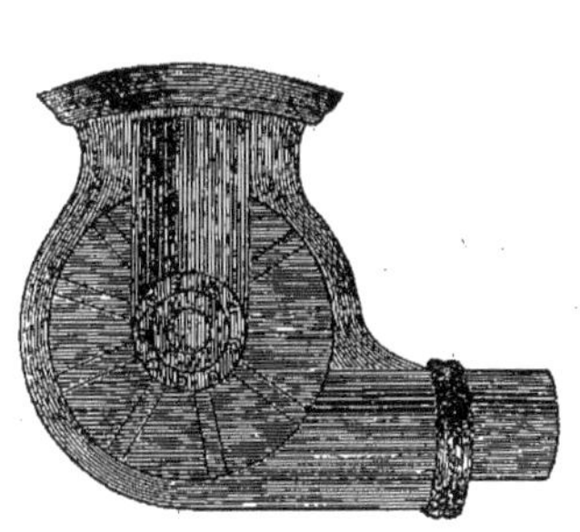

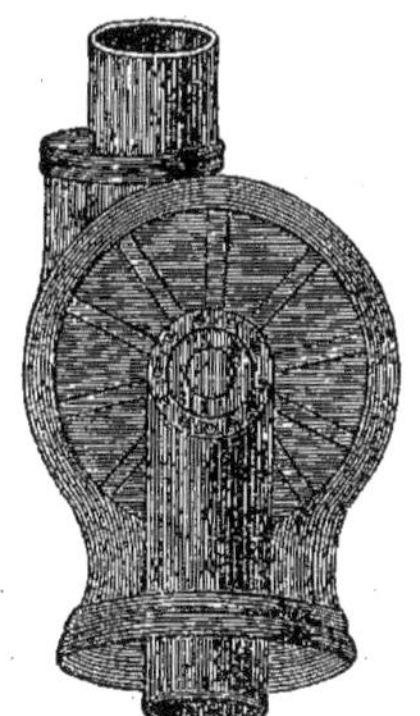

Fig. 47.

Cette pompe, dont nous donnons ci-dessus un dessin, est la

pompe centrifuge, la plus puissante, ainsi que le moyen d'épuisement le plus grand qu'on ait jusqu'à ce jour imaginé. Elle peut être aisément placée jusqu'à 6 mètres au-dessus de l'eau à pomper, et le tuyau d'aspiration peut être porté horizontalement à une distance considérable (1).

RÉSUMÉ DES AVANTAGES QUE PRÉSENTE CETTE POMPE.

1° Elle travaille avec un mouvement facile, sans soupape ni excentrique, ni autre appareil qui absorbe du travail en frottement.

2° Elle décharge une quantité d'eau plus considérable qu'aucune autre pompe.

3° Elle est d'un usage économique et d'une construction solide et durable.

4° Son prix, comparé à la valeur du travail qu'elle effectue, est beaucoup inférieur à celui des autres pompes du système actuel.

5° Quand cette pompe est destinée aux navires, on la dispose de façon à ce qu'elle ne soit jamais engagée ni par les graines, ni par les copeaux, ni par le charbon, ni par un objet quelconque, qui souvent annule l'effet des autres.

Voici comment l'auteur a classé ces pompes, et le prix qu'elles coûtent :

Pompe B élevant l'eau de 1 à 9 mètres, et enlevant 2,270 litres d'eau à la minute ou B enlevant 236 1/3 tonneaux d'eau à l'heure.................... 825 fr.

B B	—	4,500 litres d'eau à la minute			(ou 270 ton. à l'heure).	1,000
1 B	—	6,300	—	—	(ou 378 ton. à l'heure).	1,125
2 B	—	13,600	—	—	(ou 796 ton. à l'heure).	2,375
3 B	—	24,000	—	—	(ou 1,440 ton. à l'heure).	4,500

Nous ne croyons pas devoir pousser plus loin l'aperçu du travail possible de cette pompe puissante, car, si on adoptait notre

(1) Pour de plus amples détails, s'adresser à M. C. Malo, négociant, quai de la Citadelle, 27, à Dunkerque.

système d'insubmersion pour les navires, on aurait bien rarement besoin d'avoir à bord une pompe jetant plus de 136 tonneaux d'eau à l'heure, et, en admettant que le système d'insubmersion que nous proposons pour les bâtiments ne soit pas adopté, toutes les pompes jetant de 136 à 378 tonneaux d'eau à l'heure seraient à peu près suffisantes dans notre pays pour les grands navires du commerce; car ceux qui en réclameraient de plus fortes sont très-rares.

Ce n'est pas ici qu'on peut donner de plus amples détails sur cette machine; si on en désire, on peut s'adresser, comme nous l'avons dit, à M. C. Malo, négociant à Dunkerque, qui les donnera. Seulement nous ferons remarquer que, pour une somme, relativement minime, de 825 à 1,000 francs, ce qui n'est pas quatre fois le prix d'une pompe en bois chemisée en cuivre, on aurait à bord des navires ce puissant moyen d'épuisement. Mais ce qui sans doute fait hésiter à se le procurer, c'est qu'il exige une petite machine à vapeur, et jusqu'à ce que nous ayons généralement adopté les cuisines distillatoires, cette machine viendrait de beaucoup augmenter le prix de la pompe Gwyn, attendu qu'il faut avoir alors à bord une personne capable de la faire marcher, il la faudrait de deux, trois chevaux au plus. Mais si on faisait comme à bord d'un grand nombre de bateaux à vapeur, si on utilisait cette machine, étant dans un port, aux mouvements du navire, au chargement et au déchargement à la mer, à hisser, brasser, carguer, aider enfin à la manœuvre, comme elle épargnerait à l'armement au moins un homme qui lui coûte 85 à 90 francs par mois (nourriture comptée), en donnant cette somme en plus à un mécanicien et à un chauffeur, on aurait ces hommes indispensables, et on en tirerait grand profit, car les chevaux-vapeur sont des animaux qui ne se fatiguent que quand on ne les alimente pas. Or, ainsi que nous l'avons dit, on pourrait, quand on n'aurait pas besoin de faire usage de la pompe, ce qu'on doit désirer faire le plus rarement possible, employer la machine aux manœuvres du bord, la vapeur à la cuisine distillatoire, et, si on venait à en avoir sérieusement besoin par suite d'une collision ou autre événement qui nécessite l'emploi continuel de la pompe, on n'épuiserait pas son équipage à pomper, et cependant on pourrait soutenir son navire sur l'eau jusqu'à ce qu'on ait atteint un endroit où l'on pût aveugler cette voie d'eau. Car tous les marins le savent, rien n'est fatigant, rien n'est épuisant même, pour un équipage, comme le travail continuel des pompes; tout va bien pendant des heures, mais pendant des jours on ne peut y tenir.

Nous croyons que cette question, bien étudiée au point de vue général, déterminerait de prescrire une pompe Gwyn à bord de tous les navires, car, si on hésite à se procurer ce moyen de sécurité, parce que c'est, la plupart du temps, un capital improductif, attendu qu'il y a cent chances contre une qu'on n'en aura jamais besoin, il faut aussi apprécier le service qu'il rend quand il devient utile, en sauvant tout un équipage et de grandes valeurs qui, souvent, s'élèvent à des millions.

Ce que nous ne concevons pas surtout, c'est qu'on n'ait pas de ces puissantes pompes qui sont connues déjà depuis bien des années à bord de tous les navires qui ont des machines à vapeur, soit pour marcher, soit pour travailler, soit pour faire fonctionner leurs machines distillatoires.

ÉVÉNEMENTS DE MER, CONCLUSION A CES ÉVÉNEMENTS.

241. Nous croyons avoir passé en revue les principaux événements qui peuvent causer la mort des hommes qui naviguent, ainsi que la perte des navires et de leurs cargaisons, avoir indiqué des moyens faciles et pratiques de conjurer ces événements quand la chose est faisable ou d'en atténuer les funestes effets quand on ne peut en triompher. Nous aurions voulu ajouter le précepte à l'exemple et donner le récit effrayant de naufrages qui ont eu lieu dans des circonstances identiques à celles où nous avons placé nos marins, et dans lesquelles, si on avait eu les engins dont nous avons parlé et qu'on eût su s'en servir, on aurait probablement tout sauvé, hommes, navires et marchandises, et où, faute de ces moyens ainsi que par ignorance d'en savoir faire, tout a été perdu. Nous avons reculé devant l'énormité du volume qu'il nous fallait publier; nous savons, par expérience, que beaucoup de marins ne s'amusent pas à lire quand ils sont à la mer, surtout des ouvrages sérieux et ennuyeux, et nous ne nous dissimulons pas que notre *Guide* est du nombre de ceux qu'on n'ouvre pas pour se distraire. Cependant, si ce premier travail recevait du public marin un accueil que nous n'osons espérer, s'il avait enfin les honneurs d'une seconde édition, nous intercalerions les relations dont nous venons de parler à leur place respective, et espérons que, grâce à cet *adjutorium*, nous donnerions beaucoup plus d'intérêt à cet ouvrage que nous croyons utile. Cependant ce n'est et ce ne peut être qu'un ballon d'essai, car nous avons été obligé de nous guider presque exclusivement par notre vieille expérience. Mais nous n'avons pas la vanité de croire que nous avons toujours indiqué le meilleur moyen de se tirer d'un pas difficile, et avons même l'espoir que nos collègues les marins sauveteurs-philanthropes de tous les pays qui auront connaissance de notre ouvrage voudront bien nous éclairer de leurs lumières et nous aider de leurs conseils pour perfectionner un ouvrage qui est dans l'intérêt de tous les hommes qui vont à la mer. Nous déclarons donc, en terminant ce volume, que nous recevrons avec reconnaissance tous les avis qu'on voudra bien nous envoyer *franco* à l'adresse suivante : CONSEIL, *ancien capitaine de port à Dunkerque*, que nous examinerons attentivement les documents qu'on aura bien voulu nous envoyer et que nous les emploierons où ils devront l'être dans cette nouvelle édition. Que nos confrères se le rappellent, un ouvrage comme celui que nous avons entrepris ne peut être l'œuvre d'un seul homme, il ne peut sérieusement l'être que d'une réunion de *marins de toutes les nations;* car, pour atteindre son but utile, il faudrait qu'il fût adopté par tous les peuples navigateurs (1). La divergence dans les signaux, la manière d'opérer, les moyens à employer est toujours funeste en fait de sauvetage, car elle ne permet pas de s'entendre. Que me fait que ce soit un Anglais, un Russe ou un Espagnol auquel je m'adresse, si j'en suis compris? que me fait de naufrager sur

(1) Nous venions de terminer ce volume quand nous avons lu, dans le journal *la Patrie* du 21 mars 1863, ce qui suit :

« Il existe en Angleterre une organisation de sauvetage que nous voudrions, dit « *la Revue britannique*, voir systématiquement établie en France. Nous savons « fort bien que tous nos ports, surtout ceux de l'Océan et de la Manche, ont des

le littoral d'un peuple étranger, si je sais qu'il se sert des mêmes engins que ceux que je connais dans mon pays, qu'il correspond avec moi par le même dialogue, dit les mêmes choses, opère de la même manière? Je puis parfaitement m'entendre avec lui, puisque alors ce n'est pas la communication orale, mais les signaux avec lesquels je comprends. Il faudra donc, quand un bon système de sauvetage aura été adopté dans un pays, qu'il le soit par tous les autres peuples navigateurs, pour qu'il atteigne le but que nous nous proposons. Mais il n'y a qu'un congrès de sauveteurs de toutes les nations qui puisse inspirer assez de confiance pour atteindre un tel but ; mais aussi il n'y a qu'un gouvernement qui puisse provoquer la réunion d'un tel congrès. Il se passera donc encore bien des années, nous le craignons du moins, avant que notre idée, toute rationnelle qu'elle est, se réalise, et depuis longtemps nous ne serons plus. Cependant nous avons l'espoir que cet ouvrage rendra quelques services à ceux qui voudront bien le lire, et ne dût-il servir qu'à sauver un seul équipage, un seul naufragé même de la mort terrible qui est la suite ordinaire d'un naufrage, que nous serions assez récompensé des peines, des fatigues, du déboire et des dépenses qu'il nous a occasionnés.

« services locaux. Mais il nous semble *qu'une organisation unique* rendrait des « services plus efficaces. Du reste, nous croyons savoir que S. M. l'Empereur fait « étudier le système établi en Angleterre. »

Nous voyons donc, par cet article, que ce n'est pas nous seulement qui désirons qu'un système général de sauvetage soit adopté.

FIN.

Page 89.

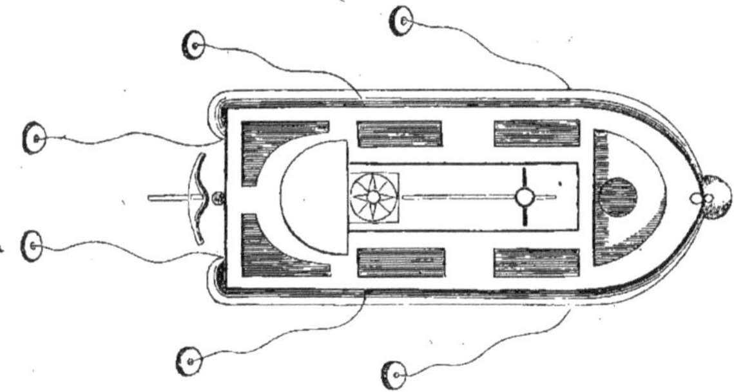

Page 91.

Page 91.

Page 92.

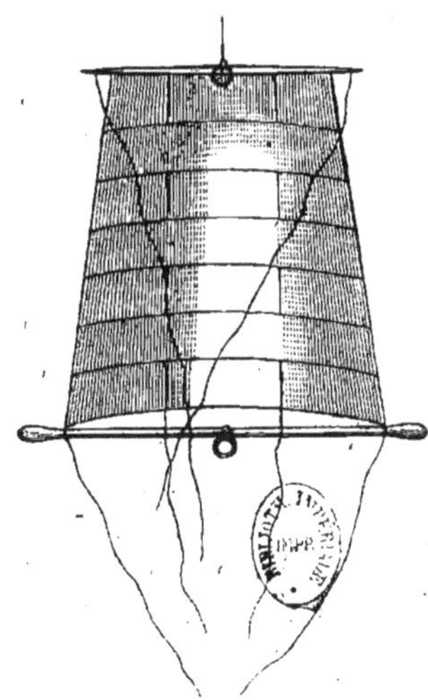

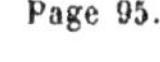

Page 95.

Page 98.

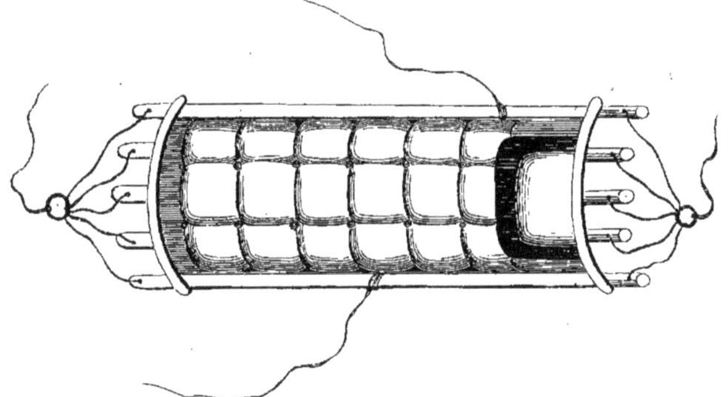

Page 110.

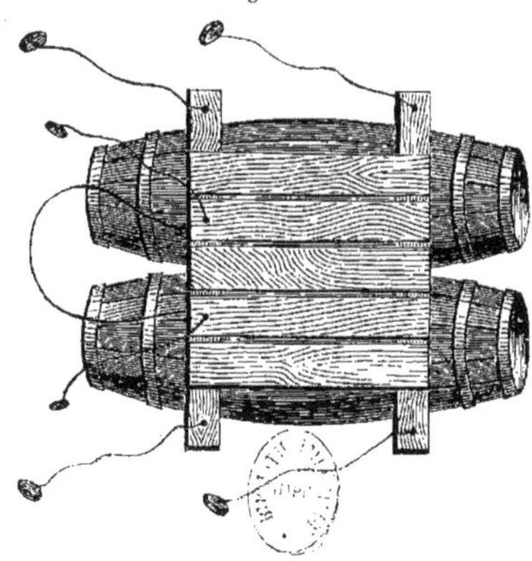

Page 212.

Page 229.

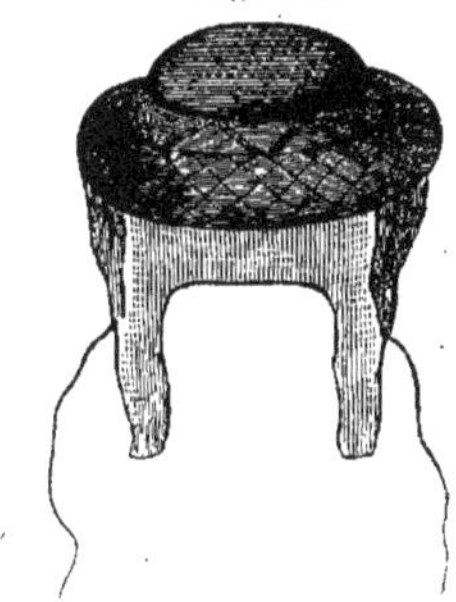

Page 310.

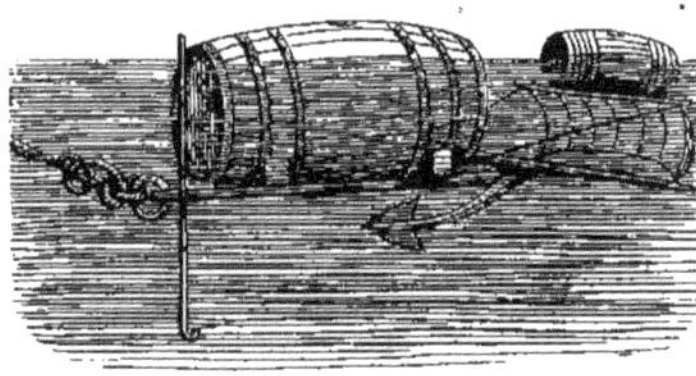

Page 218.

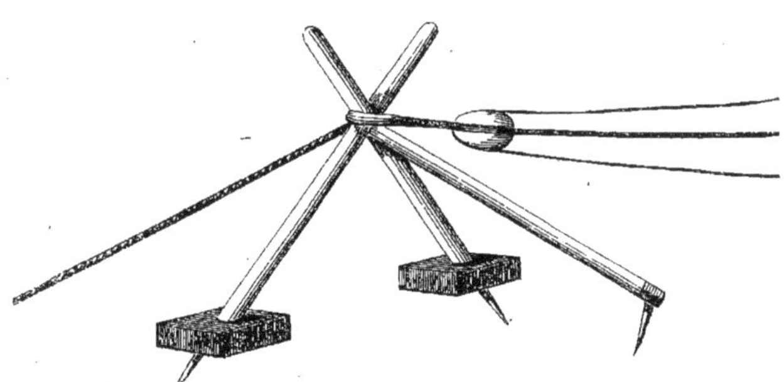

TABLE DES MATIÈRES.

LIVRE PREMIER.

Du naufrage en général. — Cas divers. — Moyens naturels de combattre le danger.

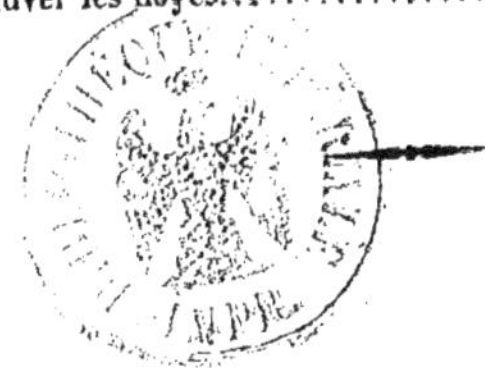

LIVRE DEUXIÈME.

Engins de sauvetage à bord des navires et leur emploi. Moyens d'y suppléer quand on n'en est pas pourvu.

LIVRE TROISIÈME.

Engins de sauvetage dans tous les ports et sur le littoral.
Personnel obligé d'un poste de sauvetage.
Nomenclature des objets qui doivent former le matériel d'un poste de sauvetage côtier.
Moyens de se servir de ces différents engins.
Secours à donner aux naufragés et rappeler à la vie ceux qui sont dans un état de mort apparente.

LIVRE QUATRIÈME.

Procédés employés pour sauver les navires et leurs cargaisons.

FIN DE LA TABLE.

PARIS. — IMPRIMERIE DE MADAME VEUVE BOUCHARD-HUZARD, RUE DE L'ÉPERON, 5.

SOUSCRIPTION PERMANENTE

A UN FRANC LA LIVRAISON.

DICTIONNAIRE
DE
MARINE A VAPEUR

PAR

M. LE CONTRE-AMIRAL PÂRIS.

NOUVELLE ÉDITION

Propriétés physiques de la chaleur et de la vapeur, tables.
Nature et propriété des métaux, tables.
Physique et chimie appliquées.
Combustibles, leur qualité, leur emploi.
Conduite des feux et surveillance.
Forges et métallurgie.
Types de toutes les machines à vapeur.
Puissance des machines à vapeur.
Description des machines à vapeur.
Détail de toutes leurs pièces.
Chaudières, foyers, cheminées, chauffage.
Outils divers pour les machines.
Fonderies, tour, ajustage.
Machines-outils.
Confection et montage des machines.
Conduite, dressage et entretien des machines.

Appareils destinés à modérer la puissance des machines.
Mécanismes de changement de marche.
Roues à aubes, pales fixes et articulées.
Hélices, construction graphique et formes différentes.
Accessoires de l'hélice et détails.
Hélices fixes, hélices amovibles.
Pompes, leurs diverses espèces.
Avaries et réparations.
Batteries flottantes et navires cuirassés.
Navires à vapeur, mixte et en fer.
Navigation par la vapeur.
Machines à vapeur combinées.
Machines à air chaud.
Notices historiques sur les principaux inventeurs.

Cette nouvelle édition forme un très-fort volume in-8° de jésus accompagné de 18 grandes planches gravées sur acier.

Elle est publiée en 22 livraisons.

Prix de chaque livraison, **UN FRANC**.

Paris. — Imprimerie de Mme Ve Bouchard-Huzard, rue de l'Éperon, 5.

www.ingramcontent.com/pod-product-compliance
Ingram Content Group UK Ltd.
Pitfield, Milton Keynes, MK11 3LW, UK
UKHW012154240726
13966UKWH00002B/332